《高等数学》学习指导与作业设计丛书
安徽省精品课程《高等数学》建设成果
安徽省省级教学研究项目成果

微积分
学习指导与作业设计

张裕生　主　编
梅　红　张迎秋　孙礼俊　副主编

安徽大学出版社

内容提要

本书按照高等学校数学课程教学指导委员会制定的《高等数学课程教学基本要求》及硕士研究生入学考试大纲和专升本考试大纲编写。全书按同济大学《高等数学(第五版)》顺序编写,分为 12 章。各章主要分为教学要求、知识要点、答疑解惑、范例解析、基础作业题、综合作业题、自测题、参考答案与提示等 8 个模块。

本书可作为本科生及各类专科生学期考试及考研、专升本考试复习的辅导教材,也可供教师与科技人员参考。

图书在版编目(CIP)数据

微积分学习指导与作业设计 / 张裕生主编. —合肥:安徽大学出版社,2009.9(2021.7 重印)
(高等数学学习指导与作业设计/周之虎主编)
ISBN 978－7－81110－600－8

Ⅰ.①微… Ⅱ.①张… Ⅲ.①微积分—高等学校—教学参考资料 Ⅳ.①O172

中国版本图书馆 CIP 数据核字(2009)第 155739 号

微积分学习指导与作业设计

张裕生 主编

出版发行	安徽大学出版社	经　销	各地新华书店
	(合肥市肥西路3号　邮编230039)	印　刷	安徽省人民印刷有限公司
联系电话	编辑室 0551-65106428	开　本	710×1000　1/16
	发行部 0551-65107716　65108397	印　张	16.75
责任编辑	李镜平	字　数	408 千
特约编辑	罗季重	版　次	2009 年 9 月第 1 版
封面设计	孟献辉	印　次	2021 年 7 月第 12 次印刷

ISBN 978－7－81110－600－8　　　定价 29.80 元

如有影响阅读的印装质量问题,请与出版社发行部联系调换

前　　言

　　微积分、线性代数、概率统计是高等学校三门重要的基础课,它为今后的专业课的学习提供了基础和理论依据。同时,数学课程在训练学生的抽象思维、提高学生认识问题和解决问题的能力方面起到了不可估量的作用。

　　为了帮助学生学好微积分,在总结多年教学经验的基础上,我们组织具有丰富教学经验的一线骨干教师,参照高等数学的教学大纲,编写了辅助教材《高等数学学习指导与作业设计丛书》的《微积分学习指导与作业设计》。

　　本书以流行的《高等数学》教材为基础,与同济大学《高等数学(第五版)》教材同步,每章分为 8 个模块:教学基本要求、知识要点、答疑解惑、范例解析、基础作业题、综合作业题、自测题、参考答案与提示。

　　本书的特点是:

　　第一,方便教学与学生自学。每章都有"教学要求"和"知识要点"、"串讲小结"模块,并通过串讲、小结,说明重点,分散难点,使读者做到区分主次,心中有数,达到更好学习的目的。

　　第二,"答疑解惑"、"范例解析"模块,注重阐述现代数学的思想与方法,通过疑难问题、典型题型的分析及解答,为读者答疑解惑,提供基本思路及解题的常用方法。

　　第三,吸收了作者与很多优秀教师的教学研究新成果。

　　第四,注重作业设计。针对不同层次的学生设计作业,既有紧扣教材的基础作业题,又有利于学生知识深化、拓展的综合作业题。

　　第五,书中打 * 号的内容和习题,供不同专业的学生选学、选作。

　　本书适合于高等院校工科、经济管理等专业的本、专科生选用。

　　本书由张裕生任主编,梅红、张迎秋、孙礼俊任副主编。参加编写的有:刘娟(第 1 章),赵衍才(第 2 章),梅红(第 3 章),张裕生(第 4 章),陶桂秀(第 5、6 章),吴丽芳(第 7 章),鲍宏伟(第 8 章),张迎秋(第 9 章),高汝召(第 10 章),王晶(第 11 章),孙礼俊(第 12 章)。全书最后由主编、副主编修改定稿,院长周之虎教授主审。

由于编者水平有限,书中难免存在谬误之处,请使用本书的老师、学生不吝指教。

编者

2009 年 5 月

目　　次

前　言 ·· 1

第 1 章　函数与极限 ·· 1

1.1　教学要求 ·· 1
1.2　知识要点 ·· 1
1.3　答疑解惑 ·· 6
1.4　范例解析 ··· 10
1.5　基础作业题 ··· 14
1.6　综合作业题 ··· 17
1.7　自测题 ·· 19
1.8　参考答案与提示 ·· 21

第 2 章　导数与微分 ··· 24

2.1　教学要求 ·· 24
2.2　知识要点 ·· 24
2.3　答疑解惑 ·· 29
2.4　范例解析 ·· 32
2.5　基础作业题 ··· 36
2.6　综合作业题 ··· 38
2.7　自测题 ·· 39
2.8　参考答案与提示 ·· 40

第 3 章　微分中值定理与导数的应用 ···································· 44

3.1　教学要求 ·· 44
3.2　知识要点 ·· 45
3.3　答疑解惑 ·· 48
3.4　范例解析 ·· 50
3.5　基础作业题 ··· 55

3.6 综合作业题 …… 58
3.7 自测题 …… 60
3.8 参考答案与提示 …… 62

第4章 不定积分 …… 66

4.1 教学要求 …… 66
4.2 知识要点 …… 66
4.3 答疑解惑 …… 70
4.4 范例解析 …… 72
4.5 基础作业题 …… 77
4.6 综合作业题 …… 81
4.7 自测题 …… 82
4.8 参考答案与提示 …… 83

第5章 定积分 …… 87

5.1 教学要求 …… 87
5.2 知识要点 …… 87
5.3 答疑解惑 …… 91
5.4 范例解析 …… 92
5.5 基础作业题 …… 95
5.6 综合作业题 …… 97
5.7 自测题 …… 99
5.8 参考答案与提示 …… 100

第6章 定积分的应用 …… 102

6.1 教学要求 …… 102
6.2 知识要点 …… 102
6.3 答疑解惑 …… 104
6.4 范例解析 …… 106
6.5 基础作业题 …… 107
6.6 综合作业题 …… 108
6.7 自测题 …… 109
6.8 参考答案与提示 …… 110

第 7 章　空间解析几何与向量代数 ……………………………… 111

7.1　教学要求 …………………………………………………… 111
7.2　知识要点 …………………………………………………… 111
7.3　答疑解惑 …………………………………………………… 117
7.4　范例解析 …………………………………………………… 120
7.5　基础作业题 ………………………………………………… 125
7.6　综合作业题 ………………………………………………… 128
7.7　自测题 ……………………………………………………… 129
7.8　参考答案与提示 …………………………………………… 132

第 8 章　多元函数微分法及其应用 …………………………… 135

8.1　教学要求 …………………………………………………… 135
8.2　知识要点 …………………………………………………… 135
8.3　答疑解惑 …………………………………………………… 142
8.4　范例解析 …………………………………………………… 143
8.5　基础作业题 ………………………………………………… 148
8.6　综合作业题 ………………………………………………… 151
8.7　自测题 ……………………………………………………… 152
8.8　参考答案与提示 …………………………………………… 154

第 9 章　重积分 …………………………………………………… 160

9.1　教学要求 …………………………………………………… 160
9.2　知识要点 …………………………………………………… 160
9.3　答疑解惑 …………………………………………………… 166
9.4　范例解析 …………………………………………………… 169
9.5　基础作业题 ………………………………………………… 176
9.6　综合作业题 ………………………………………………… 179
9.7　自测题 ……………………………………………………… 180
9.8　参考答案与提示 …………………………………………… 182

第 10 章　曲线积分与曲面积分 ………………………………… 185

10.1　教学要求 ………………………………………………… 185
10.2　知识要点 ………………………………………………… 185
10.3　答疑解惑 ………………………………………………… 194

10.4	范例解析	196
10.5	基础作业题	204
10.6	综合作业题	206
10.7	自测题	207
10.8	参考答案与提示	209

第 11 章　无穷级数 　210

11.1	教学要求	210
11.2	知识要点	211
11.3	答疑解惑	217
11.4	范例解析	220
11.5	基础作业题	225
11.6	综合作业题	229
11.7	自测题	231
11.8	参考答案与提示	233

第 12 章　微分方程　237

12.1	教学要求	237
12.2	知识要点	237
12.3	答疑解惑	242
12.4	范例解析	244
12.5	基础作业题	250
12.6	综合作业题	252
12.7	自测题	254
12.8	参考答案与提示	255

参考文献　259

第1章　函数与极限

1.1　教学要求

【教学基本要求】

1. 理解函数的概念,了解函数的性质,会建立简单应用问题的函数关系式.
2. 理解数列极限与函数极限的概念.理解函数的左、右极限概念,了解极限存在和左、右极限的关系.了解极限的 $\varepsilon-N, \varepsilon-\delta$ 定义(不要求学生会做给出 ε 求 N 或 δ 的习题).
3. 掌握极限的有理运算法则,会用变量替换求某些简单复合函数的极限.
4. 了解极限的性质(唯一性、有界性、保号性)和极限存在的两个准则,并会利用它们求极限.
5. 了解无穷小、无穷大、高阶无穷小和等价无穷小的概念,会利用等价无穷小求极限.
6. 理解函数在一点连续和在一段区间连续的概念,了解函数间断点的概念,会判别函数间断点的类型.
7. 了解初等函数的连续性和闭区间上连续函数的介值定理与最大值、最小值定理.

【教学重点内容】

函数与极限的概念,极限四则运算法则,两个重要极限,无穷小的比较,函数的连续性与间断点.

1.2　知识要点

【知识要点】

1. 函数的概念

设数集 $D \subset R$,则称映射 $f: D \to R$ 为定义在 D 上的函数,通常简记为

$$y = f(x), x \in D,$$

其中 x 称为自变量,y 称为因变量,D 称为定义域.

2. 数列极限的定义

设 $\{x_n\}$ 为一数列,如果存在常数 a,对于任意给定的正数 ε(不论它多么小),总存在正整数 N,使得当 $n > N$ 时,不等式

$$|x_n - a| < \varepsilon$$

都成立,那么就称常数 a 是数列 $\{x_n\}$ 的极限,或者称数列 $\{x_n\}$ 收敛于 a,记为

$$\lim_{n \to \infty} x_n = a,$$

或

$$x_n \to a (n \to \infty).$$

3. 收敛数列的性质

(1) 唯一性:如果数列 $\{x_n\}$ 收敛,那么它的极限唯一.

(2) 有界性:如果数列 $\{x_n\}$ 收敛,那么数列 $\{x_n\}$ 一定有界.

(3) 保号性:如果 $\lim\limits_{n \to \infty} x_n = a$,且 $a > 0$(或 $a < 0$),那么存在正整数 $N > 0$,当 $n > N$ 时,都有 $x_n > 0$(或 $x_n < 0$).

(4) 收敛数列与其子数列间的关系:如果数列 $\{x_n\}$ 收敛于 a,那么它的任一子数列也收敛,且极限也是 a.

4. 函数极限的定义

(1) 自变量趋于有限值时的函数极限

① 定义:设函数 $f(x)$ 在 x_0 的某一去心邻域内有定义,如果存在常数 A,对于任意给定的正数 ε(不论它多么小),总存在正数 δ,使得当 x 满足不等式 $0 < |x - x_0| < \delta$ 时,对应的函数值 $f(x)$ 都满足不等式

$$|f(x) - A| < \varepsilon,$$

那么常数 A 就称为函数 $f(x)$ 当 $x \to x_0$ 时的极限,记作

$$\lim_{x \to x_0} f(x) = A, \text{ 或 } f(x) \to A (\text{当 } x \to x_0).$$

② 几何意义:当 x 在 x_0 的某一去心邻域时,函数 $y = f(x)$ 图形完全落在以直线 $y = A$ 为中心线,宽为 2ε 的带形区域内.

③ 左极限:$\forall \varepsilon > 0, \exists \delta > 0$,使当 $x_0 - \delta < x < x_0$ 时,有 $|f(x) - A| < \varepsilon$ 成立,A 就称为函数 $f(x)$ 当 $x \to x_0$ 时的左极限.

④ 右极限:$\forall \varepsilon > 0, \exists \delta > 0$,使当 $x_0 < x < x_0 + \delta$ 时,有 $|f(x) - A| < \varepsilon$ 成立,A 就称为函数 $f(x)$ 当 $x \to x_0$ 时的右极限.

(2) 自变量趋于无穷大时的函数极限

① 定义:设函数 $f(x)$ 当 $|x|$ 大于某一正数时有定义,如果存在常数 A,对于任意给定的正数 ε(不论它多么小),总存在正数 X,使得当 x 满足不等式 $|x| > X$ 时,对应的函数值 $f(x)$ 都满足不等式

$$|f(x)-A|<\varepsilon,$$

那么常数 A 就称为函数 $f(x)$ 当 $x\to\infty$ 时的极限,记作

$$\lim_{x\to\infty}f(x)=A,\text{ 或 }f(x)\to A(\text{当 }x\to\infty).$$

② 几何意义:当 $x<-X$ 或 $x>X$ 时,函数 $y=f(x)$ 图形完全落在以直线 $y=A$ 为中心线,宽为 2ε 的带形区域内.

5. 函数极限的性质

(1) 唯一性:如 $\lim\limits_{x\to x_0}f(x)$ 存在,那么这极限唯一.

(2) 局部有界性:如果 $\lim\limits_{x\to x_0}f(x)=A$,那么存在常数 $M>0$ 和 $\delta>0$,使得当 $0<|x-x_0|<\delta$ 时,有 $|f(x)|\leqslant M$.

(3) 局部保号性:如果 $\lim\limits_{x\to x_0}f(x)=A$,而且 $A>0$(或 $A<0$),那么存在常数 $\delta>0$,使得当 $0<|x-x_0|<\delta$ 时,有 $f(x)>0$(或 $f(x)<0$).

(4) 函数极限与数列极限的关系:如果极限 $\lim\limits_{x\to x_0}f(x)$ 存在,$\{x_n\}$ 为函数 $f(x)$ 定义域内任意收敛于 x_0 的数列,且满足:$x_n\neq x_0(n\in\mathbf{N}^+)$,那么相应的函数值数列 $\{f(x_n)\}$ 必收敛,且 $\lim\limits_{n\to\infty}f(x_n)=\lim\limits_{x\to x_0}f(x)$.

6. 无穷小与无穷大

(1) 无穷小的定义和性质

① 定义:如果函数 $f(x)$ 当 $x\to x_0$(或 $x\to\infty$)时的极限为零,那么称函数 $f(x)$ 为 $x\to x_0$(或 $x\to\infty$)时的无穷小.

② 性质:有限个无穷小的和仍是无穷小;

有界函数与无穷小量的积仍是无穷小.

③ 无穷小与函数极限的关系:在自变量的同一变化过程 $x\to x_0$(或 $x\to\infty$)中,函数 $f(x)$ 具有极限 A 的充要条件是 $f(x)=A+\alpha$,其中 α 是无穷小.

(2) 无穷大的定义

① $\forall M>0,\exists\delta>0$,当 $0<|x-x_0|<\delta$ 时,有 $|f(x)|>M$,则称函数 $f(x)$ 为当 $x\to x_0$ 时的无穷大.记作 $\lim\limits_{x\to x_0}f(x)=\infty$.

② $\forall M>0,\exists X>0$,当 $|x|>X$ 时,有 $|f(x)|>M$,则称函数 $f(x)$ 为当 $x\to\infty$ 时的无穷大.记作 $\lim\limits_{x\to\infty}f(x)=\infty$.

(3) 无穷小与无穷大的关系

$\lim\limits_{x\to\Delta}f(x)=0$ 且 $f(x)\neq 0$,则 $\lim\limits_{x\to\Delta}\dfrac{1}{f(x)}=\infty$;

$\lim\limits_{x\to\Delta}f(x)=\infty$ 且 $f(x)\neq 0$,则 $\lim\limits_{x\to\Delta}\dfrac{1}{f(x)}=0$.

注意:这里 $x\to\Delta$ 中 Δ 可以是 $x_0,x_0^+,x_0^-,\infty,+\infty,-\infty$,但前后式必须是同

一趋向。

7. 无穷小的比较

设 α,β 是同一变化过程中的两个无穷小,且 $\alpha \neq 0$.

(1) 如果 $\lim \dfrac{\beta}{\alpha} = 0$,就说 β 是比 α 高阶的无穷小,记作 $\beta = o(\alpha)$.

(2) 如果 $\lim \dfrac{\beta}{\alpha} = \infty$,就说 β 是比 α 低阶的无穷小.

(3) 如果 $\lim \dfrac{\beta}{\alpha} = c \neq 0$,就说 β 与 α 是同阶无穷小;如果 $\lim \dfrac{\beta}{\alpha} = 1$,则称 β 与 α 是等价无穷小,记作 $\alpha \sim \beta$.

(4) 如果 $\lim \dfrac{\beta}{\alpha^k} = c \neq 0, k > 0$,就说 β 是关于 α 的 k 阶无穷小.

8. 等价无穷小代换定理

(1) 等价充要性:$\beta \sim \alpha \Leftrightarrow \beta = \alpha + o(\alpha)$,称 α 是 β 的主要部分.

(2) 等价无穷小代换定理:设 $\alpha \sim \alpha',\beta \sim \beta'$,且 $\lim \dfrac{\beta'}{\alpha'}$ 存在,则 $\lim \dfrac{\beta}{\alpha} = \lim \dfrac{\beta'}{\alpha'}$.

(3) 无穷小代换原则:积商可部分代换,和差只能总体代换.

9. 极限存在准则

(1) 夹逼准则,如果数列 x_n, y_n 和 z_n 满足下列条件:$y_n \leqslant x_n \leqslant z_n (n \in \mathbf{N}^+)$,且 $\lim\limits_{n \to \infty} y_n = a, \lim\limits_{n \to \infty} z_n = a$,那么数列 x_n 的极限存在,且 $\lim\limits_{n \to \infty} x_n = a$.

(2) 单调有界准则:单调有界数列必有极限.

10. 两个重要极限

(1) $\lim\limits_{x \to 0} \dfrac{\sin x}{x} = 1$.

(2) $\lim\limits_{x \to \infty} \left(1 + \dfrac{1}{x}\right) = \mathrm{e}$,或 $\lim\limits_{x \to 0} (1 + x)^{\frac{1}{x}} = \mathrm{e}$.

11. 函数的连续性

(1) 函数在一点连续的等价定义

① 设函数 $y = f(x)$ 在 x_0 的某一邻域内有定义,如果 $\lim\limits_{\Delta x \to 0} \Delta y = 0$,或 $\lim\limits_{\Delta x \to 0} [f(x_0 + \Delta x) - f(x_0)] = 0$,那么就称 $y = f(x)$ 在 x_0 处连续.

② 设函数 $y = f(x)$ 在 x_0 的某一邻域内有定义,如果 $\lim\limits_{x \to x_0} f(x) = f(x_0)$,那么就称 $y = f(x)$ 在 x_0 处连续.

③ $\forall \varepsilon > 0, \exists \delta > 0$,当 $|x - x_0| < \delta$ 时,有 $|f(x) - f(x_0)| < \varepsilon$,那么就称 $y = f(x)$ 在 x_0 处连续.

(2) 单侧连续性

① 左连续：如果 $\lim\limits_{x \to x_0^-} f(x) = f(x_0)$，则称 $y = f(x)$ 在 x_0 处左连续．

② 右连续：如果 $\lim\limits_{x \to x_0^+} f(x) = f(x_0)$，则称 $y = f(x)$ 在 x_0 处右连续．

③ 与连续的关系：$y = f(x)$ 在 x_0 处连续是 $y = f(x)$ 在 x_0 处既左连续又右连续．

(3) 区间上的连续函数

在区间上每一点都连续的函数，叫做在该区间上的连续函数，或者说函数在该区间上连续．如果区间包括端点，那么函数在右端点连续是指左连续，在左端点连续是指右连续．

12. 函数的间断点

(1) 函数间断点的定义

设函数 $f(x)$ 在 x_0 的某去心邻域内有定义，则具有下列情形之一的函数 $f(x)$ 在 x_0 处不连续：

① $f(x)$ 在 x_0 无定义；

② $f(x)$ 在 x_0 虽有定义，但 $\lim\limits_{x \to x_0} f(x)$ 不存在；

③ $f(x)$ 在 x_0 有定义，且 $\lim\limits_{x \to x_0} f(x)$ 存在，但 $\lim\limits_{x \to x_0} f(x) \neq f(x_0)$．

这样的点 x_0 称为间断点．

(2) 间断点的类型

① 第一类间断点：$f(x_0^+)$ 及 $f(x_0^-)$ 均存在．若 $f(x_0^+) = f(x_0^-)$，称 x_0 为可去间断点；若 $f(x_0^+) \neq f(x_0^-)$，称 x_0 为跳跃间断点．

② 第二类间断点：$f(x_0^+)$ 及 $f(x_0^-)$ 至少有一个不存在．若其中有一个为 ∞，称 x_0 为无穷间断点；若其中有一个在 x_0 附近来回振荡，称 x_0 为振荡间断点．

13. 连续函数的运算

(1) 连续函数的运算法则：在某点连续的有限个函数经有限次和、差、积、商（分母不为 0）运算，结果仍是一个在该点连续的函数．

(2) 反函数的连续性：连续单调递增（递减）函数的反函数仍是连续单调递增（递减）．

(3) 复合函数的连续性：连续函数的复合函数是连续的．

(4) 初等函数的连续性：基本初等函数在定义区间内连续，一切初等函数在定义区间内连续．

14. 闭区间上连续函数的性质

(1) 有界性与最值定理：闭区间上的连续函数在该区间上有界，且一定有最大值和最小值．

(2) 零点定理:设函数 $f(x)$ 在闭区间 $[a,b]$ 上连续,且 $f(a)f(b)<0$,那么在开区间 (a,b) 内至少有一点 ξ,使得 $f(\xi)=0$.

几何解释:连续曲线弧 $y=f(x)$ 的两个端点位于 x 轴的不同侧,则曲线弧与 x 轴至少有一个交点.

(3) 介值定理:设函数 $f(x)$ 在闭区间 $[a,b]$ 上连续,且在该区间的端点取不同的函数值 $f(a)=A$ 及 $f(b)=B$,则对于 A 与 B 之间的任一数 C,在开区间 (a,b) 内至少有一点 ξ,使得 $f(\xi)=C$.

推论:在闭区间上的连续函数必取得介于最小值与最大值之间的任何值.

【串讲小结】

高等数学的研究对象是变量,所谓函数关系就是变量之间的依赖关系,极限方法是研究变量的一种基本方法,是微积分建立的基础;正确理解极限及其有关概念是学好高等数学的关键.本章的基本知识结构是从函数概念入手,给出数列极限、函数极限的定义.在极限定义的基础上讨论了无穷小与无穷大的概念和性质,并介绍了极限运算法则和极限存在的两个准则,最后,利用极限的定义介绍了函数的连续性及间断点的类型.学习上,在理解函数极限与连续性概念的基础上,通过较多的例题和练习训练,使学生能较熟练掌握求解极限与判断间断点类型的技巧.教师可总结求数列极限及函数极限的若干种方法,提示求极限的一些技巧,对一些常规方法,如分解因式,约去使分母极限为零的公因式,无穷小与无穷大的互为倒数关系,利用等价无穷小替换等,应加强练习,使学生能够熟练掌握.本章的另一个重点内容是函数的连续性及间断点类型的判断.对连续性的 3 种定义形式要有所了解,熟练应用连续性定义判断函数是否连续.如函数在一点不连续,即该点为间断点时,要能判断出间断点的类型,第一类间断点的判断是最重要的,特别是可去间断点的几种可能情况应非常清楚.闭区间上连续函数的性质主要应掌握零点定理、介值定理;能利用零点定理判断方程解的存在情况;了解有界性定理.极限是整个高等数学的基础,因此学好第 1 章内容对以后章节的学习至关重要.

1.3 答疑解惑

1. 数列极限定义中的自然数 N,函数极限定义中的 δ 与正数 ε 是什么关系?N 和 δ 是不是 ε 的函数?

答:在数列极限定义中,自然数 N 是根据不等式 $|x_n-A|<\varepsilon(\forall n>N)$ 确定的,所以 N 与 ε 有关,但不能说 N 是 ε 的函数.这是因为,如果 N 是 ε 的函数,即 $N=f(\varepsilon)$,那么,任意给定一个 $\varepsilon>0$,有且只有一个 N 满足不等式

$|x_n - A| < \varepsilon (\forall n > N)$. 但实际上不是这样的,因为如果自然数 N 使得不等式 $|x_n - A| < \varepsilon (\forall n > N)$ 成立,那么所有大于 N 的任一自然数 N_1,都满足 $|x_n - A| < \varepsilon (\forall n > N_1)$.

同样道理,在函数极限中,δ 与 ε 有关,但不能说 δ 是 ε 的函数,即满足条件的 δ 有无穷多个. 记号 $\delta = \delta(\varepsilon)$ 只是说明 δ 是与 ε 有关的一个量.

2. 极限的定义是否给出了求极限的方法?

答:高中阶段给出了函数极限的描述性定义,即自变量无限接近于某一固定值时,如果函数值无限接近于某个确定的常数,那么这个确定的常数就叫做在这一变化过程中函数的极限. 而高等数学则用比较精确的"$\varepsilon - \delta$"语言表达了极限的准确定义. 但无论哪一种定义形式都没有给出求极限的方法,只是从理论上说明某一常数为一个数列或函数的极限. 所以,要想求出数列或函数的极限,必须用一些特定方法求解.

3. 在 $\lim\limits_{x \to x_0} f(x) = A$ 的定义中,为何只要求 $f(x)$ 在 x_0 的去心邻域 $\mathring{U}(x_0, \delta)$ 内有定义?

答:此问题要抓住"极限"一词的基本定义,即"自变量在某一无限变化过程中,函数值的变化趋势",其中"无限变化过程"及"变化趋势"是关键词. $f(x)$ 在 x_0 的去心邻域 $\mathring{U}(x_0, \delta)$ 内有定义,就可保证 $x \to x_0$ 是无限变化过程,即可保证 x 无限接近 x_0,而此时函数值 $f(x)$ 的变化趋势与 x_0 处的函数值 $f(x_0)$ 是否存在无关,故只要 $f(x)$ 在 x_0 的去心邻域 $\mathring{U}(x_0, \delta)$ 内有定义即可.

4. 无界变量是无穷大量吗?

答:无界变量和无穷大量都是处在某个变化过程中的变量,无穷大量一定是无界变量,但无界变量不一定是无穷大量. 函数的有界、无界与无穷大是两种不同的概念,无穷大指的是在自变量的某一变化过程中,对应的函数值的绝对值无限增大,无界变量不一定满足这个条件. 例如,函数 $y = x\sin x$ 在 $(-\infty, +\infty)$ 内是无界的,但它不是当 $x \to +\infty$ 时的无穷大.

5. 两个无穷大的和仍为无穷大吗?

答:此问题不可受"两个无穷小的和仍为无穷小"的影响,事实上,两个无穷大之和是"未定型". 例如,$f(x) = x, g(x) = \dfrac{1-x^2}{x}$,则当 $x \to \infty$ 时,$f(x), g(x)$ 都是无穷大,但 $\lim\limits_{x \to \infty}[f(x) + g(x)] = \lim\limits_{x \to \infty}\left(x + \dfrac{1-x^2}{x}\right) = \lim\limits_{x \to \infty}\dfrac{1}{x} = 0$,这说明两个无穷大的和不一定是无穷大.

6. 求极限有哪些基本方法?

答:求解极限问题,题型变化多样,主要方法总结如下:

(1) 初等函数在定义域内求极限有 $\lim\limits_{x \to x_0} f(x) = f(x_0)$.

(2) 利用无穷小与无穷大的互为倒数关系.

(3) 对有理分式函数,当 $x \to \infty$ 时,用 x 的高次方项同时去除分子、分母.

(4) 利用等价无穷小的替换或无穷小的性质,常用的等价无穷小有:当 $x \to 0$ 时,$x \sim \sin x \sim \tan x \sim \arcsin x \sim \arctan x \sim \ln(1+x) \sim e^x - 1$,$1 - \cos x \sim \dfrac{x^2}{2}$,$(1+x)^\alpha - 1 \sim \alpha x$,$a^x - 1 \sim x \ln a (a > 0, a \neq 1)$.

(5) 分解因式,约去使分母极限为零的公因式.

(6) 乘以共轭因式,约去使分母极限为零的公因式.

(7) 利用两个重要极限.

以后还将学到:

(8) 利用洛必达法则求极限.

(9) 利用定积分的定义求极限.

(10) 利用级数收敛的必要条件求极限.

7. 函数 $f(x)$ 在一点 x_0 处连续是否意味着 $f(x)$ 在 x_0 的某个邻域内处处连续?

答:函数 $f(x)$ 在点 x_0 处连续是 $f(x)$ 在 x_0 的一个局部性质,它只说明当 $x \to x_0$ 时,函数值 $f(x)$ 的一种变化趋势(即 $\lim\limits_{x \to x_0} f(x) = f(x_0)$),不涉及 $f(x)$ 在其他点的性质,所以 $f(x)$ 在点 x_0 处连续并不意味着 $f(x)$ 在点 x_0 的某个邻域内处处连续. 可以考察函数

$$f(x) = \begin{cases} x, & x \text{ 为有理数}, \\ 0, & x \text{ 为无理数}, \end{cases}$$

这个函数在 $x = 0$ 是连续的,但是除了 $x = 0$ 之外,该函数处处不连续.

8. 第二类间断点只包括无穷间断点和振荡间断点吗?

答:函数的间断点通常分为两类:第一类间断点和第二类间断点. 其中第一类间断点指的是函数 $f(x)$ 在 x_0 的左极限 $f(x_0^-)$ 和右极限 $f(x_0^+)$ 均存在. 若 $f(x_0^-) = f(x_0^+)$,称 x_0 为可去间断点;若 $f(x_0^-) \neq f(x_0^+)$,称 x_0 为跳跃间断点,即第一类间断点只有两种情况. 第二类间断点指的是 $f(x_0^-)$ 及 $f(x_0^+)$ 至少有一个不存在. 若其中有一个为 ∞,称 x_0 为无穷间断点;若其中有一个在 x_0 附近来回振荡,称 x_0 为振荡间断点. 但第二类间断点不只包括无穷间断点和振荡间断点,通常把不是第一类间断点的任何间断点都称为第二类间断点. 例如对于狄利克雷函数

$$D(x) = \begin{cases} 1, & x \text{ 为有理数}, \\ 0, & x \text{ 为无理数}, \end{cases}$$

每个实数都是第二类间断点,但并非无穷间断点或振荡间断点.

9. 连续函数的和与积一定是连续函数,不连续函数的和与积一定是不连续函数吗?

答:可以证明,连续函数的和与积一定是连续函数,但是不连续函数的和与积未必是不连续函数. 例如:
$$f(x) = \begin{cases} 1, & x \geqslant 0, \\ -1, & x < 0, \end{cases} \qquad g(x) = \begin{cases} -1, & x \geqslant 0, \\ 1, & x < 0; \end{cases}$$
易知, $f(x)$ 与 $g(x)$ 在 $x = 0$ 是不连续的,但是和函数 $f(x) + g(x) = 0$ 是处处连续的,积函数 $f(x)g(x) = -1$ 也是处处连续的.

10. $f(x)$ 与 $g(x)$ 在 $(-\infty, +\infty)$ 内有定义, $f(x)$ 为连续函数,且 $f(x) \neq 0$, $g(x)$ 有间断点,下列各命题是否成立? 为什么?

(1) $f[g(x)]$ 必有间断点; (2) $g^2(x)$ 必有间断点;

(3) $g[f(x)]$ 必有间断点; (4) $\dfrac{g(x)}{f(x)}$ 必有间断点.

答:(1) 结论不成立. 例如 $f(x) = \sin x, g(x) = \begin{cases} x - \pi, & x \leqslant 0, \\ x + \pi, & x > 0 \end{cases}$ 满足 $f(x)$ 在 $(-\infty, +\infty)$ 内处处连续, $g(x)$ 在 $x = 0$ 间断,但
$$f[g(x)] = \sin[g(x)] = \begin{cases} \sin(x - \pi), & x \leqslant 0, \\ \sin(x + \pi), & x > 0, \end{cases} \text{即 } f[g(x)] = -\sin x,$$
易知, $f[g(x)]$ 在 $(-\infty, +\infty)$ 内处处连续.

(2) 结论不成立. 例如 $g(x) = \begin{cases} -1, & x \geqslant 0, \\ 1, & x < 0, \end{cases}$ 满足 $g(x)$ 在 $x = 0$ 间断,但 $g^2(x) = 1$ 在 $(-\infty, +\infty)$ 内是处处连续的.

(3) 结论不成立. 例如 $f(x) = \sin x, g(x) = \begin{cases} 1, & |x| \leqslant 1, \\ 0, & |x| > 1, \end{cases}$ 满足 $f(x)$ 在 $(-\infty, +\infty)$ 内处处连续, $g(x)$ 在 $x = \pm 1$ 间断,但 $g[f(x)] = 1$ 在 $(-\infty, +\infty)$ 内是处处连续的.

(4) 结论成立. 事实上,设 x_0 是 $g(x)$ 的间断点,包括下列情况:

① 若 $g(x)$ 在 x_0 无定义,则 $\dfrac{g(x)}{f(x)}$ 在 x_0 无定义;

② 若 $g(x_0)$ 存在,而 $\lim\limits_{x \to x_0} g(x)$ 不存在,则 $\lim\limits_{x \to x_0} \dfrac{g(x)}{f(x)}$ 不存在;

③ 若 $g(x_0)$ 存在,且 $\lim\limits_{x \to x_0} g(x)$ 存在,但 $\lim\limits_{x \to x_0} g(x) \neq g(x_0)$,则 $\lim\limits_{x \to x_0} \dfrac{g(x)}{f(x)} \neq \dfrac{g(x_0)}{f(x_0)}$.

因此,若 $g(x)$ 在 x_0 间断,则 $\dfrac{g(x)}{f(x)}$ 一定在 x_0 间断.

1.4 范例解析

例1 设 $f(x)=e^{x^2}$, $f[\varphi(x)]=1-x$, 且 $\varphi(x)\geqslant 0$, 求 $\varphi(x)$ 及其定义域.

解析: 由 $f(x)=e^{x^2}$ 及 $f[\varphi(x)]=1-x$, 得 $e^{[\varphi(x)]^2}=1-x$, 由此解得 $[\varphi(x)]^2=\ln(1-x)$, 又 $\varphi(x)\geqslant 0$, 得 $\varphi(x)=\sqrt{\ln(1-x)}$. 令 $\ln(1-x)\geqslant 0$, 得 $\varphi(x)$ 的定义域为 $\{x\mid x\leqslant 0\}$.

例2 求极限 $\lim\limits_{x\to -\infty}\dfrac{\sqrt{4x^2+x-1}+x+1}{\sqrt{x^2+\sin x}}$.

解析: $\lim\limits_{x\to -\infty}\dfrac{\sqrt{4x^2+x-1}+x+1}{\sqrt{x^2+\sin x}}=\lim\limits_{x\to -\infty}\dfrac{-\sqrt{4+\dfrac{1}{x}-\dfrac{1}{x^2}}-1-\dfrac{1}{x}}{\sqrt{1+\dfrac{\sin x}{x^2}}}=1.$

注意: 本题的解法是将分子分母同除以 x 的最高次方项 $-x$.

例3 求下列数列极限:

(1) $\lim\limits_{n\to\infty}\left(1+\dfrac{1}{n}+\dfrac{1}{n^2}\right)^n$;

(2) $\lim\limits_{n\to\infty}(1+2^n+3^n)^{\frac{1}{n}}$;

(3) $\lim\limits_{n\to\infty}\left[\sin n!\left(\dfrac{n-1}{3n^2+2}\right)\right]$.

解析: (1) 先将表达式变形, 再利用第 2 个重要极限, 即可得极限的结果.

$$\lim_{n\to\infty}\left(1+\dfrac{1}{n}+\dfrac{1}{n^2}\right)^n=\lim_{n\to\infty}\left(1+\dfrac{n+1}{n^2}\right)^{\frac{n^2}{n+1}\cdot\frac{n+1}{n}}$$
$$=\left[\lim_{n\to\infty}\left(1+\dfrac{n+1}{n^2}\right)^{\frac{n^2}{n+1}}\right]^{\lim\limits_{n\to\infty}\frac{n+1}{n}}=e.$$

本题是利用这样一个结论: 对于形如 $f(x)^{g(x)}$ ($f(x)>0, f(x)\neq 1$) 的函数(通常称为幂指函数), 如果 $\lim f(x)=a>0$, $\lim g(x)=b$, 那么则有
$$\lim f(x)^{g(x)}=a^b.$$

注意: 这里 3 个 lim 都表示在同一自变量变化过程中的极限, 结论对数列同样成立.

(2) 本题不能利用(1)的做法求解, 可以考虑用极限存在的夹逼准则求解.

$$\lim_{n\to\infty}(1+2^n+3^n)^{\frac{1}{n}}=\lim_{n\to\infty}3\left[1+\left(\dfrac{2}{3}\right)^n+\left(\dfrac{1}{3}\right)^n\right]^{\frac{1}{n}},$$

由于 $1<\left[1+\left(\dfrac{2}{3}\right)^n+\left(\dfrac{1}{3}\right)^n\right]^{\frac{1}{n}}<3^{\frac{1}{n}}\to 1(n\to\infty)$, 故原式 $=3$.

(3) 因 $\dfrac{n-1}{3n^2+2}$ 是 $n\to\infty$ 时的无穷小，$|\sin n!|\leqslant 1$，

故 $\lim\limits_{n\to\infty}\left[\sin n!\left(\dfrac{n-1}{3n^2+2}\right)\right]=0.$

注意："无穷小与有界变量的积还是无穷小"在求解极限问题时经常用到.

例 4 求下列函数极限：

(1) $\lim\limits_{x\to 0}\dfrac{\sqrt{1+x}-1}{\sqrt[3]{1+x}-1}$;

(2) $\lim\limits_{x\to 0}\dfrac{\sqrt{1+x}+\sqrt{1-x}-2}{x^2}$;

(3) $\lim\limits_{x\to 0}\dfrac{\tan x-\sin x}{x\sin^2 x}.$

解析：(1) 分子、分母极限均为零的情形是经常遇到的，对于这种极限不能直接运用极限四则运算法则和重要极限等公式；通常需要把式子变形后找出分子分母中的公共"零因子"，消去"零因子"后，再求极限. 一般方法有两种：① 分子分母有理化；② 变量代换.

令 $\sqrt[6]{1+x}=t$，则 $x\to 0$ 时，$t\to 1$，故

原式 $=\lim\limits_{t\to 1}\dfrac{t^3-1}{t^2-1}=\lim\limits_{t\to 1}\dfrac{t^2+t+1}{t+1}=\dfrac{3}{2}.$

(2) 本题中分子是无理式，且趋于零，适用于代数恒等变形使之有理化，以消去零因子.

原式 $=\lim\limits_{x\to 0}\dfrac{(\sqrt{1+x}-1)+(\sqrt{1-x}-1)}{x^2}=\lim\limits_{x\to 0}\dfrac{\dfrac{x}{\sqrt{1+x}+1}+\dfrac{-x}{\sqrt{1-x}+1}}{x^2}$

$=\lim\limits_{x\to 0}\dfrac{1}{(\sqrt{1+x}+1)(\sqrt{1-x}+1)}\lim\limits_{x\to 0}\dfrac{\sqrt{1-x}-\sqrt{1+x}}{x}$

$=\dfrac{1}{4}\lim\limits_{x\to 0}\dfrac{-2x}{x(\sqrt{1-x}+\sqrt{1+x})}=-\dfrac{1}{4}.$

(3) 本题在初求极限时可能会有以下错误解法：当 $x\to 0$ 时，$\sin x\sim x$，$\tan x\sim x$，故 $\lim\limits_{x\to 0}\dfrac{\tan x-\sin x}{x\sin^2 x}=\lim\limits_{x\to 0}\dfrac{x-x}{x\sin^2 x}=0.$

应用恒等变形和重要极限，

原式 $=\lim\limits_{x\to 0}\left(\dfrac{1-\cos x}{x^2}\cdot\dfrac{x}{\sin x}\cdot\dfrac{1}{\cos x}\right)=\lim\limits_{x\to 0}\dfrac{2\sin^2\dfrac{x}{2}}{x^2}=\dfrac{1}{2}.$

例 5 设 $|x|<1$，求 $\lim\limits_{n\to\infty}(1+x)(1+x^2)(1+x^4)\cdots(1+x^{2^n}).$

解析:将分子、分母同乘以因子 $1-x$,则得

$$\begin{aligned}
原式 &= \lim_{n\to\infty} \frac{(1-x)(1+x)(1+x^2)(1+x^4)\cdots(1+x^{2^n})}{1-x} \\
&= \lim_{n\to\infty} \frac{(1-x^2)(1+x^2)(1+x^4)\cdots(1+x^{2^n})}{1-x} \\
&= \lim_{n\to\infty} \frac{(1-x^{2^n})(1+x^{2^n})}{1-x} = \lim_{n\to\infty} \frac{1-x^{2^{n+1}}}{1-x} \\
&= \frac{1}{1-x} (因为当 |x|<1 时, \lim_{n\to\infty} x^{2^{n+1}} = 0).
\end{aligned}$$

例 6 试确定常数 a 与 b,使得 $\lim\limits_{x\to+\infty}(5x-\sqrt{ax^2+bx+2}) = 2$.

解析:本题是已知极限结果求极限表达式中的未知量,做法与求极限的过程类似,先将表达式化简变形,一般可以化为一个分式形式,再利用分式函数极限的结论列出方程或是方程组解出未知量.

$$\begin{aligned}
\lim_{x\to+\infty}(5x-\sqrt{ax^2+bx+2}) &= \lim_{x\to+\infty} \frac{25x^2-(ax^2+bx+2)}{5x+\sqrt{ax^2+bx+2}} \\
&= \lim_{x\to+\infty} \frac{(25-a)x-b-\dfrac{2}{x}}{5+\sqrt{a+\dfrac{b}{x}+\dfrac{2}{x^2}}} = 2,
\end{aligned}$$

所以必有 $\begin{cases} 25-a = 0, \\ \dfrac{-b}{5+\sqrt{a}} = 2, \end{cases}$ 解得 $a = 25, b = -20$.

例 7 讨论函数 $f(x) = \begin{cases} |x-1|, & |x| > 1, \\ \cos\dfrac{\pi x}{2}, & |x| \leqslant 1 \end{cases}$ 的连续性.

解析:原式中表达式含有绝对值,所以要先把绝对值号去掉,得

$$f(x) = \begin{cases} 1-x, & x < -1, \\ \cos\dfrac{\pi x}{2}, & -1 \leqslant x \leqslant 1, \\ x-1, & x > 1. \end{cases}$$

显然,$f(x)$ 在 $(-\infty, -1)$,$(-1, 1)$,$(1, +\infty)$ 三段区间内都连续,以下讨论函数在区间分断点处的连续性.

$\lim\limits_{x\to-1^-} f(x) = \lim\limits_{x\to-1^-}(1-x) = 2$,$\lim\limits_{x\to-1^+} f(x) = \lim\limits_{x\to-1^+}\cos\dfrac{\pi x}{2} = 0$,由 $\lim\limits_{x\to-1^-} f(x) \neq \lim\limits_{x\to-1^+} f(x)$ 知,$f(x)$ 在 $x=-1$ 间断.

$\lim\limits_{x\to 1^-} f(x) = \lim\limits_{x\to 1^-}\cos\dfrac{\pi x}{2} = 0$,$\lim\limits_{x\to 1^+} f(x) = \lim\limits_{x\to 1^+}(x-1) = 0$,由 $\lim\limits_{x\to 1^-} f(x) =$

$\lim\limits_{x \to 1^+} f(x) = f(1)$ 知,$f(x)$ 在 $x=1$ 连续.

综上所述,$f(x)$ 在 $(-\infty,-1) \cup (-1,+\infty)$ 上连续.

例 8 求函数 $f(x) = (1+x)^{\frac{x}{\tan(x-\frac{\pi}{4})}}$ 在区间 $(0,2\pi)$ 内的间断点,并判断其类型.

解析: 通常函数的间断点分为两类,设 x_0 为 $f(x)$ 的间断点.

(1) 当 $\lim\limits_{x \to x_0^+} f(x)$ 与 $\lim\limits_{x \to x_0^-} f(x)$ 都存在时,称 x_0 为 $f(x)$ 的第一类间断点.

如果 $\lim\limits_{x \to x_0^+} f(x) = \lim\limits_{x \to x_0^-} f(x)$,则 x_0 为 $f(x)$ 的可去间断点;

如果 $\lim\limits_{x \to x_0^+} f(x) \neq \lim\limits_{x \to x_0^-} f(x)$,则 x_0 为 $f(x)$ 的跳跃间断点.

(2) 当 $\lim\limits_{x \to x_0^+} f(x)$ 与 $\lim\limits_{x \to x_0^-} f(x)$ 有一个不存在时,称 x_0 为 $f(x)$ 的第二类间断点.

如果 $\lim\limits_{x \to x_0^+} f(x)$ 与 $\lim\limits_{x \to x_0^-} f(x)$ 中有一个为无穷大时,则 x_0 为 $f(x)$ 的无穷间断点;

如果 $\lim\limits_{x \to x_0} f(x)$ 不存在,当自变量趋于 x_0 时,函数值在两个常数间变动无限多次,则称 x_0 为 $f(x)$ 的振荡间断点.

$f(x)$ 在 $(0,2\pi)$ 内的间断点为 $x = \frac{\pi}{4}, \frac{3\pi}{4}, \frac{5\pi}{4}, \frac{7\pi}{4}$.

由于 $\lim\limits_{x \to \frac{\pi}{4}^+} f(x) = +\infty$, $\lim\limits_{x \to \frac{\pi}{4}^-} f(x) = 0$; $\lim\limits_{x \to \frac{5\pi}{4}^+} f(x) = +\infty$, $\lim\limits_{x \to \frac{5\pi}{4}^-} f(x) = 0$,

所以 $x = \frac{\pi}{4}, \frac{5\pi}{4}$ 为第二类间断点.

又 $\lim\limits_{x \to \frac{3\pi}{4}} f(x) = 1$, $\lim\limits_{x \to \frac{7\pi}{4}} f(x) = 1$,所以 $x = \frac{3\pi}{4}, \frac{7\pi}{4}$ 为第一类的可去间断点.

例 9 设 $f(x)$ 在 $[a,b]$ 上连续,且恒为正,证明:对 $\forall x_1, x_2 \in (a,b), x_1 < x_2$,必 $\exists \xi \in [x_1, x_2]$,使 $f(\xi) = \sqrt{f(x_1)f(x_2)}$.

解析: 本题首先应考虑利用零点定理或是介值定理证明,而利用零点定理证明必须要构造函数,所以应根据要证明的等式形式构造一个合适的函数,使之满足题目中所给的条件,再由零点定理得出结论.

令 $F(x) = f^2(x) - f(x_1)f(x_2)$,则 $F(x)$ 在 $[a,b]$ 上连续,且有

$$F(x_1)F(x_2) = -f(x_1)f(x_2)[f(x_1)-f(x_2)]^2 \leqslant 0.$$

当 $f(x_1) = f(x_2)$ 时,取 $\xi = x_1$ 或 $\xi = x_2$,则有 $f(\xi) = \sqrt{f(x_1)f(x_2)}$;

当 $f(x_1) \neq f(x_2)$ 时,由 $f(x) > 0$,可得 $F(x_1)F(x_2) < 0$,故由零点定理知 $\exists \xi \in (x_1, x_2)$,使 $F(\xi) = 0$,即 $f(\xi) = \sqrt{f(x_1)f(x_2)}$.

1.5 基础作业题

一、选择题

1. 下面 4 个函数中,与 $y=|x|$ 不同的（   ）.
   A. $y=|e^{\ln x}|$ B. $y=\sqrt{x^2}$ C. $y=\sqrt[4]{x^4}$ D. $y=x\,\text{sgn}\,x$

2. 下列几对函数中,$f(x)$ 与 $g(x)$ 相同的是（   ）.
   A. $f(x)=\lg x^2$ 与 $g(x)=2\lg x$ B. $f(x)=x$ 与 $g(x)=\sqrt{x^2}$
   C. $f(x)=|x|$ 与 $g(x)=\sqrt{x^2}$ D. $f(x)=1$ 与 $g(x)=\dfrac{x}{x}$

3. 下列函数中既是奇函数又是单调增加的为（   ）.
   A. $\sin^3 x$ B. x^3+1 C. x^3+x D. x^3-x

4. 根据 $\lim\limits_{n\to\infty} x_n = a$ 的定义,对任给 $\varepsilon>0$,存在正整数 N,使得满足 $n>N$ 的 x_n,不等式 $|x_n-a|<\varepsilon$ 都成立,这里的 N（   ）.
   A. 是 ε 的函数 $N(\varepsilon)$,且当 ε 减少时 $N(\varepsilon)$ 增大
   B. 是由 ε 所唯一确定的
   C. 与 ε 有关,但 ε 给定时 N 并不唯一确定
   D. 是一个很大的常数,与 ε 无关

5. 数列有界是数列收敛的（   ）.
   A. 充分条件   B. 必要条件
   C. 充分必要条件   D. 既非充分又非必要条件

6. 下列数列 x_n 中,收敛的是（   ）.
   A. $x_n=(-1)^n\dfrac{n-1}{n}$ B. $x_n=\dfrac{n}{n+1}$
   C. $x_n=\sin\dfrac{n\pi}{2}$ D. $x_n=n-(-1)^n$

7. $f(x)$ 在 $x=x_0$ 处有定义是 $\lim\limits_{x\to x_0} f(x)$ 存在的（   ）.
   A. 充分条件   B. 必要条件
   C. 充要条件   D. 既非充分条件也非必要条件

8. 若 $f(x)=\dfrac{(x-1)^2}{x^2-1}$,$g(x)=\dfrac{x-1}{x+1}$,则（   ）.
   A. $f(x)=g(x)$ B. $\lim\limits_{x\to 1} f(x)=g(x)$
   C. $\lim\limits_{x\to 1} f(x)=\lim\limits_{x\to 1} g(x)$ D. 以上等式都不成立

9. 当 $x\to\infty$ 时,$\dfrac{1}{x}\sin\dfrac{1}{x}$ 为 $\dfrac{1}{x}$ 的（   ）无穷小.

A. 等价 B. 同阶
C. 二阶 D. 三阶

10. 在 $x \to 0$ 时,下面说法中错误的是( ).

   A. $x\sin x$ 是无穷小 B. $x\sin \dfrac{1}{x}$ 是无穷小

   C. $\dfrac{1}{x}\sin \dfrac{1}{x}$ 是无穷大 D. $\dfrac{1}{x}$ 是无穷大

11. 下面命题中正确的是( ).

   A. 无穷大是一个非常大的数 B. 有限个无穷大的和仍为无穷大
   C. 无界变量必为无穷大 D. 无穷大必是无界变量

12. 下列极限中,极限值不为 0 的是( ).

   A. $\lim\limits_{x\to\infty}\dfrac{\arctan x}{x}$ B. $\lim\limits_{x\to\infty}\dfrac{2\sin x+3\cos x}{x}$

   C. $\lim\limits_{x\to 0}x^2\sin\dfrac{1}{x}$ D. $\lim\limits_{x\to\pi}\dfrac{\sin x}{\tan x}$

13. 若 $f(x)>\varphi(x)$,且 $\lim\limits_{x\to a}f(x)=A$, $\lim\limits_{x\to b}\varphi(x)=B$,则( ).

   A. $A>B$ B. $A\geqslant B$ C. $|A|>|B|$ D. $|A|\geqslant|B|$

14. 当 $x\to 1$ 时,与无穷小 $1-x$ 等价的是( ).

   A. $\dfrac{1}{2}(1-x^3)$ B. $\dfrac{1}{2}(1-\sqrt{x})$

   C. $\dfrac{1}{2}(1-x^2)$ D. $1-\sqrt{x}$

15. 下列极限中,值为 1 的是( ).

   A. $\lim\limits_{x\to\infty}\dfrac{\pi}{2}\dfrac{\sin x}{x}$ B. $\lim\limits_{x\to 0}\dfrac{\pi}{2}\dfrac{\sin x}{x}$

   C. $\lim\limits_{x\to\frac{\pi}{2}}\dfrac{\pi}{2}\dfrac{\sin x}{x}$ D. $\lim\limits_{x\to\pi}\dfrac{\pi}{2}\dfrac{\sin x}{x}$

16. 如果当 $x\to\infty$ 时,$\dfrac{1}{ax^2+bx+c}$ 是比 $\dfrac{1}{x+1}$ 高阶的无穷小,则 a,b,c 应满足( ).

   A. $a=0,b=1,c=1$ B. $a\neq 0,b=1,c$ 为任意常数
   C. $a\neq 0,b,c$ 为任意常数 D. a,b,c 都是任意常数

17. $f(x)=\begin{cases}x+\dfrac{\sin x}{x}, & x<0,\\ 0, & x=0,\\ x\cos\dfrac{1}{x}, & x>0,\end{cases}$ 则 $x=0$ 是 $f(x)$ 的( ).

A. 连续点   B. 可去间断点
C. 跳跃间断点   D. 振荡间断点

18. 若 $f(x)$ 在 $[a,b]$ 上连续,则下列命题中错误的是(   ).

A. 存在 $x_1, x_2 \in [a,b]$,使 $f(x_1) \leqslant f(x) \leqslant f(x_2)$

B. 存在常数 M,使得对任意 $x \in [a,b]$,都有 $|f(x)| \leqslant M$

C. 在 (a,b) 内必定没有最大值

D. 在 (a,b) 内可能既没有最大值也没有最小值

二、计算题

1. 计算下列极限:

(1) $\lim\limits_{x \to 1} \dfrac{x^2 - 2x + 1}{x^2 - 1}$;

(2) $\lim\limits_{x \to \infty} \dfrac{x^2 - 1}{2x^2 - x - 1}$;

(3) $\lim\limits_{x \to 4} \dfrac{x^2 - 6x + 8}{x^2 - 5x + 4}$;

(4) $\lim\limits_{n \to \infty} (1 + \dfrac{1}{2} + \dfrac{1}{4} + \cdots + \dfrac{1}{2^n})$;

(5) $\lim\limits_{x \to 1} (\dfrac{1}{1-x} - \dfrac{1}{1-x^3})$;

(6) $\lim\limits_{x \to 0} \dfrac{\sqrt{x+1} - 1}{x}$;

(7) $\lim\limits_{x \to +\infty} (\sqrt{x + \sqrt{x + \sqrt{x}}} - \sqrt{x})$;

(8) $\lim\limits_{x \to 0} \dfrac{\tan 3x}{x}$;

(9) $\lim\limits_{x \to 0} x \cot x$;

(10) $\lim\limits_{x \to 0} \dfrac{1 - \cos 2x}{x \sin x}$;

(11) $\lim\limits_{x \to \infty} x \sin \dfrac{1}{x}$;

(12) $\lim\limits_{x \to \infty} (1 - \dfrac{1}{x})^{kx}$;

(13) $\lim\limits_{x \to \infty} (\dfrac{x+1}{x-1})^x$;

(14) $\lim\limits_{x \to 0} (1 - 3\sin x)^{2\csc x}$.

2. 利用等价无穷小代换求极限:

(1) $\lim\limits_{x \to 0} \dfrac{\ln(\sin x + 1)}{e^{\sin x} - 1}$;

(2) $\lim\limits_{x \to 0} \dfrac{\sqrt{1 + \sin x^2} - 1}{e^{x^2} - 1}$;

(3) $\lim\limits_{x \to 0} \dfrac{3\sin x + x^2 \cos \dfrac{1}{x}}{(1 + \cos x) \ln(1 + x)}$.

3. 设 $f(x) = \begin{cases} e^x, & x < 1, \\ x, & x \geqslant 1, \end{cases}$ $g(x) = \begin{cases} x + 2, & x < 0, \\ x^2 - 1, & x \geqslant 0, \end{cases}$ 求 $f[g(x)]$.

4. 已知 $f(x) = \begin{cases} \sqrt{x-3}, & x \geqslant 3, \\ x + a, & x < 3, \end{cases}$ 且 $\lim\limits_{x \to 3} f(x)$ 存在,求 a.

5. 已知 $\lim\limits_{x \to \infty} (\dfrac{x^3 + 1}{x^2 + 1} - ax - b) = 1$,求常数 a 和 b.

6. 已知 $f(x) = \begin{cases} 0, & x < 1, \\ 2x+1, & 1 \leqslant x < 2, \\ 1+x^2, & 2 \leqslant x, \end{cases}$ 求它的间断点,并判断其类型.

7. 设函数

$$f(x) = \begin{cases} \dfrac{\sin ax}{\sqrt{1-\cos x}}, & x < 0, \\ b, & x = 0, \\ \dfrac{1}{x}[\ln x - \ln(x^2+x)], & x > 0, \end{cases}$$

问 a,b 为何值时,$f(x)$ 在 $(-\infty,+\infty)$ 内连续?

三、证明题

1. 证明:函数 $y = \dfrac{1}{x}\cos\dfrac{1}{x}$ 在区间 $(0,1]$ 上无界,但当 $x \to 0^+$ 时,这函数不是无穷大.

2. 证明:当 $x \to 0$ 时,$\dfrac{2}{3}(\cos x - \cos 2x) \sim x^2$.

3. 设 $f(x)$ 在 $[0,1]$ 上连续,且 $0 \leqslant f(x) \leqslant 1$. 证明:至少存在一点 $\xi \in [0,1]$,使得 $f(\xi) = \xi$.

1.6 综合作业题

一、填空题

1. 设 $f(x) = \begin{cases} 1, & |x| \leqslant 1, \\ 0, & |x| > 1, \end{cases}$ 则 $f[f(x)] = $ _____.

2. $\lim\limits_{n\to\infty}(\sqrt{n+3\sqrt{n}} - \sqrt{n-\sqrt{n}}) = $ _____.

3. $\lim\limits_{n\to\infty}(\sqrt{1+2+\cdots+n} - \sqrt{1+2+\cdots+(n-1)}) = $ _____.

4. $\lim\limits_{x\to\infty}\left(\dfrac{x+a}{x-a}\right)^x = $ _____.

5. $\lim\limits_{x\to 0}(1+3x)^{\frac{2}{\sin x}} = $ _____.

6. 设 $f(x) = a^x (a > 0, a \neq 1)$,则 $\lim\limits_{n\to\infty}\dfrac{1}{n^2}\ln[f(1)f(2)\cdots f(n)] = $ _____.

7. 若 $x \to 0$ 时,$(1-ax^2)^{\frac{1}{4}} - 1$ 与 $x\sin x$ 是等价无穷小,则 $a = $ _____.

8. 设 $f(x) = \begin{cases} \dfrac{\cos 2x - \cos 3x}{x^2}, & x \neq 0, \\ a, & x = 0, \end{cases}$ 若 $f(x)$ 连续,则 $a = $ _____.

二、选择题

1. "对任意给定的 $\varepsilon \in (0,1)$，总存在正整数 N，当 $n \geqslant N$ 时，恒有不等式 $|x_n - a| \leqslant 2\varepsilon$" 是数列 $\{x_n\}$ 收敛于 a 的（   ）.

   A. 充分条件   B. 必要条件
   C. 充分必要条件   D. 既非充分又非必要条件

2. 设数列 $\{x_n\}$ 与 $\{y_n\}$ 满足 $\lim\limits_{n\to\infty}(x_n y_n) = 0$，则下列结论中正确的是（   ）.

   A. 若 x_n 发散，则 y_n 必发散
   B. 若 x_n 无界，则 y_n 必有界
   C. 若 x_n 有界，则 y_n 必为无穷小
   D. 若 $\dfrac{1}{x_n}$ 为无穷小，则 y_n 必为无穷小

3. $f(x) = x\tan x e^{\sin x}$ 是（   ）.

   A. 偶函数   B. 无界函数   C. 周期函数   D. 单调函数

4. 设对任意的 x，总有 $\varphi(x) \leqslant f(x) \leqslant g(x)$，且 $\lim\limits_{x\to\infty}[g(x) - \varphi(x)] = 0$，则 $\lim\limits_{x\to\infty} f(x)$（   ）.

   A. 存在且一定等于零   B. 存在，但不一定为零
   C. 一定不存在   D. 不一定存在

5. 当 $n \to \infty$ 时，数列 $x_n = \begin{cases} \dfrac{n^2 + \sqrt{n}}{n}, & n \text{ 为奇数}, \\ \dfrac{1}{n}, & n \text{ 为偶数} \end{cases}$ 是（   ）.

   A. 无穷大   B. 无穷小   C. 有界变量   D. 无界变量

6. 已知 $\lim\limits_{x\to\infty}\left(\dfrac{x^2}{x+1} - ax - b\right) = 0$，则（   ）.

   A. $a = 1, b = 1$ B. $a = -1, b = 1$
   C. $a = 1, b = -1$ D. $a = -1, b = -1$

7. 设 $f(x) = \lim\limits_{n\to\infty}\dfrac{1+x}{1+x^{2n}}$，则 $f(x)$（   ）.

   A. 不存在间断点   B. 存在间断点 $x = 1$
   C. 存在间断点 $x = 0$ D. 存在间断点 $x = -1$

8. 设 $f(x)$ 与 $g(x)$ 在 $(-\infty, +\infty)$ 内有定义，$f(x)$ 为连续函数，且 $f(x) \neq 0$，$g(x)$ 有间断点，则（   ）.

   A. $f[g(x)]$ 必有间断点   B. $g^4(x)$ 必有间断点
   C. $g[|f(x)|]$ 必有间断点   D. $\dfrac{g(x)}{f(x)}$ 必有间断点

三、计算题

1. 求下列极限：

(1) $\lim\limits_{x\to 0}\dfrac{\sin 2x}{\sqrt{x+2}-\sqrt{2}}$；

(2) $\lim\limits_{x\to 0}\dfrac{\sqrt{1+x\sin x}-\cos x}{\sin^2\dfrac{x}{2}}$；

(3) $\lim\limits_{x\to 0}(x+\mathrm{e}^x)^{\frac{1}{x}}$；

(4) $\lim\limits_{x\to -\infty}x(x-\sqrt{x^2+100})$；

(5) $\lim\limits_{x\to 0}\left(\dfrac{2+\mathrm{e}^{\frac{1}{x}}}{1+\mathrm{e}^{\frac{4}{x}}}+\dfrac{\sin x}{|x|}\right)$.

2. 设 $f(x)=\lim\limits_{n\to\infty}\dfrac{x^{2n-1}+ax^2+bx}{x^{2n}+1}$，(1) 求 $f(x)$；(2) 当 $f(x)$ 连续时，求 a，b 的值.

3. 已知 $x_1=1$，$x_n=1+\dfrac{x_{n-1}}{1+x_{n-1}}(n\geqslant 2)$，求 $\lim\limits_{n\to\infty}x_n$.

4. 已知 $f(x)=\dfrac{\sqrt{1+x}-\sqrt[3]{1+x}}{\sin x}$，(1) 求 $\lim\limits_{x\to 0}f(x)$；(2) 求 $f(x)$ 的间断点，并指出间断点的类型.

四、证明题

1. 设函数 $f(x)$ 在闭区间 $[a,b]$ 上连续，$c,d\in(a,b)$，$t_1>0$，$t_2>0$. 证明：在 $[a,b]$ 上必有点 ξ，使得 $t_1 f(c)+t_2 f(d)=(t_1+t_2)f(\xi)$.

2. 设函数 $f(x)$ 是周期为 2 的周期函数，在整个数轴上连续. 证明：方程 $f(x)-f(x-1)=0$ 在任何区间长度为 1 的闭区间上至少有一个实根.

1.7 自 测 题

一、填空题

1. $\lim\limits_{n\to\infty}\left(\dfrac{1}{n^2}+\dfrac{2}{n^2}+\cdots+\dfrac{n}{n^2}\right)=$ ＿＿＿＿＿．

2. $\lim\limits_{n\to\infty}\dfrac{\sqrt{n^2+1}-\sqrt{n}}{an+b}=$ ＿＿＿＿＿ $(a\neq 0)$.

3. 设 $f(x)=\dfrac{2^x+1}{2^x-1}$，则 $\lim\limits_{x\to +\infty}f(x)=$ ＿＿＿＿＿，$\lim\limits_{x\to -\infty}f(x)=$ ＿＿＿＿＿．

4. $\lim\limits_{x\to +\infty}(\sqrt{x+1}-\sqrt{x})=$ ＿＿＿＿＿．

5. 设函数 $f(x)=\begin{cases}\mathrm{e}^x, & x<0,\\ a+x, & x\geqslant 0,\end{cases}$ 若 $f(x)$ 在 $x=0$ 处连续，则 $a=$ ＿＿＿＿＿．

二、选择题

1. 若 $\lim\limits_{x \to 2}\dfrac{x^2+ax+b}{x^2-x-2}=2$，则必有（　　）.

   A. $a=2, b=8$ B. $a=2, b=5$

   C. $a=0, b=-8$ D. $a=2, b=-8$

2. 若对任何正数 ε，在 $(a-\varepsilon, a+\varepsilon)$ 内有数列的无穷多个点，则（　　）.

   A. 数列 $\{x_n\}$ 必有极限，但不一定等于 a

   B. 数列 $\{x_n\}$ 极限存在且一定等于 a

   C. 数列 $\{x_n\}$ 极限不一定存在

   D. 数列 $\{x_n\}$ 极限一定不存在

3. 若 $\lim\limits_{x \to x_0^-} f(x)$ 与 $\lim\limits_{x \to x_0^+} f(x)$ 都存在，则（　　）.

   A. $\lim\limits_{x \to x_0} f(x)$ 存在且等于 $f(x_0)$

   B. $\lim\limits_{x \to x_0} f(x)$ 存在，但不一定等于 $f(x_0)$

   C. $\lim\limits_{x \to x_0} f(x)$ 不一定存在

   D. $\lim\limits_{x \to x_0} f(x)$ 必不存在

4. 若 $\lim\limits_{x \to x_0} f(x)$ 存在，则下列极限一定存在的是（　　）.

   A. $\lim\limits_{x \to x_0}[f(x)]^\alpha$（$\alpha$ 为实数）   B. $\lim\limits_{x \to x_0}|f(x)|$

   C. $\lim\limits_{x \to x_0}\ln f(x)$ D. $\lim\limits_{x \to x_0}\arcsin f(x)$

5. 设 $f(x)=\begin{cases}\dfrac{x}{|x|}, & x \neq 0, \\ 0, & x=0,\end{cases}$ 则（　　）.

   A. $f(x)$ 在 $x=0$ 极限存在且连续

   B. $f(x)$ 在 $x=0$ 极限存在但不连续

   C. $f(x)$ 在 $x=0$ 左、右极限存在但不相等

   D. $f(x)$ 在 $x=0$ 左右极限不存在

三、计算题

1. 求下列极限：

   (1) $\lim\limits_{n \to \infty} \sqrt[n]{1+\dfrac{1}{n}}$；

   (2) $\lim\limits_{n \to \infty}(1-\dfrac{1}{2^2})(1-\dfrac{1}{3^2})\cdots(1-\dfrac{1}{n^2})$；

   (3) $\lim\limits_{x \to 0}\dfrac{\sqrt{1+x}-\sqrt[6]{1+x}}{\sqrt[3]{1+x}-1}$；

(4) $\lim\limits_{x\to 0}\dfrac{\sqrt{\cos x}-\sqrt[3]{\cos x}}{\sin^2 x}$;

(5) $\lim\limits_{x\to +\infty}(\sqrt{1+x+x^2}-\sqrt{1-x+x^2})$.

2. 设 $0<x_n<1, x_{n+1}=1-\sqrt{1-x_n}(n\in N)$，求 $\lim\limits_{n\to\infty}x_n$.

3. 判断函数 $h(x)=\dfrac{\dfrac{1}{x}-\dfrac{1}{x+1}}{\dfrac{1}{x-1}-\dfrac{1}{x}}$ 间断点的类型.

四、证明题

1. 设函数 $f(x), \forall x\in \mathbf{R}$，均有 $f(x)=f(\dfrac{x}{2})$，且 $\lim\limits_{x\to 0}f(x)=0$. 证明：$f(x)\equiv 0, x\in \mathbf{R}$.

2. 设 $f(x)$ 在 $[0,2a]$ 上连续，且 $f(0)=f(2a)$. 证明：在 $[0,a]$ 上至少存在一点 ξ，使 $f(\xi)=f(\xi+a)$.

1.8 参考答案与提示

【基础作业题参考答案与提示】

一、1. A； 2. C； 3. C； 4. C； 5. B； 6. B； 7. D； 8. C； 9. C；
10. C； 11. D； 12. D； 13. B； 14. C； 15. C； 16. C； 17. C； 18. C.

二、1. (1) 0； (2) $\dfrac{1}{2}$； (3) $\dfrac{2}{3}$； (4) 2； (5) ∞； (6) $\dfrac{1}{2}$； (7) $\dfrac{1}{2}$；
(8) 3； (9) 1； (10) 2； (11) 1； (12) e^{-k}； (13) e^2； (14) e^{-6}.

2. (1) 1； (2) $\dfrac{1}{2}$； (3) $\dfrac{3}{2}$.

3. $f[g(x)]=\begin{cases} e^{x+2}, & x<-1, \\ x+2, & -1\leqslant x<0, \\ e^{x^2-1}, & 0\leqslant x<\sqrt{2}, \\ x^2-1, & x\geqslant \sqrt{2}. \end{cases}$

4. -3. 【提示】$\lim\limits_{x\to 3^+}f(x)=\lim\limits_{x\to 3^+}\sqrt{x-3}=0$，$\lim\limits_{x\to 3^-}f(x)=\lim\limits_{x\to 3^-}(x+a)=3+a$，$\lim\limits_{x\to 3}f(x)$ 存在，即 $\lim\limits_{x\to 3^+}f(x)=\lim\limits_{x\to 3^-}f(x)$，所以 $a=-3$.

5. $a=1, b=-1$.

6. $x=1$，跳跃间断点.

7. $a = \frac{\sqrt{2}}{2}, b = -1$.

三、1.【提示】取 $x = \frac{1}{2k\pi}(k \in N)$，得 $y = \frac{1}{x}\cos\frac{1}{x} = 2k\pi = +\infty$，所以 y 在 $(0,1]$ 上无界；取 $x = \frac{1}{2k\pi + \frac{\pi}{2}}(k \in N)$，得 $y = 0$. 所以当 $x \to 0^+$ 时，这函数不是无穷大.

2.【提示】$\lim\limits_{x \to 0} \frac{2(\cos x - \cos 2x)}{3x^2} = \lim\limits_{x \to 0} \frac{2(1 - \cos x)(2\cos x + 1)}{3x^2}$
$= \lim\limits_{x \to 0} \frac{x^2(2\cos x + 1)}{3x^2} = \lim\limits_{x \to 0} \frac{2\cos x + 1}{3} = 1.$

故当 $x \to 0$ 时，$\frac{2}{3}(\cos x - \cos 2x) \sim x^2$.

3.【提示】设 $F(x) = f(x) - x$，$F(0) = f(0) - 0 \geqslant 0$，$F(1) = f(1) - 1 \leqslant 0$. 若 $F(0) = 0$ 或 $F(1) = 0$，则结论成立. 若 $F(0) > 0$ 或 $F(1) < 0$，则由零点定理，$\exists \xi \in (0,1)$ 使得，$f(\xi) = \xi$.

【综合作业题参考答案与提示】

一、1. 1； 2. 2； 3. $\frac{\sqrt{2}}{2}$； 4. e^{2a}； 5. e^6； 6. $\frac{1}{2}\ln a$； 7. -4； 8. $\frac{5}{2}$.

二、1. C； 2. D； 3. B； 4. D； 5. D； 6. C； 7. B； 8. D.

三、1. (1) $4\sqrt{2}$； (2) 4； (3) e^2； (4) -50； (5) 1.

2. (1) $f(x) = \begin{cases} \dfrac{1}{x}, & |x| > 1, \\ \dfrac{1+a+b}{2}, & x = 1, \\ \dfrac{-1+a-b}{2}, & x = -1, \\ ax^2 + bx, & |x| < 1; \end{cases}$ (2) $a = 0, b = 1$.

3. $\dfrac{1+\sqrt{5}}{2}$.【提示】利用归纳法证明 x_n 单调递增；再证明 x_n 有界即得.

4. (1) $\dfrac{1}{6}$； (2) $x = 0$ 为可去间断点，$x = k\pi(k = 1, 2, 3, \cdots)$ 为第二类间断点.

四、1.【提示】$\dfrac{t_1 f(c) + t_2 f(d)}{t_1 + t_2}$ 是介于 $f(c), f(d)$ 之间的数，由介值定理知

在 $[a,b]$ 上必有点 ξ，使得 $f(\xi) = \dfrac{t_1 f(c) + t_2 f(d)}{t_1 + t_2}$，即
$$t_1 f(c) + t_2 f(d) = (t_1 + t_2) f(\xi).$$

2.【提示】令 $F(x) = f(x) - f(x-1)$，利用零点定理.

【自测题参考答案与提示】

一、1. $\dfrac{1}{2}$； 2. $\dfrac{1}{a}$； 3. $1, -1$； 4. 0； 5. 1.

二、1. D； 2. C； 3. C； 4. B； 5. C.

三、1. (1) 1； (2) $\dfrac{1}{2}$； (3) 1； (4) $-\dfrac{1}{12}$； (5) 1.

2. $\lim\limits_{n \to \infty} x_n = 0$.

3. $x = 0, 1$ 为可去间断点，$x = -1$ 为第二类(无穷)间断点.

四、1. 略.

2.【提示】在 $[0,a]$ 上考察函数 $g(x) = f(x) - f(x+a)$.

第 2 章　导数与微分

2.1　教学要求

【教学基本要求】

1. 理解导数的概念(包括左、右导数)、导数的几何意义和物理意义、函数的可导性与连续性之间的关系.

2. 掌握导数的四则运算法则和复合函数的求导法,掌握基本初等函数的导数公式.

3. 了解高阶导数的概念,会求简单函数的 n 阶导数,掌握初等函数的二阶导数的求法.

4. 会求隐函数和参数方程所确定的函数的一阶、二阶导数.

5. 会用导数描述一些简单的物理量,解决某些简单的物理问题.

6. 了解微分的概念和求微法则,会利用微分做近似计算.

7. 了解导数与微分知识在实际中的一些应用.

【教学重点内容】

导数与微分的概念、可导与连续的关系、函数的求导公式与求导法则、一阶微分形式的不变性,复合函数、初等函数、隐函数及由参数方程确定的函数的导数.

2.2　知识要点

【知识要点】

1. 导数概念

(1) 导数的定义:设函数 $y = f(x)$ 在点 x_0 的某个邻域内有定义,当自变量 x

在 x_0 处取得增量 Δx(点 $x_0+\Delta x$ 仍在该邻域内)时,相应的函数 y 取得增量 $\Delta y = f(x_0+\Delta x)-f(x_0)$. 如果 Δy 与 Δx 之比,当 $\Delta x \to 0$ 时的极限存在,则称函数 $y = f(x)$ 在点 x_0 处可导,并称这个极限为函数 $y = f(x)$ 在点 x_0 处的导数. 即

$$f'(x_0) = \lim_{\Delta x \to 0} \frac{\Delta y}{\Delta x} = \lim_{\Delta x \to 0} \frac{f(x_0+\Delta x)-f(x_0)}{\Delta x}.$$

导数的定义式也可取不同的形式,常见的还有 $f'(x_0) = \lim\limits_{h \to 0} \dfrac{f(x_0+h)-f(x_0)}{h}$, $f'(x_0) = \lim\limits_{x \to x_0} \dfrac{f(x)-f(x_0)}{x-x_0}$.

如果不可导的原因是 $\lim\limits_{\Delta x \to 0} \dfrac{f(x_0+\Delta x)-f(x_0)}{\Delta x} = \infty$,也往往说函数 $y = f(x)$ 在点 x_0 处的导数为无穷大.

如果函数 $y = f(x)$ 在开区间 I 内的每点处都可导,就称函数 $f(x)$ 在开区间 I 内可导,这时,对于任一 $x \in I$,都对应着 $f(x)$ 的一个确定的导数值. 这样就构成了一个新的函数,这个函数叫做原来函数 $y = f(x)$ 的导函数,记作 y',$f'(x)$,$\dfrac{\mathrm{d}y}{\mathrm{d}x}$ 或 $\dfrac{\mathrm{d}f(x)}{\mathrm{d}x}$.

(2) 单侧导数:

① $f(x)$ 在 x_0 处的左导数:$f'_-(x_0) = \lim\limits_{h \to 0^-} \dfrac{f(x+h)-f(x)}{h}$.

② $f(x)$ 在 x_0 处的右导数:$f'_+(x_0) = \lim\limits_{h \to 0^+} \dfrac{f(x+h)-f(x)}{h}$.

③ 导数与左、右导数的关系:函数 $f(x)$ 在点 x_0 处可导的充分必要条件是左导数 $f'_-(x_0)$ 和右导数 $f'_+(x_0)$ 都存在且相等.

④ 如果函数 $f(x)$ 在开区间 (a,b) 内可导,且右导数 $f'_+(a)$ 和左导数 $f'_-(b)$ 都存在,就说 $f(x)$ 在闭区间 $[a,b]$ 上可导.

(3) 导数的几何意义:函数 $y = f(x)$ 在点 x_0 处的导数 $f'(x_0)$ 表示曲线 $y = f(x)$ 在点 $M(x_0,f(x_0))$ 处切线的斜率.

曲线 $y = f(x)$ 在点 $M(x_0,f(x_0))$ 处的切线方程为

$$y - y_0 = f'(x_0)(x - x_0).$$

过切点 $M(x_0,f(x_0))$ 且与切线垂直的直线叫做曲线 $y = f(x)$ 在点 M 处的法线. 如果 $f'(x_0) \neq 0$,则法线的斜率为 $-\dfrac{1}{f'(x_0)}$,从而法线方程为

$$y - y_0 = -\frac{1}{f'(x_0)}(x - x_0).$$

(4) 可导与连续的关系:如果函数在某点处可导,则函数在该点必连续;反之,函数在某点连续,却不一定在该点处可导.

2. 函数的求导法则

(1) 四则运算法则:若 u,v 均为可导函数,则

$(u \pm v)' = u' \pm v'$;

$(cu)' = cu'$(其中 c 为常数);

$(uv)' = u'v + v'u$;

$\left(\dfrac{u}{v}\right)' = \dfrac{u'v - v'u}{v^2}, \left(\dfrac{1}{v}\right)' = -\dfrac{1}{v^2}.$

(2) 反函数求导法则:如果函数 $x = f(y)$ 在某区间 I_y 内单调、可导,且 $f'(y) \neq 0$,那么它的反函数 $y = f^{-1}(x)$ 在对应的区间 $I_x = \{x \mid x = f(y), y \in I_y\}$ 内也可导,并且

$$[f^{-1}(x)]' = \dfrac{1}{f'(y)}, \text{或} \dfrac{dy}{dx} = \dfrac{1}{\dfrac{dx}{dy}}.$$

(3) 复合函数求导法则:如果 $u = g(x)$ 在点 x 可导,函数 $y = f(u)$ 在点 $u = g(x)$ 可导,则复合函数 $y = f(g(x))$ 在点 x 可导,且其导数为

$$\dfrac{dy}{dx} = f'(u)g'(x), \text{或} \dfrac{dy}{dx} = \dfrac{dy}{du}\dfrac{du}{dx}.$$

复合函数的求导法则可以推广到多个中间变量的情形.

3. 基本导数公式

(1) $(C)' = 0$(C 为常数);   (2) $(x^\mu)' = \mu x^{\mu-1}$;

(3) $(\sin x)' = \cos x$;   (4) $(\cos x)' = -\sin x$;

(5) $(\tan x)' = \sec^2 x$;   (6) $(\cot x)' = -\csc^2 x$;

(7) $(\sec x)' = \sec x \tan x$;   (8) $(\csc x)' = -\csc x \cot x$;

(9) $(a^x)' = a^x \ln a$;   (10) $(e^x)' = e^x$;

(11) $(\log_a x)' = \dfrac{1}{x \ln a}$;   (12) $(\ln x)' = \dfrac{1}{x}$;

(13) $(\arcsin x)' = \dfrac{1}{\sqrt{1-x^2}}$;   (14) $(\arccos x)' = -\dfrac{1}{\sqrt{1-x^2}}$;

(15) $(\arctan x)' = \dfrac{1}{1+x^2}$;   (16) $(\operatorname{arccot} x)' = -\dfrac{1}{1+x^2}$.

4. 高阶导数

一般地,函数 $y = f(x)$ 的导数 $f'(x)$ 仍然是 x 的函数.把 $f'(x)$ 的导数称为函数 $y = f(x)$ 的二阶导数,记作 y'',$f''(x)$ 或 $\dfrac{d^2 y}{dx^2}$,即 $y'' = (y')'$,$f''(x) = [f'(x)]'$,或 $\dfrac{d^2 y}{dx^2} = \dfrac{d}{dx}\left(\dfrac{dy}{dx}\right).$

相应地,把 $y = f(x)$ 的导数 $f'(x)$ 叫做函数 $y = f(x)$ 的一阶导数.

类似地,二阶导数的导数称为三阶导数,三阶导数的导数称为四阶导数,…,一般地,$n-1$ 阶导数的导数称为 n 阶导数,分别记作 y''', $y^{(4)}$, …, $y^{(n)}$, 或 $\dfrac{\mathrm{d}^3 y}{\mathrm{d} x^3}$, $\dfrac{\mathrm{d}^4 y}{\mathrm{d} x^4}$, …, $\dfrac{\mathrm{d}^n y}{\mathrm{d} x^n}$.

二阶及二阶以上的导数统称为高阶导数.

如果函数 $u = u(x)$ 及 $v = v(x)$ 都在点 x 处具有 n 阶导数,那么用数学归纳法可以证明

$$(uv)^{(n)} = \sum_{k=0}^{n} C_n^k u^{(n-k)} v^{(k)},$$

这一公式称为莱布尼茨公式.

5. 隐函数求导

隐函数:由方程 $F(x,y) = 0$ 所确定的函数称为隐函数.

隐函数求导的方法:方程 $F(x,y) = 0$ 两边对 x(或 y)求导.

对数求导法:这种方法是先在 $y = f(x)$ 的两边取对数,然后再用隐函数求导法求出 y 的导数.

6. 由参数方程所确定的函数的导数

设 y 与 x 的函数关系是由参数方程 $\begin{cases} x = \varphi(t) \\ y = \psi(t) \end{cases}$ 确定的,则称此函数关系所表达的函数为由参数方程所确定的函数.

设 $x = \varphi(t)$ 具有单调连续反函数 $t = \varphi^{-1}(x)$,且此反函数能与函数 $y = \psi(t)$ 构成复合函数 $y = \psi(\varphi^{-1}(x))$,若 $x = \varphi(t)$ 和 $y = \psi(t)$ 都可导,则

$$\frac{\mathrm{d} y}{\mathrm{d} x} = \frac{\mathrm{d} y}{\mathrm{d} t} \cdot \frac{\mathrm{d} t}{\mathrm{d} x} = \frac{\mathrm{d} y}{\mathrm{d} t} \cdot \frac{1}{\dfrac{\mathrm{d} x}{\mathrm{d} t}} = \frac{\psi'(t)}{\varphi'(t)},$$

即

$$\frac{\mathrm{d} y}{\mathrm{d} x} = \frac{\psi'(t)}{\varphi'(t)}, \text{或} \frac{\mathrm{d} y}{\mathrm{d} x} = \frac{\mathrm{d} y}{\mathrm{d} t} \Big/ \frac{\mathrm{d} x}{\mathrm{d} t}.$$

7. 函数的微分

(1) 微分的定义:设函数 $y = f(x)$ 在某区间内有定义,x_0 及 $x_0 + \Delta x$ 在这区间内,如果函数的增量 $\Delta y = f(x_0 + \Delta x) - f(x_0)$ 可表示为

$$\Delta y = A \Delta x + o(\Delta x),$$

其中 A 是不依赖于 Δx 的常数,那么称函数 $y = f(x)$ 在点 x_0 处是可微的;而 $A \Delta x$ 叫做函数 $y = f(x)$ 在点 x_0 相应于自变量增量 Δx 的微分,记作 $\mathrm{d} y$,即

$$\mathrm{d} y = A \Delta x.$$

(2) 可微的条件:函数 $f(x)$ 在点 x_0 可微的充要条件是函数 $f(x)$ 在点 x_0 可导,且当函数 $f(x)$ 在点 x_0 可微时,其微分一定是

$$dy = f'(x_0)\Delta x.$$

自变量的微分:因为当 $y = x$ 时,$dy = dx = (x)'\Delta x = \Delta x$,所以通常把自变量 x 的增量 Δx 称为自变量的微分,记作 dx,即 $dx = \Delta x$. 于是函数 $y = f(x)$ 的微分又可记 $dy = f'(x)dx$. 从而有 $\dfrac{dy}{dx} = f'(x)$.

这就是说,函数的微分 dy 与自变量的微分 dx 之商等于该函数的导数. 因此,导数也叫做"微商".

(3) 微分的几何意义:当 Δy 是曲线 $y = f(x)$ 上的点 M 的纵坐标的增量时,dy 就是过 M 切线上点的纵坐标的相应增量. 当 $|\Delta x|$ 很小时,$|\Delta y - dy|$ 比 $|\Delta x|$ 小得多. 因此在点 M 的邻近,可以用切线段来近似代替曲线段.

8. 基本初等函数的微分公式与微分运算法则

这与导数公式和求导法则分别对应(略).

一阶微分形式的不变性:无论 u 是自变量还是中间变量的可微函数,微分形式 $dy = f'(u)du$ 保持不变.

9. 微分在近似计算中的应用

函数的近似计算:利用微分往往可以把一些复杂的计算公式用简单的近似公式来代替. 当函数 $y = f(x)$ 在点 x_0 处的导数 $f'(x_0) \neq 0$,且 $|\Delta x|$ 很小时,有

$$\Delta y \approx dy = f'(x_0)\Delta x;$$
$$\Delta y = f(x_0 + \Delta x) - f(x_0) \approx dy = f'(x_0)\Delta x;$$
$$f(x_0 + \Delta x) \approx f(x_0) + f'(x_0)\Delta x.$$

若令 $x = x_0 + \Delta x$,即 $\Delta x = x - x_0$,那么又有

$$f(x) \approx f(x_0) + f'(x_0)(x - x_0).$$

特别当 $x_0 = 0$ 时,有

$$f(x) \approx f(0) + f'(0)x.$$

【串讲小结】

微分学是微积分的重要组成部分,它的基本概念是导数与微分. 本章中,我们主要讨论导数和微分的概念以及它们的计算方法. 本章的各部分内容之间有着紧密的内在联系,见图 2.1.

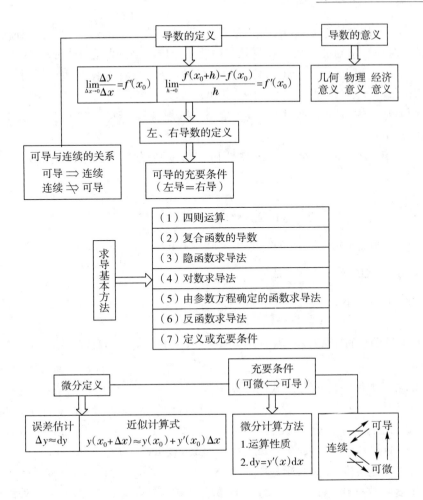

图 2.1

2.3 答疑解惑

1. 如何运用各种常见的求导法则？

答：选择何种求导方法与函数的具体构造有关．可以这样考虑：这些求导公式实际上是介绍如何利用几个基本初等函数求导公式求"一般函数"的处理方法，即如何将函数"简化"到可以用基本初等函数求导公式的方法，当然与函数的具体构成有关．

（1）四则运算（略）．

（2）复合函数的导数：读者可能感觉到比较棘手的是不知道怎么做，这个时候需要分清层次，这个层次怎么来搞清呢？看到一元复合函数的时候有一个比较简单的方法,就是念这个复合函数,先念到谁,谁就是第一层的函数,然后由外向内逐层求导. 对外层求导的时候,内层不变. 这就是分层次来求复合函数的导数.

(3) 由方程 $F(x,y)=0$ 所确定的隐函数的导数:将方程两边分别对 x 求导,得一含有 $y'(x)$ 的等式,解出 $y'(x)$ 即可.

(4) 对数求导法:适用于"复杂的分式、乘积函数"和"幂指函数"的求导, $y' = y(\ln y)'$.

这里,要充分利用对数的运算性质使 $\ln y$ 成为一些"简单"函数的和、乘积,如

$$y = \frac{x^2}{1-x}\sqrt[4]{\frac{(3-x)(2x+1)^2}{(x+2)^4 e^{3x}}},$$

$$\ln y = 2\ln x - \ln(1-x) + \frac{1}{4}\ln(3-x) + \frac{1}{2}\ln(2x+1) - \ln(x+2) - \frac{3x}{4},$$

然后两边对 x 求导.

(5) 由参数方程 $\begin{cases} x = \varphi(t), \\ y = \psi(t) \end{cases}$ 确定的函数 $y = y(x)$ 的导数为 $\dfrac{\mathrm{d}y}{\mathrm{d}x} = \dfrac{\psi'(t)}{\varphi'(t)}$.

(6) 反函数的导数:设 $y = f(x)$ 与 $x = \varphi(y)$ 是一对反函数,则 $\dfrac{\mathrm{d}f(x)}{\mathrm{d}x} = \dfrac{1}{\dfrac{\mathrm{d}\varphi(y)}{\mathrm{d}y}}$.

2. 如何理解一阶微分形式的不变性?

答:设 $y = f(u)$ 可导,则 $\mathrm{d}y = f'(u)\mathrm{d}u$,设 f,φ 均可导,由 $y = f(u), u = \varphi(x)$ 复合而成的复合函数为 $y = f[\varphi(x)]$,则 $\mathrm{d}y = f'[\varphi(x)]\varphi'(x)\mathrm{d}x = \{f[\varphi(x)]\}'\mathrm{d}x$,又 $u = \varphi(x), \mathrm{d}u = \varphi'(x)\mathrm{d}x$,则 $\mathrm{d}y = f'(u)\mathrm{d}u$.

所以无论 u 是自变量还是中间变量,微分形式 $\mathrm{d}y = f'(u)\mathrm{d}u$ 保持不变.

3. 设函数 $y = f(x)$ 在 x_0 的一个邻域内有定义, Δx 是变量 x 在 x_0 处的改变量. 如果把

(1) $\lim\limits_{\Delta x \to 0} \dfrac{f(x_0) - f(x_0 - \Delta x)}{\Delta x}$, (2) $\lim\limits_{\Delta x \to 0} \dfrac{f(x_0 + \Delta x) - f(x_0 - \Delta x)}{2\Delta x}$

分别作为函数 $f(x)$ 在 x_0 处的导数定义,问它们与定义 $\lim\limits_{\Delta x \to 0} \dfrac{f(x_0 + \Delta x) - f(x_0)}{\Delta x}$ 是否等价?

答:(1) 等价. 因为导数定义中自变量的增量 Δx 趋向于零是双侧的,包含 $\Delta x \to 0^+, \Delta x \to 0^-$ 两种变化过程,所以定义中的 Δx 换成 $-\Delta x$ 是等价的. 若极限

$$\lim_{\Delta x \to 0} \frac{f(x_0) - f(x_0 - \Delta x)}{\Delta x} = \lim_{\Delta x \to 0} \frac{f(x_0 - \Delta x) - f(x_0)}{-\Delta x}$$

存在,则此极限就是 $f(x)$ 在点 x_0 处的导数 $f'(x_0)$. 因为此时有

$$f'(x_0) = \lim_{\Delta x \to 0} \frac{f(x_0) - f(x_0 - \Delta x)}{\Delta x} = \lim_{\Delta x \to 0} \frac{f(x_0 - \Delta x) - f(x_0)}{-\Delta x}.$$

(2) 不等价. 因为如果 $\lim\limits_{\Delta x \to 0} \dfrac{f(x_0 + \Delta x) - f(x_0)}{\Delta x}$ 存在, 则

$$\lim_{\Delta x \to 0} \frac{f(x_0 + \Delta x) - f(x_0 - \Delta x)}{2\Delta x} = \frac{1}{2}\lim_{\Delta x \to 0}\frac{f(x_0+\Delta x)-f(x_0)}{\Delta x}$$
$$+\frac{1}{2}\lim_{\Delta x \to 0}\frac{f(x_0-\Delta x)-f(x_0)}{-\Delta x}=f'(x_0),$$

即 $\lim\limits_{\Delta x \to 0}\dfrac{f(x_0+\Delta x)-f(x_0-\Delta x)}{2\Delta x}$ 存在且等于 $f'(x_0)$. 但反之不一定成立. 事实上, $f(x_0+\Delta x)-f(x_0-\Delta x)$ 是取以 x_0 为中心的对称点处的函数值之差, 它对 x_0 处的函数值无任何要求, 就是说极限 $\lim\limits_{\Delta x \to 0}\dfrac{f(x_0+\Delta x)-f(x_0-\Delta x)}{2\Delta x}$ 存在与否跟 x_0 处的函数值无关. 这样, 函数 $y=f(x)$ 在 x_0 处不连续, 也有可能 $\lim\limits_{\Delta x \to 0}\dfrac{f(x_0+\Delta x)-f(x_0-\Delta x)}{2\Delta x}$ 存在, 例如函数 $f(x)=\begin{cases}\cos\dfrac{1}{x}, & x\neq 0,\\ 0, & x=0\end{cases}$ 在 $x=0$ 不连续, 当然不可导, 但有

$$\lim_{\Delta x \to 0}\frac{f(0+\Delta x)-f(0-\Delta x)}{2\Delta x}=\lim_{\Delta x \to 0}\frac{\cos\dfrac{1}{\Delta x}-\cos\dfrac{1}{\Delta x}}{\Delta x}=0.$$

4. 如果函数 $f(x)$ 在 x_0 处可导, 那么在 x_0 处必连续, 但是在 x_0 的充分小的邻域内是否也一定连续呢?

答: 不一定. 这个问题的产生与对导数定义的理解有关. 为此先回顾一下函数 $f(x)$ 在 x_0 处可导的定义: 设 $y=f(x)$ 在点 x_0 的一个邻域内有定义, 当自变量 x 在 x_0 处取得增量 Δx(点 $x_0+\Delta x$ 仍在该邻域内)时, 相应地, 函数 y 取得增量 $\Delta y=f(x_0+\Delta x)-f(x_0)$, 如果极限 $\lim\limits_{\Delta x \to 0}\dfrac{f(x_0+\Delta x)-f(x_0)}{\Delta x}$ 存在, 则称函数在 x_0 处可导, 而此极限称为在点 x_0 处的导数. 由此定义可知, 函数必在点 x_0 的一个邻域内有定义, 且可推出在 x_0 处必连续. 但得不到在点 x_0 的邻域内连续的结论. 下面举一个仅在一点处连续且可导的例子,

设函数 $f(x)=\begin{cases}x^2, & x\text{ 为有理数},\\ -x^2, & x\text{ 为无理数},\end{cases}$ 仅在 $x=0$ 处可导, 从而必连续. 但是在 $x\neq 0$ 处不连续, 自然也不可导.

这清楚地告诉我们: 函数在一点的导数仅仅反映函数在该点处的性质.

2.4 范 例 解 析

例 1 设 $\Delta x, \Delta y$ 分别表示函数 $y=f(x)$ 在点 x_0 处自变量和相应函数的增量,当 $\Delta x \to 0$ 时,试用导数表示下列命题:

(1) Δy 是 Δx 的高阶无穷小;

(2) Δy 是 Δx 的同阶无穷小;

(3) Δy 是 Δx 的等价无穷小.

解析:(1) Δy 是 Δx 的高阶无穷小,即 $\lim\limits_{\Delta x \to 0} \dfrac{\Delta y}{\Delta x}=0$,即 $f'(x_0)=0$;

(2) Δy 是 Δx 的同阶无穷小,即 $\lim\limits_{\Delta x \to 0} \dfrac{\Delta y}{\Delta x}=A \neq 0$,即 $f'(x_0)=A \neq 0$;

(3) Δy 是 Δx 的等价无穷小,即 $\lim\limits_{\Delta x \to 0} \dfrac{\Delta y}{\Delta x}=1$,即 $f'(x_0)=1$.

例 2 已知函数 $u=\varphi(x)$ 在 x_0 处可导,而 $y=f(u)$ 在 $u_0=\varphi(x_0)$ 处可导,那么复合函数 $y=f[\varphi(x)]$ 在 x_0 处可导,这是所熟知的链式求导法. 如果 $u=\varphi(x)$ 在 x_0 处,与 $y=f(u)$ 在 $u_0=\varphi(x_0)$ 处两函数中至少有一个不可导.问复合函数 $y=f[\varphi(x)]$ 是否在 x_0 处一定不可导?

解析:链式法则中对 $u_0=\varphi(x_0)$ 和 $y=f(u)$ 的假设的条件都是充分条件而非必要的.

(1) 例如 $u=\varphi(x)=|x|, y=f(u)=u^2$. $\varphi(x)$ 在 $x=0$ 处不可导,$y=f(u)$ 在 $u=0$ 处可导;复合函数 $y=f[\varphi(x)]=x^2$ 在 $x=0$ 处可导.

(2) 如 $u=\varphi(x)=x^2, y=f(u)=|u|$. $\varphi(x)$ 在 $x=0$ 处可导,$y=f(u)$ 在 $u=0$ 处不可导;复合函数 $y=f[\varphi(x)]=x^2$ 在 $x=0$ 处可导.

(3) 如 $u=\varphi(x)=x+|x|, y=f(u)=u-|u|$. $\varphi(x)$ 在 $x=0$ 处不可导,$y=f(u)$ 在 $u=0$ 处不可导;复合函数 $y=f[\varphi(x)]=0$ 在 $x=0$ 处可导.

例 3 求下列各函数的导数:

(1) $y=\left(\dfrac{b}{a}\right)^x \left(\dfrac{b}{x}\right)^a$;   (2) $y=\arcsin \dfrac{2e^{\sec^2 x}}{1+e^{2\sec^2 x}}$.

解析:(1) 用乘积求导法:

$$y' = \left(\dfrac{b}{a}\right)^x \ln\left(\dfrac{b}{a}\right)\left(\dfrac{b}{x}\right)^a + \left(\dfrac{b}{a}\right)^x a \left(\dfrac{b}{x}\right)^{a-1}\left(-\dfrac{b}{x^2}\right)$$

$$= \left(\dfrac{b}{a}\right)^x \ln\left(\dfrac{b}{a}\right)\left(\dfrac{b}{x}\right)^a - \dfrac{ab}{x^2}\left(\dfrac{b}{a}\right)^x \left(\dfrac{b}{x}\right)^{a-1}.$$

(2) 用复合函数求导法:

$$y = \arcsin u, u = \frac{2v}{1+v^2}, v = e^w (v \geqslant 1), w = t^2, t = \sec x,$$

$$\frac{dy}{dx} = \frac{dy}{du} \frac{du}{dv} \frac{dv}{dw} \frac{dw}{dt} \frac{dt}{dx} = \frac{1}{\sqrt{1-u^2}} \frac{2-2v^2}{(1+v^2)^2} e^w 2t \sec x \tan x$$

$$= \frac{-4 e^{\sec^2 x} \sec^2 x \tan x}{1 + e^{2\sec^2 x}}.$$

例 4 设 $y = \ln\sin x$,求 y'.

解法 1:令 $u = \sin x$,则 $y = \ln u$,由复合函数求导法,有

$$\frac{dy}{dx} = \frac{dy}{du} \cdot \frac{du}{dx} = (\ln u)' \cdot (\sin x)' = \frac{1}{u} \cos x = \frac{\cos x}{\sin x} = \cot x.$$

解法 2:直接求导,有

$$y' = \frac{1}{\sin x}(\sin x)' = \frac{\cos x}{\sin x} = \cot x.$$

注意:解法 2 形式上比解法 1 简单. 但要注意不能弄错了中间变量.

例 5 设 f 可导,解下列各题:

(1) $y = \left[f(\sin \frac{1}{x}) \right]^2$,求 $y'(x)$;

(2) $y = f(\sqrt{\ln x})$,且 $\frac{dy}{dx} = \frac{1}{2x^2} \frac{1}{\sqrt{\ln x}}$,求 $f'(x)$.

解析:(1) $y = u^2, u = f(v), v = \sin w, w = \frac{1}{x}$.

$$y' = 2u f'(v) \cos w \frac{dw}{dx} = 2 f(v) f'(v) \cos \frac{1}{x} \cdot \frac{-1}{x^2}$$

$$= \frac{-2}{x^2} \cos \frac{1}{x} f(\sin \frac{1}{x}) f'(\sin \frac{1}{x}).$$

(2) $\dfrac{dy}{dx} = f'(\sqrt{\ln x}) \dfrac{1}{2x \sqrt{\ln x}} = \dfrac{f'(\sqrt{\ln x})}{2x \sqrt{\ln x}}$,

于是 $\dfrac{1}{2x^2} \dfrac{1}{\sqrt{\ln x}} = \dfrac{f'(\sqrt{\ln x})}{2x \sqrt{\ln x}}$,得

$f'(\sqrt{\ln x}) = \dfrac{1}{x}$,令 $\sqrt{\ln x} = u$,则 $x = e^{u^2}, f'(u) = e^{-u^2}$,故 $f'(x) = e^{-x^2}$.

例 6 (1) 设 $y = y(x)$ 由 $\begin{cases} x = \ln \sqrt{1+t^2} \\ y = t - \arctan t \end{cases}$ 所确定,试求 $\dfrac{d^2 y}{dx^2} \Big|_{t=\sqrt{3}}$;

(2) $y = y(x)$ 由方程 $\sqrt{x^2 + y^2} = 5 e^{\arctan \frac{y}{x}}$ 确定,求 $\dfrac{dy}{dx}, \dfrac{d^2 y}{dx^2}$.

解析：(1) 由参数方程 $\begin{cases} x = \varphi(t) \\ y = \psi(t) \end{cases}$ 确定的函数 $y = y(x)$ 的导数为 $\dfrac{dy}{dx} = \dfrac{\psi'(t)}{\varphi'(t)}$，要注意的是 $\dfrac{dy}{dx} = \dfrac{\psi'(t)}{\varphi'(t)}$ 仍是 t 的函数，所以 $\dfrac{dy}{dx} = g(t)$，$\dfrac{dy}{dx}$ 与 x 的函数关系由参数方程 $\begin{cases} x = \varphi(t) \\ \dfrac{dy}{dx} = g(t) \end{cases}$ 所确定，求 $\dfrac{d^2 y}{dx^2}$ 时仍要用公式 $\dfrac{d^2 y}{dx^2} = \dfrac{g'(t)}{\varphi'(t)}$.

$$\frac{dy}{dx} = \frac{y'(t)}{x'(t)} = \frac{1 - \dfrac{1}{1+t^2}}{\dfrac{t}{1+t^2}} = t,$$

$$\frac{d^2 y}{dx^2} = \frac{\dfrac{d\left(\dfrac{dy}{dx}\right)}{dt}}{\dfrac{dx}{dt}} = \frac{1}{\dfrac{t}{1+t^2}} = \frac{1+t^2}{t}, \quad \left.\frac{d^2 y}{dx^2}\right|_{t=\sqrt{3}} = \frac{4}{3}\sqrt{3}.$$

(2) 方程两边取对数，可使得计算简单．

$$\frac{1}{2}\ln(x^2 + y^2) = \ln 5 + \arctan\frac{x}{y},$$

对 x 求导，得

$$\frac{1}{2} \cdot \frac{2x + 2yy'}{x^2 + y^2} = \frac{1}{1+\left(\dfrac{x}{y}\right)^2} \cdot \frac{y - xy'}{y^2},$$

所以

$$(x+y)\frac{dy}{dx} = y - x, \quad (*)$$

因此

$$\frac{dy}{dx} = \frac{y-x}{x+y}.$$

$(*)$ 式对 x 求导，得 $(1+y')y' + (x+y)y'' = y' - 1$，

因此

$$y'' = -\frac{y'+1}{x+y} = -\frac{2(x^2+y^2)}{(x+y)^3}.$$

例7 设 $f(x) = \begin{cases} x^2 \sin\dfrac{1}{x}, & x > 0, \\ ax + b, & x \leqslant 0 \end{cases}$ 在 $x = 0$ 处可导，求 a, b．

解析： 要求两个未知数，需要两个条件．由可导与连续的关系，有关系式 $f(0+0) = f(0-0)$，$f'_+(0) = f'_-(0)$．

$f(0+0) = \lim\limits_{x \to 0} x^2 \sin\dfrac{1}{x} = 0$，$f(0-0) = b$，所以 $b = 0$．

$$f'_-(0) = \lim_{x \to 0^-} \frac{f(x) - f(0)}{x} = \lim_{x \to 0^-} \frac{ax}{x} = a,$$

$$f'_+(0) = \lim_{x \to 0^+} \frac{f(x)-f(0)}{x} = \lim_{x \to 0^-} \frac{x^2 \sin\frac{1}{x}}{x} = \lim_{x \to 0^-} x\sin\frac{1}{x} = 0,$$

所以,$a = 0$.

例 8 求函数 $y = (x^2+1)\sin 2x$ 的 n 阶导数.

解析:由莱布尼兹公式 $(uv)^{(n)} = u^{(n)}v^{(0)} + C_n^1 u^{(n-1)}v' + C_n^2 u^{(n-2)}v'' + \cdots + u^{(0)}v^{(n)}$,

取 $v = x^2 + 1, v' = 2x, v'' = 2, v''' = 0, \cdots, v^{(n)} = 0 (n \geqslant 3)$,

$$u = \sin 2x, u^{(n)} = 2^n \sin(2x + \frac{n}{2}\pi),$$

所以 $y^{(n)} = (x^2+1)(\sin 2x)^{(n)} + n \cdot 2x(\sin 2x)^{(n-1)}$

$$+ \frac{n(n-1)}{2} 2(\sin x)^{(n-2)} + 0 + \cdots + 0$$

$$= (x^2+1)2^n \sin(2x + \frac{n\pi}{2}) + 2^n \cdot nx \sin(2x + \frac{(n-1)\pi}{2}) + 2^{n-2} n(n-1)\sin(2x + \frac{(n-2)\pi}{2}).$$

例 9 金属圆板因加热膨胀,当半径为 2cm 时,半径的增长率为 0.01cm/s,试求此时该圆板面积的增长速度.

解析:圆板面积 $S(R) = \pi R^2$,而 $R'(t)|_{R=2} = 0.01$ cm/s,求 $S'(t)$. 所以这是一个求变化率的问题.

$$S'(2) = 2\pi R \cdot R'|_{R=2} = 2\pi \cdot 2 \cdot 0.01 = 0.04\pi \text{ (cm/s)}.$$

例 10 求下列各函数的微分 $\mathrm{d}y$.

(1) $y = f(\sin^2 x) + f^2(\cos x)$,其中 f 可微;

(2) $\begin{cases} x = 3t^2 + 2t, \\ y = \mathrm{e}^{2t}; \end{cases}$

(3) $\ln(\sqrt{y}+1) = x^2 + y^2$.

解析:(1) 由一阶微分形式的不变性

$\mathrm{d}y = f'(\sin^2 x)\mathrm{d}(\sin^2 x) + 2f(\cos x)f'(\cos x)\mathrm{d}(\cos x)$

$= \sin 2x f'(\sin^2 x)\mathrm{d}x - 2\sin x f(\cos x)f'(\cos x)\mathrm{d}x.$

(2) $\mathrm{d}y = \dfrac{\mathrm{d}y}{\mathrm{d}x}\mathrm{d}x = \dfrac{y'(t)}{x'(t)}\mathrm{d}x = \dfrac{2\mathrm{e}^{2t}}{6t+2}\mathrm{d}x.$

(3) 先求 $y'(x)$,由隐函数的求导法,

$$\frac{y'}{2\sqrt{y}(\sqrt{y}+1)} = 2x + 2y \cdot y', y' = \frac{4x(y+\sqrt{y})}{1 - 4y(y+\sqrt{y})},$$

所以 $\mathrm{d}y = y'\mathrm{d}x = \dfrac{4x(y+\sqrt{y})}{1 - 4y(y+\sqrt{y})}\mathrm{d}x.$

例 11 求近似值 $\sqrt[10]{1000}$.

解析：用微分作近似计算，其中函数 $f(x), x_0, \Delta x$ 的选择原则是：要 $f(x_0)$ 易算，$|\Delta x|$ 相对 x_0 来说要小得多.

方法1：设 $f(x)=\sqrt[10]{x}, x_0=1024, \Delta x=-24$，

则 $\quad f(1000) \approx f(1024)+f'(1024) \cdot (-24)=2-\dfrac{24}{10 \cdot 2^9} \approx 1.9953.$

方法2：由于当 x 很小时，$\sqrt[n]{1+x} \approx 1+\dfrac{x}{n}$，取 $x=-\dfrac{24}{2^{10}}$，

则 $\quad \sqrt[10]{1000}=2 \cdot \sqrt[10]{1-\dfrac{24}{2^{10}}} \approx 2\left[1+\left(-\dfrac{24}{2^{10}}\right)/10\right] \approx 1.9953.$

2.5 基础作业题

一、选择题

1. 设 $f'(x)$ 存在，$a \neq 0$ 为常数，则 $\lim\limits_{h \to 0} \dfrac{f\left(x+\dfrac{h}{a}\right)-f\left(x-\dfrac{h}{a}\right)}{h}$ 等于（　　）.

    A. $f'(x)$　　　　B. 0；　　　　C. $\dfrac{2}{a}f'(x)$　　　D. $2f'(x)$

2. 在抛物线 $y=3x^2$ 上，与抛物线上横坐标 $x_1=1$ 和 $x_2=-2$ 的两点连线平行的切线方程是（　　）.

    A. $12x-4y+3=0$　　　　B. $12x+4y+3=0$
    C. $4x+12y+3=0$　　　　D. $12x+4y+1=0$

3. 将一个物体铅直上抛，设经过时间 t 秒后，物体上升的高度为 $s=40t-\dfrac{1}{2}gt^2$，则物体在3秒时的速度为（　　）.

    A. $40-\dfrac{3}{2}g$　　B. $40-3g$　　C. 0　　　D. $120-\dfrac{9}{2}g$

4. 函数 $f(x)=\begin{cases} x\sin\dfrac{1}{x}, & x \neq 0, \\ 0, & x=0 \end{cases}$ 在 $x=0$ 处（　　）.

    A. 连续且可导　　　　B. 连续但不可导
    C. 不连续　　　　　　D. 以上都不是

5. 已知 $y=\tan^2 x$，则 dy 等于（　　）.

    A. $2\tan x dx$　　　　　　B. $\dfrac{2}{1+x^2}\tan x dx$
    C. $2\tan x \sec^2 x dx$　　D. $2\tan x \sec^2 x$

6. 函数 $f(x)=(x^2-x-2)|x^3-x|$ 不可微点的个数是（　　）.

A. 3   B. 2   C. 1   D. 0

二、计算题

1. 设函数 $f(x) = \begin{cases} x^2, & x \leqslant 1, \\ ax+b, & x > 1 \end{cases}$ 在 $x=1$ 处可导,求 a 和 b.

2. 已知 $f(x) = \begin{cases} \sin x, & x < 0, \\ x, & x \geqslant 0, \end{cases}$ 求 $f'(x)$(提示:分段点 $x=0$ 处的导数用导数的定义求).

3. 设 $f(x) = \dfrac{x^3 \sqrt[3]{x^2}}{\sqrt{x^5}}$,求 $f'(x)$.

4. 求下列函数导数:

(1) $y = \sqrt{1+\ln^2 x}$;

(2) $y = \ln(\tan \dfrac{x}{2})$;

(3) $y = \dfrac{1+\sin t}{1-\cos t}$;

(4) $y = \arcsin(1-2x^2)$;

(5) $y = e^{\arcsin \sqrt{x}}$;

(6) $y = \arctan \dfrac{2t}{1+2t^3}$;

(7) $y = x\arcsin \dfrac{x}{2} + \sqrt{4-x^2}$;

(8) $y = e^{-\sin^2 \frac{1}{x}}$;

(9) 已知 $y = f(\dfrac{3x-2}{5x+2})$,$f'(x) = \arctan x^2$,求 $\dfrac{dy}{dx}\Big|_{x=0}$.

5. 求下列函数的二阶导数:

(1) $y = \ln x + x^2$;

(2) $y = x\cos x$;

(3) $y = \dfrac{x^2}{1-x^2}$;

(4) $y = (1+x^2)\arctan x$;

(5) $y = \ln(2+\sin x)$;

(6) $y = \tan x$;

(7) $y = \ln(1-x^2)$;

(8) $y = (1+x^2)\arctan x$.

6. 求函数 $y = x\ln x$ 的 n 阶导数.

7. 设 $f(x) = (x-a)^2 \varphi(x)$,其中 $\varphi(x)$ 在点 a 的邻域内连续,求 $f''(a)$.

8. 求由下列方程所确定的 y 关于 x 的函数的导数 $\dfrac{dy}{dx}$:

(1) $x^2+y^2=-4x$;

(2) $x-y=\arctan y$;

(3) $y=\tan(x+y)$;

(4) $xy=e^{x+2y}$;

(5) $y=e^{\sin(x+y)}$;

(6) $y=\arctan[\ln(x+y)]$.

9. 求曲线 $1+\sin(x+y) = e^{-xy}$ 在点 $(0,0)$ 处的切线方程.

10. 利用对数求导法求下列函数的导数:

(1) $y = x\sqrt{\dfrac{1-x}{1+x}}$;

(2) $y = \dfrac{x^2}{1-x}\sqrt{\dfrac{x+1}{x^2+x+1}}$;

(3) $y = x^{\sin x}$; (4) $y = x^2 \sqrt{\dfrac{2x-1}{x+1}}$.

11. 求下列参数方程所确定的函数的二阶导数 $\dfrac{d^2 y}{dx^2}$:

(1) $\begin{cases} x = a\cos t, \\ y = b\sin t; \end{cases}$

(2) 已知 $\begin{cases} x = f'(t), \\ y = tf'(t) - f(t), \end{cases}$ 这里 $f''(t)$ 存在,且不为零.

12. 求函数 $y = x(x^2 - 1)$ 当 $x = 2, \Delta x = 0.01$ 时的微分.

13. 求下列函数的微分:

(1) $y = \sin x + \ln x + 1$; (2) $y = x\cos 2x$;

(3) $y = xe^x$; (4) $y = \ln^2 x$;

(5) $y = e^{\sin x}$; (6) $y = e^x \cos x$.

14. 利用微分求 $\cos 59°$ 的近似值.

15. 已知测量球的直径 D 时有 1% 的相对误差,问用公式 $V = \dfrac{\pi}{6} D^3$ 计算球的体积时,相对误差有多少?

16. 求由方程 $\sin(st) + \ln(s - t) = t$ 所确定的隐函数 s 在 $t = 0$ 处的微分 ds.

2.6 综合作业题

一、计算题

1. 设函数 $y = x|x(x-2)|$,求导函数 $f'(x)$.

2. (雪球融化问题)假定一个雪球是半径为 R_0 的球,其融化时体积的变化率正比于雪球的表面积,比例系数为 $k(k > 0$,与环境的相对湿度、阳光、空气温度等因素有关). 已知两小时内融化其体积的四分之一,问其余部分在多长时间内全部融化完?

3. 设某动物数量为 N,出生率 n 与死亡率 m 分别为 N 的线性函数,前者随 N 均匀减少,后者随 N 均匀增加. 求动物数 N 关于时间 t 的变化率.

4. 设 $f(x) = x(x-1)(x-2)\cdots(x-100)$,求 $f'(0)$.

5. 设 $f(x) = \begin{cases} x^n \sin \dfrac{1}{x}, & x \neq 0, \\ 0, & x = 0, \end{cases}$ 指出当正整数 n 分别在何范围内取值时,$f(x)$ 在点 $x = 0$ 处:(1) 连续;(2) 可导;(3) 导函数连续.

6. 设 $f(x)$ 在 $(-\infty, +\infty)$ 内可导,周期为 4,又 $\lim\limits_{x \to 0} \dfrac{f(1) - f(1-x)}{2x} = -1$,问

曲线 $y = f(x)$ 在点 $(5, f(5))$ 处的切线斜率为多少?

7. 设 $xe^{f(y)} = e^y$,其中 f 具有二阶导数,且 $f' \neq 1$,求 $\dfrac{d^2 y}{dx^2}$.

8. 求 $y = \dfrac{x}{\sqrt{1+x}}$ 的 $y^{(5)}$.

二、证明题

1. 设 $f(x)$ 在 $[a,b]$ 上连续,且 $f(a) = f(b) = 0$, $f'_+(a) f'_-(b) > 0$,证明在 (a,b) 内至少有一点 c,使 $f(c) = 0$.

2. 设 $\begin{cases} x = 2t + |t|, \\ y = 5t^2 + 4t|t|, \end{cases}$ 证明 $y = y(x)$ 在 $t = 0$ 时 $\dfrac{dy}{dx}$ 存在,并求其值.

2.7 自 测 题

一、选择题

1. 函数 $f(x)$ 在点 x_0 处连续是函数 $f(x)$ 在点 x_0 可导的( ).
   A. 必要条件   B. 充分条件
   C. 充要条件   D. 不相关条件

2. 函数 $y = f(x)$ 可微,则当 $\Delta x \to 0$ 时,$\Delta y - dy$ 是 Δx 的( ).
   A. 等价无穷小   B. 同价无穷小
   C. 低阶无穷小   D. 高阶无穷小

3. 函数 $f(x)$ 在点 x_0 处可微是函数 $f(x)$ 在点 x_0 可导的( ).
   A. 必要条件   B. 充分条件
   C. 充要条件   D. 不相关条件

4. 若曲线 $y = \ln(1+2x)$ 在点 $x = x_0$ 处的切线平行于直线 $y = 2x - 3$,则 $x_0 = ($).
   A. -1 B. 0 C. 1 D. 2

5. 若函数 $f(x)$ 在点 $x = 3$ 处可导,则 $\lim\limits_{\Delta x \to 0} \dfrac{f(3 - 2\Delta x) - f(3)}{\Delta x} = ($).
   A. $f'(3)$ B. $2f'(3)$ C. $-f'(3)$ D. $-2f'(3)$

二、计算题

1. 下列各题中均假定 $f'(x_0)$ 存在,按导数的定义观察下列极限,并指出 a 表示什么.

   (1) $\lim\limits_{\Delta x \to 0} \dfrac{f(x_0 - \Delta x) - f(x_0)}{\Delta x} = a$;

   (2) $\lim\limits_{x \to 0} \dfrac{f(x)}{x} = a$,其中 $f(0) = 0$,且 $f'(0)$ 存在;

(3) $\lim\limits_{h \to 0} \dfrac{f(x_0 - h) - f(x_0 + h)}{h} = a$.

2. 求下列函数的导数:

(1) $y = 2x^5$;   (2) $y = \cos^3 x$;

(3) $y = (\arcsin 2x)^3$;   (4) $y = \dfrac{\cos 3x}{x^2}$;

(5) $y = \ln(\cos x + \tan x)$;   (6) $y = \ln \sin 2x$;

(7) $y = e^{2\arctan \sqrt{3x}}$;   (8) $y = e^{-\frac{x}{3}} \sin 5x$.

3. 求曲线 $y = \cos x$ 上点 $(\dfrac{\pi}{3}, \dfrac{1}{2})$ 处的切线方程.

4. 求由下列方程所确定的隐函数的导数:

(1) $xy^2 - e^{x+y} = 0$;   (2) $y = 3 - x^2 e^y$.

5. 求下列函数的二阶导数:

(1) $y = 5x^3 + \ln x$;   (2) $y = e^{3x-4}$.

6. 求下列函数的微分:

(1) $y = \dfrac{1}{x^2} + 3\sqrt{x}$;   (2) $y = x^2 \cos 3x$.

7. 求下列由参数方程所确定的函数的一阶导数 $\dfrac{dy}{dx}$ 及二阶导数 $\dfrac{d^2 y}{dx^2}$:

(1) $\begin{cases} x = a\cos^3 \theta, \\ y = a\sin^3 \theta; \end{cases}$ (2) $\begin{cases} x = \ln \sqrt{1+t^2}, \\ y = \arctan t. \end{cases}$

2.8 参考答案与提示

【基础作业题参考答案与提示】

一、1. C; 2. B; 3. B; 4. B; 5. C; 6. B.

二、1. $a = 2, b = -1$. 2. $f'(x) = \begin{cases} \cos x, & x < 0, \\ 1, & x \geq 0. \end{cases}$ 3. $f'(x) = \dfrac{7}{6} x^{\frac{1}{6}}$.

4. (1) $y' = \dfrac{\ln x}{x\sqrt{1 + \ln^2 x}}$; (2) $y' = \csc x$; (3) $y' = \dfrac{\cos t - \sin t - 1}{(1 - \cos t)^2}$;

(4) $y' = (1 - 2x^2)' \cdot \dfrac{1}{\sqrt{1 - (1 - 2x^2)^2}} = \dfrac{-4x}{2|x|\sqrt{1-x^2}} = \begin{cases} -\dfrac{2}{\sqrt{1-x^2}}, & 0 < x < 1, \\ \dfrac{2}{\sqrt{1-x^2}}, & -1 < x < 0; \end{cases}$

(5) $\dfrac{e^{\arcsin\sqrt{x}}}{2\sqrt{x-x^2}}$; (6) $\dfrac{2-8t^3}{4t^6+4t^3+4t^2+1}$; (7) $\arcsin\dfrac{x}{2}$;

(8) $\dfrac{\sin\dfrac{2}{x}}{x^2}\cdot e^{-\sin^2\frac{1}{x}}$; (9) $\dfrac{dy}{dx}=4\arctan 1=\pi$.

5. (1) $2-\dfrac{1}{x^2}$; (2) $-2\sin x-x\cos x$; (3) $\dfrac{6x^2+2}{(1-x^2)^3}$;

(4) $2\arctan x+\dfrac{2x}{1+x^2}$; (5) $-\dfrac{1+2\sin x}{(2+\sin x)^2}$; (6) $\dfrac{2\sin x}{\cos^3 x}$;

(7) $y'=-\dfrac{2x}{1-x^2}$, $y''=\dfrac{-2(1-x^2)-2x\cdot 2x}{(1-x^2)^2}=-\dfrac{2(1+x^2)}{(1-x^2)^2}$;

(8) $y'=2x\arctan x+(1+x^2)\dfrac{1}{1+x^2}=2x\arctan x+1$, $y''=2\arctan x+\dfrac{2x}{1+x^2}$

6. $y^{(n)}=\begin{cases}\ln x+1, & n=1,\\ (-1)^n\dfrac{(n-2)!}{x^{n-1}}, & n\geqslant 2.\end{cases}$

7. $f''(a)=\lim\limits_{x\to a}2\varphi(x)+0=2\varphi(a)$. 【提示】$f''(a)=\lim\limits_{x\to a}\dfrac{f'(x)-f'(a)}{x-a}=\lim\limits_{x\to a}\dfrac{(2x-2a)\varphi(x)+(x-a)^2\varphi'(x)}{x-a}$.

8. (1) $\dfrac{dy}{dx}=-\dfrac{2+x}{y}$; (2) $\dfrac{dy}{dx}=\dfrac{1+y^2}{2+y^2}$; (3) $\dfrac{dy}{dx}=\dfrac{1}{(x+y)^2}$;

(4) $\dfrac{y-xy}{2xy-x}$; (5) $\dfrac{y\cos(x+y)}{1-y\cos(x+y)}$; (6) $\dfrac{1}{1-(x+y)(1+\ln^2(x+y))}$.

9. $x+y=0$.

10. (1) $x\sqrt{\dfrac{1-x}{1+x}}\left(\dfrac{1}{x}-\dfrac{1}{1-x^2}\right)$;

(2) $\dfrac{x^2}{1-x}\sqrt{\dfrac{1+x}{x^2+x+1}}\left[\dfrac{2}{x}+\dfrac{1}{1-x}+\dfrac{1}{2(x+1)}-\dfrac{2x+1}{2(x^2+x+1)}\right]$;

(3) $x^{\sin x}\left(\cos x\ln x+\dfrac{\sin x}{x}\right)$; (4) $x^2\sqrt{\dfrac{2x-1}{x+1}}\left(\dfrac{2}{x}+\dfrac{1}{2x-1}-\dfrac{1}{2x+2}\right)$.

11. (1) $-\dfrac{b}{a^2\sin^3 t}$; (2) $\dfrac{d^2y}{dx^2}=\dfrac{1}{f''(t)}$.

12. 0.11.

13. (1) $\left(\cos x+\dfrac{1}{x}\right)dx$; (2) $(\cos 2x-2x\sin 2x)dx$; (3) $e^x(1+x)dx$;

(4) $\dfrac{2\ln x}{x}dx$; (5) $e^x\sin x\cos x\, dx$; (6) $e^x(\cos x-\sin x)dx$.

14. 0.5151. 【提示】$\cos 59° = \cos(\dfrac{\pi}{3} + \dfrac{\pi}{180}) \approx \cos\dfrac{\pi}{3} + \sin\dfrac{\pi}{3} \cdot \dfrac{\pi}{180}$.

15. $S_v = \dfrac{\Delta V}{D} = 3(\dfrac{\Delta V}{D}) = 3\%$.

16. $\mathrm{d}s|_{t=0} = \mathrm{d}t$.

【综合作业题参考答案与提示】

一、1. $f'(x) = \begin{cases} x^2(x-2), & x > 2 \text{ 或 } x \leqslant 0, \\ -x^2(x-2), & 0 < x < 2. \end{cases}$

2.【提示】全部融化完就意味着雪球的半径为零,可以归纳为半径关于时间的变化率问题.

3.【提示】当考察的时间段很小时,N 的增加量 $\approx$ 微分.

4. 100!.

5. (1) $n \geqslant 1$; (2) $n \geqslant 2$; (3) $n \geqslant 3$.

6. -2.【提示】可导的周期函数的导数仍为周期函数且周期不变.

7. $\dfrac{f''(y) - [1 - f'(y)]^2}{x^2[1 - f'(y)]^3}$.

8. $\dfrac{105}{32}(x+1)^{-\frac{9}{2}}(1 + \dfrac{9}{x+1})$.

二、1.【提示】利用介值定理.

2. 证明:原方程可化为 $y - x^2 = 0$. 当 $t = 0$ 时, $x = 0$, $\lim\limits_{h \to 0^+} \dfrac{f(h) - f(0)}{h} = \lim\limits_{h \to 0} \dfrac{h^2}{h} = \lim\limits_{h \to 0^-} \dfrac{f(h) - f(0)}{h} = 0$.

【自测题参考答案与提示】

一、1. A; 2. D; 3. C; 4. B; 5. D.

二、1. (1) $-f'(x_0)$; (2) $f'(0)$; (3) $-2f'(x_0)$.

2. (1) $10x^4$; (2) $-3\sin x \cos^2 x$;

(3) $\dfrac{6(\arcsin 2x)^2}{\sqrt{1-4x^2}}$; (4) $\dfrac{-3x\sin 3x - 2\cos 3x}{x^3}$;

(5) $\dfrac{\sec^2 x - \sin x}{\cos x + \tan x}$; (6) $2\cot 2x$;

(7) $\dfrac{3\mathrm{e}^{\arctan\sqrt{3x}}}{(1+3x)\sqrt{3x}}$; (8) $(5\cos 5x - \dfrac{1}{3}\sin 5x)\mathrm{e}^{-\frac{x}{3}}$.

3. $2y + \sqrt{3}x - 1 - \dfrac{\sqrt{3}}{3}\pi = 0$.

4. (1) $\dfrac{y-xy}{xy-2x}$; (2) $\dfrac{2xe^y}{y-4}$.

5. (1) $30x-\dfrac{1}{x^2}$; (2) $9e^{3x-4}$.

6. (1) $\left(\dfrac{3}{2\sqrt{x}}-\dfrac{2}{x^2}\right)dx$; (2) $(2x\cos3x-3x^2\sin3x)dx$.

7. (1) $\dfrac{dy}{dx}=-\tan\theta,\dfrac{d^2y}{dx^2}=\dfrac{1}{3a}\sec^4\theta\csc\theta$;

   (2) $\dfrac{dy}{dx}=\dfrac{1}{t},\dfrac{d^2y}{dx^2}=-\dfrac{1+t^2}{t^2}$.

第 3 章　微分中值定理与导数的应用

3.1　教 学 要 求

【教学基本要求】

1. 理解并会用罗尔定理、拉格朗日中值定理,会用洛必达法则求未定式极限.
2. 了解泰勒定理以及用多项式逼近函数的思想(对定理的分析证明以及利用泰勒定理证明相关问题不作要求).
3. 理解函数的极值概念,掌握用导数判断函数的单调性和求函数极值的方法,会求解较简单的最大值和最小值应用问题.
4. 会用导数判断函数图形的凹凸性,会求拐点,会求函数图形的水平、铅直和斜渐近线,会描绘一些简单函数的图形.

【教学重点内容】

罗尔定理、拉格朗日中值定理、洛必达法则、泰勒公式、函数极值的概念,求函数的单调区间、极值的方法,求曲线的凹凸区间、拐点的方法.

3.2 知识要点

【知识要点】

1. 微分中值定理

定理名称	条 件	结 论
罗尔定理	函数 $f(x)$ 在 $[a,b]$ 上连续，(a,b) 内可导，且 $f(a)=f(b)$；	在 (a,b) 内至少存在一点 ξ，使得 $f'(\xi)=0$.
拉格朗日中值定理	函数 $f(x)$ 在 $[a,b]$ 上连续，(a,b) 内可导；	在 (a,b) 内至少存在一点 ξ，使得 $f'(\xi)=\dfrac{f(b)-f(a)}{b-a}$.
柯西中值定理	函数 $f(x)$、$F(x)$ 在 $[a,b]$ 上连续，(a,b) 内可导，对任一 $x\in(a,b)$，$F'(x)\neq 0$；	在 (a,b) 内至少存在一点 ξ，使得 $\dfrac{f(b)-f(a)}{F(b)-F(a)}=\dfrac{f'(\xi)}{F'(\xi)}$.

注 意：

① 罗尔定理是拉格朗日中值定理的特例；

② 上述中值定理中的条件是缺一不可的；其结论都只肯定了 ξ 的存在，但是没有说出 ξ 的值是多少，也没有给出求 ξ 的方法.

2. 洛必达法则

求 $\dfrac{0}{0}$ 型未定式的极限——洛必达法则：

设函数 $f(x)$、$F(x)$ 满足条件：

(1) $\lim\limits_{x\to a}f(x)=0$，$\lim\limits_{x\to a}F(x)=0$；

(2) 在点 a 的某去心邻域内，$f'(x)$ 及 $F'(x)$ 存在且 $F'(x)\neq 0$；

(3) $\lim\limits_{x\to a}\dfrac{f'(x)}{F'(x)}$ 存在(或为无穷大)；

那么 $\lim\limits_{x\to a}\dfrac{f(x)}{F(x)}=\lim\limits_{x\to a}\dfrac{f'(x)}{F'(x)}$.

注 意：

① 在上述法则中，将条件换成 $\lim\limits_{x\to a}f(x)=\infty$，$\lim\limits_{x\to a}F(x)=\infty$，其余不变，法则仍成立.

② 在上述法则中，将 $x\to a$，改为 $x\to\infty$，法则仍成立.

③ 对于其他未定式的极限，可以通过代数的方法化为 $\dfrac{0}{0}$ 型或 $\dfrac{\infty}{\infty}$ 型，再用洛必达法则求值.

3. 函数单调性的判别

设函数 $f(x)$ 在 (a,b) 内可导,

(1) 若 $f'(x) > 0, x \in (a,b)$,则 $f(x)$ 在 (a,b) 内单调增加.

(2) 若 $f'(x) < 0, x \in (a,b)$,则 $f(x)$ 在 (a,b) 内单调减少.

注意:如果在 (a,b) 内 $f'(x) \geq 0$(或 $f'(x) \leq 0$),但等号只在个别孤立点成立,则函数在 (a,b) 内仍单调增加(或单调减少).

4. 函数极值的判别

(1) 极值存在的必要条件

如果 $f(x)$ 在点 x_0 处可导,且在 x_0 处取得极值,那么 $f'(x_0) = 0$.

注意:如果 $f(x)$ 在 $x = x_0$ 处 $f'(x_0) = 0$,满足必要条件,但不能判定 $f(x_0)$ 为极值.

(2) 极值存在的第一充分条件

设函数 $f(x)$ 在 x_0 处连续,且在 x_0 的某去心邻域 $\mathring{U}(x_0, \delta)$ 内可导,

若 $x \in (x_0 - \delta, x_0)$ 时,$f'(x) > 0$,而 $x \in (x_0, x_0 + \delta)$ 时,$f'(x) < 0$,则 $f(x)$ 在 x_0 处取得极大值;

若 $x \in (x_0 - \delta, x_0)$ 时,$f'(x) < 0$,而 $x \in (x_0, x_0 + \delta)$ 时,$f'(x) > 0$,则 $f(x)$ 在 x_0 处取得极小值;

若 $x \in \mathring{U}(x_0, \delta)$ 时,$f'(x)$ 的符号保持不变,则 $f(x)$ 在 x_0 处没有极值.

(3) 极值存在的第二充分条件

设函数 $f(x)$ 在 x_0 处具有二阶导数且 $f'(x_0) = 0$,$f''(x_0) \neq 0$,那么

当 $f''(x_0) < 0$ 时,函数 $f(x)$ 在 x_0 处取得极大值;

当 $f''(x_0) > 0$ 时,函数 $f(x)$ 在 x_0 处取得极小值.

5. 函数的凹凸性及其判定

(1) 设函数 $f(x)$ 在闭区间 $[a,b]$ 上连续,在开区间 (a,b) 内具有一阶和二阶导数,那么

若在 (a,b) 内 $f''(x) > 0$,则 $f(x)$ 在 $[a,b]$ 上的图形是凹的;

若在 (a,b) 内 $f''(x) < 0$,则 $f(x)$ 在 $[a,b]$ 上的图形是凸的.

(2) 判断连续曲线拐点(凹凸分界点)的步骤

① 求出 $f''(x)$.

② 令 $f''(x) = 0$,解出这方程在区间 (a,b) 内的实根及该区间中 $f''(x)$ 不存在的点.

③ 对于 ② 中解出的每一个实根或 $f''(x)$ 不存在的点 x_0,检查 $f''(x)$ 在 x_0 左右两侧邻近的符号. 如果 $f''(x)$ 在 x_0 左右两侧邻近分别保持一定的符号,那么当两侧的符号相反时,点 $(x_0, f(x_0))$ 是拐点;当两侧的符号相同时,点 $(x_0, f(x_0))$ 不是拐点.

6. 作函数 $y=f(x)$ 的图形的步骤

(1) 确定函数 $f(x)$ 的定义域.

(2) 讨论函数 $f(x)$ 的奇偶性及周期性.

(3) 求 $f'(x)$ 与 $f''(x)$,利用 $f'(x)$ 与 $f''(x)$ 的符号,列表讨论函数 $f(x)$ 的单调性、极限、凹凸性与拐点.

(4) 讨论曲线 $f(x)$ 的渐近线.

(5) 求出若干个具有代表性的曲线上点的坐标,作出 $f(x)$ 的图形.

注意:在作函数图形的时候,如果函数有间断点或导数不存在的点,这些点也要作为分点.

7. 函数 $y=f(x)$ 在 $[a,b]$ 上最大值和最小值的求法

(1) 求出 $f(x)$ 在 (a,b) 内的驻点 $x_1,x_2,\cdots,x_m$ 及不可导点 $x'_1,x'_2,\cdots,x'_n$.

(2) 计算 $f(x_i)(i=1,2,\cdots,m),f(x'_j)(j=1,2,\cdots,n)$ 及 $f(a),f(b)$.

(3) 比较上述各函数值的大小,其中最大的便是 $f(x)$ 在 $[a,b]$ 上的最大值,最小的便是 $f(x)$ 在 $[a,b]$ 上的最小值.

还要指出的是,在实际问题中,往往根据问题的性质就可以判定可导函数 $f(x)$ 确有最大值或最小值,而且一定在定义区间内部取得.这时如果 $f(x)$ 在定义区间内部只有一个驻点 x_0,那么不必讨论 $f(x_0)$ 是不是极值,就可以判定 $f(x_0)$ 是最大值或最小值.

8. 泰勒中值定理(泰勒公式)

如果函数 $f(x)$ 在含有 x_0 的某个开区间 (a,b) 内具有 $(n+1)$ 阶的导数,则对任意 $x\in(a,b)$,有

$$f(x)=f(x_0)+f'(x_0)(x-x_0)+\frac{f''(x_0)}{2!}(x-x_0)^2+\cdots+\frac{f^{(n)}(x_0)}{n!}(x-x_0)^n+R_n(x),$$

其中 $R_n(x)=\frac{f^{(n+1)}(\xi)}{(n+1)!}(x-x_0)^{n+1}$,这里 ξ 是 x_0 与 x 之间的某个值.

9. 曲率的计算公式

(1) 设曲线由参数方程 $\begin{cases}x=\varphi(t),\\ y=\psi(t)\end{cases}$ 给出,则得到曲率

$$K=\frac{|\varphi'(t)\psi''(t)-\varphi''(t)\psi'(t)|}{[\varphi'^2(t)+\psi'^2(t)]^{\frac{3}{2}}}.$$

(2) 设曲线方程为 $y=f(x)$,则曲率 $K=\frac{|y''|}{(1+y'^2)^{\frac{3}{2}}}$.

(3) 曲率半径 $\rho=\frac{1}{K},K=\frac{1}{\rho}$.

【串讲小结】

本章应用导数来研究函数以及曲线的某些性质,并利用这些知识解决一些实际问题.

首先,介绍了微分学的几个中值定理——罗尔定理、拉格朗日中值定理、柯西中值定理,它们是微分学的理论基础.罗尔定理是拉格朗日中值定理的一个特例,而柯西中值定理是拉格朗日中值定理的推广.对于一些较复杂的函数,为了便于研究,往往希望用一些简单的函数来近似表达,于是就有了泰勒公式.微分中值定理及泰勒公式主要应用在求极限、证明不等式、证明方程根的存在性等方面.为了更好地计算未定式的极限,根据柯西中值定理推出了求未定式极限的一种简便且重要的方法——洛必达法则,通过它可以很好地求出 $\dfrac{0}{0}$、$\dfrac{\infty}{\infty}$、$\infty-\infty$、$0\cdot\infty$、0^0、1^∞、∞^0 型的未定式的极限.

由于中值定理建立了函数在一个区间上的增量与函数在这区间内某点处的导数之间的关系,于是可以利用导数来研究函数值的变化情况,并由此对函数及其图形的某些性态做出判断.

在研究函数的性态方面,首先是函数的单调性与极值.单调性是函数的一个很重要的性质,可以利用函数的单调性来讨论方程求根、不等式证明等问题;极值是函数的一个局部特性,极值的判定一般是讨论极值存在的充分条件是否成立.其次是研究函数曲线的凹凸性,一般用判别法就可以判定.再者是研究一些最值问题,最值是函数的全局特性.对于求实际问题的最值,先根据问题确定目标函数(此过程称为建立数学模型),再通过目标函数的导数为零来确定驻点,若驻点是唯一的,且问题的最值确实存在,那么,该驻点就是所要求的最值点,最值点的函数值即为所求最值.

3.3 答 疑 解 惑

1. 如果函数 $f(x)$ 在 $[a,b]$ 上满足罗尔定理的条件,那么在 (a,b) 内至少存在一点 ξ,使 $f'(x)=0$,问 ξ 是否为 $f(x)$ 的极值点?

答:不一定.例如 $f(x)=\dfrac{x^3}{4}(5-3x)$ 在 $[-1,2]$ 上满足罗尔定理的条件,若令 $f'(x)=\dfrac{3x^2}{4}(5-4x)=0$,可得 $\xi_1=0, \xi_2=\dfrac{5}{4}$,由 $f(x)$ 在 $\left(-1,\dfrac{5}{4}\right)$ 内单调增加可知,$\xi_1=0$ 并不是 $f(x)$ 的极值点.

事实上,罗尔定理的结论中的点 ξ 在 (a,b) 内可以存在多个,其中有的 ξ 可能

是 $f(x)$ 的极值点,但未必所有的都是 $f(x)$ 的极值点.

2. 设 $f(x)$、$F(x)$ 在 $[a,b]$ 上连续,在 (a,b) 内可导,$F'(x) \neq 0, x \in (a,b)$,由于 $f(x)$、$F(x)$ 在 $[a,b]$ 上满足拉格朗日中值定理的条件,故存在点 $\xi \in (a,b)$,使 $f(b)-f(a)=f'(\xi)(b-a), F(b)-F(a)=F'(\xi)(b-a)$.

又 $F'(x) \neq 0, x \in (a,b)$,两式相除,即有

$$\frac{f(b)-f(a)}{F(b)-F(a)} = \frac{f'(\xi)(b-a)}{F'(\xi)(b-a)} = \frac{f'(\xi)}{F'(\xi)}.$$

以上证明柯西中值定理的方法对吗?

答:此证明方法是错误的.因为对于两个不同函数 $f(x)$、$F(x)$,拉格朗日中值定理中的 ξ 未必相同,就是说,在 (a,b) 内不一定存在同一个 ξ,使

$$f(b)-f(a)=f'(\xi)(b-a), 且 F(b)-F(a)=F'(\xi)(b-a).$$

例如,$f(x)=x^2$,在 $[0,1]$ 上唯一使拉格朗日中值定理成立的 $\xi = \dfrac{1}{2}$,而对 $F(x)=x^3$,在 $[0,1]$ 上唯一使拉格朗日中值定理成立的 $\xi = \dfrac{\sqrt{3}}{3}$.

3. 任何 $\dfrac{0}{0}$ 型、$\dfrac{\infty}{\infty}$ 型的未定式,都可用洛必达法则来求它的极限吗?

答:不一定.使用洛必达法则求极限,应注意法则中的 3 个条件都要满足,否则,结论不一定成立.例如,$\lim\limits_{x \to 0} \dfrac{x^2 \sin \dfrac{1}{x}}{\sin x}$ 虽是 $\dfrac{0}{0}$ 型,但求导后比值的极限不存在,所以不能利用洛必达法则来求它的极限.

4. 可以利用洛必达法则来证明重要极限 $\lim\limits_{x \to 0} \dfrac{\sin x}{x} = 1$ 吗?

答:不可以.如果使用洛必达法则,那么有

$$\lim_{x \to 0} \frac{\sin x}{x} = \lim_{x \to 0} \frac{(\sin x)'}{(x)'} = \lim \cos x = 1.$$

上述等式与结论是正确的,但在以上使用洛必达法则的过程中,用到了求导公式 $(\sin x)' = \cos x$,而此公式正是建立在极限 $\lim\limits_{x \to 0} \dfrac{\sin x}{x} = 1$ 的基础上,在逻辑上犯了循环论证的错误,故不可以利用洛必达法则来证明.

5. 若 $f(x)$ 在 (a,b) 内恒有 $f'(x) \geqslant 0$(或 $f'(x) \leqslant 0$),其中只有有限个点处等号成立,那么 $f(x)$ 在 (a,b) 内也必单调增加(或单调减少)吗?

答:是的.若 $f(x)$ 在 (a,b) 内恒有 $f'(x) \geqslant 0$,任取 $x', x'' \in (a,b)$,不妨设 $x' < x''$,在 (x', x'') 内存在有限个点 $x_1, x_2, \cdots, x_k, f'(x_i)=0 (i=1,2,\cdots,k)$,在其他点处,$f'(x) > 0$.

由单调性判别法,可知 $f(x)$ 在 $[x', x_1], [x_1, x_2], \cdots, [x_k, x'']$ 上均单调增

加,故有 $f(x') < f(x_1) < f(x_2) < \cdots < f(x_k) < f(x'')$,从而 $f(x)$ 在 (a,b) 内单调增加.

6. 若 $f''(x) = 0$,能判定点 $(x_0, f(x_0))$ 为曲线 $y = f(x)$ 的拐点吗?

答:不能.例如 $f(x) = x^4$,显然 $f''(0) = 0$,但 $(0,0)$ 点不是曲线 $y = f(x)$ 的拐点.

3.4 范例解析

例 1 设 $f(x) = x^3 - 3x + A(|A| \leqslant 2)$,则方程 $f(x) = 0$ ( ).

A. 至多有两个实根　　　　　　B. 只有一个实根

C. 恰有两个实根　　　　　　　D. 至少有两实根

解析:讨论方程根的数量的常用方法:

(1) 至少一个根:利用零点定理及其推论;

(2) 只有一个根:利用零点定理和单调性;

(3) 多个根:利用单调性、极值、极限等,判断曲线 $y = f(x)$ 与 x 轴有几个交点.

研究三次曲线与 x 轴交点个数和函数极值之间的关系的方法:

(1) 无极值或有两个符号相同的极值:只有一个交点;

(2) 两个极值中有一个为零:两个交点;

(3) 两个极值异号:三个交点.

根据题目可判断出函数的两个极值异号,所以至少有两个交点,选 D.

例 2 对于函数 $f(x) = x^3 - 2x^2 + 3x - 2$,在区间 $[0,1]$ 上验证拉格朗日中值定理的正确性.

解析:对于给定的函数 $f(x)$,要验证定理的正确性,首先要验证 $f(x)$ 满足定理的条件,然后验证满足拉格朗日中值定理的 ξ 存在.

因为 $[0,1]$ 是初等函数 $f(x) = x^3 - 2x^2 + 3x - 2$ 的定义区间,所以 $f(x)$ 在 $[0,1]$ 上连续.由于 $f'(x) = 3x^2 - 4x + 3$ 在 $(0,1)$ 内有定义,故 $f(x)$ 在 $(0,1)$ 内可导,因此,函数 $f(x)$ 在区间 $[0,1]$ 上满足拉格朗日中值定理的条件.

由 $f'(\xi) = \dfrac{f(1) - f(0)}{1 - 0}$,即 $3\xi^2 - 4\xi + 3 = 2$,解得一个 $\xi = \dfrac{1}{3} \in (0,1)$,所以满足拉格朗日中值定理的 ξ 存在.

由以上可知,拉格朗日中值定理在区间 $[0,1]$ 上对 $f(x)$ 是正确的.

例 3 已知 $f(x) = (x-1)(x-2)(x-3)(x-4)$,不求 $f(x)$ 的导数,说明 $f'(x) = 0$ 有几个实根,并指出它们所在的区间.

解析:$f(x)$ 是一个多项式,在以它的任何两个相邻根为端点的区间上,满足罗尔定理的条件,故在这个区间内至少存在一点 ξ,使 $f'(\xi) = 0$.

因为 $f(x)$ 是一个 4 次多项式,所以在 $[1,2]$,$[2,3]$,$[3,4]$ 上连续,在 $(1,2)$,$(2,3)$,$(3,4)$ 内可导,且 $f(1) = f(2) = f(3) = f(4)$,从而 $f(x)$ 在这 3 个闭区间上满足罗尔定理的条件.由罗尔定理得,在 $(1,2)$,$(2,3)$,$(3,4)$ 内分别至少存在 ξ_1,ξ_2,ξ_3,使得 $f'(\xi_1) = 0, f'(\xi_2) = 0, f'(\xi_3) = 0$,即 ξ_1,ξ_2,ξ_3 是方程 $f'(x) = 0$ 的三个实根.

又因为 $f'(x)$ 是 3 次多项式,方程 $f'(x) = 0$ 至多只能有 3 个实根.所以 $f'(x) = 0$ 恰有 3 个实根分别在区间 $(1,2)$,$(2,3)$ 和 $(3,4)$ 内.

例 4 设 $f(x)$ 在 $[a,b]$ 上连续,在 (a,b) 内可导,证明:在 (a,b) 内存在一点 ξ,使 $f'(\xi) = \dfrac{f(\xi) - f(a)}{b - \xi}$ 成立.

解析:因为 $f(x)$ 满足罗尔定理的前两个条件,如果要用罗尔定理必须还要满足第三个条件,于是构造辅助函数 $F(x)$,使 $F(x)$ 满足罗尔定理的 3 个条件,然后对 $F(x)$ 使用罗尔定理.

设 $F(x) = (b-x)[f(x) - f(a)]$,由于 $f(x)$ 在 $[a,b]$ 上连续,在 (a,b) 内可导,可知 $F(x)$ 在 $[a,b]$ 上连续,在 (a,b) 内可导,又 $F(a) = F(b)$,因此 $F(x)$ 满足罗尔定理的条件,故在 (a,b) 内存在一点 ξ,使 $F'(\xi) = 0$.由
$$F'(x) = f'(x)(b-x) - [f(x) - f(a)] = 0,$$
得 $f'(\xi)(b-\xi) - [f(\xi) - f(a)] = 0$,即 $f'(\xi) = \dfrac{f(\xi) - f(a)}{b - \xi}(a < \xi < b)$.

例 5 试构造辅助函数 $F(x)$,使得由 $F'(\xi) = 0$ 可以得到下面的结论:

(1) $f'(\xi) + af(\xi) = 0$;

(2) $f'(\xi) - 2\xi f(\xi) = 0$;

(3) $f(\xi) + 2\xi f'(\xi) = 0$;

(4) $\dfrac{f'(\xi)}{g'(\xi)} = -\dfrac{f(\xi)}{g(\xi)}$;

(5) $f'(\xi) - k[f(\xi) - \xi] = 1$.

解析:构造辅助函数 $F(x)$ 是为了使用罗尔定理,常见的构造方法有:

① 利用求导法则法:$f'(x)g(x) + f(x)g'(x) = 0 \Rightarrow F(x) = f(x)g(x)$;
$$f'(x)g(x) - f(x)g'(x) = 0 \Rightarrow F(x) = \dfrac{f(x)}{g(x)}.$$

② 乘因子法(重点):$f'(x) \pm g(x)f(x) = 0 \Rightarrow F(x) = f(x)e^{\pm \int g(x)dx}$.

③ 积分法:对于等式 $g[f'(x), f(x)] = 0$,若辅助函数难以构造,但 $g[f'(x), f(x)]$ 的原函数易求时,可设 $F'(x) = g[f'(x), f(x)]$,然后积分即得辅助函数 $F(x) = \int F'(x)dx = \int g[f'(x), f(x)]dx$.

对于本题各结论构造以下辅助函数：

(1) 用乘因子法：$F(x) = f(x)\mathrm{e}^{ax}$；

(2) 用乘因子法：$F(x) = f(x)\mathrm{e}^{-x^2}$；

(3) 先将要证结论改成为乘因子法的标准形式 $f'(\xi) + \dfrac{1}{2\xi}f(\xi) = 0$，再用乘因子法构造辅助函数：$F(x) = f(x)\sqrt{x}$；

(4) 化商为积并利用求导法则法：$F(x) = f(x)g(x)$；

(5) 用乘因子法：$F(x) = [f(x) - x]\mathrm{e}^{-kx}$。

注意：关于由 $F'(\xi) = 0$ 可以得到题中各结论的验证，请同学们自己完成。

例 6 证明：对在 $[a, b](0 < a < b)$ 上的可微函数 $f(x)$，存在 $\xi \in (a, b)$，使

$$\frac{1}{b-a}\begin{vmatrix} \ln b & \ln a \\ f(a) & f(b) \end{vmatrix} = f'(\xi)\ln\xi + \frac{f(\xi)}{\xi}.$$

解析：因为 $f(x)$ 为可微函数，因此也连续，满足拉格朗日中值定理的条件，但要证明的结论不是只与 $f'(\xi)$ 有关，因此需要作辅助函数，由要证明的结论可看出作辅助函数 $F(x) = f(x)\ln x$ 即可。

令 $F(x) = f(x)\ln x$，由 $f(x)$ 在 $[a, b]$ 上可微，有 $F(x)$ 在 $[a, b]$ 上可微，则 $F(x)$ 在 $[a, b]$ 上满足拉格朗日中值定理的条件，所以存在 $\xi \in (a, b)$，使得

$$F(b) - F(a) = F'(\xi)(b - a),\text{ 而 } F'(x) = f'(x)\ln x + f(x)\frac{1}{x}.$$

故有 $\dfrac{f(b)\ln b - f(a)\ln a}{b - a} = \dfrac{F(b) - F(a)}{b - a} = F'(\xi) = f'(\xi)\ln\xi + \dfrac{f(\xi)}{\xi}$，

即 $\dfrac{1}{b-a}\begin{vmatrix} \ln b & \ln a \\ f(a) & f(b) \end{vmatrix} = f'(\xi)\ln\xi + \dfrac{f(\xi)}{\xi}\ (\xi \in (a, b))$.

例 7 求下列极限：

(1) $\lim\limits_{x \to 0}\dfrac{1 - \cos^2 x}{x(1 - \mathrm{e}^x)}$；

(2) $\lim\limits_{x \to 0}x^2\mathrm{e}^{\frac{1}{x^2}}$；

(3) $\lim\limits_{x \to 1}\left(\dfrac{1}{x - 1} - \dfrac{1}{\ln x}\right)$；

(4) $\lim\limits_{x \to 0^+}x^{\sin x}$.

解析：(1) 这是 $\dfrac{0}{0}$ 型，可用洛必达法则求极限。

$$\lim_{x \to 0}\frac{1 - \cos^2 x}{x(1 - \mathrm{e}^x)} = \lim_{x \to 0}\frac{-2\cos x(-\sin x)}{1 - \mathrm{e}^x + x(-\mathrm{e}^x)} = \lim_{x \to 0}\frac{\sin 2x}{1 - \mathrm{e}^x - x\mathrm{e}^x}$$

$$= \lim_{x \to 0}\frac{2\cos 2x}{-\mathrm{e}^x - \mathrm{e}^x - x\mathrm{e}^x} = -1.$$

(2) 这是 $0 \cdot \infty$ 型，可先构造分式，变成 $\dfrac{\infty}{\infty}$ 型，再用洛必达法则计算。

$$\lim_{x\to 0}x^2\mathrm{e}^{1/x^2}=\lim_{x\to 0}\frac{\mathrm{e}^{1/x^2}}{\frac{1}{x^2}}=\lim_{x\to 0}\frac{\mathrm{e}^{1/x^2}\left(-\frac{2}{x^3}\right)}{-\frac{2}{x^3}}=\lim_{x\to 0}\mathrm{e}^{1/x^2}=\infty.$$

（3）这是 $\infty-\infty$ 型，直接通分构造分式，变成 $\frac{0}{0}$ 型，然后用洛必达法则计算．

$$\lim_{x\to 1}\left(\frac{1}{x-1}-\frac{1}{\ln x}\right)=\lim_{x\to 1}\frac{\ln x-x+1}{(x-1)\ln x}=\lim_{x\to 1}\frac{\frac{1}{x}-1}{\ln x+\frac{x-1}{x}}$$
$$=\lim_{x\to 1}\frac{1-x}{x\ln x+x-1}=\lim_{x\to 1}\frac{-1}{\ln x+1+1}=-\frac{1}{2}.$$

（4）这是 0^0 型，通过恒等变形变成 $0\cdot\infty$ 型后，再用洛必达法则计算．
$$x^{\sin x}=(\mathrm{e}^{\ln x})^{\sin x}=\mathrm{e}^{\sin x\ln x}.$$

因为 $\displaystyle\lim_{x\to 0^+}\sin x\ln x=\lim_{x\to 0^+}\frac{\ln x}{\csc x}=\lim_{x\to 0^+}\frac{\frac{1}{x}}{-\csc x\cot x}$
$$=\lim_{x\to 0^+}\frac{-\tan x\sin x}{x}=-\lim_{x\to 0^+}\tan x\lim_{x\to 0^+}\frac{\sin x}{x}=0.$$

所以 $\displaystyle\lim_{x\to 0^+}x^{\sin x}=\mathrm{e}^0=1.$

例 8 设 $f(x)$ 在 $[0,a]$ 上连续，在 $(0,a)$ 内可导，且 $f(0)=0,f'(x)$ 单调增加，试证：$\dfrac{f(x)}{x}$ 在 $(0,a)$ 内单调增加．

解析：当已知 $f(x)$ 在 $[a,b]$ 上连续，$f(x)$ 在 (a,b) 内可导，且 $f(a)=0$（或 $f(b)=0$）时，通常要利用拉格朗日中值定理．

由已知，$f(x)$ 在 $[0,x]$（$0<x<a$）上满足拉格朗日中值定理的条件，因此有 $f(x)=f(x)-f(0)=(x-0)f'(\xi)=xf'(\xi),\xi\in(0,x).$

又由于 $f'(x)$ 单调增加，所以有 $f'(x)>f'(\xi)$，

因此 $\left[\dfrac{f(x)}{x}\right]'=\dfrac{xf'(x)-f(x)}{x^2}=\dfrac{xf'(x)-xf'(\xi)}{x^2}=\dfrac{f'(x)-f'(\xi)}{x}>0,$

故 $\dfrac{f(x)}{x}$ 在 $(0,a)$ 内单调增加．

例 9 设 $b>a>\mathrm{e}$，证明：$a^b>b^a$．

解析：原命题 $\Leftrightarrow b\ln a>a\ln b\Leftrightarrow b\ln a-a\ln b>0.$

作辅助函数 $f(x)=x\ln a-a\ln x(x\geqslant a)$，由 $f'(x)=\ln a-\dfrac{a}{x}>1-\dfrac{a}{x}$ 知，当 $x\geqslant a$ 时，$f(x)$ 单调增加．故当 $b>a>\mathrm{e}$ 时，$f(b)>f(a)=0$，即 $b\ln a>a\ln b$，也就是 $a^b>b^a.$

例 10 已知函数 $y = \dfrac{2x^2}{(1-x)^2}$,试求其单调区间、极值、图形的凹凸性、拐点、渐近线.

解析:这是基本题,具有代表性.一般先确定函数的定义域及奇偶性,可以给列表讨论函数的性质及作图带来方便.用一阶导数、二阶导数为零的点及所有间断点和导数不存在的连续点划分区间并列表,确定函数的单调增减区间、极值点、凹凸性、拐点,用极限求渐近线.

函数的定义域为 $x \neq 1$ 的所有实数.

(1) 函数为非奇非偶函数.

(2) $y' = \dfrac{4x}{(1-x)^3}$,令 $y' = 0 \Rightarrow x = 0$ 或 $x = 1$ 为一阶导数不存在的点.

(3) $y'' = \dfrac{8x+4}{(1-x)^4}$,令 $y'' = 0 \Rightarrow x = -\dfrac{1}{2}$ 或 $x = 1$ 为二阶导数不存在的点.

划分区间列表如下:

x	$(-\infty, -\dfrac{1}{2})$	$-\dfrac{1}{2}$	$(-\dfrac{1}{2}, 0)$	0	$(0,1)$	1	$(1, +\infty)$
y'	$-$		$-$		$+$		$-$
y''	$-$		$+$		$+$		$+$
y	↘	拐点	↘	极小值 0	↗		↘

从表中结果可知:函数单调减区间为 $(-\infty, 0)$ 和 $(1, +\infty)$,单调增区间为 $(0,1)$,极小值为 0.

曲线在 $(-\infty, -\dfrac{1}{2})$ 为凸,在 $(-\dfrac{1}{2}, 1)$ 和 $(1, +\infty)$ 为凹,拐点为 $(-\dfrac{1}{2}, \dfrac{2}{9})$.

(4) 渐近线:因为 $\lim\limits_{x \to \infty} y = \lim\limits_{x \to \infty} \dfrac{2x^2}{(1-x)^2} = 2$,故 $y = 2$ 为曲线的水平渐近线.

又由于 $\lim\limits_{x \to 1} \dfrac{2x^2}{(1-x)^2} = \infty$,故 $x = 1$ 为曲线的铅直渐近线.

例 11 设计一个底为正方形,容积为 108m^3 的长方体开口容器,怎样做可以使其用料最省?

解析:这是通过几何公式解决实际应用中的诸如路程最短、运费最省、用料(表面积)最省等问题的最值问题.常涉及的几何公式有:勾股定理,长方形的面积与周长公式,圆的面积公式,圆柱体的体积与表面积公式等.其解题步骤归纳如下:

(1) 分析题意,明确要求哪个量的最值(这个量是因变量).再分析这个量与哪些量有关,利用几何知识确定变量之间的关系(目标函数).

(2) 求目标函数的驻点,用极值的充分条件判别极值的存在.对于实际问题,若驻点唯一,且根据问题的性质可确定目标函数有最值,则唯一的驻点就是最值点,其函数值就是要求的最值.

设容器底的边长为 x,高为 h,用料为 y,则容积 $V = x^2 h = 108$,所以 $h = \dfrac{108}{x^2}$,故目标函数 $y = x^2 + 4xh = x^2 + 4x \cdot \dfrac{108}{x^2} = x^2 + \dfrac{432}{x}(x > 0)$. 由此得 $y' = 2x + \dfrac{-432}{x^2} = \dfrac{2x^3 - 432}{x^2}$. 令 $y' = 0$,得唯一驻点 $x = 6$.

当 $x < 6$ 时,$y' < 0$,当 $x > 6$ 时,$y' > 0$,所以 $x = 6$ 为唯一极值点,且为极小值点,故 $x = 6$ 为最小值点,于是 $h = \dfrac{108}{x^2} = 3\text{m}$.

故当正方形边长为 6m,高为 3m 时,长方形容器用料最省.

例 12 设 $f(x)$ 在 $[0,1]$ 上二阶可导,$f(0) = f(1) = 0$,且 $\max\limits_{0 \leqslant x \leqslant 1} f(x) = 2$,证明:存在 $\xi \in (0,1)$,使得 $f''(\xi) \leqslant -16$.

解析:这是结合泰勒公式与最大值、最小值概念的综合问题,要求对泰勒公式熟悉,并对最大值、最小值的概念十分清楚.

设 $f(x_0) = 2$,则 x_0 为极大值点,将 $x = 0$ 和 $x = 1$ 分别代入 $f(x)$ 在 x_0 处的一阶泰勒公式,得

$$f(0) = f(x_0) + f'(x_0)(-x_0) + \dfrac{f''(\xi_1)}{2!}(-x_0)^2 \ (0 < \xi_1 < x_0),$$

$$f(1) = f(x_0) + f'(x_0)(1-x_0) + \dfrac{f''(\xi_2)}{2!}(1-x_0)^2 \ (x_0 < \xi_2 < 1),$$

因为 $f(x_0) = 2$,$f'(x_0) = 0$,$f(0) = f(1) = 0$,两式相加得

$$f''(\xi_1) x_0^2 + f''(\xi_2)(1-x_0)^2 = -8;$$

令 $f''(\xi) = \min\{f''(\xi_1), f''(\xi_2)\}$,则 $f''(\xi)(2x_0^2 - 2x_0 + 1) \leqslant -8$,

所以
$$f''(\xi) \leqslant \dfrac{-8}{2\left(x_0 - \dfrac{1}{2}\right)^2 + \dfrac{1}{2}} \leqslant -16.$$

3.5 基础作业题

一、单项选择题

1. 下列函数中,满足罗尔定理条件的是(　　).

   A. $f(x) = 1 - \sqrt[3]{x^2}, x \in [-1,1]$
   B. $f(x) = (x-4)^2, x \in [0,8]$
   C. $f(x) = x^3, x \in [-1,3]$

D. $f(x) = \begin{cases} x^2 \sin \dfrac{1}{x}, & x \neq 0, \\ 0, & x = 0, \end{cases}$ $x \in [-1, 1]$

2. 对于函数 $f(x) = \dfrac{3-x^2}{3}$，在区间 $[0,1]$ 上满足拉格朗日中值定理的点 ξ 是（   ）．

    A. $\dfrac{1}{2}$ B. $\pm\dfrac{1}{\sqrt{3}}$ C. $\dfrac{1}{\sqrt{3}}$ D. 1

3. 设 $f(x) = (x-1)(x-2)(x-3)$，则方程 $f'(x) = 0$ 有（   ）．
    A. 一个实根   B. 两个实根   C. 三个实根   D. 无实根

4. $f'(x_0) = 0, f''(x_0) > 0$ 是函数 $y = f(x)$ 在点 $x = x_0$ 处有极值的（   ）．
    A. 必要条件   B. 充分条件   C. 充要条件   D. 无关条件

5. 下列求极限问题中能够使用洛必达法则的是（   ）．

    A. $\lim\limits_{x \to 0} \dfrac{x^2 \sin \dfrac{1}{x}}{\sin x}$ B. $\lim\limits_{x \to 1} \dfrac{1-x}{1-\sin x}$

    C. $\lim\limits_{x \to \infty} \dfrac{x - \sin x}{x \sin x}$ D. $\lim\limits_{x \to +\infty} x\left(\dfrac{\pi}{2} - \arctan x\right)$

二、填空题

1. $f(x) = x^4$ 在 $[1,2]$ 上满足拉格朗日中值定理中的点 $\xi = $ _____．

2. 设函数 $f(x)$ 有连续导数，且 $f(0) = 0, f'(0) = b$，若函数
$F(x) = \begin{cases} \dfrac{f(x) + a\sin x}{x}, & x \neq 0, \\ A, & x = 0 \end{cases}$ 在 $x = 0$ 处连续，则 $A = $ _____．

3. 函数 $y = (x-1)(x+1)^3$ 在区间 _____ 内单调减少，在区间 _____ 内单调增加．

4. 函数 $f(x) = \sqrt[3]{(x^2-1)^2}$ 在 $[-1,1]$ 上的最大值是 _____，最小值是 _____．

5. 曲线 $f(x) = \dfrac{1}{1-e^x}$ 的铅直渐近线是 _____，水平渐近线是 _____．

三、计算题

1. 利用洛必塔法则求极限：

    (1) $\lim\limits_{x \to 0} \dfrac{\sin ax}{\sin bx} (b \neq 0)$；   (2) $\lim\limits_{x \to 0} \dfrac{e^x - \cos x}{x \sin x}$；

    (3) $\lim\limits_{x \to +\infty} \dfrac{\ln\left(1 + \dfrac{1}{x}\right)}{\operatorname{arccot} x}$；   (4) $\lim\limits_{x \to 0} x^2 e^{\frac{1}{x^2}}$；

(5) $\lim\limits_{x \to \frac{\pi}{2}} \dfrac{\tan x}{\tan 3x}$;

(6) $\lim\limits_{x \to 0^+} \sin x \ln x$;

(7) $\lim\limits_{x \to \frac{\pi}{2}} (\sec x - \tan x)$;

(8) $\lim\limits_{x \to 0^+} (\tan x)^{\sin x}$.

2. 利用泰勒公式求下列极限：

(1) $\lim\limits_{x \to 0} \dfrac{\tan x - \sin x}{x^3}$;

(2) $\lim\limits_{x \to 0} \dfrac{1 + \frac{1}{2}x^2 - \sqrt{1+x^2}}{(\cos x - e^{x^2})\sin x^2}$.

四、证明题

1. 利用导数证明恒等式：$\arcsin x + \arccos x = \dfrac{\pi}{2}(-1 \leqslant x \leqslant 1)$（注意对 $x = \pm 1$ 处的讨论）.

2. 设 $a > b > 0$，证明：$\dfrac{a-b}{a} < \ln\dfrac{a}{b} < \dfrac{a-b}{b}$.

3. 证明：不论 b 取何值，方程 $x^3 - 3x + b = 0$ 在区间 $[-1, 1]$ 上至多有一个实根.

4. 证明方程 $\sin x = x$ 只有一个根.

5. 设函数 $f(x)$ 和 $g(x)$ 在 $[a,b]$ 上存在二阶导数，且 $g''(x) \neq 0$，$f(a) = f(b) = g(a) = g(b) = 0$，证明：

(1) 在 (a,b) 内 $g(x) \neq 0$；

(2) 在 (a,b) 内至少存在一点 ξ，使 $\dfrac{f(\xi)}{g(\xi)} = \dfrac{f''(\xi)}{g''(\xi)}$.

五、综合与应用题

1. 求函数 $f(x) = \sqrt{x}$ 按 $(x-4)$ 的幂展开的带有拉格朗日型余项的 3 阶泰勒公式.

2. 求 $y = xe^{-x}$ 的单调区间、极值、凹凸区间、拐点及渐近线.

3. 设函数 $f(x) = a\ln x + bx^2 + x$ 在 $x = 1$，$x = 2$ 处取得极值，试确定 a,b 的值，并说明 $f(1)$，$f(2)$ 是极大值还是极小值.

4. 试确定 a,b,c 的值，使曲线 $y = ax^3 + bx^2 + cx$ 上的拐点为 $(1,2)$，并且该点处的切线斜率为 -1.

5. 一个无盖的圆柱形大桶，已规定体积为 V，要使其表面积为最小，问圆柱的底半径及高应是多少？

6. 某商业企业销售某种商品，其销售量为 Q（单位：吨），销售价格为 p（单位：万元／吨），需求函数 $Q = 35 - 5p$，边际成本（成本函数的导数）$C'(Q) = 3$，固定成本 1 万元，求利润最大时的销售量 Q.

3.6 综合作业题

一、单项选择题

1. 设 $f(x)$ 在 $[a,b]$ 上连续,在 (a,b) 内可导,$f(a) < f(b)$,则在 (a,b) 内存在一点 ξ,使得（　　）.
   A. $f'(\xi) < 0$　　　　　　　　　B. $f'(\xi) > 0$
   C. $f'(\xi) = 0$　　　　　　　　　D. $f'(\xi)$ 不存在

2. 设 $f(x)$ 有连续导数,$f(x) > 0$,且 $f(0) = f'(0) = 1$,则 $\lim\limits_{x \to 0}[f(x)]^{\frac{1}{x}} =$（　　）.
   A. 1　　　　　　B. -1　　　　　　C. e　　　　　　D. e^{-1}

3. 若 $f''(x) > 0 (0 \leqslant x \leqslant a)$,且 $f(0) = 0$,则（　　）.
   A. $f'(x) > 0$　　　　　　　　　　B. $f(x)$ 在 $[0,a]$ 内单调递增
   C. $f(x) > 0$　　　　　　　　　　D. $f'(x)$ 在 $[0,a]$ 内单调递增

4. 设 $f(x)$ 是偶函数,具有连续的二阶导数,且有 $f''(0) \neq 0$,则 $x = 0$（　　）.
   A. 不是 $f(x)$ 的驻点　　　　　　　B. 是 $f(x)$ 的极值点
   C. 不是 $f(x)$ 极值点　　　　　　　D. 是否为极值点无法确定

5. 点 $(0,1)$ 是曲线 $f(x) = ax^3 + bx^2 + c$ 的拐点,则（　　）.
   A. $a \neq 0, b = 0, c = 1$　　　　　　B. a 为任意实数 $b = 0, c = 1$
   C. $a = 1, b = 1, c = 0$　　　　　　　D. $a = -1, b = 2, c = 1$

二、填空题

1. 当 $x \to 0$ 时,要使 $3^x - 1$ 与 ax 成为等价无穷小,则 $a =$ _____.

2. 当 $x = \pm 1$ 时,函数 $y = x^3 + 2px + q$ 取得极值,则 $p =$ _____.

3. 设函数 $f(x)$ 具有二阶导数,且 $(a, f(a))$ 为曲线 $y = f(x)$ 的拐点,则 $\lim\limits_{h \to 0} \dfrac{f(a+h) - 2f(a) + f(a-h)}{h^2} =$ _____.

4. 若点 $(1, (a-b)^3)$ 是曲线 $y = (ax - b)^3$ 的拐点,则 $a、b$ 应满足关系式 _____.

5. 已知 $f(x) = x^3 + ax^2 + bx + c$ 在 $x = 0$ 处有极大值 1,且有一拐点 $(1, -1)$,则 $f(x) =$ _____.

三、计算题

1. 利用适当的变换求 $\lim\limits_{x \to +\infty}\left[x - x^2 \ln\left(1 + \dfrac{1}{x}\right)\right]$.

2. 求 $\lim\limits_{x \to 0}\left(\dfrac{1}{x^2} - \cot^2 x\right)$.

3. 求 $\lim\limits_{x\to+\infty}\left[\tan(\dfrac{\pi}{4}+\dfrac{1}{x})\right]^x$.

4. 求 $\lim\limits_{x\to 0}\left(\dfrac{1^x+3^x+9^x}{3}\right)^{\frac{1}{x}}$.

5. 求 $\lim\limits_{n\to\infty}\left[n^2\ln(n+1)-n^2\ln n-n\right]$.

6. 求 $\lim\limits_{n\to\infty}\left(\dfrac{\sqrt[n]{a}+\sqrt[n]{b}}{2}\right)^n$.

7. 求 $\lim\limits_{x\to 0}\left(\dfrac{e^x+e^{2x}+\cdots+e^{nx}}{n}\right)^{\frac{1}{x}}$.

8. 设 $f(x)$ 具有连续的二阶导数,且 $f''(0)=4$, $\lim\limits_{x\to 0}\dfrac{f(x)}{x}=0$, 求 $\lim\limits_{x\to 0}\left[1-\dfrac{f(x)}{x}\right]^{\frac{1}{x}}$.

四、证明题

1. 设 $f(x)$ 满足在闭区间 $[a,b]$ 上连续,在开区间 (a,b) 内有二阶导数,且 $f(a)=f(c)=f(b)(a<c<b)$,则在 (a,b) 内至少存在一点 ξ,使得 $f''(\xi)=0$.

2. 设 $f(x)$ 在 $[0,1]$ 上连续,在 $(0,1)$ 内可导,且 $f(0)=1,f(1)=0$,试证:在 $(0,1)$ 内至少存在一点 ξ,使 $f'(\xi)=-\dfrac{f(\xi)}{\xi}$.

3. 设 $f(x)$ 在 $[0,1]$ 上连续,在 $(0,1)$ 内可导,且 $f(0)=f(1)=0$, $f(\dfrac{1}{2})=1$, 试证:在 $(0,1)$ 内至少存在一点 ξ,使 $f'(\xi)=1$.

4. 求证:当 $x<1$ 时, $e^x\leqslant\dfrac{1}{1-x}$.

5. 设 $\lim\limits_{x\to 0}\dfrac{f(x)}{x}=1$,且 $f''(x)>0$, 证明: $f(x)>x$.

6. 设函数 $f(x)$ 在 $[a,b]$ 上连续,在 (a,b) 内具有二阶连续导数,证明:存在一点 ξ,使 $f(a)+f(b)-2f(\dfrac{a+b}{2})=\dfrac{(b-a)^2}{4}f''(\xi)$.

五、综合与应用题

1. 已知过曲线 $y=x^3-3x^2+ax+b$ 上拐点处的切线平行于已知直线 $y=2x+3$,且切线经过坐标原点,求 a,b 的值.

2. 某产品以每件 500 元的价格出售 x 件,所获得的利润为 $L(x)=300x-\dfrac{x^2}{40}-25000$(元),求平均成本最小时的产量及利润.

3. 讨论函数 $f(x)=\begin{cases}\left[\dfrac{(1+x)^{\frac{1}{x}}}{e}\right]^{\frac{1}{x}}, & x>0 \\ e^{-\frac{1}{2}}, & x\leqslant 0\end{cases}$ 在 $x=0$ 处的连续性.

4. 设 $f(x) = x^3 - px + q$，p、q 为实数，且 $p > 0$，求

(1) 函数 $f(x)$ 的极值；

(2) 方程 $x^3 - px + q = 0$ 有 3 个实根的条件.

3.7 自 测 题

一、选择题

1. $f(x) = x\sqrt{3-x}$ 在 $[0,3]$ 上满足罗尔定理的 ξ 是（   ）.

   A. 0   B. 3   C. $\dfrac{3}{2}$ D. 2

2. 求下列极限中能够使用洛必达法则的是（   ）.

   A. $\lim\limits_{x \to 0} \dfrac{x^2 \sin \dfrac{1}{x}}{\sin x}$ B. $\lim\limits_{x \to 1} \dfrac{1-x}{1-\sin x}$

   C. $\lim\limits_{x \to \infty} \dfrac{x - \sin x}{x \sin x}$ D. $\lim\limits_{x \to +\infty} x(\dfrac{\pi}{2} - \arctan x)$

3. 函数 $y = x - \ln(1 + x^2)$ 在定义域内（   ）.

   A. 无极值   B. 极大值为 $1 - \ln 2$

   C. 极小值为 $1 - \ln 2$ D. $f(x)$ 为非单调函数

4. 设函数 $y = f(x)$ 在区间 $[a,b]$ 上有二阶导数，则当（   ）成立时，曲线 $y = f(x)$ 在 (a,b) 内是凹的.

   A. $f''(a) > 0$

   B. $f''(b) > 0$

   C. 在 (a,b) 内 $f''(x) \neq 0$

   D. $f''(a) > 0$ 且 $f''(x)$ 在 (a,b) 内单调增加

5. 若函数 $f(x)$ 在 $x = a$ 的某邻域内有定义，且除点 $x = a$ 外恒有不等式 $\dfrac{f(x) - f(a)}{(x-a)^2} > 0$，则以下结论正确的是（   ）.

   A. $f(x)$ 在 a 的邻域内单调增加   B. $f(x)$ 在 a 的邻域内单调减少

   C. $f(a)$ 为 $f(x)$ 的极大值   D. $f(a)$ 为 $f(x)$ 的极小值

6. 设函数 $f(x)$ 在 $[1,2]$ 上可导，且 $f'(x) < 0$，$f(1) > 0$，$f(2) < 0$，则 $f(x)$ 在 $(1,2)$ 内（   ）.

   A. 至少有两个零点   B. 有且只有一个零点

   C. 没有零点   D. 零点个数不能确定

7. 设 $f(x) = x^4 - 2x^2 + 5$，则 $f(0)$ 为 $f(x)$ 在 $[-2,2]$ 上的（   ）.

   A. 极小值   B. 最小值   C. 极大值   D. 最大值

8. 已知函数 $f(x)$ 在 $[0,+\infty)$ 可导，且 $f(0)<0$，$f'(x)>0$，则方程 $f(x)=0$ 在 $[0,+\infty)$ 上（　　）．

　　A. 有唯一根　　　　　　　　B. 至少存在一个根

　　C. 没有根　　　　　　　　　D. 不能确定有根

9. 曲线 $y=\dfrac{4x-1}{(x-2)^2}$（　　）．

　　A. 只有水平渐近线　　　B. 只有垂直渐近线

　　C. 没有渐近线　　　　　D. 既有水平渐近线又有垂直渐近线

10. 曲线 $y=(x-1)^2(x-2)^2$ 的拐点个数为（　　）．

　　A. 0　　　　　B. 1　　　　　C. 2　　　　　D. 3

二、填空题

1. 函数 $y=\ln(x+1)$ 在 $[0,1]$ 上满足拉格朗日中值定理的 $\xi=$ ＿＿＿＿＿．

2. $\lim\limits_{x\to+\infty}\dfrac{x^2}{x+\mathrm{e}^x}=$ ＿＿＿＿＿．

3. $\lim\limits_{x\to 0^+}(\cos\sqrt{x})^{\frac{\pi}{x}}=$ ＿＿＿＿＿．

4. 函数 $y=x-\dfrac{3}{2}x^{\frac{2}{3}}$ 的单调递增区间为＿＿＿＿＿，单调递减区间为＿＿＿＿＿．

5. $f(x)=3-x-\dfrac{4}{(x+2)^2}$ 在区间 $[-1,2]$ 上的最大值为＿＿＿＿＿，最小值为＿＿＿＿＿．

6. 曲线 $y=\ln(1+x^2)$ 的凹区间为＿＿＿＿＿，凸区间为＿＿＿＿＿，拐点为＿＿＿＿＿．

7. $y=\dfrac{\sin 2x}{x(2x+1)}$ 的垂直渐近线为＿＿＿＿＿．

8. 函数 $y=ax^3+bx^2+cx+d$，且 $y(-2)=44$ 为极大值，函数图形以 $(1,-10)$ 为拐点，则 $a=$ ＿＿＿，$b=$ ＿＿＿，$c=$ ＿＿＿，$d=$ ＿＿＿．

9. $\lim\limits_{x\to 0}\dfrac{\mathrm{e}^x+\mathrm{e}^{-x}-2}{1-\cos x}=$ ＿＿＿＿＿．

10. 曲线 $y=2\ln x+x^2-1$ 的拐点是＿＿＿＿＿．

三、计算与证明题

1. 求极限：

　　(1) $\lim\limits_{x\to 0}\dfrac{\tan x-x}{x-\sin x}$；

　　(2) $\lim\limits_{x\to\infty}\dfrac{\ln(1+3x^2)}{\ln(3+x^4)}$；

　　(3) $\lim\limits_{x\to 0}\dfrac{\sin x-\mathrm{e}^x+1}{1-\sqrt{1-x^2}}$；

　　(4) $\lim\limits_{x\to 1}(1-x)\tan\dfrac{\pi x}{2}$；

(5) $\lim_{x \to 1} (\ln x)^{x-1}$； (6) $\lim_{x \to 0} (\sin \frac{x}{2} + \cos 2x)^{\frac{1}{x}}$.

2. 求函数 $y = \dfrac{x}{1+x^2}$ 的单调区间、凸凹区间、极值、拐点及渐近线.

3. 证明：方程 $x^5 + 3x^3 + x - 3 = 0$ 只有一个正根.

4. 试确定 a, b, c 的值,使曲线 $y = ax^3 + bx^2 + cx$ 上的拐点为 $(1,2)$,并且拐点处的切线斜率为 -1.

3.8　参考答案与提示

【基础作业题参考答案与提示】

一、1. B； 2. A； 3. B； 4. B； 5. D.

二、1. $\sqrt[3]{\dfrac{15}{4}}$； 2. $a+b$；

3. 在 $(-\infty, -1] \cup [1, +\infty)$ 上递减,在 $[-1,1]$ 上递增；

4. 1,0； 5. $x=0, y=0, y=1$.

三、1. (1) $\dfrac{a}{b}$； (2) ∞； (3) 1； (4) $+\infty$； (5) 3； (6) 0； (7) 0；(8) 1.

2. (1) $\dfrac{1}{2}$； (2) $-\dfrac{1}{12}$.

四、1.【提示】用罗尔定理或单调性来证明.

2.【提示】利用拉格朗日中值定理,利用定理中 ξ 的取值范围得到不等式.

3.【提示】利用反证法来证明. 设存在两实根 x_1, x_2,由罗尔定理在 $(-1, 1)$ 内至少存在一点 ξ,使 $f'(\xi) = 0$,而 $f'(x) = 3x^2 - 3$,这与在 $(-1,1)$ 恒小于零矛盾.

4.【提示】令 $f(x) = \sin x - x$, $f'(x) = \cos x - 1 \leqslant 0$,所以 $f(x)$ 是单调减少的,至多有一个实根. 而 $f(0) = 0$,所以有且只有一个实根.

5.【提示】(1)利用反证法. 设在 (a,b) 内存在一点 x_1,使 $g(x_1) = 0$,在 $(a,x_1), (x_1,b)$ 分别利用罗尔定理,则至少分别存在两点 ξ_1, ξ_2,使 $g'(\xi_1) = 0$, $g(\xi_2) = 0$；再在 (ξ_1, ξ_2) 内用罗尔定理,则至少存在一点 ξ_3,使 $g''(\xi_3) = 0$,与 $g''(x) \neq 0$ 矛盾. (2)作辅助函数 $F(x) = f(x)g'(x) - g(x)f'(x)$,用罗尔定理即可得证.

五、1. $f(x) = 2 + \dfrac{1}{4}(x-4) - \dfrac{1}{64}(x-4)^2 + \dfrac{1}{512}(x-4)^3 + \dfrac{5}{128\xi^{\frac{7}{2}}}(x-4)^4$,

$\xi = 4 + \theta(x-4), 0 < \theta < 1$.

2. 单调增区间:$(-\infty,1)$;单调减区间:$(1,+\infty)$;$y_{\max}(1) = e^{-1}$;凸区间: $(-\infty,1)$、$(1,2)$;凹区间:$(2,+\infty)$;拐点$(2,2e^{-2})$;$y = 0$是水平渐近线.

3. $a = -\dfrac{2}{3}, b = -\dfrac{1}{6}$,在 $x = 1$ 处取得极小值,在 $x = 2$ 处取得极大值.

4. $a = 3, b = -9, c = 8$.

5. $h = R = \sqrt[3]{\dfrac{V}{\pi}}$.

6. $L_{\max}(10) = 19$(万元).【提示】$p = 7 - \dfrac{1}{5}Q, C(Q) = \int 3 dQ = 3Q + C$, $L(Q) = R(Q) - C(Q) = Q(7 - \dfrac{1}{5}Q) - 3Q - 1 = 4Q - \dfrac{1}{5}Q^2 - 1$,求 L 的极值.

【综合作业题参考答案与提示】

一、1. B; 2. C; 3. D; 4. B; 5. A.

二、1. $\ln 3$; 2. $-\dfrac{3}{2}$; 3. 0; 4. $a = b \neq 0$; 5. $x^3 - 3x^2 + 1$.

三、1. $\dfrac{1}{2}$.【提示】 令 $x = \dfrac{1}{t}$,然后用罗必塔法则求解.

2. $\dfrac{2}{3}$.

3. e^2.【提示】 将幂指函数化为以 e 为底的指数函数,作倒代换,然后运用洛必达法则.

4. 3.【提示】 原式 $= \lim\limits_{x \to 0} e^{\frac{\ln(1+3^x+9^x) - \ln 3}{x}}$.

5. $-\dfrac{1}{2}$.【提示】 先将数列极限转化为函数的极限,作倒代换并运用洛必达法则.

6. $\sqrt{ab}$.【提示】 先将数列极限转化为函数的极限,作倒代换,并将幂指函数化为以 e 为底的指数函数,然后运用洛必达法则.

7. $e^{\frac{n+1}{2}}$.【提示】 将幂指函数化为以 e 为底的指数函数,然后运用洛必达法则.

8. $e^{-\frac{1}{2}}$.【提示】 将幂指函数化为以 e 为底的指数函数,然后作等价无穷小替换并运用洛必达法则.

四、1.【提示】 $f(x)$ 在 $[a,c]$,$[c,b]$ 上满足罗尔定理,则分别至少存在两点 $\xi_1 \in (a,c), \xi_2 \in (c,b)$ 使 $f'(\xi_1) = 0, f'(\xi_2) = 0$;而 $f'(x)$ 在 $[\xi_1, \xi_2]$ 上也满足

罗尔定理.

2.【提示】 设辅助函数 $F(x)=xf(x)$，$F(x)$ 在 $(0,1)$ 上满足罗尔定理，即可得证.

3.【提示】 设辅助函数 $F(x)=f(x)-x$，先在 $\left[\frac{1}{2},1\right]$ 上运用零点定理，求得 $F(\eta)=0$，再在 $[0,\eta]$ 上运用罗尔定理.

4.【提示】 原不等式等价于 $1-(1-x)\mathrm{e}^x\geqslant 0(x<1)$，故令 $f(x)=1-(1-x)\mathrm{e}^x$，求其极值，当 $x<1$ 时，$f(x)\geqslant f(0)=0$，化简即得.

5.【提示】 因 $f(x)$ 连续且有一阶导数，故由 $\lim\limits_{x\to 0}\frac{f(x)}{x}=1$，知 $f(0)=0$，$f'(0)=\lim\limits_{x\to 0}\frac{f(x)}{x}=1$，由 $f(x)$ 的泰勒公式得 $f(x)=f(0)+f'(0)x+\frac{f''(\xi)}{2}x^2$，$0<\xi<x$，因 $f''(\xi)>0$，所以 $f(x)>x$.

6.【提示】 写出 $f(x)$ 在 $\frac{a+b}{2}$ 处的一阶的泰勒公式，代入 $x=a$ 和 $x=b$，将所得两式相加，再用最大、最小值定理即可.

五、1. $a=5,b=-1$.【提示】 令 $y''=0$，求出拐点 $(1,a+b-2)$，由切线斜率可得 $a=5$，再由切线过原点得 $b=-1$.

2. 1000 件，25000 元.【提示】 成本 $C(x)=R(x)-L(x)=200x+\frac{x^2}{40}+25000$，平均成本 $\overline{C(x)}=\frac{C(x)}{x}=200+\frac{x}{40}+\frac{25000}{x}$，求 $\overline{C(x)}$ 的驻点.

3. 在点 $x=0$ 处连续.【提示】 计算 $\lim\limits_{x\to 0}f(x)=\mathrm{e}^{-\frac{1}{2}}=f(0)$.

4. (1) 当 $x_1=\sqrt{\frac{p}{3}}$ 时，有极小值 $-2\left(\frac{p}{3}\right)^{\frac{3}{2}}+q$；当 $x_1=-\sqrt{\frac{p}{3}}$ 时，有极大值 $2\left(\frac{p}{3}\right)^{\frac{3}{2}}+q$. (2) 当 $-2\left(\frac{p}{3}\right)^{\frac{3}{2}}\leqslant p\leqslant 2\left(\frac{p}{3}\right)^{\frac{3}{2}}$ 时，方程有三个实根.【提示】 在 $\left(-\infty,-\sqrt{\frac{p}{3}}\right),\left(-\sqrt{\frac{p}{3}},\sqrt{\frac{p}{3}}\right),\left(\sqrt{\frac{p}{3}},+\infty\right)$ 3 个单调区间由介值定理及区间单调性可得到有实根的条件.

【自测题参考答案与提示】

一、1. D； 2. D； 3. A； 4. D； 5. D； 6. B； 7. C； 8. D； 9. D； 10. C.

二、1. $\frac{1}{\ln 2}-1$； 2. 0； 3. $\mathrm{e}^{-\frac{\pi}{2}}$；

4. $(-\infty, 0) \cup (1, +\infty), (0,1)$; 5. $f(0) = 2, f(-1) = 0$;

6. 凹区间为 $(-1,1)$,凸区间为$(-\infty, -1)$、$(1, +\infty)$,拐点为$(-1, \ln2)$ 和 $(1, \ln2)$;

7. $x = -\dfrac{1}{2}$; 8. $1, -3, -24, 16$; 9. 2; 10. $(1, 0)$.

三、1. (1) 2; (2) $\dfrac{1}{2}$; (3) -1; (4) $\dfrac{2}{\pi}$; (5) 1; (6) $e^{\frac{1}{2}}$.

2. 单调增区间为$(0,1)$,单调减区间为$(-\infty, 0) \cup (1, +\infty)$;凹区间为$(\sqrt{3}, +\infty)$,凸区间为$(0,1)$、$(1, \sqrt{3})$;极大值$\dfrac{1}{2}$;当 $x<0$ 时,$y<0$;当 $x>0$ 时,$y>0$;$y=0$ 为曲线的水平渐近线;拐点为$(\sqrt{3}, \dfrac{\sqrt{3}}{4})$.

3. 略.

4. $a=3, b=-9, c=8$.

第4章 不定积分

4.1 教学要求

【教学基本要求】

1. 理解原函数和不定积分的概念.
2. 掌握不定积分的基本公式以及求不定积分、定积分的换元和分部积分法.
3. 会求一些简单有理函数、三角有理函数和无理函数的积分.

【教学重点内容】

不定积分的概念、性质、基本公式,换元积分法,分部积分法.

4.2 知识要点

【知识要点】

1. 原函数的概念

原函数:已知 $f(x)$ 是一个定义在区间 I 上的函数,如果存在着函数 $F(x)$,使得对区间 I 上任何一点 x,都有 $F'(x) = f(x)$(或 $\mathrm{d}F(x) = f(x)\mathrm{d}x$),那么函数 $F(x)$ 就称为 $f(x)$ 在区间 I 上的一个原函数.

原函数存在定理:如果函数 $f(x)$ 在区间 I 上连续,那么在区间 I 上它的原函数一定存在,即连续函数一定有原函数.

2. 不定积分概念

(1) 不定积分定义:函数 $f(x)$ 在区间 I 上的全体原函数 $F(x)+C$ 称为函数 $f(x)$ 在区间 I 上的不定积分,记为 $\int f(x)\mathrm{d}x$,即

$$\int f(x)\mathrm{d}x = F(x) + C,$$

其中 $\int$ 称为积分号，$f(x)$ 称为被积函数，$f(x)\mathrm{d}x$ 称为被积表达式，x 称为积分变量，C 称为积分常数.

(2) 不定积分的几何意义：不定积分 $\int f(x)\mathrm{d}x$ 是 $f(x)$ 的全体原函数，也就是导数等于 $f(x)$ 的所有的函数，我们称之为一族函数，这些函数的几何图形称为函数 $f(x)$ 的积分曲线. 这些积分曲线中的任一条都可以由另一条沿 y 轴向上或向下移动得到(见图 4.1).

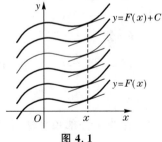

图 4.1

3. 不定积分的性质

(1) $\left[\int f(x)\mathrm{d}x\right]' = f(x)$，$\mathrm{d}\left[\int f(x)\mathrm{d}x\right] = f(x)\mathrm{d}x$.

(2) $\int f'(x)\mathrm{d}x = f(x) + C$，$\int \mathrm{d}f(x) = f(x) + C$.

由此可见，微分运算(记号为 d) 与不定积分运算(记号为 $\int$) 是互逆的. 当记号合在一起时，或者抵消，或者抵消后差一个常数.

(3) $\int [f(x) \pm g(x)]\mathrm{d}x = \int f(x)\mathrm{d}x \pm \int g(x)\mathrm{d}x$.

(4) $\int kf(x)\mathrm{d}x = k\int f(x)\mathrm{d}x$ (k 为非零常数).

4. 第一类换元法

定理：设 $f(u)$ 具有原函数 $F(u)$，$u = \varphi(x)$ 可导，则有换元公式
$$\int f[\varphi(x)]\varphi'(x)\mathrm{d}x = \int f[\varphi(x)]\mathrm{d}\varphi(x) = \left[\int f(u)\mathrm{d}u\right]_{u=\varphi(x)}$$
$$= F(u) + C = F[\varphi(x)] + C$$

第一类换元法的一个非常鲜明的特点，是将被积表达式凑成某个函数的微分形式，再利用积分运算与微分运算的互逆性，达到求不定积分的目的. 因此，第一类换元法又俗称为"凑微分法". 掌握好凑微分法需要熟悉常见的函数微分，熟悉一些典型的凑微分过程.

5. 第二类换元法

定理：如果函数 $f(x)$ 连续，$x = \varphi(t)$ 单调可导，$\varphi'(t) \neq 0$，若
$$\int f[\varphi(t)]\varphi'(t)\mathrm{d}t = F(t) + C,$$
则 $\int f(x)\mathrm{d}x = F[\varphi^{-1}(x)] + C$. 其中 $t = \varphi^{-1}(x)$ 是 $x = \varphi(t)$ 的反函数.

第二类换元法常用来解决被积函数中含有一次、二次根式类型的不定积分，关键是选择恰当的替换，这需要经验. 请注意，不适宜的替换会使问题弄得愈来愈复杂.

6. 分部积分法

定理：设 u,v 是 x 的可导函数，则 $\int uv' \mathrm{d}x = uv - \int u'v \mathrm{d}x$，或写成微分形式
$$\int u \mathrm{d}v = uv - \int v \mathrm{d}u.$$

在使用分部积分法时，关键是恰当地选取 u 和 $\mathrm{d}v$，选取 u 和 $\mathrm{d}v$ 一般要考虑：(1) v 要容易求得；(2) $\int v \mathrm{d}u$ 要比 $\int u \mathrm{d}v$ 容易积出.

分部积分公式常常应用在两个以上函数乘积形式的积分中，例如，幂函数与指数函数乘积的形式，如 xe^x，$x^2 a^x$ 等；幂函数与三角函数乘积的形式，如 $x\sin x$、$x^2\cos x$ 等；幂函数与对数函数乘积的形式，如 $x\ln x$ 等；幂函数与反三角函数乘积的形式，如 $x\arcsin x$，$x^2\arctan x$ 等；指数函数与三角函数乘积的形式，如 $\mathrm{e}^x\sin x$，$a^x\cos x$ 等. 当被积函数为上述两个函数之积，按"反、对、幂、指、三"的顺序，前者为 u，后者为 $\mathrm{d}v$（反：反三角函数；对：对数函数；幂：幂函数；指：指数函数；三：三角函数）.

7. 有理函数的积分

两个多项式 $P(x)$ 与 $Q(x)$ 的商所表示的函数称为有理函数，即
$$\frac{P(x)}{Q(x)} = \frac{a_0 x^n + a_1 x^{n-1} + \cdots + a_n}{b_0 x^m + b_1 x^{m-1} + \cdots + b_m},$$
其中 m,n 都是非负整数，$a_0,a_1,\cdots,a_n,b_0,b_1,\cdots,b_m$ 都是实数，并且 $a_0 \neq 0, b_0 \neq 0$. 总是假定 $\frac{P(x)}{Q(x)}$ 是真分式，否则可以将其化为一个整式与一个真分式之和.

代数学中的一个结论：设 $\frac{P(x)}{Q(x)}$ 为真分式，若多项式 $Q(x)$ 在实数范围内能分解成一次因子和二次质因子的乘积，即
$$Q(x) = b_0 (x-a)^\alpha \cdots (x-b)^\beta (x^2+px+q)^\lambda \cdots (x^2+rx+s)^\mu,$$
其中，$p^2 - 4q < 0, \cdots, r^2 - 4s < 0, \alpha, \cdots, \beta, \lambda, \cdots, \mu$ 是正整数.

则 $\frac{P(x)}{Q(x)}$ 可以分解成下列部分分式之和.

$$\frac{P(x)}{Q(x)} = \frac{A_1}{(x-a)^\alpha} + \frac{A_2}{(x-a)^{\alpha-1}} + \cdots + \frac{A_\alpha}{(x-a)} + \cdots + \frac{B_1}{(x-b)^\beta} +$$
$$\frac{B_2}{(x-b)^{\beta-1}} + \cdots + \frac{B_\beta}{(x-b)} + \frac{M_1 x + N_1}{(x^2+px+q)^\lambda} +$$
$$\frac{M_2 x + N_2}{(x^2+px+q)^{\lambda-1}} + \cdots + \frac{M_\lambda x + N_\lambda}{(x^2+px+q)} + \frac{R_1 x + S_1}{(x^2+rx+s)^\mu} +$$

$$\frac{R_2 x + S_2}{(x^2+rx+s)^{\mu-1}} + \cdots + \frac{R_\mu x + S_\mu}{(x^2+rx+s)},$$

常数 $A_i, B_i, M_i, N_i, R_i, S_i$ 可利用待定系数法来确定. 于是,上述被积函数分解成的部分分式积分就可以求出来.

8. 三角函数有理式的积分

三角函数的有理式:由三角函数和常数经过有限次四则运算所构成的函数. 由于各种三角函数都可以用 $\sin x$ 和 $\cos x$ 表示,故三角函数有理式可以记作 $R(\sin x, \cos x)$,其中 $R(u,v)$ 表示两个变量的有理函数. 对于这类函数,往往使用以下形式的变换,把它化为有理函数的积分.

设 $\tan \frac{x}{2} = t$,则 $x = 2\arctan t, \mathrm{d}x = \frac{2}{1+t^2}\mathrm{d}t$. 另外有

$$\sin x = \frac{2\sin\frac{x}{2}\cos\frac{x}{2}}{\sin^2\frac{x}{2}+\cos^2\frac{x}{2}} = \frac{2\tan\frac{x}{2}}{1+\tan^2\frac{x}{2}} = \frac{2t}{1+t^2},$$

$$\cos x = \frac{\cos^2\frac{x}{2}-\sin^2\frac{x}{2}}{\sin^2\frac{x}{2}+\cos^2\frac{x}{2}} = \frac{1-\tan^2\frac{x}{2}}{1+\tan^2\frac{x}{2}} = \frac{1-t^2}{1+t^2},$$

于是

$$\int R(\sin x, \cos x)\mathrm{d}x = \int R\left(\frac{2t}{1+t^2}, \frac{1-t^2}{1+t^2}\right)\frac{2}{1+t^2}\mathrm{d}t,$$

以上所做的变换称为万能变换.

应该指出的是,万能变换是求三角函数有理式形式积分的通用的方法,但不是唯一的方法;对于某些三角函数有理式的积分,往往能很方便地得到积分结果,而不必使用上述的变换.

9. 积分表的使用法

一般的积分表都是按照被积函数的类型加以分类,按类查表或适当变形后查表即可.

【串讲小结】

不定积分是求导数的逆运算,是整个积分学的基础. 本章的基本知识结构是从原函数与不定积分概念入手,从逆运算意义上出发建立不定积分性质、运算法则和基本公式. 然后以各种例题辅以适当变形,介绍直接积分法. 第一类换元积分法是计算积分用得最多的一种方法,各种凑元的方式很多,比较灵活,初学者应该慢慢把握,多见识一些类型,积累经验. 第二类换元积分法抓住去掉被积函数中的根号(有理化)等目的,选择相应的代换去计算积分. 使用分部积分法的关键是恰当地选取 u 和 $\mathrm{d}v$,要点是善于将被积表达式拆成两个因式 u 和 $\mathrm{d}v$ 之积.

20个积分公式和积分法则的运用构成了本章的基本方法.因此应通过足够的由易到难、由简单到复杂的例题练习,熟练掌握不定积分方法.有理函数的积分是几类可积函数的关键,因此应正确理解和掌握有理函数的分项分式以及被积函数有理化的思想.积分的递推公式是经常遇到的,应通过例子来领会"递推"的思想方法.

4.3 答疑解惑

1. 原函数存在的条件是什么?

答:原函数存在的充分条件:如果函数 $f(x)$ 在某区间 I 上连续,则在该区间 I 上 $f(x)$ 原函数一定存在.由于初等函数在其定义区间上都是连续的,所以初等函数在其定义区间上都有原函数,但是有些初等函数的原函数很难求出,有的甚至不能表示为初等函数.例如,$e^{-x^2}, \dfrac{\sin x}{x}, \dfrac{\cos x}{x}, \dfrac{1}{\ln x}$ 等都是"积不出"函数,其原函数都不是初等函数.

2. 使用第一类换元积分法的关键是什么?

答:使用第一类换元积分法的关键是正确引入变换 $u = \varphi(x)$,如果在运算中不写出 $u = \varphi(x)$,而是把 $\varphi(x)$ 看作一个整体,将所求积分 $\int g(x) \mathrm{d}x = \int f[\varphi(x)] \varphi'(x) \mathrm{d}x$ 化为 $\int f[\varphi(x)] \mathrm{d}\varphi(x)$,从而转化为基本积分公式的形式或容易积分的形式,这种方法也称之为凑微分法.常用凑微分形式:

(1) $\mathrm{d}x = \mathrm{d}(x+b) = \dfrac{1}{a}\mathrm{d}(ax+b)$；   (2) $x\mathrm{d}x = \dfrac{1}{2}\mathrm{d}x^2 = \dfrac{1}{2a}\mathrm{d}(ax^2+b)$；

(3) $x^2 \mathrm{d}x = \dfrac{1}{3}\mathrm{d}x^3$;   (4) $\dfrac{1}{x}\mathrm{d}x = \mathrm{d}(\ln|x|)$;

(5) $-\dfrac{1}{x^2}\mathrm{d}x = \mathrm{d}\dfrac{1}{x}$;   (6) $\dfrac{1}{\sqrt{x}}\mathrm{d}x = 2\mathrm{d}\sqrt{x}$;

(7) $x^{n-1}\mathrm{d}x = \dfrac{1}{an}\mathrm{d}(ax^n + b)$;   (8) $e^x \mathrm{d}x = \mathrm{d}e^x$;

(9) $a^x \mathrm{d}x = \dfrac{1}{\ln a}\mathrm{d}a^x$;   (10) $\sin x \mathrm{d}x = -\mathrm{d}\cos x$;

(11) $\cos x \mathrm{d}x = \mathrm{d}\sin x$;   (12) $\sin 2x \mathrm{d}x = -\mathrm{d}\cos^2 x = \mathrm{d}\sin^2 x$;

(13) $\dfrac{1}{\sqrt{1-x^2}}\mathrm{d}x = \mathrm{d}\arcsin x$;   (14) $\dfrac{1}{1+x^2}\mathrm{d}x = \mathrm{d}\arctan x$;

(15) $\sec x \tan x \mathrm{d}x = \mathrm{d}\sec x$;   (16) $\sec^2 x \mathrm{d}x = \mathrm{d}\tan x$;

(17) $\dfrac{x}{\sqrt{1+x^2}}\mathrm{d}x = \mathrm{d}\sqrt{1+x^2}$； (18) $\dfrac{-x}{\sqrt{1-x^2}}\mathrm{d}x = \mathrm{d}\sqrt{1-x^2}$．

显而易见，凑微分过程与用脱衣原理求复合函数微分过程是完全相反的．因此，凑微分的过程可视为运用"穿衣原理"进行穿衣的过程——即后脱的衣服应先穿（或先脱的后穿）．

3. 第二换元积分法主要解决哪种类型的不定积分？

答：第二换元积分法主要用来解决被积函数中含有根式的积分．主要有：

（1）三角置换法（被积函数中含有二次根式常用变量代换），例如含有

$\sqrt{a^2-x^2}$，令 $x = a\sin t$；

$\sqrt{a^2+x^2}$，令 $x = a\tan t$；

$\sqrt{x^2-a^2}$，令 $x = a\sec t$．

如是 $\sqrt{ax^2+bx+c}$，配方 $\to \sqrt{u^2+a_1^2}$，$\sqrt{u^2-a_1^2}$，$\sqrt{a_1^2-u^2}$．

在变换后的积分运算中，其运算结果为 t 的三角函数表达式，由于 t 为新变量，因此计算结果必须再换回原变量，为了计算方便，往往引入直角三角形，利用锐角三角函数定义来确定所需的三角函数值（这就是限定 t 为锐角的原因）．

（2）无理置换法（被积函数中含一般根式），例如含有

$\sqrt[n]{\dfrac{ax+b}{cx+d}}$，令 $t = \sqrt[n]{\dfrac{ax+b}{cx+d}}$；

$\sqrt[k]{x},\cdots,\sqrt[l]{x}$，令 $x = t^n$（其中 n 为各根指数的最小公倍数）．

（3）分母中因子次数较高时，可试用倒代换 $x = \dfrac{1}{t}$，用它可消去被积函数的分母中的因子，特别是幂次为偶数的情形．

4. 分部积分法主要用来解决哪种类型的不定积分？

答：分部积分法主要用于解决被积函数中含有乘积或含有对数或含有反三角函数型的积分，计算的关键是正确选取 u 和 $\mathrm{d}v$（或 v'）．一般方法为：把被积表达式视为两个函数之积，按"反、对、幂、三、指"的顺序，前者为 u，后者为 $\mathrm{d}v$（反：反三角函数；对：对数函数；幂：幂函数；三：三角函数；指：指数函数）．

5. 对于 $\int \sin 2x\mathrm{d}x$ 有两种计算方法：

$\int \sin 2x\mathrm{d}x = \dfrac{1}{2}\int \sin 2x\mathrm{d}(2x) = -\dfrac{1}{2}\cos 2x + C$

和

$\int \sin 2x\mathrm{d}x = 2\int \sin x\cos x\mathrm{d}x = 2\int \sin x \cdot \mathrm{d}(\sin x) = \sin^2 x + C$，

试说明两种结果是否矛盾？

答：不矛盾．由 $\cos 2x = 1 - 2\sin^2 x$，有 $-\dfrac{1}{2}\cos 2x = \sin^2 x - \dfrac{1}{2}$，可见

$-\frac{1}{2}\cos 2x$ 与 $\sin^2 x$ 都是 $\sin 2x$ 的原函数,它们相差一个常数 $-\frac{1}{2}$,由于积分常数 C 的任意性,故上面两种结果虽然形式不同,但都表示同一个不定积分.事实上,如果运算正确,只是结果形式不同,那么这些不同的原函数之间只是相差一个常数.

4.4 范例解析

例1 下列命题中正确的为(   ).

A. 若 $f(x)$ 的某个原函数为零,则 $f(x)$ 的所有原函数都是常数

B. 若 $f(x)$ 在区间 (a,b) 内的某个原函数为常数,则 $f(x)$ 在 (a,b) 内恒为零,即 $f(x) \equiv 0$

C. 若 $f(x)$ 在区间 (a,b) 内不是连续函数,则在此区间内 $f(x)$ 必无原函数

D. 若 $F(x)$ 为 $f(x)$ 的任意一个原函数,则 $F(x)$ 必定为连续函数

解析:若在 (a,b) 内 $F'(x) = f(x)$,则称 $F(x)$ 为 $f(x)$ 在 (a,b) 内的原函数.

对于命题 A,若 $F(x) \equiv 0$ 为 $f(x)$ 的一个原函数,由原函数的性质:"若 $F(x)$ 为 $f(x)$ 的一个原函数,则 $F(x)+C$ 必为 $f(x)$ 的所有原函数."可知命题 A 正确.

对于命题 B,若 $f(x)$ 在区间 (a,b) 内有一个原函数为常数 k,则在 (a,b) 内 $f(x) \equiv k' = 0$;故命题 B 正确.

由于原函数存在定理在中的条件只是充分条件,故不连续函数也可能有原函数,故命题 C 不正确.

命题 D 正确.因为原函数为可导函数($F'(x) = f(x)$),必为连续函数.

综上所述,本题应选 A,B,D.

例2 下列命题中正确的是(   ).

A. $\int f'(2x)\mathrm{d}x = \frac{1}{2}f(2x)+C$ B. $\int f'(2x)\mathrm{d}x = f(2x)+C$

C. $\left[\int f(2x)\mathrm{d}x\right]' = f(2x)$ D. $\left[\int f(2x)\mathrm{d}x\right]' = \frac{1}{2}f(2x)$

解析:注意不定积分的性质 $\int f'(x)\mathrm{d}x = f(x)+C$,其基本结构式为

$$\int f'(\ )\mathrm{d}(\ ) = f(\ )+C,$$

由 $\int f'(2x)\mathrm{d}x = \int f'(2x)\cdot\frac{1}{2}\mathrm{d}(2x) = \frac{1}{2}f(2x)+C,$

所以 A 正确,B 不正确.

另由不定积分的性质 $\left[\int f(x)\mathrm{d}x\right]' = f(x)$ 可知,如果令 $g(x) = f(2x)$,则 $\left[\int f(2x)\mathrm{d}x\right]' = \left[\int g(x)\mathrm{d}x\right]' = g(x) = f(2x)$.

所以 C 正确,D 不正确.

例 3 求函数 $f(x) = \begin{cases} 2^x, & x \leqslant 0, \\ 1-x^2, & x > 0 \end{cases}$ 的不定积分.

解析: 分段函数应分段去积分.

当 $x > 0$ 时,$\int f(x)\mathrm{d}x = \int (1-x^2)\mathrm{d}x = x - \frac{1}{3}x^3 + C$;

当 $x < 0$ 时,$\int f(x)\mathrm{d}x = \int 2^x \mathrm{d}x = \frac{2^x}{\ln 2} + C_1$.

因为不定积分只能用一个任意常数来表示,故要利用不定积分 $\int f(x)\mathrm{d}x$ 连续的概念,消去一个常数 C_1,由于 $\int f(x)\mathrm{d}x$ 是可导函数,故必连续.

由 $\int f(x)\mathrm{d}x$ 在 $x = 0$ 的连续性,故有

$$\lim_{x \to 0^+} \int f(x)\mathrm{d}x = \lim_{x \to 0^+}(x - \frac{1}{3}x^3 + C) = C,$$

$$\lim_{x \to 0^-} \int f(x)\mathrm{d}x = \lim_{x \to 0^-}(\frac{2^x}{\ln 2} + C_1) = \frac{1}{\ln 2} + C_1;$$

从而 $C_1 = C - \frac{1}{\ln 2}$,

所以

$$\int f(x)\mathrm{d}x = \begin{cases} x - \frac{1}{3}x^3 + C, & x > 0, \\ \frac{2^x}{\ln 2} - \frac{1}{\ln 2} + C, & x \leqslant 0. \end{cases}$$

例 4 求下列函数的不定积分:

(1) $\int \frac{3x^2 - 2x - \sqrt{x}}{x\sqrt{x}}\mathrm{d}x$;

(2) $\int \frac{1}{x^2(1+x^2)}\mathrm{d}x$;

(3) $\int \frac{(2^x + 3^x)^2}{6^x}\mathrm{d}x$.

解析: (1) 将被积函数分项相除化为幂函数之代数和,再利用不定积分的基本性质分项积分,得

原式 $= \int (3x^{\frac{1}{2}} - 2x^{-\frac{1}{2}} - \frac{1}{x})\mathrm{d}x = 2x^{\frac{3}{2}} - 4x^{\frac{1}{2}} - \ln|x| + C$.

(2) 利用拆项方法，分项后，可得

$$\text{原式} = \int \frac{(1+x^2)-x^2}{x^2(1+x^2)}dx = \int \left(\frac{1}{x^2}-\frac{1}{1+x^2}\right)dx$$

$$= -\frac{1}{x} - \arctan x + C.$$

(3) 利用代数运算方法，分项后可得

$$\text{原式} = \int \frac{2^{2x}+2 \cdot 2^x \cdot 3^x + 3^{2x}}{2^x \cdot 3^x}dx = \int \left[\left(\frac{2}{3}\right)^x + 2 + \left(\frac{3}{2}\right)^x\right]dx$$

$$= \frac{1}{\ln\frac{2}{3}}\left(\frac{2}{3}\right)^x + 2x + \frac{1}{\ln\frac{3}{2}}\left(\frac{3}{2}\right)^x + C$$

$$= \frac{1}{\ln 2 - \ln 3}\left(\frac{2}{3}\right)^x + \frac{1}{\ln 3 - \ln 2}\left(\frac{3}{2}\right)^x + 2x + C.$$

例 5 求下列函数不定积分：

(1) $\int \frac{1}{(1+e^x)^2}dx$;

(2) $\int \frac{\sqrt{\ln(x+\sqrt{1+x^2})+5}}{\sqrt{1+x^2}}dx$;

(3) $\int \frac{1}{(a^2-x^2)^{\frac{5}{2}}}dx$;

(4) $\int \frac{\sqrt{x^2-9}}{x}dx$ $(x>3)$.

解析：(1) 困难之处在于分母 $(1+e^x)^2$，可以由两个简单积分得到启发

$$\int \frac{e^x}{1+e^x}dx = \ln(1+e^x) + C,$$

$$\int \frac{dx}{1+e^x} = \int \frac{e^{-x}}{1+e^{-x}}d = -\ln(1+e^{-x}) + C.$$

本题可以通过分解的方法化为简单积分. 解法如下：

$$\int \frac{dx}{(1+e^x)^2} = \int \frac{1+e^x-e^x}{(1+e^x)^2}dx = \int \left(\frac{1}{1+e^x} - \frac{e^x}{(1+e^x)^2}\right)dx$$

$$= -\ln(1+e^{-x}) + \frac{1}{1+e^x} + C.$$

注意：本题还可设 $u = 1+e^x$，请读者自己解出.

(2) 对于不易观察出微分形式的积分，不妨对被积函数最困难的部分求导数，以决定其余部分如何与之呼应，凑出微分. 因为

$$d[\ln(x+\sqrt{1+x^2})+5] = \frac{\left(1+\frac{2x}{2\sqrt{1+x^2}}\right)dx}{x+\sqrt{1+x^2}} = \frac{dx}{\sqrt{1+x^2}},$$

$$\text{原式} = \int [\ln(x+\sqrt{1+x^2})+5]^{\frac{1}{2}}d[\ln(x+\sqrt{1+x^2}+5)]$$

$$= \frac{2}{3}[\ln(x+\sqrt{1+x^2}+5)]^{\frac{3}{2}} + C.$$

(3) 被积函数含有 $\sqrt{a^2-x^2}$，令 $x=a\sin t, x\in\left(0,\dfrac{\pi}{2}\right)$（见右图）；

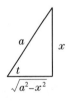

$$\int\dfrac{1}{(a^2-x^2)^{\frac{5}{2}}}\mathrm{d}x=\int\dfrac{a\cos t\mathrm{d}t}{a^5\cos^5 t}=\dfrac{1}{a^4}\int(1+\tan^2 t)\mathrm{d}\tan t$$

$$=\dfrac{1}{a^4}\left(\tan t+\dfrac{1}{3}\tan^3 t\right)+C$$

$$=\dfrac{x}{a^4\sqrt{a^2-x^2}}+\dfrac{x^3}{3a^4(a^2-x^2)^{3/2}}+C.$$

(4) 被积函数含有 $\sqrt{x^2-3^2}$，令 $x=3\sec t, x\in\left(0,\dfrac{\pi}{2}\right)$（见右图）；

$$\int\dfrac{\sqrt{x^2-9}}{x}\mathrm{d}x=\int\dfrac{3\tan t}{3\sec t}3\sec t\tan t\mathrm{d}t=3\int(\sec^2 t-1)\mathrm{d}t$$

$$=3\tan t-3t+C=\sqrt{x^2-9}-3\arccos\dfrac{3}{x}+C.$$

例6 求下列函数不定积分：

(1) $\displaystyle\int\dfrac{\ln x}{(1-x)^2}\mathrm{d}x$ ；　　　　(2) $\displaystyle\int\dfrac{xe^x}{\sqrt{e^x-2}}\mathrm{d}x$ ；

(3) $\displaystyle\int\dfrac{x+\sin x}{1+\cos x}\mathrm{d}x$ ；　　　　(4) $\displaystyle\int\dfrac{\cos x+x\sin x}{(x+\cos x)^2}\mathrm{d}x$.

解析：(1) 可用分部积分方法，选取 $u=\ln x$，则

$$原式=\int\ln x\mathrm{d}\left(\dfrac{1}{1-x}\right)=\dfrac{\ln x}{1-x}-\int\dfrac{\mathrm{d}x}{x(1-x)}$$

$$=\dfrac{\ln x}{1-x}-\int\left(\dfrac{1}{x}+\dfrac{1}{1-x}\right)\mathrm{d}x=\dfrac{\ln x}{1-x}-\ln x+\ln|1-x|+C.$$

(2) 可以先换元，然后分部积分.

令 $\sqrt{e^x-2}=t$，则 $x=\ln(t^2+2)$，于是

$$原式=2\int\ln(t^2+2)\mathrm{d}t=2t\ln(t^2+2)-4\int\dfrac{t^2}{t^2+2}\mathrm{d}t$$

$$=2t\ln(t^2+2)-4\int\left(1-\dfrac{2}{t^2+2}\right)\mathrm{d}t$$

$$=2t\ln(t^2+2)-4t+\dfrac{8}{\sqrt{2}}\arctan\dfrac{t}{\sqrt{2}}+C$$

$$=2x\sqrt{e^x-2}-4\sqrt{e^x-2}+\dfrac{8}{\sqrt{2}}\arctan\dfrac{\sqrt{e^x-2}}{\sqrt{2}}+C.$$

(3) 根据被积函数情况，三角变形后分部积分.

$$原式=\int\dfrac{x+\sin x}{2\cos^2\dfrac{x}{2}}\mathrm{d}x=\int(x+\sin x)\mathrm{d}\tan\dfrac{x}{2}$$

$$= (x+\sin x)\tan\frac{x}{2} - \int \tan\frac{x}{2}(1+\cos x)\mathrm{d}x$$

$$= (x+\sin x)\tan\frac{x}{2} - \int 2\tan\frac{x}{2}\cos^2\frac{x}{2}\mathrm{d}x$$

$$= (x+\sin x)\tan\frac{x}{2} - \int \sin x\,\mathrm{d}x = (x+\sin x)\tan\frac{x}{2} + \cos x + C.$$

(4) 注意到 $(x+\cos x)' = 1 - \sin x$，从而有

$$\text{原式} = \int \frac{x+\cos x - (1-\sin x)x}{(x+\cos x)^2}\mathrm{d}x = \int \frac{\mathrm{d}x}{x+\cos x} + \int x\,\mathrm{d}\left(\frac{1}{x+\cos x}\right)$$

$$= \int \frac{\mathrm{d}x}{x+\cos x} + \frac{x}{x+\cos x} - \int \frac{\mathrm{d}x}{x+\cos x} = \frac{x}{x+\cos x} + C.$$

注意：这种分部积分后，会产生抵消.

例7 求下列函数不定积分：

(1) $\int \dfrac{5x^3+8x^2+12x-5}{x^4+3x^3+x^2-5x}\mathrm{d}x$;   (2) $\int \sqrt{\dfrac{2+x}{2-x}}\mathrm{d}x$;

(3) $\int \dfrac{\sin x + \sin^3 x}{\cos 2x}\mathrm{d}x$;   (4) $\int \dfrac{3\cos x - \sin x}{\cos x + \sin x}\mathrm{d}x$.

解析：(1) 为有理函数的积分，将被积函数分母分解因式，得

$$x^4+3x^3+x^2-5x = x(x-1)(x^2+4x+5)$$

再将被积函数化为部分分式之和，令

$$\frac{5x^3+8x^2+12x-5}{x^4+3x^3+x^2-5x} = \frac{A}{x} + \frac{B}{x-1} + \frac{Cx+D}{x^2+4x+5},$$

通分，并比较分子，可得 $5x^3+8x^2+12x-5 = (A+B+C)x^3 + (3A+4B-C+D)x^2 + (A+5B-D)x - 5A$，

比较等式两边 x 的同次幂的系数，得

$x^3: A+B+C = 5$;

$x^2: 3A+4B-C+D = 8$;

$x: A+5B-D = 12$;

$x^0: -5A = -5.$

解得，$A=1, B=2, C=2, D=-1.$ 故

$$\text{原式} = \int \frac{1}{x}\mathrm{d}x + \int \frac{2}{x-1}\mathrm{d}x + \int \frac{2x-1}{x^2+4x+5}\mathrm{d}x$$

$$= \ln|x| + 2\ln|x-1| + \int \frac{(2x+4)-5}{x^2+4x+5}\mathrm{d}x$$

$$= \ln\bigl[|x|(x-1)^2(x^2+4x+5)\bigr] - 5\arctan(x+2) + C.$$

(2) 为无理根式，换元令 $t = \sqrt{\dfrac{2+x}{2-x}}$，则 $x = \dfrac{2t^2-2}{1+t^2}$，于是

原式 $= \int t \dfrac{(1+t^2)4t-(2t^2-2)2t}{(1+t^2)^2}dt = 8\int \dfrac{t^2}{(1+t^2)^2}dt$

$\qquad = 8\int \dfrac{t^2+1-1}{(1+t^2)^2}dt = 8\int \dfrac{1}{1+t^2}dt - 8\int \dfrac{1}{(1+t^2)^2}dt$

$\qquad = 8\arctan t - 8\left[\dfrac{1}{2}\cdot\dfrac{t}{1+t^2}+\dfrac{1}{2}\arctan t\right]+C$

$\qquad = 4\arctan\sqrt{\dfrac{2+x}{2-x}} - \sqrt{4-x^2}+C.$

本题求法较为复杂,另法可简单的解为:

$\int\sqrt{\dfrac{2+x}{2-x}}dx = \int\dfrac{\sqrt{2+x}}{\sqrt{2-x}}\dfrac{\sqrt{2+x}}{\sqrt{2+x}}dx = \int\dfrac{2+x}{\sqrt{2^2-x^2}}dx$

$\qquad = 2\int\dfrac{dx}{\sqrt{2^2-x^2}}+\int\dfrac{x}{\sqrt{2^2-x^2}}dx$

$\qquad = 2\arcsin\dfrac{x}{2}-\sqrt{2^2-x^2}+C.$

(3)被积函数为 $\sin x$ 和 $\cos x$ 的有理函数,若用万能替换 $t=\tan\dfrac{x}{2}$,较为复杂,但被积函数是关于 $\sin x$ 的奇函数,故可设 $\cos x = t$,则

$\sin^2 x = 1-t^2, \cos 2x = 2\cos^2 x - 1 = 2t^2-1, dt = -\sin x dx$,于是

原式 $= \int\dfrac{(2-t^2)(-dt)}{2t^2-1} = \int\dfrac{(t^2-2)dt}{2t^2-1} = \dfrac{1}{2}\int dt - \dfrac{3}{2}\int\dfrac{dt}{2t^2-1}$

$\qquad = \dfrac{t}{2} - \dfrac{3}{4\sqrt{2}}\ln\left|\dfrac{\sqrt{2}t-1}{\sqrt{2}t+1}\right|+C = \dfrac{\cos x}{2} - \dfrac{3}{4\sqrt{2}}\ln\left|\dfrac{\sqrt{2}\cos x-1}{\sqrt{2}\cos x+1}\right|+C.$

(4)对于形如 $\int\dfrac{a\cos x+b\sin x}{c\cos x+d\sin x}dx$ 的积分,可将被积函数中的分子拆成分母的若干倍与分母导数若干倍之和,方法如下:令

$3\cos x - \sin x = A(\cos x+\sin x)+B(\cos x+\sin x)'$
$\qquad\qquad\qquad = (A+B)\cos x + (A-B)\sin x.$

比较同类项系数,可得 $A+B=3, A-B=-1$,解得:$A=1, B=2$.

原式 $= \int dx + 2\int\dfrac{d(\cos x+\sin x)}{\cos x+\sin x} = x + 2\ln|\cos x+\sin x|+C.$

4.5 基础作业题

一、选择题

1. C 为任意常数,且 $F'(x)=f(x)$,下式成立的有( ).

A. $\int F'(x)\mathrm{d}x = f(x) + C$ B. $\int f(x)\mathrm{d}x = F(x) + C$

C. $\int F(x)\mathrm{d}x = F'(x) + C$ D. $\int f'(x)\mathrm{d}x = F(x) + C$

2. 设 $f'(\sin^2 x) = \cos^2 x$，则 $f(x) = ($ $)$.

   A. $\sin x - \dfrac{1}{2}\sin^2 x + C$ B. $x - \dfrac{1}{2}x^2 + C$

   C. $\sin^2 x - \dfrac{1}{2}\sin^4 x + C$ D. $x^2 - \dfrac{1}{2}x^4 + C$

3. $\int f'(3x)\mathrm{d}x = ($ $)$.

   A. $\dfrac{1}{3}f(x) + C$ B. $\dfrac{1}{3}f(3x) + C$

   C. $3f(x) + C$ D. $3f(3x) + C$

4. $\int \dfrac{f'(x)}{1+[f(x)]^2}\mathrm{d}x = ($ $)$.

   A. $\ln|1+f(x)| + C$ B. $\dfrac{1}{2}\ln|1+[f(x)]^2| + C$

   C. $\arctan[f(x)] + C$ D. $\dfrac{1}{2}\arctan[f(x)] + C$

5. $\int \left(\dfrac{1-x}{x}\right)^2 \mathrm{d}x = ($ $)$.

   A. $\dfrac{1}{x} - 2\ln|x| + x + C$ B. $-\dfrac{1}{x} - 2\ln|x| + x + C$

   C. $-\dfrac{1}{x} - 2\ln|x| + C$ D. $\ln|x| + x + C$

6. $\int \dfrac{3\cdot 2^x - 2\cdot 3^x}{2^x}\mathrm{d}x = ($ $)$.

   A. $3x - 2\ln\dfrac{3}{2}\cdot\left(\dfrac{3}{2}\right)^x + C$ B. $3x - 2x\left(\dfrac{3}{2}\right)^{x-1} + C$

   C. $3x - \dfrac{2}{\ln 3 - \ln 2}\left(\dfrac{3}{2}\right)^x + C$ D. $3 - \dfrac{2}{\ln 3 - \ln 2}\left(\dfrac{3}{2}\right)^x + C$

7. $\int xf''(x)\mathrm{d}x = ($ $)$.

   A. $xf'(x) - f(x) + C$ B. $xf'(x) - f'(x) + C$

   C. $xf'(x) + f(x) + C$ D. $xf'(x) - \int f(x)\mathrm{d}x$

8. $\int x\sin^2 x\,\mathrm{d}x = ($ $)$.

A. $\frac{1}{4}x^2 - \frac{1}{4}x\sin 2x + C$ B. $\frac{1}{4}x^2 - \frac{1}{8}\cos 2x + C$

C. $x\cos x - \sin x + C$ D. $\frac{1}{4}x^2 - \frac{1}{4}x\sin 2x - \frac{1}{8}\cos 2x + C$

9. 当 $n \neq -1$ 时,$\int x^n \ln x \, dx = ($ $)$.

A. $\frac{x^n}{n}(\ln x - \frac{1}{n}) + C$ B. $\frac{x^{n-1}}{n-1}(\ln x - \frac{1}{n-1}) + C$

C. $\frac{x^{n+1}}{n+1}(\ln x - \frac{1}{n+1}) + C$ D. $\frac{x^{n+1}}{n+1}\ln x + C$

10. 若 $f(x)$ 的导函数是 $e^{-x} + \cos x$,则 $f(x)$ 的一个原函数为(   ).

A. $e^{-x} - \cos x$ B. $-e^{-x} + \sin x$

C. $-e^{-x} - \cos x$ D. $e^{-x} + \sin x$

二、填空题

1. 若曲线 $y = f(x)$ 上点 (x, y) 的切线斜率与 x^3 成正比例,并且通过点 $A(1,6)$ 和 $B(2,-9)$,则曲线方程为_____.

2. $\int \frac{x^4 - 1}{1 - x^2} dx$ _____.

3. $\int (2x - 1)^{99} dx$ _____.

4. $\int e^{-x} dx$ _____.

5. $\int \frac{1}{(2x+3)^2} dx$ _____.

6. $\int x \tan^2 x \, dx$ _____.

7. $\int x e^{-x} dx$ _____.

8. $\int \frac{x-4}{x^2 - 3x + 2} dx$ _____.

9. 设 $f'(\cos^2 x) = \sin^2 x$,则 $f(x)$ _____.

10. 已知 $f(x)$ 一个原函数是 x^2,则 $\int x f(1 - x^2) dx$ _____.

三、计算题

1. 用直接积分法计算:

(1) $\int \frac{x^2 + \sqrt{x} + 3}{\sqrt{x}} dx$;   (2) $\int \frac{1 + 2x^2}{x^2(1+x^2)} dx$;

(3) $\int 2^x 3^x 4^x dx$;   (4) $\int \frac{e^{2x} - 1}{e^x} dx$.

2. 用换元积分法计算：

(1) $\int \dfrac{1}{\sqrt{4x+3}}\,\mathrm{d}x$ ；

(2) $\int 2x^2\sqrt{x^3+1}\,\mathrm{d}x$ ；

(3) $\int \cos(2-3x)\,\mathrm{d}x$ ；

(4) $\int \dfrac{1}{\sqrt[3]{1-3x}}\,\mathrm{d}x$ ；

(5) $\int \dfrac{x}{x^2+1}\,\mathrm{d}x$ ；

(6) $\int (3^x)^3\,\mathrm{d}x$ ；

(7) $\int \tan x\,\mathrm{d}x$ ；

(8) $\int \dfrac{1}{1+9x^2}\,\mathrm{d}x$ ；

(9) $\int \dfrac{3x}{1+x^4}\,\mathrm{d}x$ ；

(10) $\int \dfrac{2}{\sqrt{1-4x^2}}\,\mathrm{d}x$ ；

(11) $\int \dfrac{1}{9-4x^2}\,\mathrm{d}x$ ；

(12) $\int \dfrac{\mathrm{e}^{2x}}{1+\mathrm{e}^{2x}}\,\mathrm{d}x$ ；

(13) $\int \dfrac{1}{1+\sqrt{1+x}}\,\mathrm{d}x$ ；

(14) $\int \dfrac{\sqrt{x}}{\sqrt{x}-\sqrt[3]{x}}\,\mathrm{d}x$ ；

(15) $\int \dfrac{x^3}{\sqrt{1+x^2}}\,\mathrm{d}x$ ；

(16) $\int \dfrac{x^2}{\sqrt{a^2-x^2}}\,\mathrm{d}x$ ；

(17) $\int \dfrac{1}{(x^2-a^2)^{\frac{3}{2}}}\,\mathrm{d}x$ ；

(18) $\int \dfrac{1}{x\sqrt{9-4x^2}}\,\mathrm{d}x$ ；

(19) $\int \dfrac{\sqrt{x^2+a^2}}{x^2}\,\mathrm{d}x$ ；

(20) $\int \dfrac{1}{x^2\sqrt{x^2-9}}\,\mathrm{d}x$．

3. 用分部积分法计算：

(1) $\int x^2\cos\dfrac{x}{2}\,\mathrm{d}x$ ；

(2) $\int x(1+x^2)\mathrm{e}^{x^2}\,\mathrm{d}x$ ；

(3) $\int x\arcsin x\,\mathrm{d}x$ ；

(4) $\int \mathrm{e}^{-x}\cos x\,\mathrm{d}x$ ；

(5) $\int \dfrac{(\ln x)^2}{x^2}\,\mathrm{d}x$ ；

(6) $\int \dfrac{\arctan \mathrm{e}^x}{\mathrm{e}^x}\,\mathrm{d}x$．

4. 计算下列有理函数和三角有理式的积分：

(1) $\int \dfrac{x^5+x^4-8}{x^3-x}\,\mathrm{d}x$ ；

(2) $\int \dfrac{x^3}{(x-1)^{10}}\,\mathrm{d}x$ ；

(3) $\int \dfrac{1}{x(x^{10}-2)}\,\mathrm{d}x$ ；

(4) $\int \dfrac{x^2}{1-x^4}\,\mathrm{d}x$ ；

(5) $\int \dfrac{2x+2}{(x-1)(x^2+1)^2}\,\mathrm{d}x$．

4.6　综合作业题

1. $\int \dfrac{x^2+1}{x^4+1}\mathrm{d}x$.

2. $\int \dfrac{1}{x^4(1+x^2)}\mathrm{d}x$.

3. $\int \sqrt{\dfrac{1-x}{1+x}}\mathrm{d}x$.

4. $\int \dfrac{\mathrm{d}x}{\sqrt{x}(1+\sqrt[4]{x})^3}$.

5. $\int \dfrac{1+x}{x(1+x\mathrm{e}^x)}\mathrm{d}x$.

6. $\int \dfrac{\sqrt{\tan x}}{\sin x \cos x}\mathrm{d}x$.

7. $\int \dfrac{\arccos^2\sqrt{x}}{\sqrt{x(1-x)}}\mathrm{d}x$.

8. $\int \dfrac{\sqrt{x^2-1}}{x}\mathrm{d}x$.

9. $\int \dfrac{\ln(1+x)}{(2-x)^2}\mathrm{d}x$.

10. $\int \dfrac{x\mathrm{e}^x}{(1+x)^2}\mathrm{d}x$.

11. $\int \dfrac{1+\sin x}{1+\cos x}\mathrm{e}^x\mathrm{d}x$.

12. $\int \dfrac{x+1}{x^2\sqrt{x^2-1}}\mathrm{d}x$.

13. $\int x\arctan x \ln(1+x^2)\mathrm{d}x$.

14. $\int \dfrac{x+\sin x}{1+\cos x}\mathrm{d}x$.

15. $\int \left[\dfrac{f(x)}{f'(x)} - \dfrac{f^2(x)f''(x)}{f'^3(x)}\right]\mathrm{d}x$.

16. $\int \dfrac{x^{11}\mathrm{d}x}{x^8+3x^4+2}$.

17. $\int \dfrac{\arccos x}{\sqrt{(1-x^2)^3}}\mathrm{d}x$.

18. $\int \dfrac{x\mathrm{e}^x}{\sqrt{\mathrm{e}^x-1}}\mathrm{d}x$.

19. $\int (1+\sqrt{x})^{100}\mathrm{d}x$.

20. $\int \dfrac{\ln(x+1)-\ln x}{x(x+1)}\mathrm{d}x$.

21. $\int \sin(\ln x)\mathrm{d}x$.

22. $\int \dfrac{3-\sin x}{3+\cos x}\mathrm{d}x$.

23. $\int \mathrm{e}^{\sin x}\dfrac{x\cos^3 x-\sin x}{\cos^2 x}\mathrm{d}x$.

24. $\int \dfrac{x\mathrm{e}^x}{\sqrt{1+\mathrm{e}^x}}\mathrm{d}x$.

25. $\int \dfrac{\arcsin x}{x^2}\cdot\dfrac{1+x^2}{\sqrt{1-x^2}}\mathrm{d}x$.

26. $\int \sin\ln x\mathrm{d}x$.

27. $\int \dfrac{\sin x}{\sin x+\cos x}\mathrm{d}x$.

28. $I_n=\int x^n\cos x\mathrm{d}x$.

29. 设 $f(x)=\begin{cases} x\ln(1+x^2), & x\geqslant 0, \\ (x^2+2x-3)\mathrm{e}^{-x}, & x<0, \end{cases}$ 求 $\int f(x)\mathrm{d}x$.

30. 设当 $x\neq 0$ 时，$f'(x)$ 连续，求 $\int \dfrac{xf'(x)-(1+x)f(x)}{x^2\mathrm{e}^x}\mathrm{d}x$.

4.7 自 测 题

一、填空题

1. 设函数 $f(x)$ 的一个原函数是 $\ln x^2$，则 $\int x^3 f'(x)\mathrm{d}x =$ ＿＿＿＿．

2. 设 $\sin x$ 是函数 $f(x)$ 的一个原函数，则 $\int x f(x)\mathrm{d}x =$ ＿＿＿＿．

3. 设 $f'(\cos^2 x) = \sin^2 x$，且 $f(0) = 1$，则 $f(x) =$ ＿＿＿＿．

4. 设 $f(x)$ 的二阶导数 $f''(x)$ 连续，那么 $\int x f''(x)\mathrm{d}x =$ ＿＿＿＿．

二、选择题

1. 下列各式中成立的是（　　）．

   A. $\int f'(x)\mathrm{d}x = f(x)$ 　　　　B. $\mathrm{d}\int f(x)\mathrm{d}x = f(x)\mathrm{d}x$

   C. $\int \dfrac{1}{x^2}\mathrm{d}x = \dfrac{1}{x} + C$ 　　　　D. $\int x^2 \mathrm{d}x = \dfrac{x^3}{3} + C^2$

2. 设 $\int f(x)\mathrm{d}x = x^2 \mathrm{e}^{2x} + C$，则 $f(x) = ($ 　　$)$．

   A. $2x\mathrm{e}^{2x}$ 　　　　B. $2x^2 \mathrm{e}^{2x}$

   C. $2x\mathrm{e}^{2x}(x+1)$ 　　　　D. $2x\mathrm{e}^{2x}(x+1) + C$

3. 设 $\int f(x)\mathrm{d}x = F(x) + C$，则 $\int \mathrm{e}^{-x} f(\mathrm{e}^{-x})\mathrm{d}x = ($ 　　$)$．

   A. $-F(\mathrm{e}^{-x}) + C$ 　　　　B. $F(\mathrm{e}^x) + C$

   C. $F(\mathrm{e}^{-x}) + C$ 　　　　D. $\mathrm{e}^{-x} F(\mathrm{e}^{-x}) + C$

4. 若 $F'(x) = \dfrac{1}{\sqrt{1-x^2}}$，$F(1) = \dfrac{3}{2}\pi$，$F(x) = ($ 　　$)$．

   A. $\arcsin x$ 　　　　B. $\arcsin x + \dfrac{\pi}{2}$

   C. $\arccos x + \pi$ 　　　　D. $\arcsin x + \pi$

三、计算题

1. $\int \dfrac{\cos x + 1}{x + \sin x}\mathrm{d}x$；

2. $\int \dfrac{\mathrm{d}x}{x^6(1+x^2)}$；

3. $\int \dfrac{6x^2 + 2x + 1}{2x^3 + x^2 + x + 1}\mathrm{d}x$；

4. $\int \dfrac{x + \arcsin x}{\sqrt{1-x^2}}\mathrm{d}x$；

5. $\int \dfrac{\ln(1+\dfrac{1}{x})}{x(x+1)}\mathrm{d}x$；

6. $\int x\sqrt{x+1}\mathrm{d}x$；

7. $\int x^5 \ln^3 x \, dx$;

8. $\int \sin^2 x \tan x \sec x \, dx$;

9. $\int \dfrac{dx}{x\sqrt{4-x^2}}$;

10. $\int \dfrac{x^3}{(1+x^2)^2} dx$;

11. 设 $F(x)$ 为 $\dfrac{\sin x}{x}$ 的原函数，求 $dF(x^2)$.

4.8 参考答案与提示

【基础作业题参考答案与提示】

一、1. B； 2. B； 3. B； 4. C； 5. B； 6. C； 7. A； 8. D； 9. C； 10. A.

二、1. $y = -x^4 + 7$;　　　　　　2. $-\dfrac{x^3}{3} - x + C$;

3. $\dfrac{1}{200}(2x-1)^{100} + C$;　　　4. $-e^{-x} + C$;

5. $-\dfrac{1}{2(2x+3)} + C$;　　　　6. $x\tan x + \ln|\cos x| - \dfrac{x^2}{2} + C$;

7. $-xe^{-x} - e^{-x} + C$;　　　　8. $3\ln|x-1| - 2\ln|x-2| + C$;

9. $x - \dfrac{x^2}{2} + C$;　　　　　10. $-\dfrac{1}{2}(1-x^2)^2 + C$.

三、1. (1) $\dfrac{2}{5}x^{\frac{5}{2}} + x + 6\sqrt{x} + C$;　　(2) $-\dfrac{1}{x} + \arctan x + C$;

(3) $24^x / \ln 24 + C$;　　　　(4) $e^x + e^{-x} + C$.

2. (1) $\dfrac{1}{2}\sqrt{4x+3} + C$;　　　(2) $\dfrac{4}{9}(x^3+1)^{\frac{3}{2}} + C$;

(3) $-\dfrac{1}{3}\sin(2-3x) + C$;　　(4) $-\dfrac{1}{2}(1-3x)^{\frac{2}{3}} + C$;

(5) $\dfrac{1}{2}\ln(x^2+1) + C$;　　　(6) $\dfrac{3^{3x}}{3\ln 3} + C$;

(7) $-\ln|\cos x| + C$;　　　　(8) $\dfrac{1}{3}\arctan 3x + C$;

(9) $\dfrac{3}{2}\arctan x^2 + C$;　　　(10) $\arcsin 2x + C$;

(11) $\dfrac{1}{12}\ln\left|\dfrac{3+2x}{3-2x}\right| + C$;　　(12) $\dfrac{1}{2}\ln(1+e^{2x}) + C$;

(13) $2\sqrt{1+x} - 2\ln(1+\sqrt{1+x}) + C$;

(14) $x + \dfrac{6}{5}\sqrt[6]{x^5} + \dfrac{3}{2}\sqrt[3]{x^2} + \sqrt{x} + 3\sqrt[3]{x} + 6\sqrt[6]{x} + 6\ln\left|\sqrt[6]{x} - 1\right| + C$;

(15) $\dfrac{1}{3}\sqrt{1+x^2}(x^2 - 2) + C$;   (16) $\dfrac{1}{2}a^2 \arcsin\dfrac{x}{a} - \dfrac{1}{2}x\sqrt{a^2 - x^2} + C$;

(17) $-\dfrac{x}{a^2\sqrt{x^2 - a^2}} + C$;   (18) $\dfrac{1}{3}\ln\left|\dfrac{3 - \sqrt{9 - 4x^2}}{x}\right| + C$;

(19) $-\dfrac{\sqrt{x^2 + a^2}}{x} + \ln\left|x + \sqrt{x^2 + a^2}\right| + C$;   (20) $\dfrac{\sqrt{x^2 - 9}}{9x} + C$.

3. (1) $2x^2 \sin\dfrac{x}{2} + 8x\cos\dfrac{x}{2} - 16\sin\dfrac{x}{2} + C$;

(2) $\dfrac{1}{2}(1+x^2)e^{x^2} - \dfrac{1}{2}e^{x^2} + C$;

(3) $\dfrac{1}{2}x^2 \arcsin x + \dfrac{1}{4}x\sqrt{1 - x^2} - \dfrac{1}{4}\arcsin x + C$;

(4) $\dfrac{1}{2}e^{-x}(\sin x - \cos x) + C$;   (5) $-\dfrac{1}{x}\ln^2 x - \dfrac{2}{x}\ln x - \dfrac{2}{x} + C$;

(6) $-e^{-x}\arctan e^x + x - \dfrac{1}{2}\ln(1 + e^{2x}) + C$.

4. (1) $\dfrac{1}{3}x^3 + \dfrac{1}{2}x^2 + x + 8\ln|x| - 3\ln|x + 1| - 4\ln|x - 1| + C$;

(2) $-\dfrac{1}{9(x-1)^9} - \dfrac{3}{8(x-1)^8} - \dfrac{3}{7(x-1)^7} - \dfrac{1}{6(x-1)^6} + C$;

(3) $\dfrac{1}{20}\ln|x^{10} - 2| - \dfrac{1}{2}\ln|x| + C$;

(4) $\dfrac{1}{4}\ln\left|\dfrac{1+x}{1-x}\right| - \dfrac{1}{2}\arctan x + C$;

(5) $\ln|x - 1| - \dfrac{1}{2}\ln(x^2 + 1) - \arctan x + \dfrac{1}{x^2 + 1} + C$.

【综合作业题参考答案与提示】

1. $\dfrac{1}{\sqrt{2}}\arctan\dfrac{1}{\sqrt{2}}\left(x - \dfrac{1}{x}\right) + C$.   2. $\dfrac{1}{x} - \dfrac{1}{3x^3} + \arctan x + C$.

3. $\arcsin x + \sqrt{1 - x^2} + C$.   4. $-\dfrac{4}{1 + \sqrt[4]{x}} + \dfrac{2}{(1 + \sqrt[4]{x})^2} + C$.

5. $x + \ln|x| - \ln|1 + xe^x| + C$.   6. $2\sqrt{\tan x} + C$.

7. $-\dfrac{2}{3}\arccos^3\sqrt{x} + C$.   8. $\sqrt{x^2 - 1} - \arccos\dfrac{1}{x} + C$.

9. $\dfrac{\ln(1+x)}{2-x} - \dfrac{1}{3}\ln\left|\dfrac{x-2}{x+1}\right| + C$.   10. $\dfrac{e^x}{1+x} + C$.

11. $\dfrac{e^x \sin x}{1+\cos x} + C$.

12. $\dfrac{\sqrt{x^2-1}}{x} - \arcsin\dfrac{1}{x} + C$.

13. $\dfrac{1}{2}\arctan x [(1+x^2)\ln(1+x^2) - x^2 - 3] - \dfrac{x}{2}\ln(1+x^2) + \dfrac{3}{2}x + C$.

14. $x\tan\dfrac{x}{2} + C$.

15. $\dfrac{1}{2}\left[\dfrac{f(x)}{f'(x)}\right]^2 + C$.

16. $\dfrac{x^4}{4} + \dfrac{1}{4}\ln(1+x^4) - \ln(x^4+2) + C$.

17. $\dfrac{x}{\sqrt{1-x^2}}\arccos x - \dfrac{1}{2}\ln|1-x^2| + C$.

18. $2x\sqrt{e^x-1} - 4\sqrt{e^x-1} + 4\arctan\sqrt{e^x-1} + C$. 【提示】令 $t=\sqrt{e^x-1}$.

19. $\dfrac{1}{51}(1+\sqrt{x})^{102} - \dfrac{2}{101}(1+\sqrt{x})^{101} + C$. 【提示】令 $1+\sqrt{x}=t$.

20. $-\dfrac{1}{2}[\ln(1+x) - \ln x]^2 + C$.

21. $\dfrac{x}{2}[\sin(\ln x) - \cos(\ln x)] + C$.

22. $\dfrac{3}{\sqrt{2}}\arctan\dfrac{\tan\dfrac{x}{2}}{\sqrt{2}} + \ln(3+\cos x) + C$.

23. $xe^{\sin x} - \dfrac{e^{\sin x}}{\cos x} + C$.

24. $2x\sqrt{1+e^x} - 4\sqrt{1+e^x} - 2\ln\left|\dfrac{\sqrt{1+e^x}-1}{\sqrt{1+e^x}+1}\right| + C$.

25. $-\dfrac{\sqrt{1-x^2}}{x}\arcsin x + \ln|x| + \dfrac{1}{2}(\arcsin x)^2 + C$.

26. $\dfrac{x}{2}(\sin\ln x - \cos\ln x) + C$.

27. $\dfrac{1}{2}(x - \ln|\sin x + \cos x|) + C$.

28. $I_n = x^n\sin x + nx^{n-1}\cos x - n(n-1)I_{n-2}$, $n=2,3,\cdots$,
 $I_0 = \sin x + C$, $I_1 = x\sin x + \cos x + C$.

29. $\int f(x)dx = \begin{cases} \dfrac{1}{2}x^2\ln(1+x^2) - \dfrac{1}{2}[x^2-\ln(1+x^2)] + C, & x \geqslant 0, \\ -(x^2+4x+1)e^{-x} + 1 + C, & x < 0. \end{cases}$

30. $\dfrac{f(x)}{xe^x} + C$.

【自测题参考答案与提示】

一、1. $-x^2 + C$; 2. $x\sin x + \cos x + C$; 3. $x - \dfrac{1}{2}x^2 + 1$;

4. $xf'(x) - f(x) + C$.

二、1. B； 2. C； 3. A； 4. D.

三、1. $\ln|x+\sin x|+C$； 2. $-\dfrac{1}{5x^5}-\dfrac{1}{x}+\dfrac{1}{3x^3}-\arctan x+C$；

3. $\ln|2x^3+x^2+x+1|+C$； 4. $-\sqrt{1-x^2}+\dfrac{1}{2}\arcsin^2 x+C$；

5. $-\dfrac{1}{2}\left[\ln(1+\dfrac{1}{x})\right]^2+C$； 6. $\dfrac{2}{5}(x+1)^{\frac{5}{2}}-\dfrac{2}{3}(x+1)^{\frac{3}{2}}+C$；

7. $\dfrac{1}{6}x^6(\ln^3 x-\dfrac{1}{2}\ln^2 x+\dfrac{1}{6}\ln x-\dfrac{1}{36})+C$； 8. $\sec x+\cos x+C$；

9. $\dfrac{1}{2}\ln\left|\dfrac{2-\sqrt{4-x^2}}{x}\right|+C$； 10. $\dfrac{1}{2}\ln(1+x^2)+\dfrac{1}{2(1+x^2)}+C$；

11. $\dfrac{2\sin x^2}{x}dx$.

第5章 定积分

5.1 教学要求

【教学基本要求】

1. 理解定积分的概念和几何意义,了解定积分的性质和积分中值定理.
2. 掌握定积分的换元法和分部积分法.
3. 理解变上限的积分作为其上限的函数及其求导定理,掌握牛顿—莱布尼茨公式.
4. 了解两类反常积分及其收敛性的概念.

【教学重点内容】

定积分的概念、几何意义、性质,牛顿—莱布尼茨公式,换元积分法,分部积分法,反常积分.

5.2 知识要点

【知识要点】

1. 定积分的概念

(1) 定积分的定义:设函数 $f(x)$ 在 $[a,b]$ 上有界,在 $[a,b]$ 中任意插入若干个分点 $a = x_0 < x_1 < x_2 < \cdots < x_{n-1} < x_n = b$,把区间 $[a,b]$ 分成 n 个小区间 $[x_0,x_1],[x_1,x_2],\cdots,[x_{n-1},x_n]$,各个小区间的长度依次为

$$\Delta x_1 = x_1 - x_0, \Delta x_2 = x_2 - x_1, \cdots, \Delta x_n = x_n - x_{n-1}.$$

在每个小区间 $[x_{i-1},x_i]$ 上任取一点 $\xi_i(x_{i-1} \leqslant \xi_i \leqslant x_i)$,作函数值 $f(\xi_i)$ 与小区间长度 Δx_i 的乘积 $f(\xi_i)\Delta x_i (i=1,2,\cdots,n)$,并作出和式

$$S = \sum_{i=1}^{n} f(\xi_i) \Delta x_i,$$

记 $\lambda = \max \{\Delta x_1, \Delta x_2, \cdots, \Delta x_n\}$,如果不论对 $[a,b]$ 怎样分法,也不论在区间 $[x_{i-1}, x_i]$ 上点 ξ_i 怎样取法,只要当 $\lambda \to 0$ 时,和 S 总趋于确定的极限,则称这个极限为函数 $f(x)$ 在区间 $[a,b]$ 上的定积分(简称积分),记作 $\int_a^b f(x) \mathrm{d}x$. 即 $\int_a^b f(x) \mathrm{d}x = \lim\limits_{\lambda \to 0} \sum\limits_{i=1}^{n} f(\xi_i) \Delta x_i$,其中 $f(x)$ 称为被积函数,$f(x) \mathrm{d}x$ 称为被积表达式,x 称为积分变量,a 称为积分下限,b 称为积分上限,$[a,b]$ 称为积分区间.

(2) 定积分的几何意义:在 $[a,b]$ 上 $f(x) \geqslant 0$ 时,定积分 $\int_a^b f(x) \mathrm{d}x$ 在几何上表示由曲线 $y = f(x)$,两条直线 $x = a$、$x = b$ 与 x 轴所围成的曲边梯形的面积;在 $[a,b]$ 上 $f(x) \leqslant 0$ 时,由曲线 $y = f(x)$,两条直线 $x = a$、$x = b$ 与 x 轴所围成的曲边梯形位于 x 轴的下方,定积分 $\int_a^b f(x) \mathrm{d}x$ 在几何上表示上述曲边梯形面积的负值;在 $[a,b]$ 上 $f(x)$ 既取得正值又取得负值时,函数 $f(x)$ 的图形某些部分在 x 轴的上方,而其他部分在 x 轴的下方,此时定积分 $\int_a^b f(x) \mathrm{d}x$ 表示 $y = f(x)$、$x = a$、$x = b$ 与 x 轴所围图形在 x 轴的上方图形面积减去 x 轴下方图形面积所得之差.

2. 函数可积的条件

(1) 必要条件:设函数 $f(x)$ 在区间 $[a,b]$ 上可积,则它在 $[a,b]$ 上有界.

(2) 充分条件:

① 若 $f(x)$ 在区间 $[a,b]$ 上连续,则 $f(x)$ 在 $[a,b]$ 上可积;

② 若 $f(x)$ 在 $[a,b]$ 上至多有有限个间断点且有界,则 $f(x)$ 在 $[a,b]$ 上可积;

③ 若 $f(x)$ 在 $[a,b]$ 上单调有界,则 $f(x)$ 在 $[a,b]$ 上可积.

3. 定积分的性质

(1) 当 $a = b$ 时,$\int_a^b f(x) \mathrm{d}x = 0$.

(2) 当 $a > b$ 时,$\int_a^b f(x) \mathrm{d}x = -\int_b^a f(x) \mathrm{d}x$.

(3) $\int_a^b [f(x) \pm g(x)] \mathrm{d}x = \int_a^b f(x) \mathrm{d}x \pm \int_a^b g(x) \mathrm{d}x$.

(4) $\int_a^b k f(x) \mathrm{d}x = k \int_a^b f(x) \mathrm{d}x$ (k 为常数).

(5) $\int_a^b f(x) \mathrm{d}x = \int_a^c f(x) \mathrm{d}x + \int_c^b f(x) \mathrm{d}x$.

(6) $\int_a^b 1\mathrm{d}x = \int_a^b \mathrm{d}x = b-a$.

(7) 如果在区间 $[a,b]$ 上 $f(x) \geqslant 0$，则
$$\int_a^b f(x)\mathrm{d}x \geqslant 0 \quad (a<b).$$

推论1：如果在区间 $[a,b]$ 上，$f(x) \leqslant g(x)$ 则
$$\int_a^b f(x)\mathrm{d}x \leqslant \int_a^b g(x)\mathrm{d}x \quad (a<b).$$

推论2：$\left|\int_a^b f(x)\mathrm{d}x\right| \leqslant \int_a^b |f(x)|\mathrm{d}x \quad (a<b)$.

(8) 设 M 和 m 分别是函数 $f(x)$ 在 $[a,b]$ 上的最大值和最小值，则
$$m(b-a) \leqslant \int_a^b f(x)\mathrm{d}x \leqslant M(b-a) \quad (a<b).$$

(9)（定积分中值定理）如果函数 $f(x)$ 在闭区间 $[a,b]$ 上连续，则在积分区间 $[a,b]$ 上至少存在一个点 ξ，使下式成立：
$$\int_a^b f(x)\mathrm{d}x = f(\xi)(b-a) \quad (a \leqslant \xi \leqslant b).$$

4. 积分上限函数及其导数

定理1：如果函数 $f(x)$ 在区间 $[a,b]$ 上连续，则积分上限函数
$$\Phi(x) = \int_a^x f(t)\mathrm{d}t$$
在 $[a,b]$ 上可导，并且它的导数是
$$\Phi'(x) = \frac{\mathrm{d}}{\mathrm{d}x}\int_a^x f(t)\mathrm{d}t = f(x) \quad (a \leqslant x \leqslant b).$$

定理2：如果函数 $f(x)$ 在区间 $[a,b]$ 上连续，则函数
$$\Phi(x) = \int_a^x f(t)\mathrm{d}t$$
就是 $f(x)$ 在 $[a,b]$ 上的一个原函数．

5. 牛顿－莱布尼茨公式

定理：如果函数 $F(x)$ 是连续函数 $f(x)$ 在 $[a,b]$ 上的一个原函数，则
$$\int_a^b f(x)\mathrm{d}x = F(b) - F(a),$$
此公式为微积分基本公式．

6. 定积分换元法

定理：假设 $f(x)$ 在 $[a,b]$ 上连续，函数 $x = \varphi(t)$ 满足条件：

(1) $\varphi(\alpha) = a, \varphi(\beta) = b$；

(2) $\varphi(t)$ 在 $[\alpha,\beta]$（或 $[\beta,\alpha]$）上具有连续导数，且其值域 $R_\varphi \subset [a,b]$，

则有
$$\int_a^b f(x)\mathrm{d}x = \int_\alpha^\beta f[\varphi(t)]\varphi'(t)\mathrm{d}t.$$

上述公式叫做定积分的换元公式.

注 意:

① 用 $x = \varphi(t)$ 把原来变量 x 代换成新变量 t 时,积分限也要换成相应于新变量 t 的积分限.

② 求出 $f[\varphi(t)]\varphi'(t)$ 的一个原函数 $\Phi(t)$ 后,不必像计算不定积分那样再把 $\Phi(t)$ 变换成原来变量 x 的函数,而只要把新变量 t 的上、下限分别代入 $\Phi(t)$ 中,然后相减就行.

7. 定积分分部积分法

依据不定积分分部积分法,可得
$$\int_a^b u(x)v'(x)\mathrm{d}x = [u(x)v(x)]_a^b - \int_a^b v(x)u'(x)\mathrm{d}x.$$

8. 无穷限的反常积分

定义:设函数 $f(x)$ 在区间 $[a, +\infty)$ 上连续,取 $t > a$,如果极限 $\lim\limits_{t \to +\infty} \int_a^t f(x)\mathrm{d}x$ 存在,则称此极限为函数 $f(x)$ 在无穷区间 $[a, +\infty)$ 上的反常积分,记作 $\int_a^{+\infty} f(x)\mathrm{d}x$,即
$$\int_a^{+\infty} f(x)\mathrm{d}x = \lim_{t \to +\infty} \int_a^t f(x)\mathrm{d}x,$$

这时也称反常积分 $\int_a^{+\infty} f(x)\mathrm{d}x$ 收敛.如果上述极限不存在,函数 $f(x)$ 在无穷区间 $[a, +\infty)$ 上的反常积分 $\int_a^{+\infty} f(x)\mathrm{d}x$ 就没有意义,习惯上称反常积分 $\int_a^{+\infty} f(x)\mathrm{d}x$ 发散,记号 $\int_a^{+\infty} f(x)\mathrm{d}x$ 不再表示数值了.

类似地,可定义函数 $f(x)$ 在无穷区间 $(-\infty, b]$ 上的反常积分的收敛和发散.

设函数 $f(x)$ 在区间 $(-\infty, +\infty)$ 上连续,如果反常积分 $\int_{-\infty}^0 f(x)\mathrm{d}x$ 和 $\int_0^{+\infty} f(x)\mathrm{d}x$ 都收敛,则称上述两反常积分之和为函数 $f(x)$ 在无穷区间 $(-\infty, +\infty)$ 上的反常积分,记作 $\int_{-\infty}^{+\infty} f(x)\mathrm{d}x$,此时称反常积分 $\int_{-\infty}^{+\infty} f(x)\mathrm{d}x$ 收敛,否则发散.

9. 无界函数的反常积分

定义:设函数 $f(x)$ 在区间 $(a, b]$ 上连续,点 a 为 $f(x)$ 的瑕点($\lim\limits_{x \to a^+} f(x) =$

∞). 取 $t > a$, 如果极限 $\lim\limits_{t \to a^+} \int_t^b f(x)\mathrm{d}x$ 存在, 则称此极限为函数 $f(x)$ 在 $(a,b]$ 上的反常积分, 仍然记作 $\int_a^b f(x)\mathrm{d}x$, 即

$$\int_a^b f(x)\mathrm{d}x = \lim_{t \to a^+} \int_t^b f(x)\mathrm{d}x,$$

这时也称反常积分 $\int_a^b f(x)\mathrm{d}x$ 收敛. 如果上述极限不存在, 就称反常积分 $\int_a^b f(x)\mathrm{d}x$ 发散.

类似地, 可定义函数 $f(x)$ 在区间 $[a,b)$ 上连续, 点 b 为 $f(x)$ 瑕点的反常积分 $\int_a^b f(x)\mathrm{d}x$ 的收敛和发散.

【串讲小结】

本章学习的定积分是积分学的重要组成部分, 也是微积分解决实际问题的重要工具. 定积分和不定积分原是两个完全不同的概念, 只是有了牛顿—莱布尼茨公式, 才使它们之间建立了密切联系, 提供了用不定积分计算定积分的方法. 牛顿—莱布尼茨公式揭示了微分学与积分学之间的内在联系, 正因如此, 人们称它为微积分学的基本公式. 将不定积分的换元法和分部积分法用到定积分上来, 自然得到相应的定积分的换元法和分部积分法. 因此, 只有熟练掌握不定积分的计算法, 对于定积分的计算才能得心应手, 只不过在定积分换元时要注意积分限也要跟着换成相应于新变量的积分限. 反常积分可以看做是定积分概念的推广, 所引入的两类反常积分的计算都是通过求被积函数的原函数, 然后按定义取极限, 它与定积分的计算没多大区别, 只是在计算无界函数的反常积分时, 要注意在 $x=a$ 或 $x=b$ 的附近被积函数无界这一点, 否则会得到错误的结果.

5.3 答疑解惑

1. $x\int_a^x f(x)\mathrm{d}x$, $\int_a^x xf(x)\mathrm{d}x$, $\int_a^x xf(t)\mathrm{d}t$, 这三个表达式是否表示同一个函数?

答: 不全相同. 对于 $x\int_a^x f(x)\mathrm{d}x$, 由于定积分与积分变量的记法无关, 故有 $x\int_a^x f(x)\mathrm{d}x = x\int_a^x f(t)\mathrm{d}t$; 对表达式 $\int_a^x xf(t)\mathrm{d}t$, 由于被积表达式中的变量 x 与积分变量无关, 故提到积分号外面来, 故有 $x\int_a^x f(x)\mathrm{d}x = x\int_a^x f(t)\mathrm{d}t$, 因此

$x\int_a^x f(x)\mathrm{d}x = \int_a^x xf(t)\mathrm{d}t$,而对表达式 $\int_a^x xf(x)\mathrm{d}x$,如果将积分变量 x 记作 t,就成为 $\int_a^x tf(t)\mathrm{d}t$,故与其他两个积分是不同的.

2. 在计算反常积分 $\int_{-\infty}^{+\infty} \frac{x}{1+x^2}\mathrm{d}x$ 时,有人认为:因为被积函数 $\frac{x}{1+x^2}$ 为奇函数,由奇函数在关于原点对称的区间上的积分为零,因此该反常积分为零. 这种说法对吗?

答:得出 $\int_{-\infty}^{+\infty} \frac{x}{1+x^2}\mathrm{d}x = 0$ 的结论是错的. 因为 $\int_0^t \frac{x}{1+x^2}\mathrm{d}x = \frac{1}{2}\ln(1+t^2)$ 当 $t \to +\infty$ 时是发散的,因此由反常积分 $\int_{-\infty}^{+\infty} \frac{x}{1+x^2}\mathrm{d}x$ 的收敛定义,反常积分 $\int_{-\infty}^{+\infty} \frac{x}{1+x^2}\mathrm{d}x$ 是发散的.

3. 对积分上限的函数求导时应注意些什么?

答:(1) 首先要弄清楚是对哪个变量求导,把积分上限的函数的自变量与积分变量区分开来. 积分上限的函数的自变量是上限变量,因此对积分上限的函数求导,就是对上限变量求导,与积分变量没有关系. 但有时会遇到上限变量也含在被积表达式内的情况,这时应先设法把上限变量从被积表达式内分离出来,并提到积分号外,然后再进行求导. 例如 $\int_a^x xf(t)\mathrm{d}t$,对它求导时,应先把它写作 $x\int_a^x f(t)\mathrm{d}t$,然后应用乘积的求导公式求导.

(2) 当积分上限,甚至积分下限,都是 x 的函数时,就要应用复合函数的求导法则进行求导,一般来说,有下述结果(证明从略):

当函数 $\alpha(x)$、$\beta(x)$ 均在 $[a,b]$ 上可导,函数 $f(x)$ 在 $[a,b]$ 上连续时,则有 $\left(\int_{\alpha(x)}^{\beta(x)} f(x)\mathrm{d}x\right)' = \left(\int_a^{\beta(x)} f(x)\mathrm{d}x - \int_a^{\alpha(x)} f(x)\mathrm{d}x\right)'$
$= \beta'(x)f[\beta(x)] - \alpha'(x)f[\alpha(x)]$.

5.4 范例解析

例 1 利用定积分计算极限 $\lim_{n\to\infty}\left(\frac{1}{n+1} + \frac{1}{n+2} + \cdots + \frac{1}{n+n}\right)$.

解析:$\lim_{n\to\infty}\left(\frac{1}{n+1} + \frac{1}{n+2} + \cdots + \frac{1}{n+n}\right) = \lim_{n\to\infty}\frac{1}{n}\left(\frac{1}{1+\frac{1}{n}} + \frac{1}{1+\frac{2}{n}} \cdots + \frac{1}{1+\frac{n}{n}}\right)$

$$= \lim_{n\to\infty} \sum_{i=1}^{n} \left(\frac{1}{1+\frac{i}{n}} \cdot \frac{1}{n} \right) = \int_0^1 \frac{1}{1+x} dx = [\ln(1+x)]_0^1 = \ln 2.$$

例 2 已知函数 $f(x) = \begin{cases} x, & x < 1, \\ x^2, & x \geqslant 1, \end{cases}$ 求 $\int_0^x f(t) dt$.

解析：$\int_0^x f(t) dt$ 的定义域是 $(-\infty, +\infty)$.

注意不定积分的性质 $\int f'(x) dx = f(x) + C$，其基本结构式为

当 $x < 1$ 时，$\int_0^x f(t) dt = \int_0^x t \, dt = \left[\frac{t^2}{2}\right]_0^x = \frac{x^2}{2}$，

当 $x \geqslant 1$ 时，$\int_0^x f(t) dt = \int_0^1 f(t) dt + \int_1^x f(t) dt$

$$= \int_0^1 t \, dt + \int_1^x t^2 \, dt = \left[\frac{t^2}{2}\right]_0^1 + \left[\frac{t^3}{3}\right]_1^x$$

$$= \frac{x^3}{3} + \frac{1}{6},$$

因此 $\int_0^x f(t) dt = \begin{cases} \dfrac{x^2}{2}, & x < 1, \\ \dfrac{x^3}{3} + \dfrac{1}{6}, & x \geqslant 1. \end{cases}$

例 3 计算积分 $\int_0^\pi \sqrt{\sin x - \sin^3 x} \, dx$.

解析：$\int_0^\pi \sqrt{\sin x - \sin^3 x} \, dx = \int_0^\pi \sqrt{\sin x} |\cos x| \, dx$

$$= \int_0^{\frac{\pi}{2}} \sqrt{\sin x} \cos x \, dx + \int_{\frac{\pi}{2}}^\pi \sqrt{\sin x} (-\cos x) \, dx$$

$$= \left[\frac{2}{3} (\sin x)^{\frac{3}{2}}\right]_0^{\frac{\pi}{2}} - \left[\frac{2}{3} (\sin x)^{\frac{3}{2}}\right]_{\frac{\pi}{2}}^\pi = \frac{4}{3}.$$

例 4 计算极限 $\lim\limits_{x \to 0} \dfrac{\int_0^{x^2} t e^t \, dt}{\int_0^x x^2 \sin t \, dt}$.

解析：$\lim\limits_{x \to 0} \dfrac{\int_0^{x^2} t e^t \, dt}{\int_0^x x^2 \sin t \, dt} = \lim\limits_{x \to 0} \dfrac{2 x^3 e^{x^2}}{2x \int_0^x \sin t \, dt + x^2 \sin x}$

$$= \lim_{x \to 0} \dfrac{2 x^2}{2 \int_0^x \sin t \, dt + x \sin x}$$

$$= \lim_{x \to 0} \frac{4x}{2\sin x + \sin x + x\cos x}$$
$$= \lim_{x \to 0} \frac{4}{3\frac{\sin x}{x} + \cos x} = 1.$$

例 5 已知函数 $f(x) = \int_1^x e^{-t^2} dt$,求 $\int_0^1 f(x) dx$.

解析: $\int_0^1 f(x) dx = [xf(x)]_0^1 - \int_0^1 xf'(x) dx = -\int_0^1 x e^{-x^2} dx$
$$= \left[\frac{e^{-x^2}}{2}\right]_0^1 = \frac{e^{-1} - 1}{2}.$$

注意: 当被积函数中含有积分上限的函数时,一般应把该类函数选取为分部积分中的 u.

例 6 计算积分 $\int_{-\frac{\pi}{6}}^{\frac{\pi}{6}} \cos^6 3x \, dx$.

解析: $\int_{-\frac{\pi}{6}}^{\frac{\pi}{6}} \cos^6 3x \, dx = 2\int_0^{\frac{\pi}{6}} \cos^6 3x \, dx$
$$\xlongequal{x = \frac{u}{3}} \frac{2}{3} \int_0^{\frac{\pi}{2}} \cos^6 u \, du = \frac{2}{3} \cdot \frac{5}{6} \cdot \frac{3}{4} \cdot \frac{1}{2} \cdot \frac{\pi}{2} = \frac{5\pi}{48}.$$

这里第一步利用了偶函数在关于原点对称的区间上的积分的性质,在通过换元化为积分 $\int_0^{\frac{\pi}{2}} \cos^n x \, dx$,然后可利用现成公式直接计算结果. 关于积分 $\left(\int_0^{\frac{\pi}{2}} \sin^n x \, dx = \int_0^{\frac{\pi}{2}} \cos^n x \, dx\right)$ 的结果要熟悉,在很多积分运算中(包括下册的重积分和曲线、曲面积分)经常会遇到.

例 7 设函数 $f(x)$ 在 $(-\infty, +\infty)$ 连续,且为偶函数,记
$$F(x) = \int_0^x (2t - x) f(t) dt,$$
证明:$F(x)$ 也是偶函数.

证明: 因为 $f(x)$ 为偶函数,故对任意 x,有 $f(-x) = f(x)$,从而有
$$F(-x) = \int_0^{-x} (2t + x) f(t) dt \xlongequal{t = -u} -\int_0^x (-2u + x) f(-u) du$$
$$= \int_0^x (2u - x) f(u) du = F(x),$$
即 $F(x)$ 是偶函数.

例 8 设 $f(x), g(x)$ 在 $[a, b]$ 上连续,且满足
$\int_a^x f(t) dt \geqslant \int_a^x g(t) dt, x \in [a, b)$ 和 $\int_a^b f(t) dt = \int_a^b g(t) dt$,

证明：$\int_a^b x f(x) \mathrm{d}x \leqslant \int_a^b x g(x) \mathrm{d}x$.

证明：令 $F(x) = f(x) - g(x)$，$G(x) = \int_a^x F(t) \mathrm{d}t$，

由题设知 $G(x) \geqslant 0, x \in [a,b]$，$G(a) = G(b) = 0$，$G'(x) = F(x)$.

从而 $\int_a^b x F(x) \mathrm{d}x = \int_a^b x \mathrm{d}G(x) = x G(x) \Big|_a^b - \int_a^b G(x) \mathrm{d}x = -\int_a^b G(x) \mathrm{d}x$.

由于 $G(x) \geqslant 0, x \in [a,b]$，

故有 $-\int_a^b G(x) \mathrm{d}x \leqslant 0$，即 $\int_a^b x F(x) \mathrm{d}x \leqslant 0$.

所以 $\int_a^b x f(x) \mathrm{d}x \leqslant \int_a^b x g(x) \mathrm{d}x$.

例 9 计算反常积分：

(1) $\int_0^{+\infty} \dfrac{x \mathrm{d}x}{(1+x^2)^2}$； (2) $\int_0^1 \dfrac{x \mathrm{d}x}{(2-x^2)\sqrt{1-x^2}}$.

解析：(1) $\int_0^{+\infty} \dfrac{x \mathrm{d}x}{(1+x^2)^2} = \dfrac{1}{2} \int_0^{+\infty} \dfrac{\mathrm{d}(1+x^2)}{(1+x^2)^2} = -\dfrac{1}{2} \cdot \dfrac{1}{1+x^2} \Big|_0^{+\infty} = \dfrac{1}{2}$.

(2) $\int_0^1 \dfrac{x \mathrm{d}x}{(2-x^2)\sqrt{1-x^2}} = \lim_{\varepsilon \to 0} \int_0^{1-\varepsilon} \dfrac{x \mathrm{d}x}{(2-x^2)\sqrt{1-x^2}}$

$\xlongequal{x = \sin t} \int_0^{\frac{\pi}{2}} \dfrac{\sin t}{1+\cos^2 t} \mathrm{d}t = -\int_0^{\frac{\pi}{2}} \dfrac{\mathrm{d}\cos t}{1+\cos^2 t}$

$= -\arctan(\cos t) \Big|_0^{\frac{\pi}{2}} = \dfrac{\pi}{4}$.

5.5 基础作业题

一、选择题

1. 定积分 $\int_a^b f(x) \mathrm{d}x$ 表示和式的极限是（   ）.

   A. $\lim\limits_{n \to \infty} \dfrac{b-a}{n} \sum\limits_{r=1}^n f\left[\dfrac{k}{n}(b-a)\right]$

   B. $\lim\limits_{n \to \infty} \dfrac{b-a}{n} \sum\limits_{r=1}^n f\left[\dfrac{k-1}{n}(b-a)\right]$

   C. $\lim\limits_{n \to 0} \sum\limits_{k=1}^n f(\xi_k) \Delta x_k$（$\xi_k$ 为 Δx_k 中任一点）

   D. $\lim\limits_{\lambda \to 0} \sum\limits_{k=1}^n f(\xi_k) \Delta x_k$（$\lambda = \max\{\Delta x_k\}$，$\xi_k$ 为 Δx_k 中任一点）

2. 定积分 $\int_1^2 (-\frac{1}{x^2}) e^{\frac{1}{x}} dx$ 的值是( ).

    A. $e^{\frac{1}{2}}$ B. $e^{\frac{1}{2}} - e$ C. 1   D. 不存在

3. $I = \int_0^a x^3 f(x^2) dx$ ($a > 0$),则 $I = ($).

    A. $\int_0^{a^2} x f(x) dx$ B. $\int_0^a x f(x) dx$

    C. $\frac{1}{2} \int_0^{a^2} x f(x) dx$ D. $\frac{1}{2} \int_0^a x f(x) dx$

4. 以下各积分不属于广义积分的是(   ).

    A. $\int_0^{+\infty} \ln(1+x) dx$ B. $\int_0^1 \frac{\sin x}{x} dx$

    C. $\int_{-1}^1 \frac{dx}{x^2}$ D. $\int_{-3}^0 \frac{dx}{1+x}$

二、填空题

1. 不计算积分值,横线上只填写"＜"、"＞":

(1) $\int_0^1 e^x dx$ ＿＿＿＿＿ $\int_0^1 e^{x^2} dx$;   (2) $\int_3^4 \ln^2 x dx$ ＿＿＿＿＿ $\int_3^4 \ln^3 x dx$;

(3) $\int_0^{\frac{\pi}{2}} \sin x dx$ ＿＿＿＿＿ $\int_0^{\frac{\pi}{2}} x dx$.

2. 求下列函数的导数:

(1) $\frac{d}{dx} \int_0^x \sqrt{1+t^2} dt = $ ＿＿＿＿＿ ;   (2) $\frac{d}{dx} \int_x^1 t^2 e^{-t^2} dt = $ ＿＿＿＿＿ ;

(3) $\frac{d}{dx} \int_0^{x^2} t \sin t dt = $ ＿＿＿＿＿ ;   (4) $\frac{d}{dx} \int_{-x}^{\sin x} \cos t^2 dt = $ ＿＿＿＿＿ .

三、判断题

1. 若 $f(x)$ 为 $(-\infty, +\infty)$ 上的连续函数,且 $f(x)$ 为偶函数,则 $\int_{-x}^x f(t) dt = 2 \int_0^x f(t) dt$. (   )

2. 由于 $I = \int_{-1}^1 \frac{dx}{1+x^2} \xlongequal{令 x = \frac{1}{t}} -\int_{-1}^1 \frac{dt}{1+t^2} = -I$,所以 $I = 0$. (   )

3. $\int_{-1}^2 x|x| dx = \int_{-1}^1 x|x| dx + \int_1^2 x|x| dx = 0 + \int_1^2 x^2 dx$. (   )

4. 若 $f'(x)$ 连续,则 $\int_0^1 x f'(2x) dx = \int_0^1 x df(2x) = x f(2x) \Big|_0^1 - \int_0^1 f(2x) dx$. (   )

四、计算题

1. $\int_0^\pi \sqrt{1-\sin^2 x}\,dx$;

2. $\int_0^1 \dfrac{dx}{e^x+e^{-x}}$;

3. 设 $f(x)=\begin{cases}\sqrt{x}, & 0\leqslant x\leqslant 1,\\ e^{-x}, & 1<x\leqslant 3,\end{cases}$ 求 $\int_0^3 f(x)\,dx$;

4. $\int_0^4 \dfrac{dx}{1+\sqrt{x}}$;

5. $\int_{-1}^1 \sqrt{1-x^2}\,dx$;

6. $\int_{-1}^1 (x^2+3x+\sin x\cos^2 x)\,dx$;

7. $\int_0^1 x e^x\,dx$;

8. $\int_0^{\pi/4} \cos^7(2x)\,dx$;

9. $\int_1^e \dfrac{\ln x}{x^2}\,dx$;

10. $\int_{-1}^1 \dfrac{x\,dx}{\sqrt{5-4x}}$;

11. $\int_{-1}^1 x\sin^2 x\,dx$;

12. $\int_{-1}^1 |\arctan x|\,dx$;

13. $\int_0^1 x\arctan x\,dx$;

14. $\int_{1/e}^e |\ln x|\,dx$;

15. $\int_0^{+\infty} \dfrac{dx}{1+x^2}$;

16. $\int_0^2 \dfrac{dx}{(1-x)^2}$;

17. $\int_{-\infty}^0 e^x\cos x\,dx$;

18. $\int_0^{+\infty} \dfrac{2x\,dx}{1+x^2}$;

19. $\int_{-\infty}^{+\infty} \dfrac{dx}{x^2+2x+2}$;

20. $\int_0^1 \dfrac{dx}{\sqrt{1-x}}$.

5.6 综合作业题

一、选择题

1. 设 $f(x)$ 为连续函数,且 $F(x)=\int_{\frac{1}{x}}^{\ln x} f(t)\,dt$,则 $F'(x)$ 等于( ).

   A. $\dfrac{1}{x}f(x)+\dfrac{1}{x^2}f(\dfrac{1}{x})$
   B. $f(\ln x)+f(\dfrac{1}{x})$
   C. $\dfrac{1}{x}f(\ln x)+\dfrac{1}{x^2}f(\dfrac{1}{x})$
   D. $f(\ln x)-f(\dfrac{1}{x})$

2. 设 $F(x)=\dfrac{x^2}{x-a}\int_a^x f(t)\,dt$,其中 $f(x)$ 为连续函数,则 $\lim\limits_{x\to a}F(x)$ 等于( ).

   A. a^2 B. $a^2 f(a)$ C. 0 D. 不存在

3. $f(x)=\begin{cases}\dfrac{1}{\cos^2 x},0\leqslant x\leqslant b,\\ \dfrac{1}{\sin^2 x},b<x\leqslant\dfrac{\pi}{2},\end{cases}$ 且 $\int_0^{\frac{\pi}{2}}f(x)\mathrm{d}x=2$,则 $b=($).

A. $\dfrac{\pi}{2}$ B. $\dfrac{\pi}{3}$ C. $\dfrac{\pi}{4}$ D. $\dfrac{\pi}{6}$

二、计算题

1. $\lim\limits_{x\to 0}\dfrac{\int_0^x \sin t\,\mathrm{d}t}{x^2}$ ；

2. $\lim\limits_{x\to 0}\dfrac{\int_0^x(\sqrt{1+t}-\sqrt{1-t})\mathrm{d}t}{x^2}$ ；

3. $\lim\limits_{x\to+\infty}\dfrac{\int_0^x(\arctan t)^2\mathrm{d}t}{\sqrt{1+x^2}}$ ；

4. $\lim\limits_{x\to 0^+}\dfrac{\int_0^{\sqrt{x}}(1-\cos^2 t)\mathrm{d}t}{x^{\frac{3}{2}}}$ ；

5. $\int_{-\frac{\pi}{2}}^{\frac{\pi}{2}}\sqrt{\cos x-\cos^3 x}\,\mathrm{d}x$ ；

6. 设函数 $f(x)=\begin{cases}x\mathrm{e}^{-x^2},&x\geqslant 0,\\ \dfrac{1}{1+\cos x},&-1<x<0,\end{cases}$ 计算积分 $\int_1^4 f(x-2)\mathrm{d}x$ ；

7. 设 $f(x)=\int_1^x \mathrm{e}^{-t^2}\mathrm{d}t$,求 $\int_0^1 f(x)\mathrm{d}x$ ；

8. $\int_1^e \dfrac{1}{x\sqrt{1+\ln x}}\mathrm{d}x$ ；

9. $\int_{-1}^1 \dfrac{x\,\mathrm{d}x}{\sqrt{5-4x^2}}$ ；

10. $\int_0^\pi x^3 \sin x\,\mathrm{d}x$ ；

11. $\int_{\frac{1}{4}}^1 \dfrac{\arcsin\sqrt{x}}{\sqrt{x(1-x)}}\mathrm{d}x$ ；

12. $\int_2^{+\infty}\dfrac{\mathrm{d}x}{x^4\sqrt{x^2-1}}$ ；

13. $\int_0^1 \dfrac{u^3}{\sqrt{1-u^2}}\mathrm{d}u$ ；

14. $\int_{-\frac{\pi}{2}}^{\frac{\pi}{2}} x(\sin x+\cos^4 x)\mathrm{d}x$.

三、证明题

1. 证明: $\lim\limits_{n\to\infty}\int_n^{n+1}\dfrac{\sin x}{x}\mathrm{d}x=0$.

2. 证明:若函数 $f(x)$ 于闭区间 $[0,1]$ 上连续,则

(1) $\int_0^{\frac{\pi}{2}}f(\sin x)\mathrm{d}x=\int_0^{\frac{\pi}{2}}f(\cos x)\mathrm{d}x$ ；

(2) $\int_0^\pi xf(\sin x)\mathrm{d}x=\dfrac{\pi}{2}\int_0^\pi f(\sin x)\mathrm{d}x$.

5.7 自测题

一、填空题

1. $\lim\limits_{n\to\infty}\dfrac{1}{n}\sum\limits_{i=1}^{n}\sin\dfrac{i\pi}{n}=\int_0^1\underline{\qquad}\,\mathrm{d}x=\underline{\qquad}$.

2. 设函数 $f(x)$ 在闭区间 $[0,1]$ 上连续,且 $\int_0^1 f(x)\mathrm{d}x=0$,则存在 $x_0\in(0,1)$,使 $f(x_0)+f(1-x_0)=0$.

证法如下:令 $F(x)=\int_0^x f(t)\mathrm{d}t+\int_{1-x}^1 f(t)\mathrm{d}t,x\in[0,1]$,则 $F(x)$ 在闭区间 $[0,1]$ 上连续,在开区间 $(0,1)$ 内可导,且 $F(0)=\underline{\qquad}$,$F(1)=\underline{\qquad}$,故根据微分学中的 $\underline{\qquad}$ 定理知,存在 $x_0\in(0,1)$ 使及 $F'(x_0)=f(x_0)+f(1-x_0)=0$,证毕.

3. $\lim\limits_{x\to 0}\dfrac{\int_0^x \sin^3 t\,\mathrm{d}t}{x^4}=\underline{\qquad}$.

4. 设函数 $f(x)=\int_0^x e^t(1-t)\mathrm{d}t$,则 $f(x)$ 在 $[-2,2]$ 上的最大值=$\underline{\qquad}$,最小值=$\underline{\qquad}$.

二、计算题

1. 已知函数 $f(x)=\begin{cases}x+1,&x<0,\\ x,&x\geqslant 0,\end{cases}$ 试求 $F(x)=\int_{-1}^x f(t)\mathrm{d}t(-1\leqslant x\leqslant 1)$,并判断 $F(x)$ 在 $x=0$ 处的连续性.

2. 已知函数 $f(x)$ 连续,且满足 $\int_0^x f(t)\mathrm{d}t=x^4+x^2-x\int_0^1 f(x)\mathrm{d}x$,试求 $f(x)$ 的表达式.

3. 求下列定积分和反常积分:

(1) $\int_0^\pi \sqrt{\sin x-\sin^3 x}\,\mathrm{d}x$;

(2) $\int_0^2 |1-x|\sqrt{(4-x)^2}\,\mathrm{d}x$;

(3) $\int_1^2 \dfrac{\mathrm{d}x}{x+x^3}$;

(4) $\int_{-\frac{\pi}{4}}^{\frac{\pi}{4}}(\cos^2 x+x^3\tan^2 x)\mathrm{d}x$;

(5) $\int_0^{+\infty}\dfrac{e^{-\sqrt{x}}}{\sqrt{x}}\mathrm{d}x$;

(6) $\int_1^e \dfrac{\mathrm{d}x}{x\sqrt{1-\ln^2 x}}$.

三、证明题

设函数 $f(x)$ 在区间 $[0,1]$ 上连续,且 $f(x)<1$,证明:方程 $2x-\int_0^x f(t)\mathrm{d}t=1$

在开区间 $(0,1)$ 内有且仅有一个根.

5.8 参考答案与提示

【基础作业题参考答案与提示】

一、1. D； 2. B； 3. C； 4. A.

二、1. (1) >； (2) <； (3) <.

2. (1) $\sqrt{1+x^2}$； (2) $-x^2 e^{-x^2}$； (3) $2x^3 \sin x^2$； (4) $\cos x \cos(\sin x)^2 + \cos x^2$.

三、1. 错； 2. 错； 3. 对； 4. 错.

四、1. 2； 2. $\arctan e - \dfrac{\pi}{4}$； 3. $\dfrac{2}{3} - e^{-3} + e^{-1}$； 4. $4 - 2\ln 3$； 5. $\dfrac{\pi}{2}$；

6. $\dfrac{2}{3}$； 7. 1； 8. 令 $2x = t$，$\dfrac{8}{35}$； 9. $1 - \dfrac{2}{e}$； 10. $\dfrac{1}{6}$； 11. 0；

12. $\dfrac{\pi}{2} - \ln 2$； 13. $\dfrac{\pi}{4} - \dfrac{1}{2}$； 14. $2 - \dfrac{2}{e}$； 15. $\dfrac{\pi}{2}$； 16. 发散； 17. $\dfrac{1}{2}$；

18. 发散； 19. π； 20. 2.

【综合作业题参考答案与提示】

一、1. C； 2. B； 3. C.

二、1. $\dfrac{1}{2}$； 2. $\dfrac{1}{2}$； 3. $\dfrac{\pi^2}{4}$； 4. $\dfrac{1}{3}$； 5. $\dfrac{4}{3}$； 6. $\tan \dfrac{1}{2} - \dfrac{1}{2}(e^{-4} - 1)$；

7. $\dfrac{1}{2}(e^{-1} - 1)$； 8. $2\sqrt{2} - 2$； 9. 0； 10. $\pi^3 - 6\pi$； 11. $\dfrac{2\pi^2}{9}$；

12. $\dfrac{2}{3} - \dfrac{3\sqrt{3}}{8}$.【提示】令 $x = \sec t$，$t \in \left[\dfrac{\pi}{3}, \dfrac{\pi}{2}\right)$.

13. $\dfrac{2}{3}$.【提示】令 $u = \sin x$. 14. 2.

三、1.【提示】利用积分中值定理证明.

2.【提示】利用定积分换元法.

【自测题参考答案与提示】

一、1. $\sin \pi x, \dfrac{2}{\pi}$； 2. 0,0,罗尔； 3. $\dfrac{1}{4}$； 4. $e - 2, -2$.

二、1. $F(x) = \begin{cases} \dfrac{x^2}{2} + x + \dfrac{1}{2}, & -1 \leqslant x \leqslant 0, \\ \dfrac{x^2}{2} + \dfrac{1}{2}, & x \geqslant 0, \end{cases}$ 连续.

2. $f(x) = 4x^3 + 2x - 1.$

3. (1) $\dfrac{4}{3}$;   (2) 3;

(3) $\dfrac{1}{2}\ln\dfrac{8}{5}$;   (4) $\dfrac{\pi}{4} - \dfrac{1}{2}$;

(5) 2;   (6) $\dfrac{\pi}{2}$.

三、【提示】令 $\varphi(x) = 2x - \int_0^x f(t)\,\mathrm{d}t - 1.$

第6章 定积分的应用

6.1 教学要求

【教学基本要求】

1. 掌握元素法,能利用元素法推导出面积、体积、弧长等几何量的计算公式,并会求解一些关于定积分计算的实际问题.

2. 能利用元素法建立如变力沿直线所做的功、水压力及引力等物理量的积分表达式.

【教学重点内容】

元素法及其应用.

6.2 知识要点

【知识要点】

1. 定积分的元素法

元素法的步骤:

(1) 根据问题的具体情况,选取一个变量,例如 x 为积分变量,并确定它的变化区间 $[a,b]$.

(2) 设想把区间 $[a,b]$ 分成 n 个小区间,取其中任一小区间,并记作 $[x, x+\mathrm{d}x]$,求出相应于这个小区间的部分量 ΔU 的近似值. 如果 ΔU 能近似地表示为 $[a,b]$ 上的一个连续函数在 x 处的值 $f(x)$ 与 $\mathrm{d}x$ 的乘积,就把 $f(x)\mathrm{d}x$ 称为量 U 的元素,且记作 $\mathrm{d}U$,即

$$\mathrm{d}U = f(x)\mathrm{d}x.$$

(3) 以所求量 U 的元素 $f(x)\mathrm{d}x$ 为被积表达式,在区间 $[a,b]$ 上作定积分,

得 $\int_a^b f(x)dx$.

这就是所求量 U 的积分表达式.

2. 平面图形面积的计算

（1）直角坐标情形

由曲线 $y=f(x)(f(x)\geqslant 0)$ 及 $x=a, x=b(a<b)$ 与 x 轴所围成的曲边梯形的面积 A 为定积分

$$A = \int_a^b f(x)dx,$$

其中被积表达式 $f(x)dx$ 就是直角坐标下的面积元素，它表示高为 $f(x)$、底为 dx 的一个矩形的面积.其积分变量还可以选择 y，合理选择积分变量可以简化计算.应用定积分不但可以计算曲边梯形的面积，还可以计算比较复杂的平面图形的面积.

（2）极坐标情形

某些平面图形，用极坐标来计算它们的面积比较方便.设由曲线 $\rho=\varphi(\theta)$ 及射线 $\theta=\alpha, \theta=\beta$ 围成一图形，简称曲边扇形（如图 6.1）.其中 $\varphi(\theta)\geqslant 0$，且 $\varphi(\theta)$ 在 $[\alpha,\beta]$ 上连续，曲边扇形面积 $A=\int_\alpha^\beta \frac{1}{2}\left[\varphi(\theta)\right]^2 d\theta$，面积元素 $dA=\frac{1}{2}\left[\varphi(\theta)\right]^2 d\theta$.

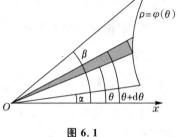

图 6.1

3. 立体体积的计算

（1）旋转体的体积

由连续曲线 $y=f(x)$，直线 $x=a$、$x=b(a<b)$ 和 x 轴所围成的曲边梯形绕 x 轴旋转一周所成的立体，它的体积 $V=\int_a^b \pi\left[f(x)\right]^2 dx$，其中体积元素是

$$dV = \pi\left[f(x)\right]^2 dx.$$

由曲线 $x=\varphi(y)$、直线 $y=c$、$y=d(c<d)$ 及 y 轴所围成的曲边梯形绕 y 轴旋转一周所成的立体，它的体积 $V=\int_c^d \pi\left[\varphi(y)\right]^2 dy$，其中体积元素是

$$dV = \pi\left[\varphi(y)\right]^2 dy.$$

（2）平行截面面积已知的立体的体积

设立体在过 $x=a, x=b$，且垂直于 x 轴的两个平面之间.以 $A(x)$ 表示过点 x 且垂直于 x 轴的截面面积.假定 $A(x)$ 为 x 的已知连续函数，则体积元素 $dV=A(x)dx$，立体的体积 $V=\int_a^b A(x)dx$.

4. 曲线弧段可求长的概念及平面曲线的弧长的计算公式

(1) 设曲线弧由参数方程 $\begin{cases} x = \varphi(t), \\ y = \psi(t), \end{cases}$ $(\alpha \leqslant t \leqslant \beta)$ 给出，其中 $\varphi(t)$、$\psi(t)$ 在 $[\alpha,\beta]$ 具有连续导数. 其曲线弧段的长度 $s = \int_{\alpha}^{\beta} \sqrt{\varphi'^2(t) + \psi'^2(t)} \, \mathrm{d}t$.

(2) 当曲线弧由直角坐标方程 $y = f(x)$ $(a \leqslant x \leqslant b)$ 给出，其中 $f(x)$ 在 $[a,b]$ 具有连续导数. 其曲线弧的长度 $s = \int_a^b \sqrt{1 + y'^2} \, \mathrm{d}x$.

(3) 当曲线弧由直角坐标方程 $x = \varphi(y)$ $(c \leqslant y \leqslant d)$ 给出，其中 $\varphi(y)$ 在 $[c,d]$ 具有连续导数. 其曲线弧的长度 $s = \int_c^d \sqrt{1 + x'^2} \, \mathrm{d}y$.

(4) 当曲线弧由极坐标方程 $\rho = \rho(\theta)(\alpha \leqslant \theta \leqslant \beta)$ 给出，其中 $\rho(\theta)$ 在 $[\alpha,\beta]$ 具有连续导数. 其曲线弧的长度 $s = \int_{\alpha}^{\beta} \sqrt{\rho^2(\theta) + [\rho'(\theta)]^2} \, \mathrm{d}\theta$.

5. 定积分在变力做功、水压力及引力等物理问题上的应用

略.

【串讲小结】

本章首先介绍了元素法，它是将实际问题转化为数学问题的得力工具，其步骤可概括为：

(1) 选取积分变量，确定其变化区间；

(2) 寻找所求量的元素 $f(x)\mathrm{d}x$；

(3) 以 $f(x)\mathrm{d}x$ 为被积表达式，在积分区间上求定积分.

无论是定积分在几何上的应用，还是在物理上的应用，都要按以上步骤来解决问题. 元素法的精神实质就是先无限细分，然后求和，其理论根据乃是定积分的概念.

6.3 答疑解惑

1. 设有曲边梯形 $A = \{(x,y) \mid 0 \leqslant y \leqslant x^2, 0 \leqslant x \leqslant 1\}$，计算该曲边梯形的面积一般在直角坐标系中进行，请问该面积是否可利用极坐标计算？

由于曲线 $y = x^2$ 的极坐标方程为 $\rho = \dfrac{\sin\theta}{\cos^2\theta} \left(\theta \in \left[0, \dfrac{\pi}{4}\right] \right)$，于是有同学利用如下算式计算该曲边梯形面积为

$$\int_0^{\frac{\pi}{4}} \frac{1}{2} \left(\frac{\sin\theta}{\cos^2\theta} \right)^2 \mathrm{d}\theta = \int_0^{\frac{\pi}{4}} \frac{1}{2} \tan^2\theta \, \mathrm{d}\tan\theta = \frac{1}{6},$$

请问是否正确?

答:不正确.曲边梯形的面积可以利用极坐标计算,但是上列算式是错的.事实上这里算得的是由曲线 $\rho = \dfrac{\sin\theta}{\cos^2\theta}$, $\theta = \dfrac{\pi}{4}, \theta = 0$ 所围成的曲边三角形 A_1 的面积.在直角坐标系中,该图形(如图 6.2 所示)由曲线 $y = x^2, y = x$ 所围成,而不是曲边梯形 A.

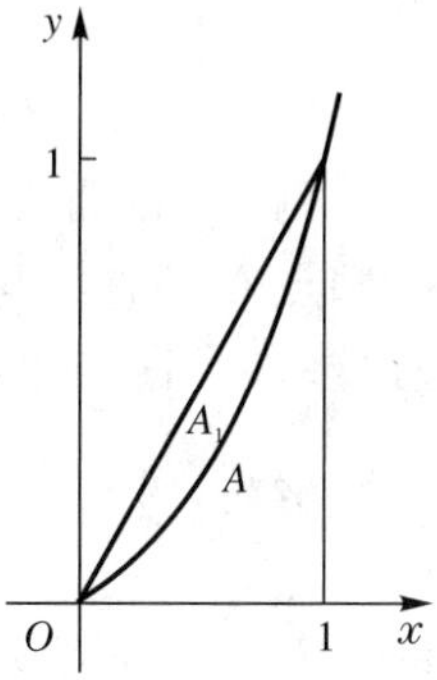

如果一定要用极坐标来计算曲边梯形 A 的面积,应该用如下的算式

$$S_A = \frac{1}{2} \cdot 1 \cdot 1 - \int_0^{\frac{\pi}{4}} \frac{1}{2} \left(\frac{\cos\theta}{\sin^2\theta}\right)^2 d\theta = \frac{1}{3}.$$

图 6.2

从以上计算可见,在计算面积等几何量时,若涉及直角坐标与极坐标互化,要注意图形边界的正确表示.还要指出的是,一般说来,曲边梯形的面积利用直角坐标系计算比较方便,而曲边扇形或曲边三角形的面积则利用极坐标计算比较方便.

2. 在计算三叶玫瑰线 $\rho = \sin 3\theta$ 的面积时,有人认为因为函数 $\rho = \sin 3\theta$ 的周期为 $\dfrac{2\pi}{3}$,所以面积为 $A = \int_0^{\frac{2\pi}{3}} \dfrac{1}{2} \sin^2 3\theta d\theta$,对吗?

答:不对.在极坐标系中,函数 $\rho = \rho(\theta)$ 的周期并不等于使函数图形开始出现重叠的 θ 的变化周期.比如本例中,虽然 $\rho\left(\theta + \dfrac{2\pi}{3}\right) = \rho(\theta)$,但 (ρ, θ) 和 $\left(\rho, \theta + \dfrac{2\pi}{3}\right)$ 并不表示同一个点.然而,由于 $\rho(\theta + \pi) = \sin[3(\theta + \pi)] = -\sin 3\theta = -\rho(\theta)$,而 (ρ, θ) 和 $(-\rho, \theta + \pi)$ 表示同一个点,故使函数图形开始出现重叠 θ 的变化周期是 π.因此,计算时需考虑的 θ 变化范围应该是 $[0, \pi]$.如图 6.3,容易确定三叶玫瑰线的三叶 θ 的范围分别为 $\left[0, \dfrac{\pi}{3}\right], \left[\dfrac{\pi}{3}, \dfrac{2\pi}{3}\right], \left[\dfrac{2\pi}{3}, \pi\right]$,由于三叶是对称的,因此有 $A = 3\int_0^{\frac{\pi}{3}} \dfrac{1}{2} \sin^2 3\theta d\theta$.

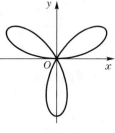

图 6.3

在计算闭曲线所围成的图形面积、闭曲线的长度等问题时,积分限的确定很重要,一般可通过计算一些特殊点的坐标,并画出草图来确定积分变量的变化范围.

6.4 范例解析

例1 设曲线 $y = ax^2$ ($a > 0, x \geq 0$) 与 $y = 1 - x^2$ 交于点 A. 过坐标原点 O 和点 A 的直线与曲线 $y = ax^2$ 围成一个平面图形. 问：a 为何值时，该图形绕 x 轴旋转一周所得的旋转体的体积最大？

解析：当 $x \geq 0$ 时，解 $\begin{cases} y = ax^2, \\ y = 1 - x^2 \end{cases}$ 得两曲线交点为 $\left(\dfrac{1}{\sqrt{1+a}}, \dfrac{a}{1+a}\right)$，故直线 OA 的方程为 $y = \dfrac{ax}{\sqrt{1+a}}$，因此旋转体的体积为

$$V = \pi \int_0^{\frac{1}{\sqrt{1+a}}} \left(\frac{a^2 x^2}{1+a} - a^2 x^4\right) dx = \frac{2\pi}{15} \frac{a^2}{(1+a)^{5/2}}.$$

因此，有 $\dfrac{dV}{da} = \dfrac{2\pi}{15} \dfrac{2a(1+a)^{5/2} - a^2 \frac{5}{2}(1+a)^{3/2}}{(1+a)^5} = \dfrac{\pi(4a - a^2)}{15(1+a)^{7/2}}$.

令 $\dfrac{dV}{da} = 0$，得唯一驻点为 $a = 4$. 由于当 $a > 4$ 时，$\dfrac{dV}{da} < 0$；当 $0 < a < 4$ 时，$\dfrac{dV}{da} > 0$. 故 $a = 4$ 为极大值点，也为最大值点，即所求值为 $a = 4$.

例2 求曲线 $y = \sqrt{x}$ 的一条切线 l，使该曲线与切线 l 及直线 $x = 0, x = 2$ 所围成图形面积最小.

解析：由 $y' = \dfrac{1}{2\sqrt{x}}$，得曲线在 $(t, \sqrt{t})$ 处的切线方程为

$$y - \sqrt{t} = \frac{1}{2\sqrt{t}}(x - t), \text{即 } y = \frac{1}{2\sqrt{t}} x + \frac{\sqrt{t}}{2}.$$

所围面积为

$$S(t) = \int_0^2 \left[\frac{1}{2\sqrt{t}} x + \frac{\sqrt{t}}{2} - \sqrt{x}\right] dx$$

$$= \frac{1}{\sqrt{t}} + \sqrt{t} - \frac{4\sqrt{2}}{3}.$$

令 $S'(t) = 0$，得 $t = 1$，又 $S''(1) = \dfrac{1}{2} > 0$. 故当 $t = 1$ 时，面积取极小值，由于驻点唯一，因此 $t = 1$ 是最小值点，此时 l 的方程为 $y = \dfrac{x}{2} + \dfrac{1}{2}$.

例3 设抛物线 $y = ax^2 + bx + c$ 通过点 $(0, 0)$，且当 $x \in [0, 1]$ 时，$y \geq 0$. 试确定 a, b, c 的值，使得抛物线 $y = ax^2 + bx + c$ 与直线 $x = 1, y = 0$ 所围图形的面

积为 $\frac{4}{9}$，且使该图形绕 x 轴旋转而成的旋转体的体积最小.

解析：由已知条件：抛物线 $y = ax^2 + bx + c$ 通过点 $(0,0)$，可得 $c = 0$.
抛物线 $y = ax^2 + bx + c$ 与直线 $x = 1, y = 0$ 所围图形的面积为

$$S = \int_0^1 (ax^2 + bx) \mathrm{d}x = \frac{a}{3} + \frac{b}{2},$$

从而得到 $\frac{a}{3} + \frac{b}{2} = \frac{4}{9}$，即 $a = \frac{4}{3} - \frac{3}{2}b$. 该图形绕 x 轴旋转而成的旋转体体积为

$$V = \int_0^1 \pi (ax^2 + bx + c)^2 \mathrm{d}x = \pi \left(\frac{a^2}{5} + \frac{ab}{2} + \frac{b^2}{3}\right)$$

$$= \frac{\pi}{30}(b-2)^2 + \frac{2}{9}\pi.$$

因此，当 $b = 2$ 时，体积为最小，此时 $a = -\frac{5}{3}$，抛物线 $y = -\frac{5}{3}x^2 + 2x$.

在区间 $[0, 1]$ 上，此抛物线满足 $y \geqslant 0$，故所求解 $a = -\frac{5}{3}, b = 2, c = 0$ 符合题目要求.

例 4 已知一容器的外表面由 $y = x^2 (0 \leqslant y \leqslant 12\mathrm{m})$ 绕 y 轴旋转而成，现在该容器盛满了水，将容器内的水全部抽出至少需做多少功？

解析：以 y 为积分变量，则 y 的变化范围为 $[0, 12]$，相应于 $[0, 12]$ 上的任一小区间 $[y, y + \mathrm{d}y]$ 的一薄层水近似看作高为 $\mathrm{d}y$、底面积为 $\pi x^2 = \pi y$ 的一个圆柱体，得到该部分体积为 $\pi y \mathrm{d}y$，水的密度 $\rho = 1000 \mathrm{kg/m}^3$，该部分重力为 $1000 g\pi y \mathrm{d}y$，把该部分水抽出的移动距离为 $12 - y$，因此做功为

$$W = \int_0^{12} 1000 g\pi y (12 - y) \mathrm{d}y = 288000 g\pi \mathrm{(N)}.$$

6.5 基础作业题

一、填空题

1. 设函数 $f(x), g(x)$ 在 $[a, b]$ 上连续，则由 $y = f(x), y = g(x)$ 和 $x = a, x = b$ 所围成的平面图形的面积 $A = $ ＿＿＿＿＿＿＿＿＿＿．

2. 设一物体受连续的变力 $F(x)$ 作用，沿力的方向作直线运动，则物体从 $x = a$ 运动到 $x = b$，变力所做的功为 $W = $ ＿＿＿＿＿＿＿＿＿＿，其中＿＿＿＿＿＿＿＿＿＿为变力 $F(x)$ 使物体由 $[a, b]$ 内的任一闭区间 $[x, x + \mathrm{d}x]$ 的左端点 x 到右端点 $x + \mathrm{d}x$ 所做功的近似值，也称其为＿＿＿＿＿＿＿＿＿＿．

二、应用题

1. 求由曲线 $y=2x$ 与 $y=3-x^2$ 围成的平面图形的面积.

2. 求由曲线 $y=x^2, y=(x-2)^2$ 与 x 轴围成的平面图形的面积.

3. 求由曲线 $y=-x^3+x^2+2x$ 与 x 轴所围成的平面图形的面积.

4. 求由曲线 $y=\sin x$ 与 $y=\sin 2x$ $(0\leqslant x\leqslant \pi)$ 所围成的平面图形的面积.

5. 求由曲线 $y=x+\dfrac{1}{x}, x=2$ 及 $y=2$ 所围成的平面图形的面积.

6. 求曲线 $r=1-\cos\theta, r=\cos\theta$ 所围成的平面图形的公共部分的面积.

7. 求曲线 $y=\ln x$ 上方，$y=\ln x$ 过原点的切线的下方，y 轴右方所围成的平面图形的面积.

8. 在曲线族 $y=a(1-x^2)(a\geqslant 1)$ 中确定一条曲线，使该曲线和其在 $(-1, 0)$ 和 $(1, 0)$ 两点处的切线所围图形的面积最小.

9. 平面薄片 $x^2+y^2\leqslant R^2$ 上任一点 (x, y) 处面密度与该点到原点距离成正比，已知圆周上密度为 $2R$，求此薄片质量.

10. 如何计算铅直放置在液体中的曲边梯形薄板的侧压力？

11. 一弹簧被从平衡位置拉长至 L_1 时，做功 W，再从 L_1 被拉长至 L_1+L_2 时，做功 $8W$，求 $\dfrac{L_1}{L_2}$.

12. 求曲线 $y=\dfrac{1}{4}x^2-\dfrac{1}{2}\ln x$ 上对应于 $1\leqslant x\leqslant e$ 的一段弧的长.

13. 求曲线 $x=\arctan t, y=\dfrac{1}{2}\ln(1+t^2)$ 上对应于 $0\leqslant t\leqslant 1$ 的一段弧的长.

6.6　综合作业题

一、填空题

1. 平面图形 $a\leqslant x\leqslant b, 0\leqslant f(x)\leqslant y\leqslant g(x)$ 绕 x 轴旋转一周所生成的旋转体的体积为_____.

2. 求由曲线 $y=3-|x^2-1|$ 与 x 轴围成的封闭图形绕直线 $y=3$ 旋转一周所得旋转体的体积为_____.

二、应用题

1. 用定积分求由 $y=x^2+1, y=0, x=1, x=0$ 所围成的平面图形绕 x 轴旋转一周所得旋转体的体积.

2. 求由曲线 $y^3=x^2$ 和 $y=\sqrt{2-x^2}$ 所围成的平面图形绕 x 轴旋转一周所生成的旋转体的体积.

3. 求由曲线 $y = 1 - |x^2 - 1|$ 与 x 轴所围成的平面图形绕 x 轴旋转一周所得到的旋转体的体积.

4. 在区间 $(0,3)$ 内求一 t 值,使曲线 $y = \sqrt{x}$, $y = \dfrac{x}{2}$ 与 $x = t$ 所围成的平面图形绕 x 轴旋转一周所生成的立体体积等于 $\dfrac{\pi}{3} t^2$.

5. 有一立体以抛物线 $y^2 = 2x$ 与直线 $x = 2$ 所围成的图形为底,而垂直于抛物线轴的截面都是等边三角形,求该立体的体积.

6. 求曲线 $r = a \sin^3 \dfrac{\theta}{3}$ 的全长 $(0 \leqslant \theta \leqslant 3\pi)$.

7. 求曲线 $y = \displaystyle\int_{-\frac{\pi}{2}}^{x} \sqrt{\cos t}\, dt$ 的全长.

8. 在摆线 $x = a(t - \sin t)$, $y = a(1 - \cos t)$ 上求分摆线第一拱成 $1 : 3$ 的点的坐标.

9. 一块边长分别为 3、4、5 m,重 500 kg,面密度均匀的三角形钢板,水平放置,求将此钢板竖立在 3 m 边上需做多少功(重力加速度取 $9.8\,\text{m/s}^2$).

10. 用铁锤将一铁钉击入木板,设木板对铁钉的阻力与铁钉击入木板的深度成正比,在击第一次时,将铁钉击入木板 1 cm,如果铁锤每次打击铁钉所做的功相等,问锤击第二次时,铁钉又击入多少 cm?

6.7 自 测 题

一、填空题

1. 曲线 $y = -x^3 + x^2 + 2x$ 与 x 轴所围成的图形的面积 $A = \underline{\qquad}$.

2. 由曲线 $x = a\cos t$, $y = a\sin t\,(a > 0)$ $(0 \leqslant t \leqslant 2\pi)$ 所围成的平面区域的面积 $A = \underline{\qquad}$.

3. 由曲线 $y = \dfrac{3}{x}$ 与 $y = 4 - x$ 所围成的平面区域绕 x 轴旋转所形成的立体体积 $V = \underline{\qquad}$.

4. 对数螺线 $\rho = e^{a\theta}$ 自 $\theta = 0$ 到 $\theta = \varphi$ 的弧长 $l = \underline{\qquad}$.

5. 在区域 $y = \sin x \cos x$, $y = \sin x\,(0 \leqslant x \leqslant \dfrac{\pi}{2})$ 中,面密度为 $\rho(x) = \cos x$ 的平面物体的质量为 $\underline{\qquad}$.

二、应用题

1. 求由曲线 $y = 2x^2$,直线 $x = 1$ 和 x 轴所围成的图形绕 x 轴旋转所形成的旋转体的体积.

2. 在 -1 和 2 之间求值 C, 使 $y=-x, y=2x$ 和 $y=1+Cx$ 所围成的面积最小.

3. 计算半立方体曲线 $y^2 = \dfrac{2}{3}(x-1)^3$ 被抛物线 $y^2 = \dfrac{x}{3}$ 截得的一段弧的长度.

4. 求曲线 $y = x^{\frac{3}{2}}(0 \leqslant x \leqslant 3)$ 上的点与原点之间的平均距离.

5. 半径为 r 的球沉入水中,上顶与水面相切,球的比重为 1,现将球从水中取出,要做多少功?

6.8 参考答案与提示

【基础作业题参考答案与提示】

一、1. $\int_a^b |f(x)-g(x)|\,\mathrm{d}x$; 2. $\int_a^b F(x)\,\mathrm{d}x$,$F(x)\mathrm{d}x$,做功微元.

二、1. $\dfrac{32}{3}$. 2. $\dfrac{2}{3}$. 3. $\dfrac{37}{12}$. 4. 2. 5. $\dfrac{3}{2}+\ln 2$. 6. $\dfrac{2\pi}{3}-\sqrt{3}$. 7. $\dfrac{\mathrm{e}}{2}$.

8. $a=1$. 9. $\dfrac{4\pi R^3}{3}$.

10. 以液体深度 h 作为积分变量,利用同一深度处压强相等这一物理学知识,考虑深度层 $[h,h+\mathrm{d}h]$ 所对应的一层薄板所受压力的近似值,即得压力微元 $\mathrm{d}F$,将 $\mathrm{d}F$ 在曲边梯形薄板处深度区间 $[a,b]$ 上积分,即得薄板所受侧压力.

11. $\dfrac{1}{2}$. 12. $\dfrac{(\mathrm{e}-1)^2}{2\mathrm{e}}$. 13. $\ln\left(\dfrac{1+\sqrt{2}}{2}\right)$.

【综合作业题参考答案与提示】

一、1. $\int_a^b \pi[(g(x))^2-(f(x))^2]\,\mathrm{d}x$; 2. $\dfrac{448}{15}\pi$.

二、1. $\dfrac{28}{15}\pi$. 2. $\dfrac{52}{21}\pi$. 3. $\dfrac{16}{3}\pi$. 4. $t=2$. 5. $\dfrac{16\sqrt{3}}{3}$. 6. $\dfrac{3a\pi}{2}$.

7. 4. 8. $\left(a\left(\dfrac{2\pi}{3}-\dfrac{3}{2}\right),\dfrac{3}{2}a\right)$. 9. 4900W. 10. $(\sqrt{2}-1)$cm.

【自测题参考答案与提示】

一、1. $\dfrac{37}{12}$; 2. πa^2; 3. $\dfrac{8\pi a}{3}$; 4. $\dfrac{\sqrt{1+a^2}}{a}(\mathrm{e}^{a\varphi}-1)$; 5. $\dfrac{1}{6}$.

二、1. $\dfrac{4\pi}{5}$. 2. $\dfrac{1}{2}$. 3. $\dfrac{8}{9}\left[\left(\dfrac{5}{2}\right)^{\frac{1}{2}}-1\right]$. 4. $\dfrac{116}{45}$. 5. $\dfrac{4}{3}\pi r^4$.

第7章 空间解析几何与向量代数

7.1 教学要求

【教学基本要求】

1. 理解空间直角坐标系的概念,理解向量的概念及其表示法.
2. 掌握向量的运算(线性运算、数量积、向量积),了解两个向量垂直、平行的条件.
3. 掌握单位向量、方向数与方向余弦、向量的坐标表达式等概念以及用坐标表达式进行向量运算的方法.
4. 掌握平面方程和直线方程的类型及其求法,会利用平面、直线的相互关系(平行、垂直、相交等)解决有关问题.
5. 理解曲面方程的概念,了解常用二次曲面及其图形,了解以坐标轴为旋转轴的旋转曲面及母线平行于坐标轴的柱面方程,了解二次曲面的分类.
6. 了解空间曲线的参数方程和一般方程.
7. 了解曲面的交线在坐标面上的投影.

【教学重点内容】

向量的概念及运算,平面方程,直线方程,常用的二次曲面方程及空间曲线方程.

7.2 知识要点

【知识要点】

1. 空间直角坐标系

在空间任取定点 O,以 O 为原点在空间作三条互相垂直的数轴,这三条数

轴分别称为 x 轴(横轴)、y 轴(纵轴)、z 轴(竖轴),统称为坐标轴,三个坐标轴正向构成右手系,这样的三条数轴就构成空间直角坐标系. 由此建立空间点 M 与有序数组 (x,y,z) 之间的一一对应关系.

空间两点 $M_1(x_1,y_1,z_1)$、$M_2(x_2,y_2,z_2)$ 间的距离为

$$|M_1M_2| = \sqrt{(x_2-x_1)^2+(y_2-y_1)^2+(z_2-z_1)^2}.$$

2. 向量代数

(1) 向量的定义:既有大小又有方向的量称为向量.

向量按基本单位向量 $\boldsymbol{i}$、$\boldsymbol{j}$、$\boldsymbol{k}$ 的分解式为 $\boldsymbol{a} = a_x\boldsymbol{i}+a_y\boldsymbol{j}+a_z\boldsymbol{k}$.

向量的坐标表示式为 $\boldsymbol{a} = (a_x,a_y,a_z)$.

(2) 向量 $\boldsymbol{a}$ 的模: $|\boldsymbol{a}| = \sqrt{a_x^2+a_y^2+a_z^2}$.

(3) 单位向量:模为 1 的向量称为单位向量. 方向与 $\boldsymbol{a}$ 相同,模为 1 的向量称为向量 $\boldsymbol{a}$ 的单位向量,记为 $\boldsymbol{e}_a$. 即

$$\boldsymbol{e}_a = \frac{\boldsymbol{a}}{|\boldsymbol{a}|} = \frac{a_x\boldsymbol{i}+a_y\boldsymbol{j}+a_z\boldsymbol{k}}{\sqrt{a_x^2+a_y^2+a_z^2}}.$$

(4) 向量 $a_x\boldsymbol{i}+a_y\boldsymbol{j}+a_z\boldsymbol{k}$ 的方向余弦:

$$\cos\alpha = \frac{a_x}{\sqrt{a_x^2+a_y^2+a_z^2}}, \cos\beta = \frac{a_y}{\sqrt{a_x^2+a_y^2+a_z^2}}, \cos\gamma = \frac{a_z}{\sqrt{a_x^2+a_y^2+a_z^2}}.$$

其中 $\alpha,\beta,\gamma(0 \leqslant \alpha,\beta,\gamma \leqslant \pi)$ 分别为向量 $\boldsymbol{a}$ 与 x,y,z 轴正向的夹角,称为方向角,且满足 $\cos^2\alpha+\cos^2\beta+\cos^2\gamma = 1$.

(5) 向量的线性运算:若 $\boldsymbol{a} = (a_x,a_y,a_z)$,$\boldsymbol{b} = (b_x,b_y,b_z)$,则

$\boldsymbol{a}\pm\boldsymbol{b} = (a_x\pm b_x,a_y\pm b_y,a_z\pm b_z)$;$\lambda\boldsymbol{a} = (\lambda a_x,\lambda a_y,\lambda a_z)$($\lambda$ 为实数).

(6) 向量的数量积:若 $\boldsymbol{a} = (a_x,a_y,a_z)$,$\boldsymbol{b} = (b_x,b_y,b_z)$,则

$\boldsymbol{a}\cdot\boldsymbol{b} = |\boldsymbol{a}||\boldsymbol{b}|\cos(\widehat{\boldsymbol{a},\boldsymbol{b}}) = a_xb_x+a_yb_y+a_zb_z$.

数量积运算满足如下性质:

$\boldsymbol{a}\cdot\boldsymbol{b} = \boldsymbol{b}\cdot\boldsymbol{a}$,$\lambda(\boldsymbol{a}\cdot\boldsymbol{b}) = (\lambda\boldsymbol{a})\cdot\boldsymbol{b} = \boldsymbol{a}\cdot(\lambda\boldsymbol{b})$($\lambda$ 为实数),

$\boldsymbol{a}\cdot(\boldsymbol{b}+\boldsymbol{c}) = \boldsymbol{a}\cdot\boldsymbol{b}+\boldsymbol{a}\cdot\boldsymbol{c}$.

(7) 向量的向量积: $\boldsymbol{a}\times\boldsymbol{b} = |\boldsymbol{a}||\boldsymbol{b}|\sin(\widehat{\boldsymbol{a},\boldsymbol{b}})\boldsymbol{n}°$,

其中 $\boldsymbol{n}°$ 为 $\boldsymbol{a}\times\boldsymbol{b}$ 的单位向量,或

$$\boldsymbol{a}\times\boldsymbol{b} = \begin{vmatrix} \boldsymbol{i} & \boldsymbol{j} & \boldsymbol{k} \\ a_x & a_y & a_z \\ b_x & b_y & b_z \end{vmatrix}.$$

向量积运算满足如下性质:

$\boldsymbol{a}\times\boldsymbol{b} = -\boldsymbol{b}\times\boldsymbol{a}$,$\lambda(\boldsymbol{a}\times\boldsymbol{b}) = (\lambda\boldsymbol{a})\times\boldsymbol{b} = \boldsymbol{a}\times(\lambda\boldsymbol{b})$($\lambda$ 为实数),

$(\boldsymbol{a}+\boldsymbol{b})\times\boldsymbol{c} = \boldsymbol{a}\times\boldsymbol{c}+\boldsymbol{b}\times\boldsymbol{c}$,$\boldsymbol{a}\times(\boldsymbol{b}+\boldsymbol{c}) = \boldsymbol{a}\times\boldsymbol{b}+\boldsymbol{a}\times\boldsymbol{c}$.

(8) 两向量间的夹角 $(\widehat{\boldsymbol{a},\boldsymbol{b}})$：$0 \leqslant (\widehat{\boldsymbol{a},\boldsymbol{b}}) \leqslant \pi$，

$$\cos(\widehat{\boldsymbol{a},\boldsymbol{b}}) = \frac{\boldsymbol{a} \cdot \boldsymbol{b}}{|\boldsymbol{a}||\boldsymbol{b}|} = \frac{a_x b_x + a_y b_y + a_z b_z}{\sqrt{a_x^2 + a_y^2 + a_z^2}\sqrt{b_x^2 + b_y^2 + b_z^2}}.$$

两向量垂直的充要条件为 $\boldsymbol{a} \cdot \boldsymbol{b} = 0$，或 $a_x b_x + a_y b_y + a_z b_z = 0$.

两向量平行的充要条件为 $\boldsymbol{a} \times \boldsymbol{b} = \boldsymbol{0}$，或 $\boldsymbol{a} = \lambda \boldsymbol{b}$（$\lambda \neq 0$），或 $\dfrac{a_x}{b_x} = \dfrac{a_y}{b_y} = \dfrac{a_z}{b_z}$.

3. 常见曲面方程

(1) 球面方程

球心为 (x_0, y_0, z_0)，半径为 R 的球面（如图 7.1）方程为

$$(x - x_0)^2 + (y - y_0)^2 + (z - z_0)^2 = R^2.$$

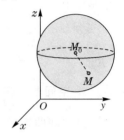

图 7.1

(2) 柱面方程

准线为 xOy 坐标面上的曲线 $F(x, y) = 0$，母线平行于 z 轴的柱面方程为 $F(x, y) = 0$.

常用柱面有：

$x^2 + y^2 = R^2$，圆柱面（如图 7.2）；

$y = ax^2 + b$，抛物柱面；

$\dfrac{x^2}{a^2} + \dfrac{y^2}{b^2} = 1$，椭圆柱面；

$\dfrac{x^2}{a^2} - \dfrac{y^2}{b^2} = 1$，双曲柱面；

$ax + by + cz = 0$，平面.

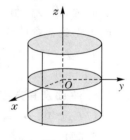

图 7.2

(3) 旋转曲面

xOz 坐标面上的曲线 $F(x, z) = 0$，绕 Oz 轴旋转一周所产生的旋转曲面（如图 7.3），方程为 $F(\pm \sqrt{x^2 + y^2}, z) = 0$.

常用旋转曲面有：

$z = a^2(x^2 + y^2)$，旋转抛物面；

$z^2 = k^2(x^2 + y^2)$，圆锥面.

4. 空间曲线方程

(1) 空间曲线的一般式方程为 $\begin{cases} F_1(x, y, z) = 0, \\ F_2(x, y, z) = 0. \end{cases}$

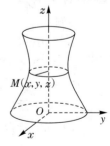

图 7.3

(2) 空间曲线的参数式方程为 $\begin{cases} x = x(t), \\ y = y(t), \alpha \leqslant t \leqslant \beta. \\ z = z(t), \end{cases}$

常见的圆柱面 $x^2 + y^2 = a^2$ 上的螺旋线(如图 7.4)的参数方程为

$$\begin{cases} x = a\cos\theta, \\ y = a\sin\theta, \theta \geqslant 0. \\ z = b\theta, \end{cases}$$

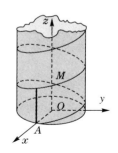

图 7.4

5. 空间曲线在坐标面上的投影

设空间曲线 C 的一般方程为 $\begin{cases} F_1(x,y,z) = 0, \\ F_2(x,y,z) = 0. \end{cases}$ (Ⅰ)

由方程组(Ⅰ)消去 z,得到方程 $F(x,y) = 0$,则此方程就是包含曲线 C,且母线平行于 z 轴的柱面方程,称为曲线 C 关于 xOy 坐标面的投影柱面方程.

$\begin{cases} F(x,y) = 0, \\ z = 0 \end{cases}$ 就是包含曲线 C 在 xOy 坐标面上的投影曲线的方程.

同理,由方程组(Ⅰ)消去 x 或消去 y 得到的方程,再分别与 $x = 0$ 或 $y = 0$ 联立即可得到包含曲线 C 在 yOz 坐标面或 xOz 坐标面上的投影曲线方程,记为

$\begin{cases} G(y,z) = 0, \\ x = 0; \end{cases}$ 或 $\begin{cases} H(x,z) = 0, \\ y = 0. \end{cases}$

6. 平面及其方程

(1) 过点 (x_0, y_0, z_0),法向量为 $\boldsymbol{n} = (A, B, C)$ 的平面(如图 7.5)的点法式方程为

$$A(x - x_0) + B(y - y_0) + C(z - z_0) = 0.$$

(2) 法向量为 $\boldsymbol{n} = (A, B, C)$ 的平面一般式方程为 $Ax + By + Cz + D = 0$.

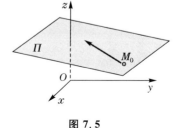

图 7.5

特例:

$Ax + By + Cz = 0$ 表示通过原点的平面方程;

$Ax + Cz + D = 0$ 表示平行与 y 轴的平面方程;

$By + D = 0$ 表示平行于 xOz 坐标面的方程;

$x = 0$ 表示 yOz 坐标面.

(3) 在 x,y,z 轴上的截距依次为 a,b,c 的平面(如图 7.6)截距式方程为

$$\frac{x}{a} + \frac{y}{b} + \frac{z}{c} = 1 (a、b、c \neq 0).$$

(4) 过平面上三个点 $M_1(x_1, y_1, z_1)$、$M_2(x_2, y_2, z_2)$、$M_3(x_3, y_3, z_3)$ 的平面三点式方程为

$$\begin{vmatrix} x-x_1 & y-y_1 & z-z_1 \\ x_2-x_1 & y_2-y_1 & z_2-z_1 \\ x_3-x_1 & y_3-y_1 & z_3-z_1 \end{vmatrix} = 0.$$

7. 空间直线及其方程

(1) 直线的一般式方程为
$$\begin{cases} A_1x + B_1y + C_1z + D_1 = 0, \\ A_2x + B_2y + C_2z + D_2 = 0; \end{cases}$$
其中,$(A_1,B_1,C_1) \neq \lambda(A_2,B_2,C_2), \lambda \neq 0$.

(2) 过点(x_0,y_0,z_0),且方向向量为 $\boldsymbol{s} = (m,n,p)$的直线点向式方程为

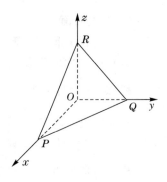

图 7.6

$$\frac{x-x_0}{m} = \frac{y-y_0}{n} = \frac{z-z_0}{p}.$$

(3) 过点(x_0,y_0,z_0),且方向向量为 $\boldsymbol{s} = (m,n,p)$ 的直线参数式方程为
$$\begin{cases} x = x_0 + mt, \\ y = y_0 + nt, \\ z = z_0 + pt. \end{cases}$$

(4) 过点 $M_1(x_1,y_1,z_1)$ 和 $M_2(x_2,y_2,z_2)$ 的直线的两点式方程为
$$\frac{x-x_1}{x_2-x_1} = \frac{y-y_1}{y_2-y_1} = \frac{z-z_1}{z_2-z_1}.$$

8. 直线、平面关系

(1) 设直线 L_1,L_2 的方向向量分别为 $\boldsymbol{s}_1 = \{m_1,n_1,p_1\}, \boldsymbol{s}_2 = \{m_2,n_2,p_2\}$,则

直线 L_1,L_2 平行的充要条件是 $\dfrac{m_1}{m_2} = \dfrac{n_1}{n_2} = \dfrac{p_1}{p_2}$;

直线 L_1,L_2 垂直的充要条件是 $m_1m_2 + n_1n_2 + p_1p_2 = 0$.

(2) 设平面 π 的法向量 $\boldsymbol{n} = (A,B,C)$,直线 L 的方向向量 $\boldsymbol{s} = (m,n,p)$,则直线 L 与平面 π 平行的充要条件是 $Am + Bn + Cp = 0$;

直线 L 与平面 π 垂直的充要条件是 $\dfrac{A}{m} = \dfrac{B}{n} = \dfrac{C}{p}$.

(3) 设平面 π_1 与 π_2 的法向量分别为 $\boldsymbol{n}_1 = (A_1,B_1,C_1), \boldsymbol{n}_2 = (A_2,B_2,C_2)$,则

平面 π_1 与 π_2 平行的充要条件是 $\dfrac{A_1}{A_2} = \dfrac{B_1}{B_2} = \dfrac{C_1}{C_2}$;

平面 π_1 与 π_2 垂直的充要条件是 $A_1A_2 + B_1B_2 + C_1C_2 = 0$.

9. 二次曲面

三元二次方程的图形称为二次曲面.

常见的二次曲面及其方程：

椭球面（如图 7.7）方程：$\dfrac{x^2}{a^2}+\dfrac{y^2}{b^2}+\dfrac{z^2}{c^2}=1$；

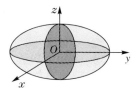

图 7.7

当 $a=b$（或 $b=c$ 或 $a=c$），为旋转椭球面方程，当 $a=b=c$ 时，为球面方程.

单叶双曲面方程：$\dfrac{x^2}{a^2}+\dfrac{y^2}{b^2}-\dfrac{z^2}{c^2}=1$；

双叶双曲面方程：$\dfrac{x^2}{a^2}+\dfrac{y^2}{b^2}-\dfrac{z^2}{c^2}=-1$.

椭圆抛物面方程：$\dfrac{x^2}{2p}+\dfrac{y^2}{2q}=z$（$p,q$ 同号）；

当 $p=q$ 时，为旋转抛物面；

双曲抛物面（如图 7.8）方程：$-\dfrac{x^2}{2p}+\dfrac{y^2}{2q}=z$

（p,q 同号）.

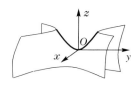

图 7.8

椭圆锥面（如图 7.9）方程：$\dfrac{x^2}{a^2}+\dfrac{y^2}{b^2}-\dfrac{z^2}{c^2}=0$；

当 $a=b$ 时，为圆锥面方程.

圆柱面方程：$x^2+y^2=R^2$；

椭圆柱面方程：$\dfrac{x^2}{a^2}+\dfrac{y^2}{b^2}=1$；

抛物柱面方程：$y^2=2px$.

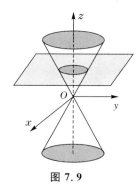

图 7.9

【串讲小结】

在这一章中，主要学习了向量及其运算，并在此基础上研究了平面、空间直线以及曲面和空间曲线.

在学习过程中，应注意以下几个问题：

(1) 关于空间直角坐标系：空间直角坐标系是空间解析几何的基础，由于引入坐标，使空间中的点 M 与有序数组 (x,y,z) 之间建立了一一对应关系.空间的几何图形都可以看成是点的轨迹，从而可以用点的坐标所满足的方程来讨论它们.用代数方法研究几何问题，这就是解析几何研究问题的方法，因此坐标的概念显得特别重要.所谓代数的方法，实际上是指坐标法.

(2) 关于向量及其运算：向量及其运算是坐标法中常用的重要工具.

由于向量是既有大小又有方向的量，所以向量的运算与数量的运算是有着

本质区别的. 数量运算所遵循的运算规律不一定都适用于向量运算. 如,一般 $a(b \cdot c) \neq (a \cdot b)c; a \times (b \times c) \neq (a \times b) \times c$,这表明结合律不一定成立. 又如 $a+b=c$,但一般 $|a|+|b| \neq |c|$;只有 a,b 同向时才成立.

向量的数量积是一个数,它是由常力做功问题抽象出来的,它的运算类似于多项式乘法,如 $(a+b)(a-b)=a \cdot a-a \cdot b+b \cdot a-b \cdot b=|a|^2-|b|^2$,但多项式相乘仍为多项式,而两向量的数量积却不再是向量.

向量积是由力矩等问题抽象出来的,向量积不满足交换律,因为 $a \times b = -b \times a$,因此,在运算时需注意.

(3) 关于平面和空间直线:平面和空间直线是空间最重要、最基本的图形,确定它们位置的方法很多,而最常用是一个点和一个方向.

在确定平面的法向量与直线的方向向量时,要注意它们与其他向量之间的平行、垂直等关系. 在求直线与平面的交点时,常将直线写成参数式,然后代入平面方程求出交点处参数值,从而求出交点坐标.

(4) 关于曲面与空间直线:在空间中,切不可误将二元方程 $F(x,y)=0$ 看成是 xOy 平面上的一条曲线. $F(x,y)=0$ 中没有出现 z,表示变量 z 可以任意取值,因此方程 $F(x,y)=0$ 表示一个母线平行于 z 轴的柱面,它与 xOy 平面的交线方程为

$$\begin{cases} F(x,y)=0, \\ z=0. \end{cases}$$

为了后继课的学习做准备,必须熟记一些二次曲面的标准方程.

7.3 答 疑 解 惑

1. 在向量运算中要注意些什么?向量运算与数量运算之间有什么联系与区别?

答:由于向量是个既有大小、又有方向的量,所以在向量运算中不仅要注意其大小,而且要注意其方向. 在向量运算中错误的产生往往是把数量运算中的法则搬到向量运算中,不注意其方向.

向量运算有类似于数量的运算,如有加法、减法、数量与向量的乘法、两个向量的数量积与向量积等,但没有除法运算. 加法与数量积满足交换律,但向量积不满足交换律.

2. 向量运算有哪些应用?

答:(1) 两个向量的加法和减法用于:① 求力的合成与分解;② 求以 a,b 为邻边的平行四边形的对角线的长.

(2) 数量与向量的乘积用于:① 求一个与向量 a 平行(即共线)的向量 λa;

② 求与向量 a 平行的单位向量 $a°$，$a° = \dfrac{\lambda a}{|\lambda a|}$，当 $\lambda > 0$ 时，为同向平行的单位向量；当 $\lambda < 0$ 时，为反向平行的单位向量. 若泛指平行时，正向、反向都要考虑.

(3) 两个向量的数量积用于：① 求力所做的功，$W = \boldsymbol{F} \cdot \boldsymbol{s}$；② 求一个向量在另一个向量上的投影，由 $\boldsymbol{a} \cdot \boldsymbol{b} = |\boldsymbol{a}||\boldsymbol{b}|\cos\theta = |\boldsymbol{a}|\mathrm{Prj}_{\boldsymbol{a}}\boldsymbol{b}$ 得 $\mathrm{Prj}_{\boldsymbol{a}}\boldsymbol{b} = \dfrac{\boldsymbol{a} \cdot \boldsymbol{b}}{|\boldsymbol{a}|}$，其中 $\theta = (\widehat{\boldsymbol{a}, \boldsymbol{b}})$；③ 求两个向量的夹角 θ 与夹角的余弦 $\cos\theta$：$\cos\theta = \dfrac{\boldsymbol{a} \cdot \boldsymbol{b}}{|\boldsymbol{a}||\boldsymbol{b}|}$，由 $\cos\theta$ 再求 θ.

(4) 两个向量的向量积用于：① 求力矩，$\boldsymbol{M} = \boldsymbol{s} \times \boldsymbol{F}$；② 求以 $\boldsymbol{a}, \boldsymbol{b}$ 为邻边的平行四边形的面积 S 以及以 $\boldsymbol{a}$ 为边上的高 h，$S = |\boldsymbol{a} \times \boldsymbol{b}| = |\boldsymbol{a}||\boldsymbol{b}|\sin\theta = |\boldsymbol{a}|h$，$h = \dfrac{S}{|\boldsymbol{a}|} = \dfrac{|\boldsymbol{a} \times \boldsymbol{b}|}{|\boldsymbol{a}|}$；③ 求两个向量夹角的正弦 $\sin\theta = \dfrac{|\boldsymbol{a} \times \boldsymbol{b}|}{|\boldsymbol{a}||\boldsymbol{b}|}$.

3. 平面的特殊位置与平面一般方程中的系数与常数有何关系？

答：平面的一般方程为 $Ax + By + Cz + D = 0$.

当平面经过原点时，$D = 0$，即过原点的平面方程为 $Ax + By + Cz = 0$.

当平面平行于坐标轴时，一次项系数有一个为零，且 $D \neq 0$；例如平行于 x 轴的平面方程为 $By + Cz + D = 0$.

当平面平行于坐标面时，一次项系数有两个为零，且 $D \neq 0$；例如平行于 xOy 面的方程为 $Cz + D = 0$.

当平面为坐标面时，一次项系数有两个为零，且 $D = 0$；例如 xOy 坐标面的方程为 $z = 0$.

4. 如何化空间直线的一般式为标准式？

答：直线 L 的一般式方程为 $\begin{cases} A_1 x + B_1 y + C_1 z + D_1 = 0, \\ A_2 x + B_2 y + C_2 z + D_2 = 0. \end{cases}$

$\boldsymbol{n}_1 = (A_1, B_1, C_1), \boldsymbol{n}_2 = (A_2, B_2, C_2)$.

(1) 取 $\boldsymbol{s} = \boldsymbol{n}_1 \times \boldsymbol{n}_2 = (m, n, p)$，为 L 的方向向量，其中 $m = \begin{vmatrix} B_1 & C_1 \\ B_2 & C_2 \end{vmatrix}$, $n = \begin{vmatrix} C_1 & A_1 \\ C_2 & A_2 \end{vmatrix}$, $p = \begin{vmatrix} A_1 & B_1 \\ A_2 & B_2 \end{vmatrix}$.

(2) 求出 L 上的一个点 $M_0(x_0, y_0, z_0)$，即解联立方程，通常为了简单，当 $m \neq 0$，令 $x = 0$，然后解方程组 $\begin{cases} B_1 y + C_1 z + D_1 = 0, \\ B_2 y + C_2 z + D_2 = 0, \end{cases}$ 得 $y = y_0, z = z_0$.

当 $n \neq 0$ 时，令 $y = 0$；当 $p \neq 0$ 时，令 $z = 0$. 于是 L 的标准方程为

$$\dfrac{x - x_0}{m} = \dfrac{y - y_0}{n} = \dfrac{z - z_0}{p}.$$

5. 方程组 $\begin{cases} F(x,y,z) = 0, \\ G(x,y,z) = 0 \end{cases}$ 一定表示空间曲线吗？空间曲线的一般方程是否唯一？

答：当方程组 $\begin{cases} F(x,y,z) = 0, \\ G(x,y,z) = 0 \end{cases}$ 满足一定条件时，它表示空间一条曲线，例如 $\begin{cases} x^2 + y^2 + z^2 = 1, \\ x^2 + y^2 + z^2 = 4 \end{cases}$ 就不表示任何曲线.

由代数理论知，任何方程组的解，也一定是与它们等价的方程组的解，因此，空间曲线的一般方程也不是唯一的. 例如 $\begin{cases} x^2 + y^2 + z^2 = r^2, \\ z = 0, \end{cases}$ $\begin{cases} x^2 + y^2 + z^2 = r^2, \\ x^2 + y^2 = r^2 \end{cases}$ 和 $\begin{cases} x^2 + y^2 = r^2, \\ z = 0 \end{cases}$ 表示的是同一条空间曲线.

6. 空间两条直线异面的条件是什么？共面的条件是什么？

答：$L_1: \dfrac{x - x_1}{m_1} = \dfrac{y - y_1}{n_1} = \dfrac{z - z_1}{p_1}, M_1(x_1, y_1, z_1) \in L_1, \boldsymbol{s}_1 = (m_1, n_1, p_1)$ 为其方向向量；

$L_2: \dfrac{x - x_2}{m_2} = \dfrac{y - y_2}{n_2} = \dfrac{z - z_2}{p_2}, M_2(x_2, y_2, z_2) \in L_2, \boldsymbol{s}_2 = (m_2, n_2, p_2)$ 为其方向向量.

(1) 当向量 $\boldsymbol{s}_1, \boldsymbol{s}_2, \overrightarrow{M_1 M_2}$ 不共面时，L_1 与 L_2 异面.

(2) 当向量 $\boldsymbol{s}_1, \boldsymbol{s}_2, \overrightarrow{M_1 M_2}$ 共面时，L_1 与 L_2 共面.

记 $\begin{vmatrix} x_2 - x_1 & y_2 - y_1 & z_2 - z_1 \\ m_1 & n_1 & p_1 \\ m_2 & n_2 & p_2 \end{vmatrix}$ 为 Δ，则

① L_1 与 L_2 异面 $\Leftrightarrow \Delta \neq 0$.

② L_1 与 L_2 相交 $\Leftrightarrow \Delta = 0, m_1 : n_1 : p_1 \neq m_2 : n_2 : p_2$.

③ L_1 与 L_2 平行 $\Leftrightarrow \Delta = 0, m_1 : n_1 : p_1 = m_2 : n_2 : p_2 \neq x_2 - x_1 : y_2 - y_1 : z_2 - z_1$.

④ L_1 与 L_2 重合 $\Leftrightarrow \Delta = 0, m_1 : n_1 : p_1 = m_2 : n_2 : p_2 = x_2 - x_1 : y_2 - y_1 : z_2 - z_1$.

7. 空间曲线在坐标面上的投影如何求？

答：空间曲线 C 的一般方程为 $\begin{cases} F(x,y,z) = 0, \\ G(x,y,z) = 0, \end{cases}$ 消去 z 后，得方程 $H(x,y) = 0$，此方程表示了一个母线平行于 z 轴的柱面，曲线 C 落在此柱面上，此柱面称为曲线 C 关于 xOy 面的投影柱面；投影柱面与 xOy 面的交线 $\begin{cases} H(x,y) = 0, \\ z = 0 \end{cases}$ 称为曲线 C 在

xOy 面上的投影曲线,简称投影.

7.4 范例解析

例1 设 a,b,c 均为非零向量,其中任意两个向量不共线,但 $a+b$ 与 c 共线, $b+c$ 与 a 共线,试证 $a+b+c=\mathbf{0}$.

解析:利用两向量共线则成比例,不共线则不成比例来推证所需结论.

由 $a+b$ 与 c 共线, $b+c$ 与 a 共线,有 $a+b=\lambda c, b+c=\mu a$,其中 λ,μ 为常数,以上两式相减,得 $a-c=\lambda c-\mu a$,即 $(1+\mu)a=(1+\lambda)c$.

因 a,c 不共线,且均为非零向量,故有 $1+\mu=0, 1+\lambda=0$,即 $\mu=-1, \lambda=-1$,所以 $a+b=-c$(或 $b+c=-a$),得证 $a+b+c=\mathbf{0}$.

例2 设 a,b,c 为单位向量,且满足 $a+b+c=\mathbf{0}$,求 $a\cdot b+b\cdot c+c\cdot a$.

解析:由 $(a+b+c)^2=0$,得 $a^2+b^2+c^2+2a\cdot b+2a\cdot c+2b\cdot c=0$,又 $|a|=|b|=|c|=1$,所以 $a\cdot b+b\cdot c+c\cdot a=-\dfrac{1}{2}(|a|^2+|b|^2+|c|^2)=-\dfrac{3}{2}$.

例3 判断:

(1) 若 $a\neq\mathbf{0}$,且 $a\cdot b=a\cdot c$,能否由此推出 $b=c$,为什么?

(2) 若 $a\neq\mathbf{0}$,且 $a\times b=a\times c$,能否由此推出 $b=c$,为什么?

解析:(1) 不能推得 $b=c$.

事实上,等式 $a\cdot(b-c)=\mathbf{0}$ 成立,并不一定要求其中至少一个为零,而只要求 $a\perp(b-c)$,即 $a\cdot(b-c)=\mathbf{0}$ 的充要条件是 $a\perp(b-c)$.因此,当 b,c 移到同一起点,而它们的终点落在与 a 垂直的一个平面上时,就有 $a\perp(b-c)$,即 $a\cdot(b-c)=\mathbf{0}$,但 $b\neq c$.

只有当 $a\neq\mathbf{0}, b,c$ 平行且不垂直于 a 时,才能由 $a\cdot b=a\cdot c$ 推得 $b=c$.

(2) 不能推得 $b=c$.

事实上,将 b,c 移到同一起点,而它们的终点只要在与 a 平行的任一直线上,就有 $a//(b-c)$,即 $a\times(b-c)=\mathbf{0}$,所以 $a\times b=a\times c$,但 $b\neq c$.

只有当 $a\neq\mathbf{0}$,且 b,c 都不平行于 a 时,才能由 $a\times b=a\times c$ 推得 $b=c$.

注意:向量的点积、叉积运算不同于数的运算,不满足消去律.

例4 已知向量 P 与 Q, x 轴均垂直,其中 $Q=3i+6j+8k, |P|=2$,求向量 P.

解法1(待定系数法):设 $P=ai+bj+ck$,由题意 $|P|=2$,即 $\sqrt{a^2+b^2+c^2}=2$; $P\perp Q\Leftrightarrow P\cdot Q=3a+6b+8c=0; P\perp x$ 轴 $\Leftrightarrow P\cdot i=a=0$.

解方程组 $\begin{cases} \sqrt{a^2+b^2+c^2}=2, \\ 3a+6b+8c=0, \\ a=0, \end{cases}$ 得 $a=0, b=\mp\dfrac{8}{5}, c=\pm\dfrac{6}{5}$,

所以 $\boldsymbol{P}=\mp\dfrac{8}{5}\boldsymbol{j}\pm\dfrac{6}{5}\boldsymbol{k}.$

解法 2(利用向量的平行、垂直条件):因为 $\boldsymbol{P}\perp\boldsymbol{Q},\boldsymbol{P}\perp\boldsymbol{i}$,故 $\boldsymbol{P}//\boldsymbol{Q}\times\boldsymbol{i}$,

即 $\boldsymbol{P}=\lambda(\boldsymbol{Q}\times\boldsymbol{i})=\lambda\begin{vmatrix} \boldsymbol{i} & \boldsymbol{j} & \boldsymbol{k} \\ 3 & 6 & 8 \\ 1 & 0 & 0 \end{vmatrix}=\lambda(8\boldsymbol{j}-6\boldsymbol{k}).$

已知 $|\boldsymbol{P}|=2$,得 $\lambda^2(8^2+6^2)=4$,所以 $\lambda=\pm\dfrac{1}{5}$,故 $\boldsymbol{P}=\pm\dfrac{1}{5}(8\boldsymbol{j}-6\boldsymbol{k}).$

比较上面两种解法,解法 2 较好.

例 5 已知三点 $A(1,0,-1),B(1,-2,0),C(-1,2,-1)$,试求 $|\overrightarrow{AB}\times\overrightarrow{AC}|.$

解法 1:先求向量积,再求其模.

$\overrightarrow{AB}=(0,-2,1),\overrightarrow{AC}=(-2,2,0),\overrightarrow{AB}\times\overrightarrow{AC}=\begin{vmatrix} \boldsymbol{i} & \boldsymbol{j} & \boldsymbol{k} \\ 0 & -2 & 1 \\ -2 & 2 & 0 \end{vmatrix}=-2\boldsymbol{i}-2\boldsymbol{j}-4\boldsymbol{k}$,从而 $|\overrightarrow{AB}\times\overrightarrow{AC}|=\sqrt{(-2)^2+(-2)^2+(-4)^2}=2\sqrt{6}.$

解法 2:先由数量积求夹角余弦,再导出夹角正弦. 由 $\cos\theta=\dfrac{\overrightarrow{AB}\cdot\overrightarrow{AC}}{|\overrightarrow{AB}||\overrightarrow{AC}|}=\dfrac{-4}{\sqrt{5}\sqrt{8}}$,可知 $\sin\theta=\sqrt{\dfrac{3}{5}}$,于是 $|\overrightarrow{AB}\times\overrightarrow{AC}|=|\overrightarrow{AB}||\overrightarrow{AC}|\sin\theta=\sqrt{5}\cdot\sqrt{8}\cdot\sqrt{\dfrac{3}{5}}=2\sqrt{6}.$

解法 3:由 $\cos^2\theta+\sin^2\theta=1$ 得 $\left(\dfrac{\overrightarrow{AB}\cdot\overrightarrow{AC}}{|\overrightarrow{AB}||\overrightarrow{AC}|}\right)^2+\left(\dfrac{|\overrightarrow{AB}\times\overrightarrow{AC}|}{|\overrightarrow{AB}||\overrightarrow{AC}|}\right)^2=1,$

$\Rightarrow |\overrightarrow{AB}\times\overrightarrow{AC}|^2=|\overrightarrow{AB}|^2|\overrightarrow{AC}|^2-(\overrightarrow{AB}\cdot\overrightarrow{AC})^2=24.$

所以 $|\overrightarrow{AB}\times\overrightarrow{AC}|=\sqrt{24}=2\sqrt{6}.$

例 6 设 $\boldsymbol{c}=2\boldsymbol{a}+\boldsymbol{b},\boldsymbol{d}=k\boldsymbol{a}+\boldsymbol{b}$,其中,$|\boldsymbol{a}|=1,|\boldsymbol{b}|=2$,且 $\boldsymbol{a}\perp\boldsymbol{b}$,问:

(1) k 为何值时,$\boldsymbol{c}\perp\boldsymbol{d}$?

(2) k 为何值时,以 $\boldsymbol{c},\boldsymbol{d}$ 为邻边的平行四边形的面积为 6?

解析:(1) 因为 $\boldsymbol{c}\perp\boldsymbol{d}=(2\boldsymbol{a}+\boldsymbol{b})\cdot(k\boldsymbol{a}+\boldsymbol{b})$
$=2k|\boldsymbol{a}|^2+(2+k)(\boldsymbol{a}\cdot\boldsymbol{b})+|\boldsymbol{b}|^2$
$=2k+4,$

故当 $k=-2$ 时,$\boldsymbol{c}\cdot\boldsymbol{d}=0$,即 $\boldsymbol{c}\perp\boldsymbol{d}.$

(2) 因为 $|c \times d| = |(2a+b) \times (ka+b)| = |2a \times b + k(b \times a)|$

$$= |(2-k)(a \times b)| = |2-k||a||b|\sin\frac{\pi}{2}$$

$$= 2|2-k| = 6,$$

解方程,得 $k=-1$,或 $k=5$.

即当 $k=-1$,或 $k=5$ 时,以 c,d 为邻边的平行四边形的面积为 6.

例 7 指出下列方程在空间代表什么曲面:

(1) $x^2 + y^2 + z^2 + 2z = 3$;   (2) $x^2 - y^2 = 0$;

(3) $x^2 + y^2 = 0$;   (4) $xyz = 0$;

(5) $x^2 = 4z$.

解析:(1) $x^2 + y^2 + z^2 + 2z = 3$,即 $x^2 + y^2 + (z+1)^2 = 2^2$,是球心在 $(0,0,-1)$,半径为 2 的球面.

(2) $x^2 - y^2 = 0$,即 $(x-y)(x+y) = 0$. 即 $x-y=0$ 或 $x+y=0$,在空间表示两个相交于 z 轴的平面(因为方程缺 z 项,也是一个母线平行于 z 轴的柱面).

(3) $x^2 + y^2 = 0$,即 $\begin{cases} x=0, \\ y=0, \end{cases}$ 在空间表示 z 轴.

(4) $xyz = 0$,即 $x=0$ 或 $y=0$ 或 $z=0$,是 3 个坐标面.

(5) $x^2 = 4z$ 是母线平行于 y 轴的柱面,它与 xOz 平面的交线是抛物线 $\begin{cases} 4z = x^2, \\ y = 0, \end{cases}$ 故是抛物柱面.

例 8 设直线通过点 $P(-3,5,-9)$,且和两直线 $L_1: \begin{cases} y = 3x+5, \\ z = 2x-3, \end{cases}$

$L_2: \begin{cases} y = 4x-7, \\ z = 5x+10 \end{cases}$ 相交,求此直线方程.

解析:设所求直线方程为 $\begin{cases} x = -3 + mt, \\ y = 5 + nt, \\ z = -9 + pt. \end{cases}$

将其代入 L_1 方程中,有

$$\begin{cases} (n-3m)t = -9, \\ p = 2m; \end{cases} \qquad ①$$

将其代入 L_2 方程中,有

$$\frac{n-4m}{p-5m} = -6. \qquad ②$$

将 ① 中的 $p = 2m$ 代入 ②,得 $n = 22m$,令 $m = 1$,则 $n = 22, p = 2$.

故所求直线方程为 $\begin{cases} x = -3 + t, \\ y = 5 + 22t, \\ z = -9 + 2t. \end{cases}$

例 9 一直线过点 $B(1,2,3)$,且与向量 $c = (6,6,7)$ 平行,求点 $A(3,2,4)$ 到该直线的距离.

解析: 以 $c = (6,6,7)$ 为底,以 $\overrightarrow{BA}$ 为另一边作平行四边形,则所求距离就是该平行四边形的高 d,因为该平行四边形的面积为 $S = |\overrightarrow{BA} \times c| = d|c|$,则所求距离为 $d = \dfrac{|\overrightarrow{BA} \times c|}{|c|}$,而 $\overrightarrow{BA} = (2,0,1)$,$|c| = 11$,

$$\overrightarrow{BA} \times c = \begin{vmatrix} i & j & k \\ 2 & 0 & 1 \\ 6 & 6 & 7 \end{vmatrix} = (-6, -8, 12), |\overrightarrow{BA} \times c| = 2\sqrt{61}.$$

所以 $d = \dfrac{|\overrightarrow{BA} \times c|}{|c|} = \dfrac{2\sqrt{61}}{11}$.

例 10 求直线 $\begin{cases} x + y - z + 1 = 0, \\ x - y + 2z - 2 = 0 \end{cases}$ 与平面 $x - 2y + 3z - 3 = 0$ 间夹角的正弦.

解析: 直线的方向向量 $s = n_1 \times n_2 = \begin{vmatrix} i & j & k \\ 1 & 1 & -1 \\ 1 & -1 & 2 \end{vmatrix} = (1, -3, -2)$,平面的法向量 $n = (1, -2, 3)$,设直线与平面的夹角为 θ,则

$$\sin\theta = \cos(\dfrac{\pi}{2} - \theta) = \dfrac{s \cdot n}{|s||n|} = \dfrac{1 \times 1 + (-2) \times (-3) + 3 \times (-2)}{\sqrt{14}\sqrt{14}} = \dfrac{1}{14}.$$

例 11 求过直线 $\dfrac{x-2}{1} = \dfrac{y+2}{-1} = \dfrac{z-3}{2}$ 和 $\dfrac{x-1}{-1} = \dfrac{y+1}{2} = \dfrac{z-1}{1}$ 的平面方程.

解析: 所求平面通过第一条直线,因此通过第一条直线上的点 $(2, -2, 3)$,设所求平面方程为 $A(x-2) + B(y+2) + C(z-3) = 0$,由题设 $n = (A, B, C)$,$n \perp s_1 = (1, -1, 2)$,$n \perp s_2 = (-1, 2, 1)$,于是,可取 $n = s_1 \times s_2 = \begin{vmatrix} i & j & k \\ 1 & -1 & 2 \\ -1 & 2 & 1 \end{vmatrix} = -5i - 3j + k$,故所求平面方程为

$$-5(x-2) - 3(y+2) + z - 3 = 0, \text{即} -5x - 3y + z + 1 = 0.$$

例 12 求直线 $L: \begin{cases} 2y + 3z - 5 = 0, \\ x - 2y - z + 7 = 0 \end{cases}$ 在平面 $\pi: x - y + z + 8 = 0$ 上的投

影直线方程.

解析:只需求过直线且与已知平面垂直的平面方程,再与已知平面联立即可.

过直线 $L:\begin{cases} 2y+3z-5=0, \\ x-2y-z+7=0 \end{cases}$ 的平面束方程为

$$2y+3z-5+\lambda(x-2y-z+7)=0,$$

即 $\lambda x+(2-2\lambda)y+(3-\lambda)z+7\lambda-5=0$,其法向量为 $\boldsymbol{n}_1=(\lambda,2-2\lambda,3-\lambda)$. 已知平面的法向量 $\boldsymbol{n}=(1,-1,1)$,令 $\boldsymbol{n}_1 \perp \boldsymbol{n}$,

即 $\lambda+(2-2\lambda)(-1)+(3-\lambda)=0$,得 $\lambda=-\dfrac{1}{2}$.

代入平面束方程中得 $x-6y-7z+17=0$,

故所求投影直线方程为 $\begin{cases} x-6y-7z+17=0, \\ x-y+z+8=0. \end{cases}$

例 13 求过点 $(-1,0,4)$,且与平面 $3x-4y+z+10=0$ 平行,又与直线 $L:\dfrac{x+1}{1}=\dfrac{y-3}{1}=\dfrac{z}{2}$ 相交的直线方程.

解法 1:过点 $(-1,0,4)$,且与平面 $3x-4y+z+10=0$ 平行的平面方程为 $3(x+1)-4y+(z-4)=0$,即 $3x-4y+z-1=0$.

此平面与直线 L 的交点为 $(15,19,32)$. 所求直线过点 $(-1,0,4)$ 和 $(15,19,32)$,其方程为 $\dfrac{x+1}{16}=\dfrac{y}{19}=\dfrac{z-4}{28}$.

解法 2:过点 $(-1,0,4)$,且与平面 $3x-4y+z+10=0$ 平行的平面方程为 $3x-4y+z-1=0$,过直线 $L:\dfrac{x+1}{1}=\dfrac{y-3}{1}=\dfrac{z}{2}$ 的平面束方程为 $2x-z+2+\lambda(2y-z-6)=0$,将点 $(-1,0,4)$ 代入上式,得 $\lambda=-\dfrac{2}{5}$,则过点 $(-1,0,4)$ 和直线 L 的平面方程为 $10x-4y-3z+22=0$,所求直线方程为

$$\begin{cases} 3x-4y+z-1=0, \\ 10x-4y-3z+22=0. \end{cases}$$

例 14 求旋转抛物面 $x^2+y^2=z$ 与平面 $y-z=0$ 的交线在 xOy 坐标面上的投影曲线方程.

解析:将方程 $x^2+y^2=z$ 与 $y-z=0$ 中的 z 消去,得到过交线,且母线平行于 z 轴的柱面方程为 $x^2+y^2=y$,即 $x^2+\left(y-\dfrac{1}{2}\right)^2=\dfrac{1}{4}$,于是交线在 xOy 坐标面上的投影曲线方程为 $\begin{cases} x^2+\left(y-\dfrac{1}{2}\right)^2=\dfrac{1}{4}, \\ z=0, \end{cases}$ 是 xOy 坐标面上的圆.

7.5 基础作业题

一、填空题

1. 把空间一切单位向量的起点归结到共同的始点,其终点构成_____.
2. $|a+b|=|a|-|b|$ 成立的条件是_____.
3. 向量的_____和_____统称为向量的线性运算.
4. $a=(2,4,4)$,$a°=$_____.
5. a,b 的夹角为 $\frac{\pi}{3}$,$|a|=3$,$|b|=4$,$(a+b)^2=$_____.
6. a,b 不共线,如果 $ka+b$ 与 $a+kb$ 共线,则 $k=$_____.
7. $(a\times b)\times 0=$_____.
8. 通过点 (a,b,c) 且与 yOz 面平行的平面方程为_____.
9. 两平面 $\pi_1:x+y-z-1=0$,$\pi_2:3x+3y-3z+8=0$ 的位置关系是_____.
10. y 轴的对称式方程为_____.
11. 通过点 (a,b,c) 和 x 轴的平面方程为_____.
12. 通过点 $(4,-7,5)$,且在三坐标轴上截距相等的平面方程为_____.
13. 在空间直角坐标系中,方程 $x^2+y^2=z$ 表示_____,方程 $x^2+y^2-z^2=0$ 表示_____.
14. 空间曲线 $\begin{cases} 2x^2+4y+z^2=4z \\ x^2-8y+3z^2=12z \end{cases}$ 在 xOy 坐标面上的投影曲线为_____.
15. 曲线 $L:\begin{cases} 2y^2+z=1 \\ x=0 \end{cases}$ 绕 z 轴旋转一周所生成的旋转曲面方程为_____.
16. 过点 $M_1(4,0,-2)$ 和 $M_2(5,1,7)$ 且平行于 Ox 轴的平面方程是_____.
17. 点 $P(1,2,1)$ 到平面 $x+2y+2z-10=0$ 的距离是_____.
18. 当 $l=$_____及 $m=$_____时,两平面 $2x+my+3z-5=0$ 与 $x-6y-lz+2=0$ 互相平行.
19. 当 $m=$_____时,直线 $\frac{x-1}{4}=\frac{y+2}{3}=\frac{z}{1}$ 与平面 $mx+3y-5z+1=0$ 平行.

20. 直线 $\begin{cases} x+y+3z=0, \\ x-y-z=0 \end{cases}$ 与 $x-y-z+1=0$ 的夹角为_____.

二、选择题

1. 点 $(4,-3,5)$ 到 Oy 轴的距离为( ).

   A. $\sqrt{4^2+(-3)^2+5^2}$ B. $\sqrt{(-3)^2+5^2}$

   C. $\sqrt{4^2+(-3)^2}$ D. $\sqrt{4^2+5^2}$

2. 设有非零向量 a、b，若 $a \perp b$，则必有( ).

   A. $|a+b|=|a|+|b|$ B. $|a+b|=|a-b|$

   C. $|a+b|<|a-b|$ D. $|a+b|>|a-b|$

3. 向量( )是单位向量.

   A. $(1,1,1)$ B. $\left(\dfrac{1}{3},\dfrac{1}{3},\dfrac{1}{3}\right)$

   C. $(0,-1,0)$ D. $\left(\dfrac{1}{2},0,\dfrac{1}{2}\right)$

4. 设空间三点的坐标分别为 $M(1,-3,4),N(-2,1,-1),P(-3,-1,1)$，则 $\angle MNP=(\quad)$.

   A. π B. $\dfrac{3\pi}{4}$ C. $\dfrac{\pi}{2}$ D. $\dfrac{\pi}{4}$

5. 下列结论中正确的是( ).

   A. $|a|a=a^2$

   B. $a(b-c)=ab-ac$

   C. 若 $a \cdot b=0$ 则必 $a=0$ 或 $b=0$

   D. 若 $a \neq 0$，且 $ab=ac$ 则 $b=c$

6. xOz 坐标面上的直线 $x=z-1$ 绕 Oz 轴旋转而成的圆锥面的方程是( ).

   A. $x^2+y^2=z-1$ B. $z^2=x^2+y^2+1$

   C. $(z-1)^2=x^2+y^2$ D. $(x+1)^2=y^2+z^2$

7. 下列方程中( )表示母线平行与 Oy 轴的双曲柱面.

   A. $x^2-z^2=1$ B. $x^2+z^2=1$

   C. $x^2+z=1$ D. $xz=1$

8. 参数方程 $\begin{cases} x=a\cos\theta, \\ y=a\sin\theta, \\ z=b\theta \end{cases}$ 的一般方程是( ).

   A. $x^2+y^2=a^2$ B. $x=a\cos\dfrac{z}{b}$

C. $y = a\sin\dfrac{z}{b}$ D. $\begin{cases} x = a\cos\dfrac{z}{b}, \\ y = a\sin\dfrac{z}{b} \end{cases}$

9. 方程 $y^2 + z^2 - 4x + 8 = 0$ 表示( ).

 A. 单叶双曲面 B. 双叶双曲面

 C. 锥面 D. 旋转抛物面

10. 二次曲面 $z = \dfrac{x^2}{a^2} + \dfrac{y^2}{b^2}$ 与平面 $y = h$ 相截,其截痕是空间中的( ).

 A. 抛物线 B. 双曲线 C. 椭圆 D. 直线

11. 已知平面 $\pi_1 : mx + y - 3z + 1 = 0$,平面 $\pi_2 : 7x - 2y - z = 0$,当 $m = $ ( )时,$\pi_1 \perp \pi_2$.

 A. $\dfrac{1}{7}$ B. $-\dfrac{1}{7}$ C. 7 D. -7

12. 平面 $\pi_1 : x + y - 11 = 0$ 与 $\pi_2 : 3x + 8 = 0$ 的夹角 $\theta = $ ( ).

 A. $\dfrac{\pi}{2}$ B. $\dfrac{\pi}{3}$ C. $\dfrac{\pi}{4}$ D. $\dfrac{\pi}{6}$

13. 直线 $L_1 : \begin{cases} x + 2y - z = 7, \\ -2x + y + z = 7 \end{cases}$ 与 $L_2 : \begin{cases} 3x + 6y - 3z = 8, \\ 2x - y - z = 0 \end{cases}$ 的关系是( ).

 A. $L_1 \perp L_2$ B. $L_1 // L_2$

 C. L_1 与 L_2 相交但不垂直 D. L_1 与 L_2 为异面直线

14. 直线 $L : \dfrac{x+3}{-2} = \dfrac{y+4}{-7} = \dfrac{z}{3}$ 与平面 $\pi : 4x - 2y - 2z = 3$ 的关系是( ).

 A. 平行 B. 垂直相交

 C. L 在 π 上 D. 相交但不垂直

15. 设直线 $L_1 : \dfrac{x-1}{1} = \dfrac{5-y}{-2} = \dfrac{z+8}{1}$ 与 $L_2 : \begin{cases} x - y = 6, \\ 2y + z = 3, \end{cases}$ 则 L_1 与 L_2 的夹角为( ).

 A. $\dfrac{\pi}{6}$ B. $\dfrac{\pi}{4}$ C. $\dfrac{\pi}{3}$ D. $\dfrac{\pi}{2}$

三、计算题

1. 在 yOz 平面上求与三个已知点 $A(3,1,2)$、$B(4,-2,-2)$、$C(0,5,1)$ 等距离的点 D.

2. 设 $\boldsymbol{a} = 3\boldsymbol{i} - \boldsymbol{j} - 2\boldsymbol{k}$,$\boldsymbol{b} = \boldsymbol{i} + 2\boldsymbol{j} - \boldsymbol{k}$,求 $\boldsymbol{a} \cdot \boldsymbol{b}$,$\boldsymbol{a} \times \boldsymbol{b}$,$\cos(\widehat{\boldsymbol{a},\boldsymbol{b}})$.

3. 设 $\boldsymbol{a} = (2,-1,1)$,$\boldsymbol{b} = (1,3,-1)$,求与 $\boldsymbol{a}$,$\boldsymbol{b}$ 均垂直的单位向量.

4. 设 $\boldsymbol{a} + 2\boldsymbol{b}$ 与 $\boldsymbol{a} - 4\boldsymbol{b}$ 垂直,$\boldsymbol{a} + 4\boldsymbol{b}$ 与 $\boldsymbol{a} - 2\boldsymbol{b}$ 垂直,求 $\boldsymbol{a}$,$\boldsymbol{b}$ 的夹角.

5. 设向量 $\boldsymbol{a}=(2,3,-1), \boldsymbol{b}=(1,-2,3), \boldsymbol{c}=(2,1,2)$，向量 $\boldsymbol{d}$ 与 $\boldsymbol{a}, \boldsymbol{b}$ 均垂直，且在向量 $\boldsymbol{c}$ 上的投影是 14，求向量 $\boldsymbol{d}$．

6. 已知 $\overrightarrow{OA}=\boldsymbol{i}+3\boldsymbol{k}, \overrightarrow{OB}=\boldsymbol{j}+3\boldsymbol{k}$，求 $\triangle OAB$ 的面积．

7. 求通过三点 $(1,1,1), (-2,-2,2)$ 和 $(1,-1,2)$ 的平面方程．

8. 求通过原点，且与直线 $L_1: \dfrac{x-1}{1}=\dfrac{y}{2}=\dfrac{z+1}{-1}, L_2: \dfrac{x+2}{-2}=\dfrac{y-1}{1}=\dfrac{z-3}{1}$ 都平行的平面方程．

9. 作一条直线，使其过点 $M(0,2,4)$，且与平面 $x+2z=1, y-3z=2$ 都平行．

10. 求直线 $L: \begin{cases} x-2y+z-9=0, \\ 3x-6y+z-27=0 \end{cases}$ 的对称式方程．

11. 求通过点 $P(2,-1,-1)、Q(1,2,3)$，且垂直于平面 $2x+3y-5z+6=0$ 平面方程．

12. 设直线 L 通过 $(-1,2,-3)$，且与 $L_1: \dfrac{x-1}{3}=\dfrac{y+1}{2}=\dfrac{z-3}{-5}$ 相交，又与平面 $\pi: 6x-2y-3z+1=0$ 平行，求直线 L 的方程．

13. 求通过点 $P(2,0,-1)$，且又通过直线 $\dfrac{x+1}{2}=\dfrac{y}{-1}=\dfrac{z-2}{3}$ 的平面方程．

14. 求点 $P(1,2,-1)$ 关于平面 $\pi: 2x-y+3z=11$ 的对称点坐标．

四、证明题

1. 试证明以三点 $A(4,1,9)、B(10,-1,6)、C(2,4,3)$ 为顶点的三角形为等腰直角三角形．

2. 设 $\triangle ABC$ 的重心为点 O，证明：$\overrightarrow{OA}+\overrightarrow{OB}+\overrightarrow{OC}=\boldsymbol{0}$．

3. 利用数量积证明：$|\boldsymbol{a}+\boldsymbol{b}|\leqslant|\boldsymbol{a}|+|\boldsymbol{b}|$．

7.6 综合作业题

1. 设 $\vec{F_1}=(2,3,-5), \vec{F_2}=(-5,1,3), \vec{F_3}=(1,-2,4)$．这 3 个力作用于点 $P(1,1,1)$，它们的合力为 $\vec{F}=\overrightarrow{PQ}$，求：(1) 点 Q 的坐标；(2) $\overrightarrow{PQ}$ 的大小；(3) $\overrightarrow{PQ}$ 的方向余弦．

2. 用向量证明不等式
$\sqrt{a_1^2+a_2^2+a_3^2}\cdot\sqrt{b_1^2+b_2^2+b_3^2}\geqslant|a_1b_1+a_2b_2+a_3b_3|$，并且指出等号成立的条件．

3. 求直线 $L_1: \dfrac{x-1}{1} = \dfrac{y+1}{2} = \dfrac{z}{3}$ 在平面 $\pi: x+y+2z-5=0$ 上的投影直线 L 的方程.

4. 一平面过 z 轴且与平面 $2x+y-\sqrt{5}z-7=0$ 间的夹角为 $\dfrac{\pi}{3}$, 求其方程.

5. 求点 $P(3,-1,2)$ 到直线 $\begin{cases} 2x-y+z-4=0, \\ x+y-z+1=0 \end{cases}$ 的距离.

6. 设有一平面, 它与 xOy 面的交线是 $\begin{cases} 2x+y-2=0, \\ z=0, \end{cases}$ 并且它与三个坐标面围成的四面体的体积等于 2, 求这平面的方程.

7. 验证 $L_1: \dfrac{x-5}{-4} = \dfrac{y-1}{1} = \dfrac{z-2}{1}$ 与 $L_2: \dfrac{x}{2} = \dfrac{y}{2} = \dfrac{z-8}{-3}$ 是异面直线, 并求两直线间的最短距离.

8. 设直线 $L: \dfrac{x}{-1} = \dfrac{y-1}{1} = \dfrac{z-1}{2}$ 与平面 $\pi: 2x+y-z-3=0$.

(1) 求 L 与 π 的交点坐标; (2) 求 L 与 π 交角; (3) 通过 L 与 π 交点, 且与 L 垂直的平面方程; (4) L 在 π 上的投影直线方程.

7.7 自 测 题

一、选择题

1. 下列命题, 正确的是( ).
   A. $\boldsymbol{i}+\boldsymbol{j}+\boldsymbol{k}$ 是单位向量
   B. $-\boldsymbol{j}$ 非单位向量
   C. $\boldsymbol{a}^2 = |\boldsymbol{a}|^2$
   D. $\boldsymbol{a}(\boldsymbol{a} \cdot \boldsymbol{b}) = \boldsymbol{a}^2 \cdot \boldsymbol{b}$

2. 若直线 $\dfrac{x-1}{1} = \dfrac{y+1}{2} = \dfrac{z-1}{\lambda}$ 和直线 $\dfrac{x+1}{1} = \dfrac{y-1}{1} = z$ 相交, 则 $\lambda = ($).
   A. 1 B. 3/2 C. $-5/4$ D. 5/4

3. 母线平行于 x 轴, 且通过曲线 $\begin{cases} 2x^2+y^2+z^2=16, \\ x^2-y^2+z^2=0 \end{cases}$ 的柱面方程是( ).
   A. $x^2+2y=16$
   B. $3y^2-z^2=16$
   C. $3x^2+2z^2=16$
   D. $-y^2+3z^2=16$

4. 旋转曲面 $\dfrac{x^2}{2} + \dfrac{y^2}{2} - \dfrac{z^2}{3} = 0$ 的旋转轴是( ).
   A. Oz 轴
   B. Oy 轴
   C. Ox 轴
   D. 直线 $x=y=z$

5. 两平面 $A_1x+B_1y+C_1z+D_1=0$ 与 $A_2x+B_2y+C_2z+D_2=0$ 重合的充分必要条件是(　　).

　　A. $\dfrac{A_1}{A_2}=\dfrac{B_1}{B_2}=\dfrac{C_1}{C_2}$

　　B. $A_1=A_2, B_1=B_2, C_1=C_2$

　　C. $\dfrac{A_1}{A_2}=\dfrac{B_1}{B_2}=\dfrac{C_1}{C_2}=\dfrac{D_1}{D_2}$

　　D. $A_1=A_2, B_1=B_2, C_1=C_2, D_1=D_2$

6. 设 $\vec{D}=\vec{AB}+\vec{BC}+\vec{CA}$（其中 $\vec{AB}$、$\vec{BC}$、$\vec{CA}$ 均为非零向量），则 $\vec{D}=(\quad)$.

　　A. 向量 $\boldsymbol{0}$ 　　　　　　　　B. $\sqrt{|\vec{AB}|+|\vec{BC}|+|\vec{CA}|}$

　　C. 常数 0；　　　　　　　　D. $\sqrt{|\vec{AB}|^2+|\vec{BC}|^2+|\vec{CA}|^2}$

7. 向量 $\boldsymbol{a}$ 在 $\boldsymbol{b}$ 上的投影 $\operatorname{Prj}_b\boldsymbol{a}=(\quad)$.

　　A. $\dfrac{\boldsymbol{ab}}{|\boldsymbol{a}|}$ 　　B. $\dfrac{\boldsymbol{ab}}{|\boldsymbol{b}|}$ 　　C. $\dfrac{\boldsymbol{a}\times\boldsymbol{b}}{|\boldsymbol{a}|}$ 　　D. $\dfrac{\boldsymbol{a}\times\boldsymbol{b}}{|\boldsymbol{b}|}$

8. 旋转曲面 $x^2-y^2-z^2=1$ 是由(　　).

　　A. xOz 坐标面上的双曲线 $x^2-z^2=1$ 绕 Ox 轴旋转而成的

　　B. xOy 坐标面上的双曲线 $x^2-y^2=1$ 绕 Oz 轴旋转而成的

　　C. xOy 坐标面上的椭圆 $x^2+y^2=1$ 绕 Oz 轴旋转而成的

　　D. xOz 坐标面上的椭圆 $x^2+y^2=1$ 绕 Ox 轴旋转而成的

9. 曲线 $\begin{cases}(x-1)^2+y^2+(z+1)^2=4,\\ z=0\end{cases}$ 的参数方程是(　　).

　　A. $\begin{cases}x=1+\sqrt{3}\cos\theta,\\ y=\sqrt{3}\sin\theta,\\ z=0\end{cases}$ 　　B. $\begin{cases}x=1+2\cos\theta,\\ y=2\sin\theta,\\ z=0\end{cases}$

　　C. $\begin{cases}x=\sqrt{3}\cos\theta,\\ y=\sqrt{3}\sin\theta,\\ z=0\end{cases}$ 　　D. $\begin{cases}x=2\cos\theta,\\ y=2\sin\theta,\\ z=0\end{cases}$

10. 设 $\boldsymbol{a}=(a_x,a_y,a_z)$，$\boldsymbol{b}=(b_x,b_y,b_z)$，则 $\boldsymbol{a}\perp\boldsymbol{b}$ 的充分必要条件是(　　).

　　A. $a_x=b_x, a_y=b_y, a_z=b_z$ 　　B. $a_xb_x+a_yb_y+a_zb_z=0$

　　C. $\dfrac{a_x}{b_x}=\dfrac{a_y}{b_y}=\dfrac{a_z}{b_z}$ 　　D. $a_x+a_y+a_z=b_x+b_y+b_z$

11. 设平面方程为 $Bx+Cz+D=0$，且 $BCD\neq 0$，则平面(　　).

　　A. 平行于 x 轴 　　　　　　　B. 平行于 y 轴

　　C. 经过 y 轴 　　　　　　　　D. 垂直于 y 轴

二、填空题

1. 已知 a 与 b 垂直，且 $|a|=5$，$|b|=12$，则 $|a+b|=$ _____，$|a-b|=$ _____．

2. 一向量与 Ox 轴和 Oy 轴成等角，而与 Oz 轴组成的角是它们的二倍，那么这个向量的方向角 $\alpha=$ _____，$\beta=$ _____，$\gamma=$ _____．

3. $(a+b+c)\times c+(a+b+c)\times b+(b-c)\times a=$ _____．

4. 若两平面 $kx+y+z-k=0$ 与 $kx+y-2z=0$ 互相垂直，则 $k=$ _____．

5. 已知从原点到某平面所作的垂线的垂足为点 $(-2,-2,1)$，则该平面方程为_____．

6. 设平面 $\pi: x+ky-2z-9=0$，若 π 过点 $(5,-4,-6)$，则 $k=$ _____；又若 π 与平面 $2x-3y+z=0$ 成 $45°$，则 $k=$ _____．

7. 一平面过点 $(6,-10,1)$，它在 Ox 轴上的截距为 -3，在 Oz 轴上的截距为 2，则该平面的方程是_____．

8. 点 $(-1,2,0)$ 在平面 $x+2y-z=0$ 上的投影点的坐标为_____．

9. 已知球面的一条直径的两个端点为 $(2,-3,5)$ 和 $(4,1,-3)$，则该球面方程是_____．

10. 母线平行于 Oz 轴且通过曲线 $\begin{cases} x^2+y^2+4z^2=1, \\ x^2=y^2+z^2 \end{cases}$ 的柱面方程是_____．

11. 一直线与三坐标轴间的角分别为 α、β、γ，则 $\sin^2\alpha+\sin^2\beta+\sin^2\gamma=$ _____．

三、计算题

1. 已知空间三点 $A(1,2,3)$、$B(2,-1,5)$ 和 $C(3,2,-5)$，求：
(1) $\triangle ABC$ 的面积；(2) $\triangle ABC$ 的 AB 边上的高；(3) $\angle A$ 的余弦值；(4) $\triangle ABC$ 所在的平面方程；(5) 过 A 且与 BC 边平行的直线方程．

2. 设 $(a+3b)\perp(7a-5b)$，$(a-4b)\perp(7a-2b)$，求向量 a 与 b 的夹角．

3. 求半径为 3，且与平面 $x+2y+2z+3=0$ 相切点 $A(1,1,-3)$ 的球面方程．

4. 设直线 $L: \dfrac{x-1}{1}=\dfrac{y-12}{3}=\dfrac{z-9}{3}$，平面 $\pi: x+3y-5z-2=0$，求：

(1) 直线与平面的交点坐标；(2) 直线与平面的夹角；(3) 直线在平面上的投影直线方程．

5. 一镜面放在平面 $\pi: 2x-y+3z=11$ 上，在镜面上方有两点 $A(1,2,-1)$、$B(-2,1,3)$．现从 A 点发射一束光至镜面上点 P 处，其反射光线通过 B 点，试求点 P 的位置．

7.8 参考答案与提示

【基础作业题参考答案与提示】

一、1. 单位球面； 2. a 与 b 反向,且 $|a| \geq |b|$,或 $b = 0$；

3. 加减法,数乘向量； 4. $(\frac{1}{3}, \frac{2}{3}, \frac{2}{3})$； 5. 37； 6. ± 1； 7. $\mathbf{0}$；

8. $x = a$； 9. 平行； 10. $\frac{x}{0} = \frac{y}{1} = \frac{z}{0}$； 11. $cy - bz = 0$；

12. $x + y + z - 2 = 0$；

13. 以 z 轴为旋转轴的旋转抛物面,原点为顶点的圆锥面；

14. $\begin{cases} x^2 + 4y = 0, \\ z = 0; \end{cases}$ 15. $2(x^2 + y^2) + z = 1$； 16. $9y - z - 2 = 0$；

17. 1； 18. $-\frac{3}{2}, -12$； 19. -1； 20. 0.

二、1. D； 2. B； 3. C； 4. D； 5. B； 6. C； 7. A； 8. D； 9. D；
10. A； 11. B； 12. C； 13. B； 14. A； 15. C.

三、1. $D(0, 1, -2)$.

2. $\mathbf{a} \cdot \mathbf{b} = 3, \mathbf{a} \times \mathbf{b} = 5\mathbf{i} + \mathbf{j} + 7\mathbf{k}, \cos(\widehat{\mathbf{a}, \mathbf{b}}) = \frac{\sqrt{21}}{14}$.

3. 与 $\mathbf{a}, \mathbf{b}$ 同时垂直的单位向量为 $\pm \frac{1}{\sqrt{62}}(-2, 3, 7)$.

4. $\frac{\pi}{2}$. 5. $\mathbf{d} = 42(-1, 1, 1)$. 6. 三角形 OAB 的面积为 $\frac{\sqrt{19}}{2}$.

7. $x - 3y - 6z + 8 = 0$. 8. $3x + y + 5z = 0$. 9. $\frac{x}{-2} = \frac{y-2}{3} = \frac{z-4}{1}$.

10. $\frac{x-9}{4} = \frac{y}{2} = \frac{z}{0}$. 11. $9x - y + 3z - 16 = 0$.

12. $\frac{x+1}{2} = \frac{y-2}{-3} = \frac{z+3}{6}$. 13. $x + 5y + z - 1 = 0$. 14. $(5, 0, 5)$.

四、1. 略.

2. 【提示】做出草图,利用向量的加减运算.

3. 利用 $|\mathbf{a}|^2 = \mathbf{a} \cdot \mathbf{a}$.

【综合作业题参考答案与提示】

1.(1) $Q(-1, 3, 3)$；(2) $\overrightarrow{PQ}$ 的大小为 $2\sqrt{3}$；(3) $\overrightarrow{PQ}$ 的方向余弦为 $\frac{1}{\sqrt{3}}(-1, 1, 1)$.

2. 【提示】考虑向量 $\boldsymbol{a}=(a_1,a_2,a_3)$ 与 $\boldsymbol{b}=(b_1,b_2,b_3)$ 的数量积. 由于 $\boldsymbol{a}\cdot\boldsymbol{b}=|\boldsymbol{a}||\boldsymbol{b}|\cos(\widehat{\boldsymbol{a},\boldsymbol{b}})$,故 $|\boldsymbol{a}\cdot\boldsymbol{b}|\leqslant|\boldsymbol{a}||\boldsymbol{b}|$.

即 $|a_1b_1+a_2b_2+a_3b_3|\leqslant\sqrt{a_1^2+a_2^2+a_3^2}\cdot\sqrt{b_1^2+b_2^2+b_3^2}$.

当且仅当 $|\cos(\widehat{\boldsymbol{a},\boldsymbol{b}})|=1$ 时,不等式中等号成立. 此时 $(\widehat{\boldsymbol{a},\boldsymbol{b}})=0$ 或 π,也即 $\boldsymbol{a}/\!/\boldsymbol{b}$. 因此,当且仅当 $\dfrac{a_1}{b_1}=\dfrac{a_2}{b_2}=\dfrac{a_3}{b_3}$ 时,有

$$|a_1b_1+a_2b_2+a_3b_3|=\sqrt{a_1^2+a_2^2+a_3^2}\sqrt{b_1^2+b_2^2+b_3^2}.$$

3. $L:\begin{cases}x+y+2z-5=0,\\ x+y-z=0.\end{cases}$

4. $x+3y=0$ 或 $3x-y=0$.   5. $\dfrac{3\sqrt{2}}{2}$.

6. $\dfrac{x}{1}+\dfrac{y}{2}+\dfrac{z}{6}=1$,或 $\dfrac{x}{1}+\dfrac{y}{2}-\dfrac{z}{6}=1$.【提示】设平面方程为 $\dfrac{x}{a}+\dfrac{y}{b}+\dfrac{z}{c}=1$.

7. $\dfrac{5}{3}$.【提示】利用三向量共面的条件以及异面直线的距离公式.

8. (1) $(1,0,-1)$;   (2) $\dfrac{\pi}{6}$;   (3) $x-y-2z-3=0$;

(4) $\begin{cases}x-y+z=0,\\ 2x+y-z-3=0.\end{cases}$

【自测题参考答案与提示】

一、1. C; 2. D; 3. B; 4. A; 5. C; 6. A; 7. B; 8. A; 9. A; 10. B; 11. B.

二、1. 13,13; 2. $\dfrac{\pi}{4},\dfrac{\pi}{4},\dfrac{\pi}{2}$; 3. $2\boldsymbol{a}\times\boldsymbol{c}$; 4. ± 1;

5. $2x+2y-z+9=0$; 6. $2,\pm\dfrac{\sqrt{70}}{2}$;

7. $\dfrac{x}{3}+\dfrac{y}{4}-\dfrac{z}{2}=-1$; 8. $\left(-\dfrac{3}{2},1,\dfrac{1}{2}\right)$;

9. $(x-3)^2+(y+1)^2+(z-1)^2=21$; 10. $5x^2-3y^2=1$; 11. 2.

三、1. (1) $3\sqrt{21}$; (2) $3\sqrt{6}$; (3) $-\sqrt{\dfrac{7}{34}}$; (4) $4x+2y+z-11=0$;

(5) $\dfrac{x-1}{1}=\dfrac{y-2}{3}=\dfrac{z-3}{-10}$.

2. $\dfrac{\pi}{3}$.

3. $(x-2)^2+(y-3)^2+(z+1)^2=9$, 或 $x^2+(y+1)^2+(z+5)^2=9$.

4. (1) $(-1,6,3)$;　(2) $\arcsin\dfrac{5}{\sqrt{665}}$;

(3) $\begin{cases} x+3y-5z-2=0, \\ 3x-y+9=0, \end{cases}$ 或 $\dfrac{x+1}{1}=\dfrac{y-6}{3}=\dfrac{z-3}{2}$.

5. $\left(\dfrac{1}{3},\dfrac{2}{3},\dfrac{11}{3}\right)$.

第8章 多元函数微分法及其应用

8.1 教学要求

【教学基本要求】

1. 理解二元函数的概念,了解多元函数的概念.
2. 了解二元函数的极限与连续性的概念,以及有界闭区域上连续函数的性质.
3. 理解偏导数和全微分的概念,了解全微分存在的必要条件和充分条件,理解方向导数和梯度的概念.
4. 熟练掌握复合函数和隐函数的求导法则,掌握求高阶偏导数的方法,知道方向导数和梯度的求法.
5. 了解曲线的切线和法平面及曲面的切平面和法线的概念,并会求它们的方程.
6. 理解多元函数极值和条件极值的概念,会求二元函数的极值,了解求条件极值的拉格朗日乘数法,会求解一些简单的最大值和最小值的应用问题.

【教学重点内容】

多元函数的概念,偏导数、全微分的概念,复合函数的求导法则,微分法在几何上的应用,多元函数的极值及其求法.

8.2 知识要点

【知识要点】

1. 二元函数的概念

设 D 是 R^2 的一个非空子集,称映射 $f:D \to R$ 为定义在 D 上的二元函数,通常记为

$$z = f(x,y), (x,y) \in D,$$

或

$$z = f(P), P \in D,$$

其中点集 D 称为该函数的定义域,x,y 称为自变量,z 称为因变量.

类似地可定义三元及三元以上函数.当 $n \geqslant 2$,n 元函数统称为多元函数.

2. 二元函数的极限

二元函数极限的概念:设二元函数 $f(P) = f(x,y)$ 的定义域为 D,$P(x_0, y_0)$ 是 D 的聚点.如果存在常数 A,对于任意给定的正数 ε,总存在正数 δ,使得当点 $P(x,y) \in D \cap \mathring{U}(P_0, \delta)$ 时,都有

$$|f(P) - A| = |f(x,y) - A| < \varepsilon$$

成立,那么就称常数 A 为函数 $f(x,y)$ 当 $(x,y) \to (x_0, y_0)$ 时的极限,记作

$$\lim_{(x,y) \to (x_0,y_0)} f(x,y) = A, 或 \lim_{\substack{x \to x_0 \\ y \to y_0}} f(x,y) = A, 或 f(x,y) \to A(P \to P_0),$$

也记作 $\lim_{P \to P_0} f(P) = A$,或 $f(P) \to A(P \to P_0)$.

二元函数的极限也叫二重极限.

二次极限的概念:当 $P_0(x_0, y_0)$ 先后相继地趋于 x_0 与 y_0 时,$f(x,y)$ 的极限称为二次极限(累次极限).

二元函数的极限与一元函数的极限实质上是一样的,但是要求动点 $P(x,y)$ 以任意方式趋于 $P_0(x_0, y_0)$ 时,函数 $f(x,y)$ 都趋于同一个确定的常数 A,所以二元函数的极限比一元函数的极限复杂得多.

3. 二元函数连续的概念

设二元函数 $f(P) = f(x,y)$ 的定义域为 D,$P_0(x_0, y_0)$ 为 D 的聚点,且 $P_0 \in D$,如果

$$\lim_{(x,y) \to (x_0,y_0)} f(x,y) = f(x_0, y_0),$$

则称函数 $f(x,y)$ 在点 $P_0(x_0, y_0)$ 连续.

与一元函数类似,有界闭区域上的多元连续函数也有最值性、有界性、介值性、一致连续性.

4. 偏导数的概念

设函数 $z = f(x,y)$ 在点 $P_0(x_0, y_0)$ 的某邻域有定义,固定 $y = y_0$,若极限

$$\lim_{\Delta x \to 0} \frac{f(x_0 + \Delta x, y_0) - f(x_0, y_0)}{\Delta x}$$

存在,则称此极限为函数 $z = f(x,y)$ 在点 $P_0(x_0, y_0)$ 处对变量 x 的偏导数,记作

$$\left.\frac{\partial z}{\partial x}\right|_{\substack{x=x_0 \\ y=y_0}}, \left.\frac{\partial f}{\partial x}\right|_{\substack{x=x_0 \\ y=y_0}}, \left.z'_x\right|_{\substack{x=x_0 \\ y=y_0}} 或 f_x(x_0, y_0).$$

即
$$f_x(x_0,y_0) = \lim_{\Delta x \to 0} \frac{f(x_0+\Delta x, y_0) - f(x_0,y_0)}{\Delta x}.$$

类似地,函数 $z=f(x,y)$ 在点 $P_0(x_0,y_0)$ 处对变量 y 的偏导数定义为
$$f_y(x_0,y_0) = \lim_{\Delta y \to 0} \frac{f(x_0, y_0+\Delta y) - f(x_0,y_0)}{\Delta y}.$$

常记作 $\dfrac{\partial z}{\partial y}\bigg|_{\substack{x=x_0\\y=y_0}}, \dfrac{\partial f}{\partial y}\bigg|_{\substack{x=x_0\\y=y_0}}, z'_y\bigg|_{\substack{x=x_0\\y=y_0}}$ 或 $f_y(x_0,y_0)$.

类似地,可以定义函数 $z=f(x,y)$ 在区域 D 内对自变量 x,y 的偏导函数.

5. 偏导数的几何意义

以 $f_x(x_0,y_0)$ 为例:$f_x(x_0,y_0)$ 为曲面 $z=f(x,y)$ 与平面 $y=y_0$ 的交线在 (x_0,y_0) 处的切线关于 x 轴的斜率.

6. 高阶偏导数

二元函数 $z=f(x,y)$ 的偏导数 $f_x(x,y), f_y(x,y)$ 仍是 x,y 的二元函数,它们同样可以对 x 和 y 求偏导数. 记

$$\frac{\partial}{\partial x}\left(\frac{\partial z}{\partial x}\right) = \frac{\partial^2 z}{\partial x^2} \text{ 或 } z''_{xx}, f_{xx};$$

$$\frac{\partial}{\partial y}\left(\frac{\partial z}{\partial x}\right) = \frac{\partial^2 z}{\partial x \partial y} \text{ 或 } z''_{xy}, f_{xy};$$

$$\frac{\partial}{\partial x}\left(\frac{\partial z}{\partial y}\right) = \frac{\partial^2 z}{\partial y \partial x} \text{ 或 } z''_{yx}, f_{yx};$$

$$\frac{\partial}{\partial y}\left(\frac{\partial z}{\partial y}\right) = \frac{\partial^2 z}{\partial y^2} \text{ 或 } z''_{yy}, f_{yy}.$$

称为 $z=f(x,y)$ 的二阶偏导数,其中 f_{xy} 和 f_{yx} 称为混合偏导数.

同样可定义三阶,四阶,$\cdots$,n 阶偏导数. 二阶及二阶以上的偏导数统称为高阶偏导数.

定理:如果函数 $z=f(x,y)$ 的两个混合偏导数 $f_{xy}(x,y), f_{yx}(x,y)$ 在区域 D 内连续,则有 $f_{xy}(x,y) = f_{yx}(x,y)$.

换言之,混合偏导数在连续的条件下与求导的次序无关. 此结论对三元函数、四元函数$\cdots$的混合偏导数都成立.

7. 全微分的概念与性质

(1) 全微分的概念

设函数 $z=f(x,y)$ 在点 (x,y) 的全增量 $\Delta z = f(x+\Delta x, y+\Delta y) - f(x,y)$,可以表示为
$$\Delta z = A\Delta x + B\Delta y + o(\rho),$$
其中 A,B 不依赖于 $\Delta x, \Delta y$,而仅与 x,y 有关,$\rho = \sqrt{(\Delta x)^2 + (\Delta y)^2}$,则称 $z=f(x,y)$ 在点 (x,y) 可微分,而 $A\Delta x + B\Delta y$ 称为函数 $z=f(x,y)$ 在点 (x,y)

的全微分,记作 $\mathrm{d}z$,即 $\mathrm{d}z = A\Delta x + B\Delta y$.

(2) 全微分的性质

① $z = f(x,y)$ 在点 (x,y) 可微,则在该点必定连续.

② (必要条件) 如果函数 $z = f(x,y)$ 在点 (x,y) 可微分,则该函数在点 (x,y) 的偏导数 $\dfrac{\partial z}{\partial x}, \dfrac{\partial z}{\partial y}$ 必定存在,且函数 $z = f(x,y)$ 在点 (x,y) 的全微分为

$$\mathrm{d}z = \frac{\partial z}{\partial x}\Delta x + \frac{\partial z}{\partial y}\Delta y.$$

③ (充分条件) 如果函数 $z = f(x,y)$ 的偏导数 $\dfrac{\partial z}{\partial x}, \dfrac{\partial z}{\partial y}$ 在点 (x,y) 连续,则函数在该点可微分.

8. 多元复合函数的求导法则

(1) 复合函数的中间变量均为一元函数的情形

设函数 $u = \varphi(t), v = \psi(t)$ 都在点 t 可导,函数 $z = f(u,v)$ 在对应点 (u,v) 具有连续偏导数,则复合函数 $z = f[\varphi(t), \psi(t)]$ 在点 t 可导,且有

$$\frac{\mathrm{d}z}{\mathrm{d}t} = \frac{\partial z}{\partial u} \cdot \frac{\mathrm{d}u}{\mathrm{d}t} + \frac{\partial z}{\partial v} \cdot \frac{\mathrm{d}v}{\mathrm{d}t}.$$

(2) 复合函数的中间变量均为多元函数的情形

如果函数 $u = \varphi(x,y)$ 及 $v = \psi(x,y)$ 都在点 (x,y) 具有对 x 及对 y 的偏导数,函数 $z = f(u,v)$ 在对应点 (u,v) 具有连续偏导数,则复合函数 $z = f[\varphi(x,y), \psi(x,y)]$ 在点 (x,y) 的两个偏导数存在,且有

$$\frac{\partial z}{\partial x} = \frac{\partial z}{\partial u} \cdot \frac{\partial u}{\partial x} + \frac{\partial z}{\partial v} \cdot \frac{\partial v}{\partial x},$$

$$\frac{\partial z}{\partial y} = \frac{\partial z}{\partial u} \cdot \frac{\partial u}{\partial y} + \frac{\partial z}{\partial v} \cdot \frac{\partial v}{\partial y}.$$

(3) 复合函数的中间变量既有一元函数,又有多元函数的情形

如果函数 $u = \varphi(x,y)$ 在点 (x,y) 具有对 x 及对 y 的偏导数,函数 $v = \psi(y)$ 在点 y 可导,函数 $z = f(u,v)$ 在对应点 (u,v) 具有连续偏导数,则复合函数 $z = f[\varphi(x,y), \psi(y)]$ 在点 (x,y) 的两个偏导数存在,且有

$$\frac{\partial z}{\partial x} = \frac{\partial z}{\partial u} \cdot \frac{\partial u}{\partial x},$$

$$\frac{\partial z}{\partial y} = \frac{\partial z}{\partial u} \cdot \frac{\partial u}{\partial y} + \frac{\partial z}{\partial v} \cdot \frac{\mathrm{d}v}{\mathrm{d}y}.$$

多元复合函数的求导法则称为链式法则 (或链锁法则). 随着中间变量的增减,链式法则会在形式上发生改变,但其实质是不变的.

9. 隐函数的偏导

隐函数存在定理 1: 设函数 $F(x,y)$ 在点 $P(x_0, y_0)$ 的某一邻域内具有连续

偏导数，且 $F(x_0,y_0)=0, F_y(x_0,y_0) \neq 0$，则方程 $F(x,y)=0$ 在点 (x_0,y_0) 的某一邻域内恒能唯一确定一个连续且具有连续导数的函数 $y=f(x)$，它满足条件 $y_0=f(x_0)$，并有

$$\frac{dy}{dx}=-\frac{F_x}{F_y}.$$

隐函数存在定理 2：设函数 $F(x,y,z)$ 在点 $P(x_0,y_0,z_0)$ 的某一邻域内具有连续偏导数，且 $F(x_0,y_0,z_0)=0, F_z(x_0,y_0,z_0) \neq 0$，则方程 $F(x,y,z)=0$ 在点 (x_0,y_0,z_0) 的某一邻域内恒能唯一确定一个连续且具有连续偏导数的函数 $z=f(x,y)$，它满足条件 $z_0=f(x_0,y_0)$，并有

$$\frac{\partial z}{\partial x}=-\frac{F_x}{F_z}, \frac{\partial z}{\partial y}=-\frac{F_y}{F_z}.$$

10. 空间曲线的切线与法平面

(1) 参数方程情形

设空间曲线 Γ 的参数方程为 $x=\varphi(t), y=\psi(t), z=\omega(t) (\alpha \leqslant t \leqslant \beta)$，且都在 $[\alpha,\beta]$ 上可导，t_0 对应曲线 Γ 上一点 $M_0(x_0,y_0,z_0)$，$\varphi'(t_0), \psi'(t_0), \omega'(t_0)$ 不全为零，则曲线在点 M_0 处的切向量为 $\boldsymbol{T}=(\varphi'(t_0),\psi'(t_0),\omega'(t_0))$，

切线方程为 $\dfrac{x-x_0}{\varphi'(t_0)}=\dfrac{y-y_0}{\psi'(t_0)}=\dfrac{z-z_0}{\omega'(t_0)}$；

法平面方程为 $\varphi'(t_0)(x-x_0)+\psi'(t_0)(y-y_0)+\omega'(t_0)(z-z_0)=0$.

(2) 一般方程情形

设空间曲线 Γ 的方程为 $\begin{cases} F(x,y,z)=0, \\ G(x,y,z)=0, \end{cases}$ $M_0(x_0,y_0,z_0)$ 是 Γ 上一点，如果 $\dfrac{\partial(F,G)}{\partial(y,z)}, \dfrac{\partial(F,G)}{\partial(z,x)}, \dfrac{\partial(F,G)}{\partial(x,y)}$ 在点 M_0 处不全为零，则曲线在点 M_0 处的切向量为

$$\boldsymbol{T}=\left(\frac{\partial(F,G)}{\partial(y,z)}, \frac{\partial(F,G)}{\partial(z,x)}, \frac{\partial(F,G)}{\partial(x,y)}\right)_{M_0}.$$

切线方程为 $\dfrac{x-x_0}{\begin{vmatrix} F_y & F_z \\ G_y & G_z \end{vmatrix}_{M_0}}=\dfrac{y-y_0}{\begin{vmatrix} F_z & F_x \\ G_z & G_x \end{vmatrix}_{M_0}}=\dfrac{z-z_0}{\begin{vmatrix} F_x & F_y \\ G_x & G_y \end{vmatrix}_{M_0}}$；

法平面方程为

$$\begin{vmatrix} F_y & F_z \\ G_y & G_z \end{vmatrix}_{M_0}(x-x_0)+\begin{vmatrix} F_z & F_x \\ G_z & G_x \end{vmatrix}_{M_0}(y-y_0)+\begin{vmatrix} F_x & F_y \\ G_x & G_y \end{vmatrix}_{M_0}(z-z_0)=0.$$

11. 曲面的切平面与法线

(1) 隐式方程情形

设曲面 Σ 的方程为 $F(x,y,z)=0, M_0(x_0,y_0,z_0)$ 为曲面 Σ 上一点，$F(x,y,z)$ 在点 M_0 处偏导数连续且不全为零，则曲面 Σ 在点 M_0 处的法向量为

$$\boldsymbol{n} = \pm(F_x(x_0,y_0,z_0), F_y(x_0,y_0,z_0), F_z(x_0,y_0,z_0));$$

切平面方程为

$$F_x(x_0,y_0,z_0)(x-x_0) + F_y(x_0,y_0,z_0)(y-y_0) + F_z(x_0,y_0,z_0)(z-z_0) = 0;$$

法线方程为 $\dfrac{x-x_0}{F_x(x_0,y_0,z_0)} = \dfrac{y-y_0}{F_y(x_0,y_0,z_0)} = \dfrac{z-z_0}{F_z(x_0,y_0,z_0)}.$

(2) 显式方程情形

设曲面 Σ 的方程为 $z = f(x,y)$，$M_0(x_0,y_0,z_0)$ 为曲面 Σ 上一点，如果 $f_x(x,y), f_y(x,y)$ 在点 (x_0,y_0) 处连续，则曲面 Σ 在点 M_0 处的法向量为

$$\boldsymbol{n} = \pm(-f_x(x_0,y_0), -f_y(x_0,y_0), 1).$$

切平面方程为 $f_x(x_0,y_0)(x-x_0) + f_y(x_0,y_0)(y-y_0) - (z-z_0) = 0;$

法线方程为 $\dfrac{x-x_0}{f_x(x_0,y_0)} = \dfrac{y-y_0}{f_y(x_0,y_0)} = \dfrac{z-z_0}{-1}.$

12. 方向导数与梯度

(1) 方向导数的概念

函数的增量 $f(x+\Delta x, y+\Delta y) - f(x,y)$ 与 P、P' 两点间的距离 $\rho = \sqrt{(\Delta x)^2 + (\Delta y)^2}$ 之比值，当 P' 沿着 l 趋于 P 时，如果此极限存在，则称这个极限为函数在点 P 沿方向 l 的方向导数，记为

$$\frac{\partial f}{\partial l} = \lim_{\rho \to 0} \frac{f(x+\Delta x, y+\Delta y) - f(x,y)}{\rho}.$$

(2) 方向导数的求法

定理：如果函数 $f(x,y)$ 在点 $P_0(x_0,y_0)$ 可微分，那么函数在该点沿任一方向 l 的方向导数存在，且有

$$\left.\frac{\partial f}{\partial l}\right|_{(x_0,y_0)} = f_x(x_0,y_0)\cos\alpha + f_y(x_0,y_0)\cos\beta,$$

其中 $\cos\alpha, \cos\beta$ 是方向 l 的方向余弦.

(3) 梯度和概念

设函数 $f(x,y)$ 在平面区域 D 内具有一阶连续偏导数，则对于每一点 $P_0(x_0,y_0) \in D$，都可定出一个向量 $f_x(x_0,y_0)\boldsymbol{i} + f_y(x_0,y_0)\boldsymbol{j}$，该向量称为函数 $f(x,y)$ 在点 $P_0(x_0,y_0)$ 的梯度，记作 $\mathbf{grad}f(x_0,y_0)$.

(4) 方向导数与梯度的关系

函数在一点的梯度是个向量，它的方向是函数在这点的方向导数取得最大值的方向，它的模就等于方向导数的最大值.

13. 多元函数的极值

定理1(极值的必要条件)：设函数 $z = f(x,y)$ 在点 (x_0,y_0) 具有偏导数，且在点 (x_0,y_0) 处有极值，则有

$$f_x(x_0,y_0)=0, f_y(x_0,y_0)=0.$$

定理 2(极值的充分条件):设函数 $z=f(x,y)$ 在点 (x_0,y_0) 的某邻域内连续且有一阶及二阶连续偏导数,又 $f_x(x_0,y_0)=0, f_y(x_0,y_0)=0$,令
$$f_{xx}(x_0,y_0)=A, f_{xy}(x_0,y_0)=B, f_{yy}(x_0,y_0)=C,$$
则 $f(x,y)$ 在点 (x_0,y_0) 处是否取得极值的条件如下:

① $AC-B^2>0$ 时具有极值,且当 $A<0$ 时有极大值,当 $A>0$ 时有极小值;

② $AC-B^2<0$ 时没有极值;

③ $AC-B^2=0$ 时可能有极值,也可能没有极值,还需另作讨论.

拉格朗日乘数法:要找函数 $z=f(x,y)$ 在附加条件 $\varphi(x,y)=0$ 下的可能极值点,可以先作拉格朗日函数 $L(x,y)=f(x,y)+\lambda\varphi(x,y)$,其中 λ 为参数(称为拉格朗日乘子),求其对 x 和 y 的一阶偏导数,并使之为零. 然后与方程 $\varphi(x,y)=0$ 联立起来:
$$\begin{cases} f_x(x,y)+\lambda\varphi_x(x,y)=0, \\ f_y(x,y)+\lambda\varphi_y(x,y)=0, \\ \varphi(x,y)=0. \end{cases}$$

由这个方程组解出 x,y 及 λ,这样得到的 (x,y) 就是函数 $f(x,y)$ 在附加条件 $\varphi(x,y)=0$ 下的可能极值点. 这种方法称为拉格朗日乘数法.

【串讲小结】

本章首先引入多元函数的极限与连续性,极限的存在性需要特别注意,应包含各个方向的逼近过程;而不再是一元函数的一个单方向,或至多是两个单侧极限. 重极限与累次极限之间没有必然的联系:有重极限,可以没有累次极限;有累次极限,也可以没有重极限. 多元函数的极限与连续性是学习多元函数微积分的基础.

对于偏导数、全微分这一部分来说最本质的问题是弄清楚偏导数、全微分及它们之间的关系,以及它们与连续性之间的关系. 存在偏导数不一定连续,这是不同于一元函数的. 链式法则应牢记并熟练使用. 最后涉及的梯度在很多学科中都要用到.

正如所有的应用部分的内容一样,多元函数与微分学应用这一部分涉及很多的公式,如极值的充分条件中的公式,切线、法线方程,切平面、法平面方程等. 这些内容都是应当熟记并理解其含义的.

8.3 答疑解惑

1. 二元函数的极限、连续性与一元函数的极限、连续性有何不同？

答:（1）当 x 沿 x 轴的不同方向趋于 x_0 时，$f(x)$ 有相同的极限：
$$f_-(x_0) = f_+(x_0) = A,$$
则 $\lim_{x \to x_0} f(x)$ 存在且等于 A.

而 $z = f(x,y)$ 即使点 $P(x,y)$ 沿任何直线方向趋于点 $P(x_0, y_0)$ 时的极限均相等，也难以断定 $\lim_{\substack{x \to x_0 \\ y \to y_0}} f(x,y)$ 存在.

（2）一元函数只有间断点可言，而二元函数 $z = f(x,y)$ 不仅可能有间断点，还可能有间断线，三元函数 $u = f(x,y,z)$ 还可能出现间断面.

2. 如何确定二元函数的极限存在与否？

答: 确定二元函数极限不存在可以用下面方法：

（1）令 $P(x,y)$ 沿 $y = kx^m$ 趋向于 $P_0(x_0, y_0)$，若极限值与 k 有关，则可断言此极限不存在.

（2）找两种不同趋向方式，使 $\lim_{(x,y) \to (x_0, y_0)} f(x,y)$ 存在，但两者不相等，则可断言 $\lim_{(x,y) \to (x_0, y_0)} f(x,y)$ 不存在.

（3）两个二次极限存在，但不相等.

确定二元函数极限存在，难度是比较大的，因为要确定点 $P(x,y)$ 在任何方式下趋向于 $P_0(x_0, y_0)$ 时有同一极限是不可能的，一般采用下述方法：

（1）利用定义，即当 $P \in \overset{\circ}{U}(P_0, \delta)$ 时，有 $|f(P) - A| < \varepsilon$ 成立. 也可以用坐标系的转换，将二元函数化为一元函数的极限来证明.

（2）证明 $\lim_{(x,y) \to (x_0, y_0)} f(x,y) = A$ 时，可适当放大 $|f(x,y) - A|$，然后用夹逼定理.

3. $\dfrac{\partial z}{\partial x}$ 与 $\dfrac{\partial f}{\partial x}$ 有什么不同？

答: 设 $z = f(x, u), u = g(x, y)$，则 $\dfrac{\partial z}{\partial x} = \dfrac{\partial f}{\partial x} + \dfrac{\partial f}{\partial u} \dfrac{\partial u}{\partial x}$，此求导公式中 $\dfrac{\partial f}{\partial x}$ 中的 x 是中间变量，此时是把函数 $f(x, u)$ 中的 u 看作不变（常量），而对 x 求偏导数，但 $\dfrac{\partial z}{\partial x}$ 中的 x 是自变量，是把函数 $z = [x, g(x,y)]$ 中的 y 看作不变而对 x 的偏导数，所以此时 $\dfrac{\partial z}{\partial x}$ 与 $\dfrac{\partial f}{\partial x}$ 的意义不同，不可混淆. 但如果函数为 $z = f(x,y)$ 则二者

意义相同.

4. 多元函数连续、可导、可微之间有何关系?

答:多元函数连续、可导、可微的关系如图 8.1 所示.

5. 方向导数和偏导数的关系如何?

答:依方向导数的定义,当 $l = i$ 时,在 (x_0, y_0) 处,

$$\frac{\partial z}{\partial l} = \lim_{|\Delta x| \to 0} \frac{f(x_0 + \Delta x, y_0) - f(x_0, y_0)}{|\Delta x|}$$

$$= \lim_{|\Delta x| \to 0^+} \frac{f(x_0 + \Delta x, y_0) - f(x_0, y_0)}{\Delta x},$$

而 $\dfrac{\partial z}{\partial x} = \lim\limits_{\Delta x \to 0} \dfrac{f(x_0 + \Delta x, y_0) - f(x_0, y_0)}{\Delta x}.$

图 8.1

因此,前者是单侧极限,后者是双侧极限,两者并非完全一样. 若 $\dfrac{\partial z}{\partial x}$ 存在,则沿 $l = +i$ 方向的方向导数 $\dfrac{\partial z}{\partial l}$ 也存在,且二者相等. 而反之,若 $\dfrac{\partial z}{\partial l}$ 存在,则 $\dfrac{\partial z}{\partial x}$ 可能不存在,如 $z = \sqrt{x^2 + y^2}$ 在点 $(0,0)$ 处沿 $l = +i$ 方向,有 $\dfrac{\partial z}{\partial l} = 1$, 而 $\dfrac{\partial z}{\partial x}$ 不存在.

特别,沿 x 负方向 $l = -i$,$\dfrac{\partial z}{\partial l} = -\dfrac{\partial z}{\partial x}$,同理方向导数 $\dfrac{\partial z}{\partial l}$ 与偏导数 $\dfrac{\partial z}{\partial x}$ 在沿方向 $l = j$ 上也有类似的结果.

6. 若点 $M_0(x_0, y_0)$ 为 $z = f(x,y)$ 的极值点,则必有 $\left.\dfrac{\partial z}{\partial x}\right|_{M_0} = 0, \left.\dfrac{\partial z}{\partial y}\right|_{M_0} = 0$ 吗?

答:否. 例如 $z = \sqrt{x^2 + y^2}$ 在点 $M_0(0,0)$ 取得极小值,但在 $M_0(0,0)$ 处 $\dfrac{\partial z}{\partial x}$ 与 $\dfrac{\partial z}{\partial y}$ 都不存在.

7. 若 $f(x_0, y)$ 及 $f(x, y_0)$ 在 (x_0, y_0) 点均取得极值,$f(x,y)$ 在点 (x_0, y_0) 是否也取得极值?

答:不一定. 例如 $f(x,y) = x^2 - y^2$,当 $x = 0$ 时,$f(0,y) = -y^2$ 在 $(0,0)$ 取得极大值;当 $y = 0$ 时,$f(x,0) = x^2$ 在 $(0,0)$ 取得极小值;但 $f(x,y) = x^2 - y^2$ 在 $(0,0)$ 不取得极值.

8.4 范例解析

例 1 求 $z = \arcsin 2x + \dfrac{\sqrt{4x - y^2}}{\ln(1 - x^2 - y^2)}$ 的定义域.

解析： 由于 $\arcsin 2x$，$\sqrt{4x-y^2}$ 和 $\dfrac{1}{\ln(1-x^2-y^2)}$ 的定义域分别是 $|2x|\leqslant 1, 4x-y^2\geqslant 0, 1-x^2-y^2>0$ 且 $1-x^2-y^2\neq 1$．于是函数的定义域为上述联立不等式组的解，得

$$\begin{cases} -0.5\leqslant x\leqslant 0.5, \\ y^2\leqslant 4x, \\ 0<x^2+y^2<1. \end{cases}$$

例 2 求极限：(1) $\lim\limits_{(x,y)\to(0,0)}\dfrac{(y-x)x}{\sqrt{x^2+y^2}}$；　(2) $\lim\limits_{(x,y)\to(0,0)}\dfrac{\sin(x^2y)}{x^2+y^2}$；

(3) $\lim\limits_{(x,y)\to(0,0)}\dfrac{3-\sqrt{xy+9}}{xy}$．

解析： (1) 因为 $0\leqslant\left|\dfrac{(y-x)x}{\sqrt{x^2+y^2}}\right|\leqslant\dfrac{|xy|}{\sqrt{x^2+y^2}}+\dfrac{x^2+y^2}{\sqrt{x^2+y^2}}\leqslant$

$$\dfrac{1}{2}\sqrt{x^2+y^2}+\sqrt{x^2+y^2}=\dfrac{3}{2}\sqrt{x^2+y^2}\to 0(x\to 0, y\to 0),$$

故 $\lim\limits_{(x,y)\to(0,0)}\dfrac{(y-x)x}{\sqrt{x^2+y^2}}=0$．

(2) $\lim\limits_{(x,y)\to(0,0)}\dfrac{\sin(x^2y)}{x^2+y^2}=\lim\limits_{(x,y)\to(0,0)}\left(\dfrac{\sin(x^2y)}{x^2y}\cdot\dfrac{x^2y}{x^2+y^2}\right)$，

其中 $\lim\limits_{(x,y)\to(0,0)}\dfrac{\sin(x^2y)}{x^2y}\xlongequal{u=x^2y}\lim\limits_{u\to 0}\dfrac{\sin u}{u}=1$，

$\left|\dfrac{x^2y}{x^2+y^2}\right|\leqslant\dfrac{1}{2}|x|\xrightarrow{x\to 0}0\ (2|xy|\leqslant x^2+y^2)$，

所以 $\lim\limits_{(x,y)\to(0,0)}\dfrac{\sin(x^2y)}{x^2+y^2}=0$．

(3) 原式 $=\lim\limits_{(x,y)\to(0,0)}\dfrac{9-(xy+9)}{xy(3+\sqrt{xy+9})}=\lim\limits_{(x,y)\to(0,0)}\dfrac{-1}{3+\sqrt{xy+9}}=-\dfrac{1}{6}$．

注意： 多元函数的极限，只有当可以转化为一个变量（原来自变量的某个函数）的极限的场合，才可以用求一元函数极限的方法求解．一般地，求 $\lim\limits_{P\to P_0}f(P)$ 时，如果 $f(P)$ 是初等函数，而且 P_0 是 $f(P)$ 的定义域的内点，则 $f(P)$ 在 P_0 处连续，而且 $\lim\limits_{P\to P_0}f(P)=f(P_0)$．

例 3 证明：$\lim\limits_{(x,y)\to(0,0)}\dfrac{x-y}{x+y}$ 不存在．

证法 1： 令 $y=kx(k\neq -1), x\to 0$．

$\lim\limits_{\substack{x\to 0\\y=kx}}\dfrac{x-y}{x+y}=\lim\limits_{x\to 0}\dfrac{(1-k)x}{(1+k)x}=\dfrac{1-k}{1+k}$，与 k 有关，

故 $\lim\limits_{(x,y)\to(0,0)}\dfrac{x-y}{x+y}$ 不存在(沿不同路径极限不相等).

证法 2: $\lim\limits_{y\to 0}\lim\limits_{x\to 0}\dfrac{x-y}{x+y}=\lim\limits_{y\to 0}(-1)=-1, \lim\limits_{x\to 0}\lim\limits_{y\to 0}\dfrac{x-y}{x+y}=\lim\limits_{y\to 0}1=1$,

故 $\lim\limits_{(x,y)\to(0,0)}\dfrac{x-y}{x+y}$ 不存在(两个二次极限存在但不相等).

例 4 讨论函数 $f(x,y)=\begin{cases}\dfrac{xy}{\sqrt{x^2+y^2}}, & (x,y)\neq(0,0),\\ 0, & (x,y)=(0,0)\end{cases}$ 在 $(0,0)$ 点的连续性.

解析: 由于 $0\leqslant\left|\dfrac{xy}{\sqrt{x^2+y^2}}\right|\leqslant\dfrac{1}{\sqrt{x^2+y^2}}\dfrac{1}{2}(x^2+y^2)=\dfrac{1}{2}\sqrt{x^2+y^2}$,

故 $\lim\limits_{(x,y)\to(0,0)}f(x,y)=\lim\limits_{(x,y)\to(0,0)}\dfrac{xy}{\sqrt{x^2+y^2}}=0=f(0,0)$.

所以 $f(x,y)$ 在 $(0,0)$ 处连续.

例 5 设 $z=x^{x^y}$ $(x>0)$,求 $\dfrac{\partial z}{\partial x},\dfrac{\partial z}{\partial y}$.

解法 1:利用链式法则.

令 $u=x^y$,则 $z=x^u=f(x,u)$,

于是 $\dfrac{\partial z}{\partial x}=\dfrac{\partial f}{\partial x}+\dfrac{\partial f}{\partial u}\dfrac{\partial u}{\partial x}=x^y x^{x^y-1}+(x^{x^y}\ln x)yx^{y-1}$,

$\dfrac{\partial z}{\partial y}=\dfrac{\partial f}{\partial u}\dfrac{\partial u}{\partial y}=(x^u\ln x)(x^y\ln x)=x^y x^{x^y}(\ln x)^2$.

解法 2:利用求对数.

由 $z=x^{x^y}$ $(x>0)$,两边取对数有 $\ln z=x^y\ln x$,   ($*$)

两边对 x 求导,有

$\dfrac{1}{z}\dfrac{\partial z}{\partial x}=yx^{y-1}\ln x+x^{y-1}$,

$\dfrac{\partial z}{\partial x}=z(yx^{y-1}\ln x+x^{y-1})=x^{x^y}(yx^{y-1}\ln x+x^{y-1})$.

同样在($*$)式两端对 y 求导,有 $\dfrac{1}{z}\dfrac{\partial z}{\partial y}=x^y(\ln x)^2$,

则 $\dfrac{\partial z}{\partial y}=zx^y(\ln x)^2=x^{x^y}x^y(\ln x)^2$.

解法 3:利用全微分一阶形式不变性.

$z=x^{x^y}=x^u, u=x^y$,则 $z=f(x,u)$,

由全微分一阶形式不变性有:

$\mathrm{d}z=f_x\mathrm{d}x+f_u\mathrm{d}u=ux^{u-1}\mathrm{d}x+x^u\ln x\mathrm{d}u$

$$= x^y x^{x^y-1} \mathrm{d}x + x^{x^y}\ln x(yx^{y-1}\mathrm{d}x + x^y\ln x\mathrm{d}y)$$
$$= (x^y x^{x^y-1} + yx^{x^y}x^{y-1}\ln x)\mathrm{d}x + x^{x^y}x^y(\ln x)^2 \mathrm{d}y,$$

于是
$$\frac{\partial z}{\partial x} = x^y x^{x^y-1} + yx^{x^y}x^{y-1}\ln x,$$

$$\frac{\partial z}{\partial y} = x^{x^y}x^y(\ln x)^2.$$

注意:求偏导数的解题方法有:(1) 直接法;(2) 利用全微分一阶形式不变性;(3) 先取对数,再求偏导;(4) 链式法则.

例 6　设 $z = x^3 + 2x^2 y + y\mathrm{e}^x$,求 $z_x(0,1), z_y(2,1)$.

解析: $z_x = 3x^2 + 4xy + y\mathrm{e}^x, z_y = 2x^2 + \mathrm{e}^x$,

故　$z_x(0,1) = 0 + 0 + 1 = 1, z_y(2,1) = 8 + \mathrm{e}^2.$

例 7　设 $z = f(x+y+z, xyz)$,求 $\dfrac{\partial z}{\partial x}, \dfrac{\partial x}{\partial y}, \dfrac{\partial y}{\partial z}$.

解析:令 $u = x+y+z, v = xyz$,则 $z = f(u,v)$.

把 z 看做 x,y 的函数,对 x 求偏导数,得
$$\frac{\partial z}{\partial x} = f_u \times (1 + \frac{\partial z}{\partial x}) + f_v \times (yz + xy\frac{\partial z}{\partial x}),$$

整理,得
$$\frac{\partial z}{\partial x} = \frac{f_u + yz\, f_v}{1 - f_u - xy\, f_v}.$$

把 x 看做 z,y 的函数,对 y 求偏导数,得
$$0 = f_u \times (\frac{\partial x}{\partial y} + 1) + f_v \times (xz + yz\frac{\partial x}{\partial y}),$$

整理,得
$$\frac{\partial x}{\partial y} = -\frac{f_u + xz\, f_v}{f_u + yz\, f_v}.$$

把 y 看做 x,z 的函数,对 z 求偏导数,得
$$1 = f_u \times (\frac{\partial y}{\partial z} + 1) + f_v \times (xy + xz\frac{\partial y}{\partial z}),$$

整理,得
$$\frac{\partial y}{\partial z} = \frac{1 - f_u - xy\, f_v}{f_u + xz\, f_v}.$$

例 8　设 $z^x = y^z$ 确定 z 为 x、y 的函数,求全微分 $\mathrm{d}z$.

解析:令 $F(x,y,z) = z^x - y^z$,则有
$$F_x = z^x \ln z, F_y = -zy^{z-1}, F_z = xz^{x-1} - y^z \ln y,$$

$$\frac{\partial z}{\partial x} = -\frac{F_x}{F_z} = -\frac{z^x \ln z}{xz^{x-1} - y^z \ln y},$$

$$\frac{\partial z}{\partial y} = -\frac{F_y}{F_z} = -\frac{-zy^{z-1}}{xz^{x-1} - y^z \ln y},$$

$$dz = \frac{\partial z}{\partial x}dx + \frac{\partial z}{\partial y}dy = \frac{-z^x \ln z \, dx + zy^{z-1} dy}{xz^{x-1} - y^z \ln y}.$$

例 9 设 $z = \varphi[x + \psi(x-y), y]$,其中 φ, ψ 具有二阶导数,求 $\frac{\partial^2 z}{\partial x^2}, \frac{\partial^2 z}{\partial y^2}$.

解析: $\frac{\partial z}{\partial x} = \varphi'_1(1+\psi'), \frac{\partial z}{\partial y} = \varphi'_1(-\psi') + \varphi'_2 = -\varphi'_1 \psi' + \varphi'_2$

$$\frac{\partial^2 z}{\partial x^2} = \frac{\partial \varphi'_1}{\partial x}(1+\psi') + \varphi'_1 \frac{\partial}{\partial x}(1+\psi') = \varphi''_{11}(1+\psi')(1+\psi') + \varphi'_1 \psi''$$
$$= \varphi''_{11}(1+\psi')^2 + \varphi'_1 \psi''$$

$$\frac{\partial^2 z}{\partial y^2} = -\left[\frac{\partial \varphi'_1}{\partial y}\psi' + \varphi'_1 \frac{\partial \psi'}{\partial y}\right] + \frac{\partial \varphi'_2}{\partial y}$$
$$= -\{[\varphi''_{11}(-\psi') + \varphi''_{12}]\psi' - \varphi'_1(-\psi'')\} + [\varphi''_{21}(-\psi') + \varphi''_{22}].$$

例 10 求曲面 $x^2 + 2y^2 + 3z^2 = 21$ 平行于平面 $x + 4y + 6z = 0$ 的各切平面方程.

解析: 设 (x_0, y_0, z_0) 为曲面上的切点,切平面方程为
$$2x_0(x-x_0) + 4y_0(y-y_0) + 6z_0(z-z_0) = 0.$$
依题意,切平面方程平行于已知平面,得
$$\frac{2x_0}{1} = \frac{4y_0}{4} = \frac{6z_0}{6} \Rightarrow 2x_0 = y_0 = z_0.$$
因为 (x_0, y_0, z_0) 是曲面上的切点,所以,$x_0 = \pm 1$,所求切点为 $(1,2,2), (-1,-2,-2)$,

切平面方程 (1)
$$2(2x-1) + 8(y-2) + 12(z-2) = 0 \Rightarrow x + 4y + 6z = 21;$$
切平面方程 (2)
$$-2(x+1) - 8(y+2) - 12(z+2) = 0 \Rightarrow x + 4y + 6z = -21.$$

例 11 求函数 $z = x^2 - y^2$ 在点 $M(1,1)$ 处的梯度以及沿与 Ox 轴的正向成角 $\alpha = 60°$ 的方向 l 上的方向导数.

解析: $\left.\frac{\partial z}{\partial x}\right|_{\substack{x=1\\y=1}} = 2, \left.\frac{\partial z}{\partial y}\right|_{\substack{x=1\\y=1}} = -2,$
$$\cos\alpha = \cos 60° = \frac{1}{2}, \cos\beta = \cos 30° = \frac{\sqrt{3}}{2},$$
于是,$\mathbf{grad}\, z(1,1) = (2, -2),$
$$\left.\frac{\partial z}{\partial l}\right|_{\substack{x=1\\y=1}} = 2 \times \frac{1}{2} + (-2)\frac{\sqrt{3}}{2} = 1 - \sqrt{3}.$$

例 12 求旋转抛物面 $z = x^2 + y^2$ 与平面 $x + y - 2z = 2$ 之间的最短距离.

解析: 设 $P(x, y, z)$ 为抛物面 $z = x^2 + y^2$ 上任一点,则 P 到平面 $x + y - 2z$

$-2=0$ 的距离为 d：
$$d = \frac{1}{\sqrt{6}}|x+y-2z-2|.$$

本题变为求一点 $P(x,y,z)$，使得 (x,y,z) 满足 $x^2+y^2-z=0$，且使 $d=\frac{1}{\sqrt{6}}|x+y-2z-2|$（即 $d^2=\frac{1}{6}(x+y-2z-2)^2$）最小.

令 $F(x,y,z)=\frac{1}{6}(x+y-2z-2)^2+\lambda(z-x^2-y^2)$，得

$$\begin{cases} F'_x = \frac{1}{3}(x+y-2z-2)-2\lambda x = 0, & ① \\ F'_y = \frac{1}{3}(x+y-2z-2)-2\lambda y = 0, & ② \\ F'_z = \frac{1}{3}(x+y-2z-2)(-2)+\lambda = 0, & ③ \\ z = x^2+y^2. & ④ \end{cases}$$

解此方程组，得 $x=\frac{1}{4}, y=\frac{1}{4}, z=\frac{1}{8}$，

即得唯一驻点 $(\frac{1}{4},\frac{1}{4},\frac{1}{8})$.

根据题意距离的最小值一定存在，且有唯一驻点，故必在 $(\frac{1}{4},\frac{1}{4},\frac{1}{8})$ 处取得最小值：
$$d_{\min} = \frac{1}{\sqrt{6}}\left|\frac{1}{4}+\frac{1}{4}-\frac{1}{4}-2\right| = \frac{7}{4\sqrt{6}}.$$

8.5 基础作业题

一、填空题

1. 若 $f(x,y)=\frac{x^2+y^2}{2xy}$，则 $f(2,-3)=$ _____；$f(1,\frac{y}{x})=$ _____.

2. 若 $f(\frac{y}{x})=\frac{\sqrt{x^2+y^2}}{y}(y>0)$，则 $f(x)=$ _____.

3. $z=\arcsin\frac{y}{x}$ 的定义域是 _____.

4. $\lim\limits_{(x,y)\to(0,0)}\frac{\sin xy}{x}$ _____.

5. 设 $z=e^{\sin t-t^3}$，则 $\frac{dz}{dt}=$ _____.

6. $f(x,y,z) = \left(\dfrac{x}{y}\right)^{\frac{1}{z}}$,则 $df(1,1,1) =$ _____.

7. 设 $f(x,y) = \int_{y^2}^{2x} \sin t^2 \, dt$,则 $df(x,y) =$ _____.

8. $u = f(x, xy, xyz)$,则 $\dfrac{\partial u}{\partial x} =$ _____,$\dfrac{\partial u}{\partial y} =$ _____,$\dfrac{\partial u}{\partial z} =$ _____.

9. 设 $\dfrac{x}{z} = \ln \dfrac{z}{y}$,则 $\dfrac{\partial z}{\partial x} =$ _____,$\dfrac{\partial z}{\partial y} =$ _____.

10. 设 f、g 为连续的可微函数,$u = f(x, xy)$,$v = g(x + xy)$,则 $\dfrac{\partial u}{\partial x} \cdot \dfrac{\partial v}{\partial x} =$ _____.

11. $x = 3x^2 + y^2 - 14$ 在点 $(2, -2, 2)$ 的切平面方程为_____.

12. 曲线 $\begin{cases} x^2 + y^2 + z^2 - 3x = 0, \\ 2x - 3y + 5z - 4 = 0 \end{cases}$ 在点 $(1,1,1)$ 处的切线方程为_____,法平面方程为_____.

13. 函数 $u = xyz$ 在点 $(5,1,2)$ 处沿从点 $(5,1,2)$ 到点 $(9,4,14)$ 的方向导数为_____.

14. 设 $f(x,y,z) = x^2 + 2y^2 + 3z^2 + xy - 2y - 6z$,则 $\mathbf{grad} f(1,1,1) =$ _____.

15. 函数 $f(x,y) = (6x - x^2)(4y - y^2)$ 的极值点为_____.

二、选择题

1. 下列极限存在的是( ).

  A. $\lim\limits_{\substack{x \to 0 \\ y \to 0}} \dfrac{x}{x+y}$ B. $\lim\limits_{\substack{x \to 0 \\ y \to 0}} \dfrac{1}{x+y}$

  C. $\lim\limits_{\substack{x \to 0 \\ y \to 0}} \dfrac{x^2}{x+y}$ D. $\lim\limits_{\substack{x \to 0 \\ y \to 0}} x \sin \dfrac{1}{x+y}$

2. $f(x,y)$ 在 (x_0, y_0) 处 $\dfrac{\partial f}{\partial x}$,$\dfrac{\partial f}{\partial y}$ 均存在是 $f(x,y)$ 在 (x_0, y_0) 处连续的( )条件.

  A. 充分   B. 必要

  C. 充分必要   D. 既不充分也不必要

3. 已知 $\dfrac{\partial f}{\partial x} > 0$,则( ).

  A. $f(x,y)$ 关于 x 为单调递增   B. $f(x,y) > 0$

  C. $\dfrac{\partial^2 f}{\partial x^2} > 0$ D. $f(x,y) = x(y^2 + 1)$

4. 在点 P 处,f 可微的充分条件是( ).

A. f 的全部二阶偏导连续 B. f 连续

C. f 的全部一阶偏导连续 D. f 连续且 $\dfrac{\partial f}{\partial x}, \dfrac{\partial f}{\partial y}$ 均存在.

5. 曲面 $z = f(x,y,z)$ 的一个法向量为(   ).

A. $(F_x, F_y, F_z - 1)$ B. $(F_z - 1, F_y - 1, F_z - 1)$

C. (F_x, F_y, F_z) D. $(-F_z, -F_y, 1)$

三、计算题

1. 确定下列函数的定义域：

(1) $f(x,y) = \sqrt{1-x^2} + \sqrt{y^2-1}$; (2) $f(x,y) = \ln(-x-y)$;

(3) $f(x,y) = \arccos \dfrac{z}{\sqrt{x^2+y^2}}$; (4) $f(x,y) = \dfrac{\arcsin(3-x^2-y^2)}{\sqrt{x-y^2}}$.

2. 求下列极限：

(1) $\lim\limits_{(x,y) \to (1,0)} \dfrac{\ln(x+e^y)}{\sqrt{x^2+y^2}}$; (2) $\lim\limits_{(x,y) \to (\infty,\infty)} \dfrac{x+y}{x^2-xy+y^2}$;

(3) $\lim\limits_{(x,y) \to (0,0)} \dfrac{1-\cos(x^2+y^2)}{(x^2+y^2)x^2y^2}$; (4) $\lim\limits_{(x,y) \to (0,\frac{1}{2})} \arcsin \sqrt{x^2+y^2}$.

3. 讨论函数 $z = \dfrac{y^2+2x}{y^2-2x}$ 的连续性.

4. 求下列函数的不连续点：

(1) $u = \dfrac{xy}{x+y}$; (2) $u = \dfrac{1}{xyz}$.

5. 求下列函数的一阶和二阶偏导数：

(1) $u = x^4 + y^4 - 4x^2y^2$; (2) $u = x\sin(x+y)$; (3) $u = \tan \dfrac{x^2}{y}$.

6. 求下列函数在指定点处的偏导数：

(1) $f(x,y) = x^2 e^y + (x-1)\arctan \dfrac{y}{x}$, 求 $f_y(1,0)$;

(2) $z = \arctan \dfrac{x-y}{1-xy}$, 求 $\dfrac{\partial^2 z}{\partial x^2}\bigg|_{\substack{x=0 \\ y=0}}$.

7. 求下列函数的微分 du:

(1) $u = xy + yz + zx$; (2) $u = \dfrac{z}{x^2+y^2}$; (3) $u = x^{yz}$.

8. 设 $u = f(x+y, xy)$, 求 $\dfrac{\partial^2 u}{\partial x \partial y}$.

9. 已知 $\begin{cases} x = u+v, \\ y = u^2+v^2, \\ z = u^3+v^3, \end{cases}$ 求 z_x.

10. 求 $u = x^2 + y^2 + z^2$ 在曲线 $x = t, y = t^2, z = t^3$ 上点 $(1,1,1)$ 处沿曲线在该点的切线正方向(对应于 t 增大的方向)的方向导数.

11. 如果平面 $3x + \lambda y - 3z + 16 = 0$ 与椭球面 $3x^2 + y^2 + z^2 = 16$ 相切,求 λ.

12. 求曲面 $z - e^z + 2xy = 3$ 在点 $(1,2,0)$ 处的切平面和法线方程.

13. 求函数 $z = x^3 + y^3 - 3xy$ 的极值.

四、证明题

1. 证明 $\lim\limits_{(x,y) \to (0,0)} \dfrac{x^3 y}{x^6 + y^2}$ 极限不存在.

2. 设 $r = \sqrt{x^2 + y^2 + z^2}$,求证:$\left(\dfrac{\partial r}{\partial x}\right)^2 + \left(\dfrac{\partial r}{\partial y}\right)^2 + \left(\dfrac{\partial r}{\partial z}\right)^2 = 1$.

3. (1) 已知 $z = \varphi(x^2 + y^2)$,φ 可微,求证:$y \dfrac{\partial z}{\partial x} - x \dfrac{\partial z}{\partial y} = 0$.

(2) 设 $x + z = y f(x^2 - z^2)$,其中 f 有连续导数,证明 $z \dfrac{\partial z}{\partial x} + y \dfrac{\partial z}{\partial y} = x$.

8.6 综合作业题

一、求极限

1. $\lim\limits_{(x,y) \to (0,0)} \dfrac{\sin(x^3 + y^3)}{x^2 + y^2}$;

2. $\lim\limits_{(x,y) \to (0,0)} \dfrac{\sin[(y+1)(x^2 + y^2)]}{x^2 + y^2}$;

3. $\lim\limits_{\substack{x \to 0 \\ y \to 0}} \dfrac{\sqrt{(1+4x^2)(1+6y^2)} - 1}{2x^2 + 3y^2}$;

4. $\lim\limits_{\substack{x \to \infty \\ y \to 2}} \left(1 + \dfrac{1}{xy}\right)^{\frac{x^2}{x+y}}$.

二、计算题

1. 设 $u = f(x, z)$,而 $z(x, y)$ 是由 $z = x + y\varphi(z)$ 方程所确定的函数,求 du.

2. 设函数 $u(x)$ 由方程组 $\begin{cases} u = f(x, y), \\ g(x, y, z) = 0, \\ h(x, z) = 0 \end{cases}$ 所确定,且 $\dfrac{\partial g}{\partial y} \neq 0, \dfrac{\partial h}{\partial z} \neq 0$,试求 $\dfrac{du}{dx}$.

3. 求 $u = \dfrac{x^2}{a^2} + \dfrac{y^2}{b^2} + \dfrac{z^2}{c^2}$ 在点 $M(x_0, y_0, z_0)$ 处沿点的向径 $\boldsymbol{r}_0$ 的方向导数,问 a, b, c 具有什么关系时,此方向导数等于梯度的模?

4. 设一矩形的周长为 2,现让它绕其一边旋转,求所得圆柱体体积为最大时矩形的面积及圆柱体体积.

5. 用变换 $\begin{cases} u = x - 2y, \\ v = x + ay \end{cases}$ 可把 $6\dfrac{\partial^2 z}{\partial x^2} + \dfrac{\partial^2 z}{\partial x \partial y} - \dfrac{\partial^2 z}{\partial y^2} = 0$ 化简为 $\dfrac{\partial^2 z}{\partial u \partial v} = 0$,求 a 值.

三、证明题

1. 证明:$\lim\limits_{(x,y) \to (0,0)} xy \ln(x^2 + y^2) = 0$.

2. 证明：函数 $\begin{cases} \dfrac{x^2 y}{x^2+y^2}, & x^2+y^2 \neq 0, \\ 0, & x^2+y^2 = 0 \end{cases}$ 在原点(0,0)连续，且存在偏导数，但是在原点(0,0)不可微.

3. 设 $f(x,y) = |x-y|\varphi(x,y)$，其中 $\varphi(x,y)$ 在点(0,0)连续，且 $\varphi(0,0) = 0$. 证明：$f(x,y)$ 在点(0,0)处可微.

4. 设 $u(x,y)$ 具有二阶连续偏导数，证明：$u(x,y) = f(x)g(y)$ 的充要条件为

$$u\frac{\partial^2 u}{\partial x \partial y} = \frac{\partial u}{\partial x}\frac{\partial u}{\partial y}(u \neq 0).$$

5. 设 $f(x,y) = xy\dfrac{x^2-y^2}{x^2+y^2}$，若 $x^2+y^2 \neq 0$ 及 $f(0,0) = 0$，证明：

$$f_{xy}(0,0) \neq f_{yx}(0,0).$$

6. 设曲面 $z = f(x,y)$ 二次可微，且 $\dfrac{\partial f}{\partial y} \neq 0$，证明：对任给的常数 C，$f(x,y) = C$ 为一条直线的充要条件是

$$\left(\frac{\partial f}{\partial y}\right)^2 \frac{\partial^2 f}{\partial x^2} - 2\frac{\partial f}{\partial x}\frac{\partial f}{\partial y}\frac{\partial^2 f}{\partial x \partial y} + \left(\frac{\partial f}{\partial x}\right)^2 \frac{\partial^2 f}{\partial y^2} = 0.$$

8.7 自测题

一、填空题

1. $f(x+y, x-y) = x^2 y + y^2$，$f(x,y) = $ _____.

2. 函数 $z = \sqrt{x - \sqrt{y}}$ 的定义域为 _____.

3. 设 $f(x,y) = x + (y-1)\arcsin\sqrt{\dfrac{x}{y}}$，则 $f_x\left(\dfrac{1}{2}, 1\right) = $ _____.

4. 设 $z = \operatorname{arccot}(xy)$，$y = e^x$，$\dfrac{dz}{dx} = $ _____.

5. 设 $z = (1+x)^{xy}$，则 $\dfrac{\partial z}{\partial x} = $ _____，$\dfrac{\partial z}{\partial y} = $ _____.

6. 设 $z = \arctan\dfrac{y}{x} - 2\operatorname{arccot}\dfrac{x}{y}$，$dz|_{(1,1)} = $ _____.

7. 空间曲线 $x = t, y = t^2, z = t^3$ 在点 $M(1,1,1)$ 处的切线与直线 $\dfrac{x-1}{2} = \dfrac{y}{2l} = \dfrac{z+1}{k}$ 平行，则 $l = $ _____，$k = $ _____.

8. 曲面 $e - z + xy = 3$ 在点 $(2,1,0)$ 处的切平面方程为 _____，法线方

程为_____.

9. 设 $z = z(x,y)$ 由方程 $yz + x^2 + z = 0$ 所确定,则 $\mathrm{d}z =$ _____.

二、选择题

1. 若函数 $f(x,y)$ 在点 $P(x,y)$ 处( ),则 $f(x,y)$ 在该点处可微.
   A. 连续
   B. 偏导数存在
   C. 连续且偏导数存在
   D. 某邻域内存在连续的偏导数

2. 设 $x = \ln \dfrac{z}{y}$,则 $\dfrac{\partial z}{\partial x} = ($).
   A. 1　　　　B. e^x　　　　C. ye^x　　　　D. y

3. 对函数 $f(x,y) = xy$,点 $(0,0)$ ( ).
   A. 不是驻点
   B. 是驻点却非极值点
   C. 是极大值点
   D. 是极小值点

4. 二元函数 $z = 5 - x^2 - y^2$ 的极大值点是( ).
   A. (1,0)　　　B. (0,1)　　　C. (0,0)　　　D. (1,1)

5. 函数 $f(x,y) = \begin{cases} \dfrac{4xy}{x^2+y^2}, & x^2+y^2 \neq 0, \\ 0, & x^2+y^2 = 0 \end{cases}$ 在原点间断,因为该函数( ).
   A. 在原点无定义
   B. 在原点二重极限不存在
   C. 在原点有二重极限,但无定义
   D. 在原点二重极限存在,但不等于函数值

6. 设 $z = 2x^2 + 3xy - y^2$,则 $\dfrac{\partial^2 z}{\partial x \partial y} = ($).
   A. 6　　　　B. 3　　　　C. -2　　　　D. 2

7. 函数 $u = xy + yz^3$ 在点 $M(-4,-1,1)$ 沿方向 $\boldsymbol{l} = (-2,2,-1)$ 的方向导数是( ).
   A. $\dfrac{1}{2}$　　　B. $-\dfrac{1}{2}$　　　C. $\dfrac{1}{3}$　　　D. $-\dfrac{1}{3}$

8. 下列命题中,正确的是( ).
   A. 若 (x_0,y_0) 是函数 $z = f(x,y)$ 的驻点,则 $z = f(x,y)$ 必在 (x_0,y_0) 取得极值
   B. 若函数 $z = f(x,y)$ 在 (x_0,y_0) 取得极值,则 (x_0,y_0) 必是 $z = f(x,y)$ 的驻点
   C. 若函数 $z = f(x,y)$ 在 (x_0,y_0) 处可微,则 (x_0,y_0) 必是 $z = f(x,y)$ 连续点
   D. 若函数 $z = f(x,y)$ 在 (x_0,y_0) 处偏导数存在,则 $z = f(x,y)$ 在 (x_0,y_0)

处必连续

三、计算题

1. 设 $z = e^{xy} + yx^2 + \ln\dfrac{y}{x}$,求 $\dfrac{\partial z}{\partial x}, \dfrac{\partial z}{\partial y}$.

2. 设 $z = \arctan\sqrt{x^y}$,求 $\dfrac{\partial z}{\partial x}, \dfrac{\partial z}{\partial y}$.

3. 设 $z = u^2 \ln v, u = \dfrac{y}{x}, v = 3x - 2y$,求 $\dfrac{\partial z}{\partial x}, \dfrac{\partial z}{\partial y}$.

4. 设 $z = f(e^x \sin y, \ln(x+y))$,其中 $f(u,v)$ 为可微函数,求 $\dfrac{\partial z}{\partial x}, \dfrac{\partial z}{\partial y}$.

5. 设 $z = \sqrt{u^2 + v^2}, u = \sin x, v = e^x$,求 $\dfrac{dz}{dx}$.

6. 设 $z = xe^y, y = \varphi(x)$,其中 $\varphi(x)$ 可导,求 $\dfrac{dz}{dx}$.

7. 设 $z = \dfrac{x+y}{x-y}$,求 dz.

8. 设方程 $xe^{2y} - ye^{2x} = 1$,确定隐函数 $y = f(x)$,求 $\dfrac{dy}{dx}$.

9. 设 $z = \arcsin(xy)$,求 $\dfrac{\partial^2 z}{\partial x \partial y}$.

10. 求下列函数的极值:
(1) $z = 4(x-y) - x^2 - y^2$;   (2) $z = e^{2x}(x + y^2 + 2y)$.

11. 求二元函数 $z = \sin\dfrac{1}{(x - \sqrt{y})^2}$ 的间断点.

四、应用题

1. 求曲线 $\begin{cases} x = 2+z, \\ y = z^2 \end{cases}$ 在点 $(1,1,-1)$ 处的切线方程和法平面方程.

2. 在曲面 $z = xy$ 上求一点,使该点处的法线垂直于平面 $x + 3y + z + 9 = 0$,并写出这法线的方程.

3. 在平面 $3x + 4y - z = 26$ 上求一点,它与坐标原点的距离最短.

4. 从斜边长为 L 的一切直角三角中,求有最大周长的直角三角形.

8.8 参考答案与提示

【基础作业题参考答案与提示】

一、1. $-\dfrac{13}{12}, \dfrac{x^2+y^2}{2xy}$;   2. $\dfrac{\sqrt{x^2+1}}{x}$;

3. $\{(x,y) \mid x > 0, -x \leqslant y \leqslant x\} \cup \{(x,y) \mid x < 0, x \leqslant y \leqslant -x\}$;

4. 0; 5. $(\cos t - 3t^2)e^{\sin t - t^3}$; 6. $dx - dy$;

7. $2\sin 4x^2 dx - 2y\sin y^4 dy$; 8. $f'_1 + yf'_2 + yzf'_3, xf'_2 + xzf'_3, xyf'_3$;

9. $\dfrac{z}{z+x}, \dfrac{z^2}{zy+xy}$; 10. $(f'_1 + f'_2)g'(1+y)$;

11. $12x - 4y - z - 30 = 0$;

12. $\dfrac{x-1}{16} = \dfrac{y-1}{9} = \dfrac{z-1}{-1}, 16x + 9y - z - 24 = 0$;

13. $\dfrac{98}{13}$; 14. $(3,3,0)$; 15. $(3,2)$.

二、1. D; 2. D; 3. A; 4. C; 5. A.

三、1. (1) $D = \{(x,y) \mid |x| \leqslant 1, |y| \geqslant 1\}$;

(2) $D = \{(x,y) \mid x + y < 0\}$;

(3) $D = \{(x,y) \mid \left|\dfrac{z}{\sqrt{x^2+y^2}}\right| \leqslant 1\}$（或 $D = \{(x,y) \mid x^2 + y^2 - z^2 \geqslant 0\}$）;

(4) $\begin{cases} |3 - x^2 - y^2| \leqslant 1, \\ x - y^2 > 0, \end{cases} \Rightarrow \begin{cases} 2 \leqslant x^2 + y^2 \leqslant 4, \\ x > y^2, \end{cases}$

所求定义域为 $D = \{(x,y) \mid 2 \leqslant x^2 + y^2 \leqslant 4, x > y^2\}$.

2. (1) $\ln 2$; (2) 0,【提示】利用 $x^2 + y^2 \geqslant 2xy$ 及夹逼定理; (3) $+\infty$;

(4) $\dfrac{\pi}{6}$.

3. 【提示】当 $y^2 - 2x = 0$ 时, 函数无定义, 所以函数在抛物线 $y^2 = 2x$ 上的所有点处间断, 而在其他点上都连续.

4. (1) 直线 $x + y = 0$ 上的一切点均为 $u = \dfrac{xy}{x+y}$ 的不连续点;

(2) 坐标面: $x = 0, y = 0, z = 0$ 上各点均为 $u = \dfrac{1}{xyz}$ 的不连续点.

5. (1) $\dfrac{\partial u}{\partial x} = 4x^3 - 8xy^2, \dfrac{\partial u}{\partial y} = 4y^3 - 8x^2 y$,

$\dfrac{\partial^2 u}{\partial x^2} = 12x^2 - 8y^2, \dfrac{\partial^2 u}{\partial y^2} = 12y^2 - 8x^2, \dfrac{\partial^2 u}{\partial x \partial y} = \dfrac{\partial^2 u}{\partial y \partial x} = -16xy$;

(2) $\dfrac{\partial u}{\partial x} = \sin(x+y) + x\cos(x+y), \dfrac{\partial u}{\partial y} = x\cos(x+y)$,

$\dfrac{\partial^2 u}{\partial x^2} = 2\cos(x+y) - x\sin(x+y), \dfrac{\partial^2 u}{\partial y^2} = -x\sin(x+y)$,

$\dfrac{\partial^2 u}{\partial x \partial y} = \cos(x+y) - x\sin(x+y)$;

(3) $\dfrac{\partial u}{\partial x} = \dfrac{2x}{y}\sec^2\dfrac{x^2}{y}, \dfrac{\partial u}{\partial y} = -\dfrac{x^2}{y^2}\sec^2\dfrac{x^2}{y},$

$\dfrac{\partial^2 u}{\partial x^2} = \dfrac{2}{y}\sec^2\dfrac{x^2}{y} + \dfrac{8x^2}{y^2}\sec^3\dfrac{x^2}{y}\sin\dfrac{x^2}{y},$

$\dfrac{\partial^2 u}{\partial y^2} = \dfrac{2x^2}{y^3}\sec^2\dfrac{x^2}{y} + \dfrac{2x^4}{y^4}\sec^3\dfrac{x^2}{y}\sin\dfrac{x^2}{y},$

$\dfrac{\partial^2 u}{\partial x\partial y} = -\dfrac{2x}{y^2}\sec^2\dfrac{x^2}{y} - \dfrac{4x^3}{y^3}\sec^3\dfrac{x^2}{y}\sin\dfrac{x^2}{y}.$

6. (1) 1;(2) 0.

7. (1) $du = (y+z)dx + (z+x)dy + (x+y)dz;$

(2) $du = \dfrac{(x^2+y^2)dz - 2z(xdx+ydy)}{(x^2+y^2)^2};$

(3) $du = yzx^{yz-1}dx + x^{yz}z\ln x dy + x^{yz}y\ln x dz.$

8. $\dfrac{\partial^2 u}{\partial x\partial y} = f''_{11} + (x+y)f''_{12} + xyf''_{22} + f'_2.$

9. $-3uv$.【提示】$\begin{cases}1 = u_x + v_x \\ 0 = 2uu_x + 2vv_x\end{cases} \Rightarrow \dfrac{\partial u}{\partial x} = \dfrac{v}{v-u}, \dfrac{\partial v}{\partial x} = \dfrac{u}{u-v},$

$\dfrac{\partial z}{\partial x} = 3u^2 u_x + 3v^2 v_x = \dfrac{3u^2 v - 3v^2 u}{v-u} = -3uv.$

10. $\dfrac{6}{7}\sqrt{14}.$ 11. $\lambda = \pm 2.$

12. 切平面方程为 $4(x-1) + 2(y-2) + 0(z-0) = 0$,即 $2x + y - 4 = 0$;

法线方程为 $\dfrac{x-1}{2} = \dfrac{y-2}{1} = \dfrac{z-0}{0}.$

13. z 在 $(1,1)$ 取的极小值 -1.【提示】驻点为 $P_0(0,0), P_1(1,1)$. 在点 P_0 有 $A = 0, B = -3, C = 0$ 及 $AC - B^2 = -9 < 0$,故无极限;而在点 P_1 有 $A = 6, B = -3, C = 6$ 及 $AC - B^2 = 27 > 0$,故函数在该点取得极小值 $z(P_1) = -1$.

四、1.【提示】取 $y = kx^3$, $\lim\limits_{\substack{(x,y)\to(0,0)\\y=kx^3}}\dfrac{x^3 y}{x^6 + y^2} = \lim\limits_{x\to 0}\dfrac{x^3 \cdot kx^3}{x^6 + k^2 x^6} = \dfrac{k}{1+k^2},$

其值随 k 的不同而变化,故极限不存在.

2.【提示】计算得 $\dfrac{\partial r}{\partial x} = \dfrac{x}{r}, \dfrac{\partial r}{\partial y} = \dfrac{y}{r}, \dfrac{\partial r}{\partial z} = \dfrac{z}{r}$,代入即证.

3.【提示】(1) 分别求出 $\dfrac{\partial z}{\partial x}, \dfrac{\partial z}{\partial y}$ 代入即证;

(2) 令 $F(x,y,z) = x + z - yf(x^2 - z^2)$,则

$\dfrac{\partial z}{\partial x} = -\dfrac{F_x}{F_z} = -\dfrac{1-2xyf'}{1+2yzf'}, \dfrac{\partial z}{\partial y} = -\dfrac{F_y}{F_z} = \dfrac{f}{1+2yzf'}$,代入即证.

【综合作业题参考答案与提示】

一、1. 0； 2. 1； 3. 1； 4. $e^{\frac{1}{2}}$.

二、1. $du = (f'_1 - \dfrac{f'_2}{y\varphi'(z)-1})dx - \dfrac{f'_2 \varphi(z)}{y\varphi'(z)-1}dy$.

2. $\dfrac{du}{dx} = f_x - \dfrac{f_y g_x}{g_y} + \dfrac{f_y g_z h_x}{g_y h_z}$.

3. 当 a,b,c 相等时，此方向导数等于梯度的模.

4. 驻点为 $(\dfrac{2}{3}, \dfrac{1}{3})$，对应的矩形面积为 $\dfrac{2}{9}$，$\max V = \pi (\dfrac{2}{3})^2 (\dfrac{1}{3}) = \dfrac{4}{27}\pi$.

5. $a = 3$.

三、1.【提示】 $0 \leqslant |xy\ln(x^2+y^2)| \leqslant \left|\dfrac{1}{2}(x^2+y^2)\ln(x^2+y^2)\right|$ ($2|xy| \leqslant x^2+y^2$)，

当 $x \to 0, y \to 0$ 时，$r = x^2 + y^2 \to 0$，

所以 $\lim\limits_{(x,y)\to(0,0)} \dfrac{1}{2}(x^2+y^2)\ln(x^2+y^2) = \dfrac{1}{2}\lim\limits_{r\to 0^+} r\ln r = 0$.

2.【提示】 用反证法证明在原点不可微.

3.【提示】 用可微的定义考察函数的可微性.

4.【提示】 必要性：$u\dfrac{\partial^2 u}{\partial x \partial y} = f(x)g(y)f'(x)g'(y) =$

$$[f'(x)g(y)][f(x)g'(y)] = \dfrac{\partial u}{\partial x}\dfrac{\partial u}{\partial y};$$

充分性：令 $\dfrac{\partial u}{\partial y} = v$，则由 $u\dfrac{\partial^2 u}{\partial x \partial y} = \dfrac{\partial u}{\partial x}\dfrac{\partial u}{\partial y}$，有

$u\dfrac{\partial^2 u}{\partial x \partial y} = u\dfrac{\partial^2 u}{\partial y \partial x} = u\dfrac{\partial}{\partial x}(\dfrac{\partial u}{\partial y}) = \dfrac{\partial u}{\partial x}\dfrac{\partial u}{\partial y}$,

$\Rightarrow u\dfrac{\partial v}{\partial x} = v\dfrac{\partial u}{\partial x} \Rightarrow \dfrac{u\dfrac{\partial v}{\partial x} - v\dfrac{\partial u}{\partial x}}{u^2} = 0$，即 $\dfrac{\partial}{\partial x}(\dfrac{v}{u}) = 0$，

$\overset{积分}{\Rightarrow} \dfrac{v}{u} = \varphi(y)$，即 $\dfrac{\dfrac{\partial u}{\partial y}}{u} = \varphi(y)$，亦即 $\dfrac{\partial(\ln u)}{\partial y} = \varphi(y)$，

$\overset{积分}{\Rightarrow} \ln u = \int \varphi(y)dy + \psi(x) \Rightarrow u = e^{\int \varphi(y)dy + \psi(x)} = e^{\int \varphi(y)dy} e^{\psi(x)}$.

令 $f(x) = e^{\psi(x)}, g(y) = e^{\int \varphi(y)dy}$，可得 $u(x,y) = f(x)g(y)$.

5.【提示】 由于

$$\lim_{x \to 0} \frac{f(x,y) - f(0,y)}{x} = \lim_{x \to 0} \frac{xy \dfrac{x^2 - y^2}{x^2 + y^2} - 0}{x} = -y,$$

故 $f_x(0,y) = -y$，从而

$$f_{xy}(0,0) = \frac{\mathrm{d}}{\mathrm{d}x}[f_x(0,y)]\big|_{y=0} = -1,$$

同法可求得 $f_y(x,0) = x$，则

$$f_{yx}(0,0) = \frac{\mathrm{d}}{\mathrm{d}x}[f_y(x,0)]\big|_{x=0} = 1.$$

于是，$f_{xy}(0,0) \neq f_{yx}(0,0)$.

6.【提示】必要性：若 $f(x,y) = C$ 表示一条直线，则 $f(x,y)$ 一定是关于 x, y 的一次式，必有 $\dfrac{\mathrm{d}^2 y}{\mathrm{d}x^2} = 0$，

其中 $\dfrac{\partial f}{\partial y} \neq 0$, ①

又因为 $f(x,y) = C$,

所以 $\dfrac{\mathrm{d}y}{\mathrm{d}x} = -\dfrac{f_x}{f_y}$, ②

$$\frac{\mathrm{d}^2 y}{\mathrm{d}x^2} = -\frac{(f_{xx} + f_{xy} \cdot \dfrac{\mathrm{d}y}{\mathrm{d}x})f_y - f_x(f_{yx} + f_{yy} \cdot \dfrac{\mathrm{d}y}{\mathrm{d}x})}{(f_y)^2}, \quad ③$$

由①，②，③，得

$$f_{xx}(f_y)^2 - 2f_x f_y f_{xy} + f_{yy}(f_x)^2 = 0. \quad ④$$

充分性：由③，④可知 $\dfrac{\mathrm{d}^2 y}{\mathrm{d}x^2} = 0$，因而 $f(x,y) = C$ 必是关于 x, y 的一次式，即 $f(x,y) = C$ 表示一条直线.

【自测题参考答案与提示】

一、1. $\dfrac{(x+y)^2(x-y) - 2(x-y)^2}{8}$ ； 2. $\{(x,y) | x \geqslant \sqrt{y}, y \geqslant 0\}$ ；

3. 1； 4. $-\dfrac{\mathrm{e}^x(1+x)}{1+(x\mathrm{e}^x)^2}$ ；

5. $(1+x)^{xy}[y\ln(1+x) + \dfrac{xy}{1+x}]$, $(1+x)^{xy} x\ln(1+x)$ ；

6. $\dfrac{1}{2}\mathrm{d}x - \dfrac{1}{2}\mathrm{d}y$ ； 7. 2,6；

8. $x + 2y - z - 4 = 0$, $\dfrac{x-2}{1} = \dfrac{y-1}{2} = \dfrac{z}{-1}$ ；

9. $\dfrac{-2x}{y+1}\mathrm{d}x - \dfrac{z}{y+1}\mathrm{d}y$.

二、1. D； 2. C； 3. B； 4. C； 5. B； 6. B； 7. D； 8. C.

三、1. $\dfrac{\partial z}{\partial x} = y\mathrm{e}^{xy} + 2xy - \dfrac{1}{x}$; $\dfrac{\partial z}{\partial y} = x\mathrm{e}^{xy} + x^2 + \dfrac{1}{y}$.

2. $\dfrac{\partial z}{\partial x} = \dfrac{yx^{\frac{y}{2}-1}}{2(1+x^y)}$; $\dfrac{\partial z}{\partial y} = \dfrac{x^{\frac{y}{2}}\ln x}{2(1+x^y)}$.

3. $\dfrac{\partial z}{\partial x} = \dfrac{3y^2}{(3x-2y)x^2} - \dfrac{2y^2\ln(3x-2y)}{x^3}$;

$\dfrac{\partial z}{\partial y} = \dfrac{2y\ln(3x-2y)}{x^2} - \dfrac{2y^2}{x^2(3x-2y)}$.

4. $\dfrac{\partial z}{\partial x} = \dfrac{f'_2}{x+y}$; $\dfrac{\partial z}{\partial y} = \mathrm{e}^z\cos y f'_1 + \dfrac{f'_2}{x+y}$.

5. $\dfrac{\mathrm{d}z}{\mathrm{d}x} = \dfrac{\sin x\cos x + \mathrm{e}^{2x}}{\sqrt{\sin^2 x + \mathrm{e}^{2x}}}$. 　　6. $\dfrac{\mathrm{d}z}{\mathrm{d}x} = \mathrm{e}^{\varphi(x)}[1+x\varphi'(x)]$.

7. $\mathrm{d}z = \dfrac{-2y}{(x-y)^2}\mathrm{d}x + \dfrac{2x}{(x-y)^2}\mathrm{d}y$. 　8. $\dfrac{\mathrm{d}y}{\mathrm{d}x} = \dfrac{2y\mathrm{e}^{2x} - \mathrm{e}^{2y}}{2x\mathrm{e}^{2y} - \mathrm{e}^{2x}}$.

9. $\dfrac{\partial^2 z}{\partial x \partial y} = \dfrac{1}{(1-x^2y^2)^{\frac{3}{2}}}$.

10. (1) 极大值 $f(2,-2) = 8$；　　(2) 极小值 $f(\dfrac{1}{2},-1) = -\dfrac{\mathrm{e}}{2}$.

11. $x = \sqrt{y}$.

四、1. 以 z 为参数,求偏导即得方向向量,代入公式,得

切线方程为 $\dfrac{x-1}{1} = \dfrac{y-1}{-2} = \dfrac{z+1}{1}$, 法平面方程为 $x - 2y + z + 2 = 0$.

2. 点为 $(-3,-1,3)$, 法线方程为 $\dfrac{x+3}{1} = \dfrac{y+1}{3} = \dfrac{z-3}{1}$.

3. $(3,4,-1)$.

4. 当两边都是 $\dfrac{L}{\sqrt{2}}$ 时,可得最大的周长.

第 9 章 重积分

9.1 教学要求

【教学基本要求】

1. 理解二重积分的概念,了解三重积分的概念,了解重积分的性质.

2. 掌握二重积分(直角坐标系、极坐标系)的计算方法,会计算简单的三重积分(直角坐标系、柱面坐标系*、球面坐标系).

3. 了解科学技术问题中建立重积分表达式的元素法(微元法),会建立某些简单几何量和物理量的积分表达式(平面图形的面积、体积、曲面面积、质量、质心、转动惯量、引力等).

【教学重点内容】

二重积分的概念、性质及计算方法,三重积分的概念及计算方法.

9.2 知识要点

【知识要点】

1. 二重积分的定义与性质

(1) 定义

$$\iint\limits_{D} f(x,y)\mathrm{d}\sigma = \lim_{\lambda \to 0} \sum_{i=1}^{n} f(\xi_i, \eta_i) \Delta\sigma_i, f(x,y) \text{ 在 } D \text{ 上有界}.$$

(2) 二重积分的存在性定理

若 $f(x,y)$ 在闭区域 D 上连续,则 $f(x,y)$ 在 D 上的二重积分存在.

(3) 性质

性质 1：$\iint\limits_D kf(x,y)d\sigma = k\iint\limits_D f(x,y)d\sigma$（$k$ 为常数）.

性质 2：$\iint\limits_D [f(x,y)+g(x,y)]d\sigma = \iint\limits_D f(x,y)d\sigma + \iint\limits_D g(x,y)d\sigma$.

性质 3：$\iint\limits_D f(x,y)d\sigma = \iint\limits_{D_1} f(x,y)d\sigma + \iint\limits_{D_2} f(x,y)d\sigma (D=D_1+D_2)$.

性质 4：$f(x,y)=1 \Rightarrow \iint\limits_D f(x,y)d\sigma = \sigma$（$\sigma$ 为 D 的面积）.

性质 5：$f(x,y) \leqslant g(x,y) \Rightarrow \iint\limits_D f(x,y)d\sigma \leqslant \iint\limits_D g(x,y)d\sigma$.

性质 6：$\left|\iint\limits_D f(x,y)d\sigma\right| \leqslant \iint\limits_D |f(x,y)|d\sigma$.

性质 7：$m\sigma \leqslant \iint\limits_D f(x,y)d\sigma \leqslant M\sigma$（$m$、$M$ 分别为 $f(x,y)$ 在 D 上的最小值和最大值）.

性质 8：$\iint\limits_D f(x,y)d\sigma = f(\xi,\eta)\sigma, (\xi,\eta) \in D$.

性质 9（对称性）：设积分区域 D 可分成二个小区域 D_1、D_2，且 D_1、D_2 关于 x 轴（或 y 轴）对称，则

$f(x,y)$ 为 y（或 x）的偶函数时，$\iint\limits_D f(x,y)d\sigma = 2\iint\limits_{D_1} f(x,y)d\sigma$；

$f(x,y)$ 为 y（或 x）的奇函数时，$\iint\limits_D f(x,y)d\sigma = 0$.

2. 二重积分的计算方法

(1) 直角坐标系下二重积分的计算

当 D 为 $X-$型区域（如图 9.1）$\begin{cases} a \leqslant x \leqslant b, \\ y_1(x) \leqslant y \leqslant y_2(x) \end{cases}$ 时，

$$\iint\limits_D f(x,y)d\sigma = \int_a^b dx \int_{y_1(x)}^{y_2(x)} f(x,y)dy;$$

当 D 为 $Y-$型区域（如图 9.2）$\begin{cases} c \leqslant y \leqslant d, \\ x_1(y) \leqslant x \leqslant x_2(y) \end{cases}$ 时，

$$\iint\limits_D f(x,y)d\sigma = \int_c^d dy \int_{x_1(y)}^{x_2(y)} f(x,y)dx.$$

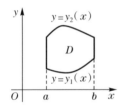
图 9.1

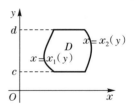
图 9.2

(2) 极坐标系下二重积分的计算

坐标变量的转换：$x = \rho\cos\theta, y = \rho\sin\theta$，

面积元素的转换：$\mathrm{d}\sigma = \rho\mathrm{d}\rho\mathrm{d}\theta$，

当 D（如图 9.3）可表为 $\begin{cases} \alpha \leqslant \theta \leqslant \beta, \\ \rho_1(\theta) \leqslant \rho \leqslant \rho_2(\theta) \end{cases}$ 时，

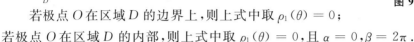
图 9.3

$$\iint\limits_D f(x,y)\mathrm{d}\sigma = \int_\alpha^\beta \mathrm{d}\theta \int_{\rho_1(\theta)}^{\rho_2(\theta)} f(\rho\cos\theta, \rho\sin\theta)\rho\mathrm{d}\rho.$$

若极点 O 在区域 D 的边界上，则上式中取 $\rho_1(\theta) = 0$；

若极点 O 在区域 D 的内部，则上式中取 $\rho_1(\theta) = 0$，且 $\alpha = 0, \beta = 2\pi$.

提示：若积分区域 D 的边界有圆弧，或被积函数中含有 $x^2 + y^2$，则可考虑在极坐标系下计算. 计算时要求出 D 的边界曲线在极坐标系下的方程.

3. 二重积分的应用

(1) 体积：$V = \iint\limits_D [f(x,y) - g(x,y)]\mathrm{d}\sigma$.

(2) 曲面面积：$S = \iint\limits_{D_{xy}} \sqrt{1 + z_x^2 + z_y^2}\mathrm{d}x\mathrm{d}y$.

(3) 平面薄片的质量：$M = \iint\limits_D \rho(x,y)\mathrm{d}\sigma, \rho(x,y)$ 为薄片的密度.

(4) 平面薄片的质心：$\bar{x} = \frac{1}{M}\iint\limits_D x\rho(x,y)\mathrm{d}\sigma, \bar{y} = \frac{1}{M}\iint\limits_D y\rho(x,y)\mathrm{d}\sigma$.

(5) 平面薄片的转动惯量：$I_x = \iint\limits_D y^2\rho(x,y)\mathrm{d}\sigma, I_y = \iint\limits_D x^2\rho(x,y)\mathrm{d}\sigma$；

$I_o = \iint\limits_D (x^2 + y^2)\rho(x,y)\mathrm{d}\sigma$（对原点 O 的）.

4. 三重积分的定义与性质

(1) 定义：$\iiint\limits_\Omega f(x,y,z)\mathrm{d}v = \lim\limits_{\lambda \to 0} \sum\limits_{i=1}^n f(\xi_i, \eta_i, \zeta_i)\Delta v_i, f(x,y,z)$ 在 Ω 上有界.

(2) 三重积分的存在性定理：若函数 $f(x,y,z)$ 在闭区域 Ω 上连续，则 $f(x,y,z)$ 在 Ω 上的三重积分存在.

(3) 性质:三重积分的性质与二重积分类似,如 $\iiint\limits_{\Omega} \mathrm{d}v = V$(区域 Ω 的体积).

对称性:若 Ω 可分成二个小区域 Ω_1、Ω_2,且 Ω_1、Ω_2 关于 $\begin{cases} xy \\ yz \\ zx \end{cases}$ 面对称,而 $f(x,y,z)$ 是 $\begin{cases} z \\ x \\ y \end{cases}$ 的偶(奇)函数,则

$$\iiint\limits_{\Omega} f(x,y,z)\mathrm{d}v = 2\iiint\limits_{\Omega_1} f(x,y,z)\mathrm{d}v \left(\iiint\limits_{\Omega} f(x,y,z)\mathrm{d}v = 0\right).$$

5. 三重积分的计算方法

(1) 直角坐标系下三重积分的计算

① 先一后二法(也称投影法,即先计算一个定积分,再计算一个二重积分):

当 Ω 可表示为 $\begin{cases} z_1(x,y) \leqslant z \leqslant z_2(x,y), \\ (x,y) \in D_{xy} \end{cases}$ 时 (D_{xy} 是 Ω 在 xy 坐标面中的投影区域,先对 z 积分,如图 9.4),则

$$\iiint\limits_{\Omega} f(x,y,z)\mathrm{d}v = \iint\limits_{D_{xy}} \mathrm{d}x\mathrm{d}y \int_{z_1(x,y)}^{z_2(x,y)} f(x,y,z)\mathrm{d}z;$$

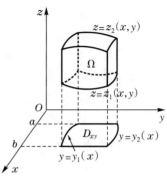

图 9.4

若 D_{xy}(如图 9.4)又可表示为 $\begin{cases} a \leqslant x \leqslant b, \\ y_1(x) \leqslant y \leqslant y_2(x), \end{cases}$ 则可把上述先一后二的积分进一步转化为三次积分:

$$\begin{aligned}\iiint\limits_{\Omega} f(x,y,z)\mathrm{d}v &= \iint\limits_{D_{xy}} \mathrm{d}x\mathrm{d}y \int_{z_1(x,y)}^{z_2(x,y)} f(x,y,z)\mathrm{d}z \\ &= \int_a^b \mathrm{d}x \int_{y_1(x)}^{y_2(x)} \mathrm{d}y \int_{z_1(x,y)}^{z_2(x,y)} f(x,y,z)\mathrm{d}z.\end{aligned}$$

若将 Ω 向 zx 坐标面(yz 坐标面)中投影,得投影区域 $D_{zx}(D_{yz})$,则类似可得先对 y(先对 x)的先一后二的积分.

若 Ω 可直接表示成 $\begin{cases} a \leqslant x \leqslant b, \\ y_1(x) \leqslant y \leqslant y_2(x), \\ z_1(x,y) \leqslant z \leqslant z_2(x,y) \end{cases}$ 时,则可直接将三重积分化为三次积分:

$$\iiint\limits_{\Omega} f(x,y,z)\mathrm{d}v = \int_a^b \mathrm{d}x \int_{y_1(x)}^{y_2(x)} \mathrm{d}y \int_{z_1(x,y)}^{z_2(x,y)} f(x,y,z)\mathrm{d}z.$$

② 先二后一法（也称截面法，即先计算一个二重积分，再计算一个定积分）：

当 Ω 可表示为 $\begin{cases} c \leqslant z \leqslant d \\ (x,y) \in D_z \end{cases}$ 时（D_z 是垂直于 z 轴，竖坐标为 z 的平面截 Ω 所得的截面区域，最后对 z 积分，如图 9.5），则

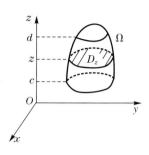

图 9.5

$$\iiint_\Omega f(x,y,z)\mathrm{d}v = \int_c^d \mathrm{d}z \iint_{D_z} f(x,y,z)\mathrm{d}x\mathrm{d}y.$$

若用垂直于 y 轴（x 轴）的平面截 Ω 得截面区域 $D_y(D_x)$，则类似可得最后对 y（最后对 x）的先二后一的积分.

提示：若被积函数中最多含一个积分变量，或 Ω 为旋转轴是坐标轴的旋转体，则可考虑用先二后一法.

（2）柱面坐标系下三重积分的计算

坐标变量的转换：$x = \rho\cos\theta, y = \rho\sin\theta, z = z$.

体积元素的转换：$\mathrm{d}v = \rho\mathrm{d}\rho\mathrm{d}\theta\mathrm{d}z$.

当 Ω 可表示成 $\begin{cases} \alpha \leqslant \theta \leqslant \beta, \\ \rho_1(\theta) \leqslant \rho \leqslant \rho_2(\theta), \\ z_1(\rho,\theta) \leqslant z \leqslant z_2(\rho,\theta) \end{cases}$ 时，

则 $$\iiint_\Omega f(x,y,z)\mathrm{d}v = \int_\alpha^\beta \mathrm{d}\theta \int_{\rho_1(\theta)}^{\rho_2(\theta)} \mathrm{d}\rho \int_{z_1(\rho,\theta)}^{z_2(\rho,\theta)} f(\rho\cos\theta, \rho\sin\theta, z)\rho\mathrm{d}z.$$

设 D 为 Ω 在 xy 坐标面上的投影区域. 若坐标原点 O 在 D 的边界曲线上，则取 $\rho_1(\theta) = 0$；若 O 在 D 的内部，则取 $\rho_1(\theta) = 0$，且 $\alpha = 0, \beta = 2\pi$.

提示：若积分域 Ω 在 xy 坐标面的投影是圆或被积函数含有 $x^2 + y^2$ 时，则可考虑用柱面坐标系.

*（3）球面坐标系下三重积分的计算

坐标变量的转换：$x = r\sin\varphi\cos\theta, y = r\sin\varphi\sin\theta, z = r\cos\varphi$.

体积元素的转换：$\mathrm{d}v = r^2\sin\varphi\mathrm{d}r\mathrm{d}\varphi\mathrm{d}\theta$.

当 Ω 可表示成 $\begin{cases} \alpha \leqslant \theta \leqslant \beta, \\ \varphi_1(\theta) \leqslant \varphi \leqslant \varphi_2(\theta), \\ r_1(\varphi,\theta) \leqslant r \leqslant r_2(\varphi,\theta) \end{cases}$ 时，

则 $$\iiint_\Omega f(x,y,z)\mathrm{d}v = \int_\alpha^\beta \mathrm{d}\theta \int_{\varphi_1(\theta)}^{\varphi_2(\theta)} \mathrm{d}\varphi \int_{r_1(\varphi,\theta)}^{r_2(\varphi,\theta)} F(r,\varphi,\theta) r^2\sin\varphi\mathrm{d}r,$$

其中，$F(r,\varphi,\theta) = f(r\sin\varphi\cos\theta, r\sin\varphi\sin\theta, r\cos\varphi)$.

若坐标原点 O 在 Ω 的边界曲面上，则取 $r_1(\varphi,\theta) = 0$；若 O 在 Ω 的内部，则取 $r_1(\varphi,\theta) = 0$，且 $\varphi_1(\theta) = 0, \varphi_2(\theta) = \pi, \alpha = 0, \beta = 2\pi$.

提示：若积分域 Ω 为球或被积函数含有 $x^2+y^2+z^2$ 时，则可考虑用球面坐标系.

6. 三重积分的应用

(1) 体积：$V = \iiint\limits_{\Omega} \mathrm{d}v$.

(2) 空间立体的质量：$M = \iiint\limits_{\Omega} \rho(x,y,z)\mathrm{d}v, \rho(x,y,z)$ 为立体的密度.

(3) 立体的质心：$\overline{x} = \dfrac{1}{M}\iiint\limits_{\Omega} x\rho(x,y,z)\mathrm{d}v, \overline{y} = \dfrac{1}{M}\iiint\limits_{\Omega} y\rho(x,y,z)\mathrm{d}v$,

$\overline{z} = \dfrac{1}{M}\iiint\limits_{\Omega} z\rho(x,y,z)\mathrm{d}v$.

(4) 空间立体的转动惯量：

$I_x = \iiint\limits_{\Omega}(y^2+z^2)\rho(x,y,z)\mathrm{d}v, I_y = \iiint\limits_{\Omega}(x^2+z^2)\rho(x,y,z)\mathrm{d}v$,

$I_z = \iiint\limits_{\Omega}(x^2+y^2)\rho(x,y,z)\mathrm{d}v; I_o = \iiint\limits_{\Omega}(x^2+y^2+z^2)\rho(x,y,z)\mathrm{d}v$.

【串讲小结】

重积分是多元函数积分学中的一部分，主要包括二重积分与三重积分.与定积分类似，二重积分、三重积分的概念也是来自实践中非均匀求和的需要，从实践中抽象出来的，它们是定积分的推广，其中的数学思想与定积分一样，也是一种"和式的极限".

定积分的被积函数是一元函数，积分范围是一个区间；而二重积分的被积函数是二元函数，积分范围是平面上的一个区域；三重积分的被积函数是三元函数，积分范围是空间的一个区域，它们之间存在着密切的联系.

二重积分是三重积分的基础.计算上看，二重积分与三重积分都是最终化为定积分来计算的，但三重积分不论是采用"先二后一"法还是"先一后二"法，都要通过二重积分来计算.熟练掌握二重积分的计算方法，是学好多元函数积分学的关键.

计算二重积分的基本思路是转化为定积分，但计算的繁简取决于坐标系的选择，而坐标系的选择取决于积分区域的形状和被积函数的特征.

选择好坐标系后，就需要将二重积分转化为两个有次序的定积分（二次积分）来进行计算，转化的关键是确定积分次序，并定出这两个定积分的上下限.要做到这些，就必须要把积分区域的图画出来，并对图形进行分析，根据图形的类型来决定积分次序，并定出积分限.

对三重积分的计算来说,计算的基本思路也是先画出积分区域的立体图形,根据积分区域的形状和被积函数的特征选择坐标系,然后确定积分次序和积分限. 一般来说,当积分区域 Ω 是柱体、锥体或由柱面、锥面、旋转曲面与其他曲面所围成的空间立体(积分区域在坐标面上的投影是圆)时,或被积函数含有坐标变量的平方和(如 x^2+y^2)时,宜利用柱面坐标计算;当积分区域 Ω 是球体、锥体或球体的一部分时,或被积函数含有 $x^2+y^2+z^2$ 时,宜利用球面坐标计算.

三重积分在直角坐标系下的计算通常采用先一后二法化为累次积分,但当被积函数中最多含一个积分变量时,则可考虑用先二后一法.

某些重积分还可以利用对称性进行计算,计算时既要注意到积分区域的对称性,还要注意到被积函数关于积分变量的奇偶性.

9.3 答 疑 解 惑

1. 重积分化为累次积分时,累次积分的上限能否小于下限? 为什么?

答:不能. 定积分定义中的 Δx_i 可正可负,上限可以小于下限,但重积分定义中的 $\Delta \sigma_i$、Δv_i 只能为正,所以在化为累次积分时,每个累次积分的上限不能小于下限.

2. 在直角坐标系下如何将二重积分化为二次积分?

答:有两大步骤:选择积分次序;确定积分限.

(1) 选择积分次序.

首先画出积分区域 D 的图形,当区域是 X-型时,选择先 y 后 x 的积分次序;当区域是 Y-型时,选择先 x 后 y 的积分次序;若区域既不是 X-型,也不是 Y-型,则需用垂直于坐标轴的直线段分割区域 D,使其成为若干个 X-型或 Y-型的小区域,然后在每个小区域上选择积分次序,再利用积分的可加性进行计算.

凡遇到如下形式积分:$\int \frac{\sin x}{x}\mathrm{d}x$,$\int \sin x^2 \mathrm{d}x$,$\int \cos x^2 \mathrm{d}x$,$\int e^{-x^2}\mathrm{d}x$,$\int e^{x^2}\mathrm{d}x$,$\int e^{\frac{1}{x}}\mathrm{d}x$,$\int \frac{\mathrm{d}x}{\ln x}$ 等,因为其结果不能用有限形式表出,因此不能对它们进行先积分.

一般性原则:① 先积分的要容易,并能为后积分创造条件;
② 对积分区域 D 的划分,块数越少越好.

(2) 确定积分限.

① 如果 D 是 X-型区域(如图9.6),将 D 投影到 x 轴上得一闭区间 $[a,b]$,则 a 和 $b(a \leqslant b)$ 就分别是后积分变量 x 的下限与上限.

在 (a,b) 内任取一点 x,由此作 x 轴的垂线,交区域 D 的边界曲线于两点,则这

两点的纵坐标 $y_1(x)$ 和 $y_2(x)(y_1(x) \leqslant y_2(x))$ 就是先积分变量 y 的下限与上限,

二重积分化为二次积分

$$\iint_D f(x,y)\mathrm{d}\sigma = \int_a^b \mathrm{d}x \int_{y_1(x)}^{y_2(x)} f(x,y)\mathrm{d}y.$$

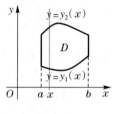

图 9.6

② 如果 D 是 Y－型区域(如图 9.7),将 D 投影到 y 轴上得一闭区间 $[c,d]$,则 c 和 $d(c \leqslant d)$ 就分别是后积分变量 y 的下限与上限.

在 (c,d) 内任取一点 y,由此作 y 轴的垂线交区域 D 的边界曲线于两点,则这两点的横坐标 $x_1(y)$ 和 $x_2(y)(x_1(y) \leqslant x_2(y))$ 就是先积分变量 x 的下限与上限,

二重积分化为二次积分

$$\iint_D f(x,y)\mathrm{d}\sigma = \int_c^d \mathrm{d}y \int_{x_1(y)}^{x_2(y)} f(x,y)\mathrm{d}x.$$

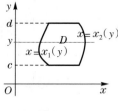

图 9.7

若确定出的先积分的积分限是分段函数,则需要将积分区域 D 在函数的分段点处分割成若干个与 D 同类型的小区域,然后在每个小区域上重新确定积分限,再利用积分的可加性进行计算.

3. 当二重积分的被积函数为某函数的绝对值时,如何进行积分?

答:基本思路是去绝对值号.假如 $|f(x,y)|$ 为被积函数,则将积分区域 D 分割成两部分 D_1 和 D_2,使得在 D_1 上 $f(x,y) \geqslant 0$,在 D_2 上 $f(x,y) < 0$,则

$$\iint_D |f(x,y)|\mathrm{d}\sigma = \iint_{D_1} f(x,y)\mathrm{d}\sigma - \iint_{D_2} f(x,y)\mathrm{d}\sigma,$$

达到了去绝对值号的目的.

4. 如何改变在直角坐标系下二次积分的积分次序?

答:假设原来是先 y 后 x 的积分次序的二次积分 $\int_a^b \mathrm{d}x \int_{y_1(x)}^{y_2(x)} f(x,y)\mathrm{d}y$,先利用所给二次积分的积分限确定四条曲线:$x=a$、$x=b$、$y=y_1(x)$、$y=y_2(x)$,由这四条曲线画出它们所围成的积分区域 D 的图形,再将 D 视为 Y－型区域,写出先 x 后 y 的二次积分即可.另一种次序的二次积分类似.

5. 在直角坐标系下如何将三重积分化为先一后二的积分?

答:(1) 画出积分区域 Ω 的图形确定积分次序:若平行于 z 轴穿过 Ω 内部的直线与 Ω 的表面的交点不多于两个,则可化为先对 z,后对 x、y 的积分.先对 x 和先对 y 积分的情形类似.

(2) 确定先积分的积分限和后积分的积分区域.下面以先对 z,后对 x、y 的积分次序为例来加以说明.

① 将 Ω 投影到 xy 坐标面上(如图 9.8),投影区域记为 D_{xy},则 D_{xy} 就是后做

的关于 x,y 的二重积分的积分区域.

② 在投影区域 D_{xy} 内任取一点 (x,y),过此点作 z 轴的平行线,交区域 Ω 的边界曲面于两点(如图 9.9),则这两点的竖坐标 $z_1(x,y)$ 和 $z_2(x,y)(z_1(x,y) \leqslant z_2(x,y))$ 就是先积分变量 z 的下限与上限.

这样就把三重积分化为了先一后二的积分:
$$\iiint\limits_{\Omega} f(x,y,z)\mathrm{d}v = \iint\limits_{D_{xy}} \mathrm{d}x\mathrm{d}y \int_{z_1(x,y)}^{z_2(x,y)} f(x,y,z)\mathrm{d}z.$$

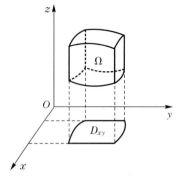

图 9.8

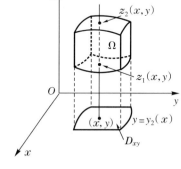

图 9.9

6. 怎样在柱面坐标系下计算三重积分?

答:在柱面坐标系下将三重积分化为累次积分的积分次序为:先对 z,再对 ρ,最后对 θ.转化方法与在直角坐标系下将三重积分化为先一后二的积分相类似.先将积分区域 Ω 投影到 xy 坐标面上,投影区域记为 D_{xy},将 D_{xy} 转化为极坐标形式 $D_{\rho\theta}(\alpha \leqslant \theta \leqslant \beta, \rho_1(\theta) \leqslant \rho \leqslant \rho_2(\theta)$,如图 9.10),就是后做的关于 $\rho、\theta$ 的二重积分的积分区域.

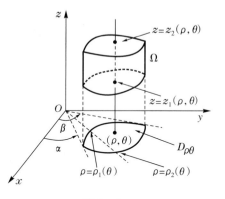

图 9.10

在投影区域 $D_{\rho\theta}$ 内任取一点 (ρ,θ),过此点作 z 轴的平行线沿 z 轴的正方向穿过积分区域 Ω,将穿入曲面和穿出曲面转化为柱面坐标系下的方程形式:$z = z_1(\rho,\theta)$ 和 $z = z_2(\rho,\theta)(z_1(\rho,\theta) \leqslant z_2(\rho,\theta))$,则 $z_1(\rho,\theta)$ 和 $z_2(\rho,\theta)$ 就是先积分变量 z 的下限与上限.

再将被积函数 $f(x,y,z)$ 用直角坐标和柱面坐标的转换关系式转化为 $f(\rho\cos\theta,\rho\sin\theta,z)$,并将体积元素 $\mathrm{d}v$ 转化为 $\rho\mathrm{d}\rho\mathrm{d}\theta\mathrm{d}z$,则得

$$\iiint\limits_{\Omega} f(x,y,z)\mathrm{d}v = \int_{\alpha}^{\beta} \mathrm{d}\theta \int_{\rho_1(\theta)}^{\rho_2(\theta)} \rho\mathrm{d}\rho \int_{z_1(\rho,\theta)}^{z_2(\rho,\theta)} f(\rho\cos\theta,\rho\sin\theta,z)\mathrm{d}z.$$

若坐标原点 O 在投影区域 $D_{x\theta}$ 的边界曲线上,则取 $\rho_1(\theta)=0$;若 O 在投影区域 $D_{x\theta}$ 的内部,则取 $\rho_1(\theta)=0$,且 $\alpha=0,\beta=2\pi$.

7. 如何利用对称性计算三重积分?

答: 利用对称性计算三重积分,不仅积分区域要具备关于坐标面的对称性,同时被积函数还要满足关于相应积分变量的奇偶性,只有这样才能利用对称性计算三重积分.具体来说,有如下结论:

若 Ω 关于 xy 坐标面对称,且 $f(x,y,z)$ 是关于 z 的奇函数,即有 $f(x,y,-z)=-f(x,y,z)$,则 $\iiint\limits_{\Omega} f(x,y,z)\mathrm{d}v=0$.

若 Ω 关于 xy 坐标面对称,且 $f(x,y,z)$ 是关于 z 的偶函数,即有 $f(x,y,-z)=f(x,y,z)$,则 $\iiint\limits_{\Omega} f(x,y,z)\mathrm{d}v=2\iiint\limits_{\Omega_1} f(x,y,z)\mathrm{d}v$,其中 Ω_1 是 Ω 位于 xy 坐标面上方的部分,即 $\Omega_1=\{(x,y,z)\,|\,(x,y,z)\in\Omega,z\geqslant 0\}$.

若 Ω 关于 yz 坐标面对称,且 $f(x,y,z)$ 是关于 x 的奇函数(偶函数),或者 Ω 关于 zx 坐标面对称,且 $f(x,y,z)$ 是关于 y 的奇函数(偶函数),则也有类似的结论.

9.4 范例解析

例 1 设平面区域 D 是直线 $x+y=\dfrac{1}{2}$ 和直线 $x+y=1$ 所夹带型区域位于第一象限的部分,若 $I_1=\iint\limits_{D}[\ln(x+y)]^3\mathrm{d}x\mathrm{d}y$,$I_2=\iint\limits_{D}(x+y)^3\mathrm{d}x\mathrm{d}y$,$I_3=\iint\limits_{D}[\sin(x+y)]^3\mathrm{d}x\mathrm{d}y$,则有( ).

A. $I_1<I_2<I_3$ B. $I_1<I_3<I_2$
C. $I_2<I_3<I_1$ D. $I_3<I_1<I_2$

解析: 根据积分的性质,比较二重积分值的大小,若能比较出被积函数在积分区域上的大小关系,则可得积分值的大小关系.

由积分区域(如图 9.11)可知,在区域 D 上有 $\dfrac{1}{2}\leqslant x+y\leqslant 1$,因此有

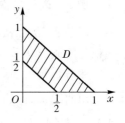

图 9.11

$$\ln(x+y)\leqslant 0<\sin(x+y)<x+y,$$
$$[\ln(x+y)]^3<[\sin(x+y)]^3<(x+y)^3.$$

所以 $I_1<I_3<I_2$,答案选 B.

例 2 设 $D = \{(x,y) \mid x^2 + y^2 \leqslant 1, y \geqslant -x\}$，$D_1$ 是 D 在第四象限的部分，则 $\iint\limits_D (x\sin y + y^2\sin x)\mathrm{d}x\mathrm{d}y$ 等于 ( )．

A. $4\iint\limits_{D_1}(x\sin y + y^2\sin x)\mathrm{d}x\mathrm{d}y$ B. 0

C. $2\iint\limits_{D_1} x\sin y\mathrm{d}x\mathrm{d}y$ D. $2\iint\limits_{D_1} y^2\sin x\mathrm{d}x\mathrm{d}y$

解析：此题应利用二重积分的对称性．把积分区域 D 用坐标轴及 $y=x$ 分割成 D_1、D_2、D_3 和 D_4 四个部分（如图 9.12），则 D_1 和 D_2 关于 x 轴对称，D_3 和 D_4 关于 y 轴对称．

由于 $x\sin y$ 关于 x，关于 y 都是奇函数，因此 $\iint\limits_{D_1+D_2} x\sin y\mathrm{d}x\mathrm{d}y = 0$，且 $\iint\limits_{D_3+D_4} x\sin y\mathrm{d}x\mathrm{d}y = 0$，所以 $\iint\limits_D x\sin y\mathrm{d}x\mathrm{d}y = 0$．

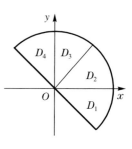

图 9.12

又由于 $y^2\sin x$ 关于 x 是奇函数，因此 $\iint\limits_{D_3+D_4} y^2\sin x\mathrm{d}x\mathrm{d}y = 0$；$y^2\sin x$ 关于 y 是偶函数，因此 $\iint\limits_{D_1+D_2} y^2\sin x\mathrm{d}x\mathrm{d}y = 2\iint\limits_{D_1} y^2\sin x\mathrm{d}x\mathrm{d}y$．所以

$$\iint\limits_D (x\sin y + y^2\sin x)\mathrm{d}x\mathrm{d}y = \iint\limits_D y^2\sin x\mathrm{d}x\mathrm{d}y$$
$$= \iint\limits_{D_1+D_2} y^2\sin x\mathrm{d}x\mathrm{d}y + \iint\limits_{D_3+D_4} y^2\sin x\mathrm{d}x\mathrm{d}y = 2\iint\limits_{D_1} y^2\sin x\mathrm{d}x\mathrm{d}y.$$

所以答案选 D．

注意：由本题可以看到，利用对称性可使某些积分变得简单，因此，在计算重积分时可考虑利用对称性，但要注意可利用对称性的条件．

例 3 改变二次积分 $\int_0^1 \mathrm{d}x \int_{\sqrt{1-x^2}}^{x+2} f(x,y)\mathrm{d}y$ 的积分次序．

解析：所给二次积分的积分次序是先 y 后 x，由所给二次积分的积分限画出积分区域，将积分区域视为 $Y-$型，写出先 x 后 y 的二次积分即可．

由曲线 $x=0$、$x=1$、$y=\sqrt{1-x^2}$ 和 $y=x+2$ 画出它们所围成的积分区域 D（如图 9.13），虽然 D 的类型是 $Y-$型，但左边的曲线的方程是分段函数，不便于写 x 的积分下限，需在函数的分段点

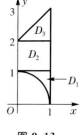

图 9.13

处将 D 分割成三个 $Y-$型的区域：$D_1 \begin{cases} \sqrt{1-y^2} \leqslant x \leqslant 1, \\ 0 \leqslant y \leqslant 1, \end{cases}$ $D_2 \begin{cases} 0 \leqslant x \leqslant 1, \\ 1 \leqslant y \leqslant 2 \end{cases}$ 和

$D_3\begin{cases}y-2\leqslant x\leqslant 1,\\ 2\leqslant y\leqslant 3,\end{cases}$ 且 $D=D_1+D_2+D_3$.

利用积分的可加性，可得

原式 $=\int_0^1 dy\int_{\sqrt{1-y^2}}^1 f(x,y)dx+\int_1^2 dy\int_0^1 f(x,y)dx+\int_2^3 dy\int_{y-2}^1 f(x,y)dx$.

注意:本题中先 y 后 x 的积分次序较为简洁，因此，在计算时应尽量避免积分限出现分段函数的情形.

例 4　计算 $\iint\limits_D \ln(x^2+y^2)dxdy, D=\{(x,y)\mid 1\leqslant x^2+y^2\leqslant 4\}$.

解析:画出积分区域 D(如图 9.14)，D 为圆环，且被积函数中含有 x^2+y^2. 因此，选择在极坐标系下进行二重积分的计算. 将 D 转换成极坐标形式为

$D=\{(\rho,\theta)\mid 1\leqslant\rho\leqslant 2, 0\leqslant\theta\leqslant 2\pi\}$，所以

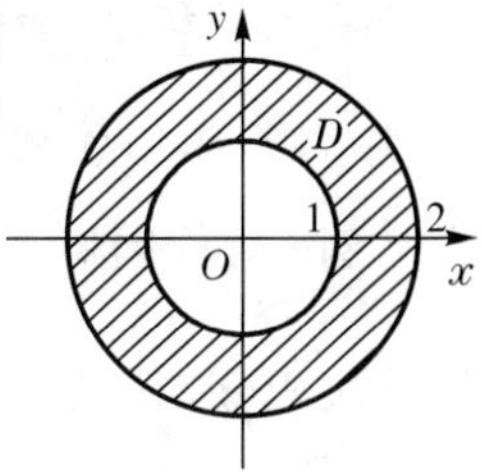

图 9.14

$$\begin{aligned}\iint\limits_D \ln(x^2+y^2)dxdy&=\int_0^{2\pi}d\theta\int_1^2(\ln\rho^2)\rho d\rho\\&=2\pi\int_1^2(\ln\rho^2)\rho d\rho=2\pi\left[\rho^2\ln\rho-\frac{\rho^2}{2}\right]\Bigg|_1^2\\&=\pi(8\ln 2-3).\end{aligned}$$

注意:(1) 当积分区域含有圆弧(如本题的圆环)，或被积函数中含有 x^2+y^2 时，应考虑在极坐标系下计算.

(2) 在计算本题中的二次积分 $\int_0^{2\pi}d\theta\int_1^2(\ln\rho^2)\rho d\rho$ 时，由于先计算的积分 $\int_1^2(\ln\rho^2)\rho d\rho$ 与 θ 无关，因此可将 $\int_0^{2\pi}d\theta$ 直接计算出来.

(3) 若记 $D_1=\{(x,y)\mid x^2+y^2\leqslant 1\}, D_2=\{(x,y)\mid x^2+y^2\leqslant 4\}, D=\{(x,y)\mid 1<x^2+y^2\leqslant 4\}$，则 $\iint\limits_D f(x,y)dxdy=\iint\limits_{D_2}f(x,y)dxdy-\iint\limits_{D_1}f(x,y)dxdy$ 一般是不成立的，原因是 $f(x,y)$ 在 D_1 上可能无定义，$\iint\limits_{D_1}f(x,y)dxdy$ 可能不存在.

例 5　证明：$\int_a^b dx\int_a^x f(y)dy=\int_a^b f(y)(b-y)dy$($f$ 在 $[a,b]$ 上连续).

解析:由于等式左端二次积分中的 $\int_a^x f(y)dy$ 无法计算，故将左端的二次积分改变积分次序.

$$\int_a^b dx\int_a^x f(y)dy=\int_a^b dy\int_y^b f(y)dx=\int_a^b f(y)(b-y)dy.$$

证明完毕.

注意：本题还可这样证明：

令 $F(t) = \int_a^t dx \int_a^x f(y)dy - \int_a^t f(y)(t-y)dy$，

则 $F(t) = \int_a^t \left[\int_a^x f(y)dy\right]dx - t\int_a^t f(y)dy + \int_a^t yf(y)dy$，

所以 $F'(t) = \int_a^t f(y)dy - \int_a^t f(y)dy - tf(t) + tf(t) \equiv 0$.

又因为 $F(a) = 0$，所以 $F(t) \equiv 0$，因此 $F(b) = 0$，得证.

提示：当二次积分中先做的定积分无法计算或较难计算时，可考虑改变积分次序后进行积分. 如被积函数是 $\dfrac{\sin x}{x}$、$\dfrac{\cos x}{x}$、$\sin\dfrac{1}{x}$、$e^{\frac{1}{x}}$、e^{-x^2}、$\sin x^2$ 等这样一些函数时，就不能先对 x 积分.

例 6 分别将 $\iiint\limits_{\Omega} f(x,y,z)dv$ 化为直角坐标系、柱面坐标系及球面坐标系下的三次积分，其中 Ω 由 $z = \sqrt{x^2+y^2}$ 和 $z = 1$ 围成.

解析：(1) 直角坐标系

画出积分区域 Ω（如图 9.15），由于平行于 z 轴穿过区域 Ω 内部的直线与 Ω 的边界曲面的交点不多于两个，故可先对 z 积分.

这时，穿过积分区域 Ω 内部的直线的穿入曲面为锥面 $z = \sqrt{x^2+y^2}$，穿出曲面为平面 $z = 1$，由此可知先积分变量 z 的下限是 $\sqrt{x^2+y^2}$，上限是 1.

由 $z = \sqrt{x^2+y^2}$ 和 $z = 1$ 消去 z，得这两个曲面的交线在 xy 坐标面中的投影曲线为 $x^2+y^2=1$，$D_{xy} = \{(x,y) | x^2+y^2 \leqslant 1\}$ 即为积分区域 Ω 在 xy

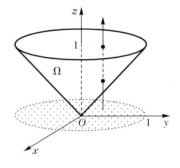

图 9.15

坐标面中的投影区域，D_{xy} 可表示为 $\begin{cases} -\sqrt{1-x^2} \leqslant y \leqslant \sqrt{1-x^2}, \\ -1 \leqslant x \leqslant 1, \end{cases}$ 即得后积分变量 y 和 x 的积分限，故三重积分可化为如下三次积分：

$$\iiint\limits_{\Omega} f(x,y,z)dv = \int_{-1}^{1} dx \int_{-\sqrt{1-x^2}}^{\sqrt{1-x^2}} dy \int_{\sqrt{x^2+y^2}}^{1} f(x,y,z)dz.$$

(2) 柱面坐标系

柱面坐标系下的积分次序是先 z，再 ρ，后 θ. 在上面直角坐标系的基础上，确定先积分变量 z 的积分限时，将穿入曲面和穿出曲面的方程利用直角坐标和柱面坐标之间的转换关系式转化为柱面坐标系下的形式为 $z = \rho$ 和 $z = 1$，积分区

域 Ω 在 xy 坐标面中的投影区域 D_{xy} 在柱面坐标系下可表示为 $\begin{cases} 0 \leqslant \rho \leqslant 1, \\ 0 \leqslant \theta \leqslant 2\pi, \end{cases}$ 再将被积函数及体积元素转化为柱面坐标系下的形式,故三重积分可化为如下三次积分:

$$\iiint\limits_{\Omega} f(x,y,z)\mathrm{d}v = \int_0^{2\pi}\mathrm{d}\theta \int_0^1 \mathrm{d}\rho \int_\rho^1 f(\rho\cos\theta,\rho\sin\theta,z)\rho\mathrm{d}z.$$

*(3) 球面坐标系

球面坐标系下的积分次序是先 r,再 φ,后 θ. 由坐标原点 O 作射线穿过积分区域 Ω 的内部(如图 9.16),由于坐标原点 O 在 Ω 的边界曲面上,故取积分变量 r 的下限为 0,而射线的穿出曲面为平面 $z=1$,该方程转换到球面坐标系下为 $r = \dfrac{1}{\cos\varphi}$,因此,$r$ 的上限为 $\dfrac{1}{\cos\varphi}$.

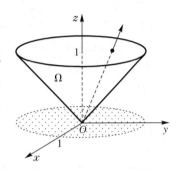

图 9.16

由锥面方程 $z = \sqrt{x^2+y^2}$ 可知,该锥面上任意一点和坐标原点 O 的连线与 z 轴正向的夹角都相等. 在 $z = \sqrt{x^2+y^2}$ 中令 $x=0$,可得锥面与 yz 坐标面的交线为 $z = \pm y$,由此可知,该相等的夹角为 $\dfrac{\pi}{4}$(即锥面的半顶角),此为积分变量 φ 的上限;由于 z 轴在 Ω 的内部,所以 φ 的下限取 0.

又由于 Ω 在 xy 坐标面中的投影区域包含坐标原点 O,所以取 θ 的下限为 0,上限为 2π. 再将被积函数及体积元素转化为球面坐标系下的形式,故三重积分可化为如下三次积分:

$$\iiint\limits_{\Omega} f(x,y,z)\mathrm{d}v$$
$$= \int_0^{2\pi}\mathrm{d}\theta \int_0^{\frac{\pi}{4}}\mathrm{d}\varphi \int_0^{\frac{1}{\cos\varphi}} f(r\sin\varphi\cos\theta, r\sin\varphi\sin\theta, r\cos\varphi)r^2\sin\varphi\mathrm{d}r.$$

注意:在柱面坐标系及球面坐标系下将三重积分化为三次积分时,需注意把作为积分限的边界曲面方程转化为相应坐标系下的形式,并把被积函数和体积元素也转化为相应坐标系下的形式.

***例7** 计算 $\iiint\limits_{\Omega}\sqrt{x^2+y^2+z^2}\mathrm{d}v$,其中 Ω 由 $x^2+y^2+z^2 = 2$ 围成.

解析:由于积分区域 Ω 是球心在坐标原点的球体,可在球面坐标系下计算,积分次序是先 r,再 φ,后 θ.

Ω 的边界曲面 $x^2+y^2+z^2=2$ 在球面坐标系下的形式为 $r = \sqrt{2}$,故积分区

域 Ω 可表示为 $\Omega = \{(r,\varphi,\theta) \mid 0 \leqslant r \leqslant \sqrt{2}, 0 \leqslant \varphi \leqslant \pi, 0 \leqslant \theta \leqslant 2\pi\}$,被积函数在球面坐标系下的形式为 r,所以

$$\iiint_{\Omega} \sqrt{x^2+y^2+z^2} \mathrm{d}v = \int_0^{2\pi} \mathrm{d}\theta \int_0^{\pi} \mathrm{d}\varphi \int_0^{\sqrt{2}} r^3 \sin\varphi \mathrm{d}r$$

$$= \int_0^{2\pi} \mathrm{d}\theta \int_0^{\pi} \sin\varphi \mathrm{d}\varphi \int_0^{\sqrt{2}} r^3 \mathrm{d}r = 2\pi \times 2 \times 1 = 4\pi.$$

注意:由于积分变量的变化范围是积分区域 $x^2+y^2+z^2 \leqslant 2$,并不是球面 $x^2+y^2+z^2 = 2$,因此,不能将被积函数 $\sqrt{x^2+y^2+z^2}$ 换成 $\sqrt{2}$.

例 8 设 Ω 是由 yz 坐标面上的曲线段 $y = \sqrt{2z}(2 \leqslant z \leqslant 8)$ 绕 z 轴旋转一周所得曲面与两平面 $z=2, z=8$ 所围成的均匀立体(体密度为常数 k).求 Ω 对 z 轴的转动惯量.

解析:画出立体 Ω(如图 9.17),所求转动惯量为 $I_z = \iiint_{\Omega} k(x^2+y^2) \mathrm{d}v$.

由于 Ω 是以 z 轴为旋转轴的旋转体,故采用先二后一的次序计算此三重积分.

将 Ω 向 z 轴投影得区间 $[2,8]$,此为后积分变量 z 的积分限.在区间 $[2,8]$ 中任取一点 z,作与 z 轴垂直的平面,此平面与 Ω 相截得截面区域 D_z(如图 9.17),此为先积分变量 x、y 的积分区域.

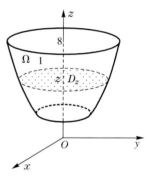

图 9.17

由已知条件可知旋转曲面的方程为 $x^2+y^2 = 2z$,所以区域 D_z 可表示为 $D_z = \{(x,y) \mid x^2+y^2 \leqslant 2z\}$,因为 D_z 是一个半径为 $\sqrt{2z}$ 的圆,所以先做的二重积分在极坐标系下计算.将 D_z 转化为极坐标系下的形式得 $D_z = \{(\rho,\theta) \mid \rho \leqslant \sqrt{2z}, 0 \leqslant \theta \leqslant 2\pi\}$,因此,所求转动惯量为

$$I_z = \iiint_{\Omega} k(x^2+y^2) \mathrm{d}v = \int_2^8 \mathrm{d}z \iint_{D_z} k\rho^3 \mathrm{d}\rho \mathrm{d}\theta$$

$$= \int_2^8 \mathrm{d}z \int_0^{2\pi} \mathrm{d}\theta \int_0^{\sqrt{2z}} k\rho^3 \mathrm{d}\rho = 2k\pi \int_2^8 z^2 \mathrm{d}z = 336k\pi.$$

注意:本题若采用先对 z 的先一后二法,则需将 Ω 进行分割,较麻烦!

例 9 设球面 S 的方程为 $x^2+y^2+z^2 = a^2 (a>0)$,有一半径为 R 的球面 Σ 的球心在已知球面 S 上,问当 R 取何值时,Σ 在球面 S 内部的那部分 Σ_1 的面积最大?

解析:此题为求最大值问题,目标函数为 Σ_1 的面积,因此,应先利用二重积分求出 Σ_1 的面积表达式,再解决其最大值问题.

设 Σ 的球心在 $(0,0,a)$,则球面 Σ 的方程为 $x^2+y^2+(z-a)^2=R^2$,于是 Σ_1 的方程为 $z=a-\sqrt{R^2-x^2-y^2}$.

由两球面的方程消去 z 后,得 $x^2+y^2=\dfrac{R^2}{4a^2}(4a^2-R^2)$,从而可知 Σ_1 在 xy 坐标面的投影区域为 $D:x^2+y^2\leqslant\dfrac{R^2}{4a^2}(4a^2-R^2)$,则 Σ_1 的面积为

$$S(R)=\iint_D\sqrt{1+z_x^2+z_y^2}\mathrm{d}x\mathrm{d}y=\iint_D\dfrac{R}{\sqrt{R^2-x^2-y^2}}\mathrm{d}x\mathrm{d}y.$$

在极坐标系下计算此二重积分,可得

$$S(R)=\int_0^{2\pi}\mathrm{d}\theta\int_0^{\frac{R}{2a}\sqrt{4a^2-R^2}}\dfrac{R}{\sqrt{R^2-\rho^2}}\rho\mathrm{d}\rho=2\pi R^2-\dfrac{\pi R^3}{a}.$$

由 $S'(R)=4\pi R-\dfrac{3\pi}{a}R^2=0$,得驻点 $R_1=0$(舍去),$R_2=\dfrac{4}{3}a$.

而 $S''(R)=4\pi-\dfrac{6\pi}{a}R$,所以 $S''(R_2)=4\pi<0$,故 $R_2=\dfrac{4}{3}a$ 是唯一的极值点,且为极大值点,因此,当 $R=\dfrac{4}{3}a$ 时,Σ_1 的面积最大.

注意:重积分的应用题有时需要自己建立坐标系,坐标原点及坐标轴方向的选取应使得题中涉及的曲线、曲面的方程较为简洁.

例 10 设 $f(x)$ 连续,且 $f(0)=0$,$F(t)=\iiint_\Omega[z^2+f(x^2+y^2)]\mathrm{d}v$,其中 $\Omega=\{(x,y,z)\,|\,x^2+y^2\leqslant t^2,0\leqslant z\leqslant H\}$,试求 $F'(t)$ 和 $\lim\limits_{t\to 0}\dfrac{F(t)}{t^2}$.

解析:由于积分区域 Ω 中含有变量 t,因此 $\iiint_\Omega[z^2+f(x^2+y^2)]\mathrm{d}v$ 是 t 的函数 $F(t)$,计算此三重积分,求出 $F(t)$ 的表达式再解决所求问题.

积分区域 Ω 为圆柱体,Ω 在 xy 坐标面上的投影 D 为圆 $x^2+y^2\leqslant t^2$,将三重积分化为柱面坐标系下的三次积分,得

$$F(t)=\iiint_\Omega[z^2+f(x^2+y^2)]\mathrm{d}v=\int_0^{2\pi}\mathrm{d}\theta\int_0^{|t|}\rho\mathrm{d}\rho\int_0^H[z^2+f(\rho^2)]\mathrm{d}z$$

$$=\int_0^{2\pi}\mathrm{d}\theta\int_0^{|t|}\left[\dfrac{1}{3}H^3+f(\rho^2)H\right]\rho\mathrm{d}\rho=\dfrac{\pi}{3}H^3t^2+2\pi H\int_0^{|t|}f(\rho^2)\rho\mathrm{d}\rho.$$

由 $f(x)$ 连续知 $F(t)$ 在 $t\neq 0$ 时可导,且 $F(0)=0$.

当 $t>0$ 时,有 $F(t)=\dfrac{\pi}{3}H^3t^2+2\pi H\int_0^t f(\rho^2)\rho\mathrm{d}\rho$,故

$$F'(t)=\dfrac{2}{3}\pi H^3 t+2\pi Htf(t^2);$$

当 $t<0$ 时,有 $F(t)=\dfrac{\pi}{3}H^3t^2+2\pi H\displaystyle\int_0^{-t}f(\rho^2)\rho\mathrm{d}\rho$,故

$$F'(t)=\frac{2}{3}\pi H^3t+2\pi Htf(t^2).$$

所以,当 $t\neq 0$ 时,有 $F'(t)=\dfrac{2}{3}\pi H^3t+2\pi Htf(t^2)$.

因为 $F(t)$ 为分段函数,故用定义求 $F'(0)$.

由 $f(x)$ 连续知 $F(t)$ 可导,且 $f(0)=0$,故 $\lim\limits_{t\to 0}f(t^2)=f(0)=0$,

所以 $F'(0)=\lim\limits_{t\to 0}\dfrac{F(t)-F(0)}{t}=\lim\limits_{t\to 0}\dfrac{F'(t)}{1}$

$$=\lim_{t\to 0}\left[\frac{2}{3}\pi H^3t+2\pi Htf(t^2)\right]=0.$$

综合以上讨论可知,$F'(t)=\dfrac{2}{3}\pi H^3t+2\pi Htf(t^2)$.

所以 $\lim\limits_{t\to 0}\dfrac{F(t)}{t^2}=\lim\limits_{t\to 0}\dfrac{F'(t)}{2t}=\lim\limits_{t\to 0}\dfrac{\dfrac{2}{3}\pi H^3t+2\pi Htf(t^2)}{2t}$

$$=\frac{\pi}{3}H^3+\lim_{t\to 0}\pi Hf(t^2)=\frac{\pi}{3}H^3.$$

注意:因为 $F(t)$ 为分段函数,所以求 $F'(t)$ 时要分 $t>0$、$t<0$ 和 $t=0$ 几种情形处理,且要用定义求 $F'(0)$.

9.5 基础作业题

一、填空题

1. 设 $D=\{(x,y)\,|\,0\leqslant x\leqslant y,0\leqslant y\leqslant 1\}$,则 $\displaystyle\iint_D\mathrm{d}x\mathrm{d}y$ 等于_____.

2. 设 $D=\{(x,y)\,|\,|x|\leqslant \pi,0\leqslant y\leqslant 1\}$,则 $\displaystyle\iint_D(2+xy)\mathrm{d}x\mathrm{d}y$ 等于_____.

3. $\displaystyle\int_{-1}^0\mathrm{d}y\int_0^{\sqrt{1-y^2}}f(x,y)\mathrm{d}x$ 化为极坐标系下的二次积分为_____.

4. 设 Ω 由 $z=1-\sqrt{x^2+y^2}$ 及 $z=0$ 围成,$\displaystyle\iiint_\Omega f(x,y,z)\mathrm{d}v$ 化为直角坐标系下先 z,再 y,后 x 的三次积分为_____.

5. 空间立体 Ω 上任一点处的密度为该点到原点距离的 2 倍,则 Ω 的质量可用重积分表示为_____.

二、选择题

1. 设 D 为 $(x+2)^2+(y+2)^2 \leqslant 2$, $I_1 = \iint\limits_{D}(x+y)^3 d\sigma$, $I_2 = \iint\limits_{D}(x+y)d\sigma$, $I_3 = \iint\limits_{D}(x+y)^2 d\sigma$, 则 I_1、I_2、I_3 之间的大小顺序为( ).

   A. $I_1 < I_2 < I_3$　　　　　　　　B. $I_2 < I_3 < I_1$
   C. $I_3 < I_1 < I_2$　　　　　　　　D. $I_1 < I_3 < I_2$

2. 设 $f(x,y)$ 为连续函数,则 $\int_{-1}^{0}dx\int_{x+1}^{\sqrt{1+x^2}}f(x,y)dy$ 等于( ).

   A. $\int_{0}^{1}dy\int_{-1}^{y-1}f(x,y)dx$

   B. $\int_{0}^{\sqrt{2}}dy\int_{-1}^{-\sqrt{y^2-1}}f(x,y)dx$

   C. $\int_{0}^{1}dy\int_{-1}^{y-1}f(x,y)dx + \int_{1}^{\sqrt{2}}dy\int_{-1}^{\sqrt{y^2-1}}f(x,y)dx$

   D. $\int_{0}^{1}dy\int_{-1}^{y-1}f(x,y)dx + \int_{1}^{\sqrt{2}}dy\int_{-1}^{-\sqrt{y^2-1}}f(x,y)dx$

3. 将 $I = \iint\limits_{D}f(x^2+y^2)d\sigma$(其中 D 为 $x^2+y^2 \leqslant 1$)化为极坐标系下的二次积分,其形式为( ).

   A. $I = \int_{0}^{2\pi}d\theta\int_{0}^{1}f(\rho^2)d\rho$　　　　B. $I = \int_{0}^{2\pi}d\theta\int_{0}^{1}f(\rho^2)\rho d\rho$

   C. $I = 2\int_{0}^{\frac{\pi}{2}}d\theta\int_{0}^{1}f(\rho^2)\rho d\rho$　　　　D. $I = 4\int_{0}^{\frac{\pi}{2}}d\theta\int_{0}^{1}f(\rho^2)d\rho$

4. 设 Ω 是由曲面 $z=x^2+y^2$、$y=x$、$y=0$、$z=1$ 在第一卦限所围成的区域,则 $\iiint\limits_{\Omega}f(x,y,z)dv$ 等于( ).

   A. $\int_{0}^{1}dy\int_{y}^{\sqrt{1-y^2}}dx\int_{x^2+y^2}^{1}f(x,y,z)dz$

   B. $\int_{0}^{1}dx\int_{0}^{x}dy\int_{x^2+y^2}^{1}f(x,y,z)dz$

   C. $\int_{0}^{\frac{\sqrt{2}}{2}}dy\int_{y}^{\sqrt{1-y^2}}dx\int_{x^2+y^2}^{1}f(x,y,z)dz$

   D. $\int_{0}^{\frac{\sqrt{2}}{2}}dx\int_{0}^{x}dy\int_{0}^{1}f(x,y,z)dz$

5. 设两圆 $\rho=\cos\theta$ 及 $\rho=2\cos\theta$ 所围成的均匀薄片的质心为 $(\overline{x},\overline{y})$,已知 $\overline{y}=0$,则 $\overline{x}$ 等于( ).

A. $\dfrac{1}{3\pi}\int_{-\frac{\pi}{2}}^{\frac{\pi}{2}}\mathrm{d}\theta\int_{\cos\theta}^{2\cos\theta}\rho^2\cos\theta\mathrm{d}\rho$ 　　　　B. $\dfrac{4}{3\pi}\int_{-\frac{\pi}{2}}^{\frac{\pi}{2}}\mathrm{d}\theta\int_{\cos\theta}^{2\cos\theta}\rho^2\cos\theta\mathrm{d}\rho$

C. $\dfrac{1}{3\pi}\int_{-\frac{\pi}{2}}^{\frac{\pi}{2}}\mathrm{d}\theta\int_{\cos\theta}^{2\cos\theta}\rho^2\sin\theta\mathrm{d}\rho$ 　　　　D. $\dfrac{4}{3\pi}\int_{-\frac{\pi}{2}}^{\frac{\pi}{2}}\mathrm{d}\theta\int_{\cos\theta}^{2\cos\theta}\rho^2\sin\theta\mathrm{d}\rho$

三、计算题与证明题

1. 设 $D=\{(x,y)\,|\,0\leqslant x\leqslant 1,0\leqslant y\leqslant 1\}$，求 $\iint\limits_{D}xy(x+y)\mathrm{d}x\mathrm{d}y$.

2. 计算 $\iint\limits_{D}(x^2+y^2)\mathrm{d}\sigma$，其中 D 由曲线 $y=x^2$，直线 $x=1$ 及 $y=0$ 所围成.

3. 计算 $\iint\limits_{D}(|x|+|y|)\mathrm{d}\sigma$，其中 D 为 $|x|+|y|\leqslant 1$.

4. 把 $\iint\limits_{D}f(x,y)\mathrm{d}x\mathrm{d}y$ 化为两种次序的二次积分，其中 D 由 $y=\dfrac{1}{x}$，$y=0$，$x=1$ 及 $x=2$ 围成.

5. 改变 $\int_{0}^{1}\mathrm{d}y\int_{y-1}^{1-y}f(x,y)\mathrm{d}x$ 的积分次序.

6. 在极坐标系下计算 $\iint\limits_{D}\sqrt{x^2+y^2}\mathrm{d}x\mathrm{d}y$，$D$ 由 $x^2+y^2=4$ 围成.

7. 把 $\iint\limits_{D}f(x,y)\mathrm{d}x\mathrm{d}y$ 化为极坐标系下的二次积分，D 为 $x^2+y^2\leqslant 4y$.

8. 选择适当的坐标系计算 $\iint\limits_{D}\sqrt[3]{x^2+y^2}\mathrm{d}\sigma$，$D$ 为 $1\leqslant x^2+y^2\leqslant 8$.

9. 计算 $\iiint\limits_{\Omega}(y^2-x)\mathrm{d}v$，$\Omega$ 由 $y=x^2$，$y=1$，$z=0$ 及 $z=2$ 围成.

10. 把三重积分 $\iiint\limits_{\Omega}f(x,y,z)\mathrm{d}v$ 化为直角坐标系下先 z，再 x，后 y 的三次积分及柱面坐标系下的三次积分，其中 Ω 为 $x^2+y^2+z^2\leqslant 1$ 在第二卦限的部分.

11. 计算由平面 $x+y+z=6$，$x=0$，$y=0(0\leqslant x\leqslant 4)$，$z=0$ 及 $x+2y=4$ 所围成的立体的体积.

12. 求半径为 a 的球面 $x^2+y^2+z^2=a^2$ 被平面 $z=\dfrac{a}{4}$ 与 $z=\dfrac{a}{2}$ 所夹部分的面积.

13. 设均匀平面薄板 D 由 $y=x^2$ 及 $x+y=2$ 围成，求 D 的质心.

14. 设平面薄板 D 由 $y=\mathrm{e}^x$，$y=0$，$x=0$ 及 $x=1$ 围成，其面密度为 $\rho(x,y)=xy$，求 D 对 x 轴的转动惯量.

*15. 设一立体是半径为 a 和 b 的同心球面所围成的球壳($0<a<b$)，其上任一点的密度为该点到球心距离的平方，求该立体的质量.

16. 求高为 h，顶角为 α 的均匀圆锥体（密度为常数 k）对位于其顶点处一单位质量的质点的引力.

17. 求证：$\int_a^b \mathrm{d}x \int_a^x (x-y)^{n-2} f(y) \mathrm{d}y = \dfrac{1}{n-1} \int_a^b (b-y)^{n-1} f(y) \mathrm{d}y$，其中 n 为大于 1 的正整数.

9.6 综合作业题

1. 设 D 由 $y=0, y=1$ 及 $x^2 - y^2 = 1$ 围成，求 $\iint\limits_D x^2 y \mathrm{d}x \mathrm{d}y$.

2. 改变 $\int_0^1 \mathrm{d}x \int_0^{x^2} f(x,y) \mathrm{d}y + \int_1^2 \mathrm{d}x \int_0^{\sqrt{2x-x^2}} f(x,y) \mathrm{d}y$ 的积分次序.

3. 计算 $\iint\limits_D (x+y) \mathrm{d}x \mathrm{d}y$，$D$ 为 $x^2 + y^2 \leqslant x + y$.

4. 计算 $\iint\limits_D \sqrt{R^2 - x^2 - y^2} \mathrm{d}x \mathrm{d}y$，$D$ 由 $x^2 + y^2 = Ry$ 围成.

5. 计算 $\iint\limits_D |\cos(x+y)| \mathrm{d}x \mathrm{d}y$，$D$ 由 $y = x, y = 0$ 及 $x = \dfrac{\pi}{2}$ 围成.

6. 计算 $I = \iint\limits_D (x^2 + xy \mathrm{e}^{x^2+y^2}) \mathrm{d}x \mathrm{d}y$，$D$ 由 $y = x, y = -1$ 及 $x = 1$ 围成.

7. 计算 $\iiint\limits_\Omega \mathrm{e}^{|z|} \mathrm{d}v$，$\Omega$ 为 $x^2 + y^2 + z^2 \leqslant 1$.

8. 把 $\iiint\limits_\Omega f(x,y,z) \mathrm{d}v$ 化为柱面坐标系下的三次积分，积分区域 Ω 为 $z \geqslant x^2 + y^2$ 夹在平面 $z=4$ 与 $z=9$ 之间的部分.

9. 将三次积分 $\int_0^1 \mathrm{d}x \int_0^x \mathrm{d}y \int_0^y f(z) \mathrm{d}z$ 改写为一个定积分的形式.

10. 求曲面 $S_1 : z = x^2 + y^2 + 1$ 在点 $M(1, -1, 3)$ 处的切平面与曲面 S_2：$z = x^2 + y^2$ 所围成立体的体积.

11. 一个炼钢炉为 zx 坐标面中的曲线 $9x^2 = z(3-z)^2 (0 \leqslant z < 3)$ 绕 z 轴旋转一周而得的旋转体. 若炉内储有高为 h 的匀质钢液，且不计炉体的自重，求它的质心.

12. 已知 $f(x) = \int_x^1 \mathrm{e}^{\frac{x}{y}} \mathrm{d}y$，试证：$\int_0^1 f(x) \mathrm{d}x = \dfrac{1}{2}(\mathrm{e} - 1)$.

13. 求证：$\lim\limits_{R \to +\infty} \iint\limits_D (x^2 + y^2) \mathrm{e}^{-x^2-y^2} \mathrm{d}x \mathrm{d}y = \pi$，其中积分区域为正方形 $D = \{(x,y) \mid |x| \leqslant R, |y| \leqslant R\}$.

14. 求 $\lim\limits_{t\to 0}\dfrac{1}{\pi t^2}\iint\limits_{D}f(x,y)\mathrm{d}x\mathrm{d}y$，其中 D 为 $x^2+y^2\leqslant t^2$，$f(x,y)$ 在 D 上连续.

15. 设有一高度为 $h(t)$（t 为时间）的雪堆，在融化过程中，其侧面满足方程 $z=h(t)-\dfrac{2(x^2+y^2)}{h(t)}$，设长度单位为 cm，时间单位为小时. 已知体积减少的速率与侧面积成正比（比例系数为 0.9），问高度为 130cm 的雪堆全部融化需要多少小时？

9.7 自 测 题

一、填空题

1. 设 $D: 0\leqslant x\leqslant 2, -1\leqslant y\leqslant 1$，则 $\iint\limits_{D}\dfrac{x}{1+y^2}\mathrm{d}x\mathrm{d}y=$ _____.

2. 已知 $D: a\leqslant x\leqslant b, 0\leqslant y\leqslant 1$，又已知 $\iint\limits_{D}yf(x)\mathrm{d}x\mathrm{d}y=1$，则 $\int_{a}^{b}f(x)\mathrm{d}x=$ _____.

3. 若 D 是由 $x+y=1$ 和两坐标轴围成的三角形区域，且 $\iint\limits_{D}f(x)\mathrm{d}x\mathrm{d}y$ 可表示为 $\iint\limits_{D}f(x)\mathrm{d}x\mathrm{d}y=\int_{0}^{1}\varphi(x)\mathrm{d}x$，那么 $\varphi(x)=$ _____.

4. $\int_{0}^{2}\mathrm{d}x\int_{x-1}^{1}f(x,y)\mathrm{d}y=\int_{-1}^{1}\mathrm{d}y\int_{x_1(y)}^{x_2(y)}f(x,y)\mathrm{d}x$，那么 $x_1(y)$ 和 $x_2(y)$ 分别为 _____ 和 _____.

5. 设 Ω 由 $y=x^2+z^2$ 与 $y=4$ 围成，把 $I=\iiint\limits_{\Omega}f(x,y,z)\mathrm{d}v$ 化为直角坐标系下先 y，再 x，后 z 的三次积分为 _____.

二、选择题

1. 设 D 是由 $y=kx(k>0)$，$y=0$ 和 $x=1$ 所围成的三角形区域，且 $\iint\limits_{D}xy^2\mathrm{d}x\mathrm{d}y=\dfrac{1}{15}$，则 k 等于（　　）.

    A. 1   B. $\sqrt[3]{\dfrac{4}{5}}$ C. $\sqrt[3]{\dfrac{1}{15}}$ D. $\sqrt[3]{\dfrac{2}{5}}$

2. 设 D_1 是一个正方形区域，D_2 是 D_1 的内切圆区域，D_3 是 D_1 的外接圆区域，如果记 $I_1=\iint\limits_{D_1}\mathrm{e}^{2y-x^2-y^2-2x}\mathrm{d}x\mathrm{d}y$，$I_2=\iint\limits_{D_2}\mathrm{e}^{2y-x^2-y^2-2x}\mathrm{d}x\mathrm{d}y$，$I_3=\iint\limits_{D_3}\mathrm{e}^{2y-x^2-y^2-2x}\mathrm{d}x\mathrm{d}y$，则 I_1、I_2、I_3 之间的大小顺序为（　　）.

A. $I_1 \leqslant I_2 \leqslant I_3$　　　　　　B. $I_2 \leqslant I_1 \leqslant I_3$
C. $I_3 \leqslant I_1 \leqslant I_2$　　　　　　D. $I_3 \leqslant I_2 \leqslant I_1$

3. 将极坐标系下的二次积分 $\int_0^\pi d\theta \int_0^{2\sin\theta} f(\rho\cos\theta, \rho\sin\theta)\rho d\rho$ 化为直角坐标系下的二次积分为(　　).

A. $\int_{-1}^1 dy \int_{1-\sqrt{1-y^2}}^{1+\sqrt{1-y^2}} f(x,y)dx$　　B. $\int_0^2 dx \int_{-\sqrt{2x-x^2}}^{\sqrt{2x-x^2}} f(x,y)dy$

C. $\int_{-1}^1 dy \int_{-\sqrt{2y-y^2}}^{\sqrt{2y-y^2}} f(x,y)dx$　　D. $\int_{-1}^1 dx \int_{1-\sqrt{1-x^2}}^{1+\sqrt{1-x^2}} f(x,y)dy$

4. 将旋转抛物面 $z = 1 + \dfrac{x^2+y^2}{2}$ 在 $1 \leqslant z \leqslant 2$ 那部分曲面的面积表示为二重积分的是(　　).

A. $\iint\limits_{x^2+y^2 \leqslant 1} \sqrt{1+x^2+y^2}d\sigma$　　B. $\iint\limits_{x^2+y^2 \leqslant 4} \sqrt{1+x^2+y^2}d\sigma$

C. $\iint\limits_{x^2+y^2 \leqslant 2} \sqrt{1+x^2+y^2}d\sigma$　　D. $\iint\limits_{1 \leqslant x^2+y^2 \leqslant 4} \sqrt{1+x^2+y^2}d\sigma$

5. 设空间区域 Ω 由 $z = x^2+y^2$ 和 $z=1$ 围成，Ω_1 是 Ω 中 $y \geqslant 0$ 的部分，$f(u)$ 为连续函数，则必有(　　).

A. $\iiint\limits_\Omega xf(z)dv = 2\iiint\limits_{\Omega_1} xf(z)dv$　　B. $\iiint\limits_\Omega z^2f(y)dv = 2\iiint\limits_{\Omega_1} z^2f(y)dv$

C. $\iiint\limits_\Omega zf(y)dv = 2\iiint\limits_{\Omega_1} zf(y)dv$　　D. $\iiint\limits_\Omega yf(y)dv = 2\iiint\limits_{\Omega_1} yf(y)dv$

三、计算题

1. 计算下列二重积分：

(1) $\iint\limits_D x dx dy$，D 由 $y=0, y=1, x=0$ 和 $y=\ln x$ 围成；

(2) $\iint\limits_D (2+xy^2\sin^2 x)dxdy$，$D$ 由 $y=x^2$ 和 $y=1$ 围成；

(3) $\iint\limits_D (x-y)dxdy$，D 为 $x^2+y^2 \leqslant y$.

2. 计算下列三重积分：

(1) $\iiint\limits_\Omega e^{x-y+z} dxdydz$，其中 Ω 由 $y=1, y=x, x=0, z=0$ 及 $z=2$ 围成；

(2) $\iiint\limits_\Omega \dfrac{1}{1+x^2+y^2} dxdydz$，其中 Ω 由 $x^2+y^2=z^2$ 及 $z=1$ 围成；

*(3) $\iiint\limits_\Omega (x^2+y^2)dxdydz$，其中 Ω 为 $x^2+y^2+z^2 \leqslant 1$.

3. 改变二次积分 $\int_1^2 dx \int_{1-x}^{x^2} f(x,y) dy$ 的积分次序.

4. 求曲面 $z = x^2 + y^2$ 被曲面 $z = 2 - \sqrt{x^2+y^2}$ 所截下部分的面积.

*5. 设 $f(u)$ 连续,$f(0) = 0, f'(0)$ 存在,Ω 为 $x^2+y^2+z^2 \leqslant t^2$,令 $F(t) = \iiint_\Omega f(\sqrt{x^2+y^2+z^2}) dv$,求 $\lim\limits_{t \to 0} \dfrac{F(t)}{\pi t^4}$.

9.8 参考答案与提示

【基础作业题参考答案与提示】

一、1. $\dfrac{1}{2}$;   2. 4π;   3. $\int_{-\frac{\pi}{2}}^0 d\theta \int_0^1 f(\rho\cos\theta, \rho\sin\theta)\rho d\rho$;

4. $\int_{-1}^1 dx \int_{-\sqrt{1-x^2}}^{\sqrt{1-x^2}} dy \int_0^{1-\sqrt{x^2+y^2}} f(x,y,z) dz$;   5. $\iiint_\Omega 2\sqrt{x^2+y^2+z^2} dv$.

二、1. A; 2. D; 3. B; 4. C; 5. B.

三、1. $\dfrac{1}{3}$.   2. $\dfrac{26}{105}$.

3. $\dfrac{4}{3}$.【提示】利用对称性知 $\iint_D (|x|+|y|) d\sigma = 4\iint_{D_1} (x+y) d\sigma$,其中 D_1 是 D 在第一象限的部分.

4. $\int_1^2 dx \int_0^{\frac{1}{x}} f(x,y) dy$ 及 $\int_0^{\frac{1}{2}} dy \int_1^2 f(x,y) dx + \int_{\frac{1}{2}}^1 dy \int_1^{\frac{1}{y}} f(x,y) dx$.

5. $\int_{-1}^0 dx \int_0^{x+1} f(x,y) dy + \int_0^1 dx \int_0^{1-x} f(x,y) dy$.

6. $\dfrac{16}{3}\pi$.   7. $\int_0^\pi d\theta \int_0^{4\sin\theta} f(\rho\cos\theta, \rho\sin\theta)\rho d\rho$.   8. $\dfrac{45}{4}\pi$.   9. $\dfrac{8}{7}$.

10. 直角坐标系下:$\int_0^1 dy \int_{-\sqrt{1-y^2}}^0 dx \int_0^{\sqrt{1-x^2-y^2}} f(x,y,z) dz$,

  柱面坐标系下:$\int_{\frac{\pi}{2}}^\pi d\theta \int_0^1 d\rho \int_0^{\sqrt{1-\rho^2}} f(\rho\cos\theta, \rho\sin\theta, z) \rho dz$.

11. 16.   12. $\dfrac{1}{2}\pi a^2$.   13. $\left(-\dfrac{1}{2}, \dfrac{8}{5}\right)$.   14. $\dfrac{1}{64}(3e^4+1)$.

15. $\dfrac{4}{5}\pi(b^5-a^5)$.

16. $2\pi Gkh\left(1-\cos\dfrac{\alpha}{2}\right)$($G$ 为引力常数),方向指向圆锥底面中心.

17.【提示】交换左端的积分次序.

【综合作业题参考答案与提示】

1. $\dfrac{2}{15}(4\sqrt{2}-1)$.   2. $\int_0^1 \mathrm{d}y \int_{\sqrt{y}}^{1+\sqrt{1-y^2}} f(x,y)\mathrm{d}x$.   3. $\dfrac{\pi}{2}$.

4. $\dfrac{1}{3}R^3(\pi-\dfrac{4}{3})$.【提示】利用对称性,在极坐标系下计算.

5. $\dfrac{\pi}{2}-1$.

6. $\dfrac{2}{3}$.【提示】作辅助线 $y=-x$ 分割 D,利用对称性.

7. 2π.【提示】利用对称性,$\iiint\limits_{\Omega} \mathrm{e}^{|z|}\mathrm{d}v = 2\iiint\limits_{\Omega_1}\mathrm{e}^z\mathrm{d}v$,$\Omega_1$ 为 Ω 在 xy 坐标面上面的部分,可用先二后一法计算.

8. $\int_0^{2\pi}\mathrm{d}\theta\int_0^2\mathrm{d}\rho\int_4^9 F(\rho,\theta,z)\rho\mathrm{d}z + \int_0^{2\pi}\mathrm{d}\theta\int_2^3\mathrm{d}\rho\int_{\rho^2}^9 F(\rho,\theta,z)\rho\mathrm{d}z$,其中 $F(\rho,\theta,z)=f(\rho\cos\theta,\rho\sin\theta,z)$.【提示】将 Ω 分为两部分 $\Omega_1=\{(x,y,z)\,|\,x^2+y^2\leqslant 4, 4\leqslant z\leqslant 9\}$ 和 $\Omega_2=\{(x,y,z)\,|\,4\leqslant x^2+y^2\leqslant 9, x^2+y^2\leqslant z\leqslant 9\}$.

9. $\int_0^1 \dfrac{1}{2}(1-z)^2 f(z)\mathrm{d}z$.【提示】积分区域为三棱锥,改变题中三次积分的积分次序,最后对 z 积分,得 $\int_0^1\mathrm{d}z\int_z^1\mathrm{d}y\int_y^1 f(z)\mathrm{d}x$.

10. $\dfrac{\pi}{2}$.【提示】S_1 在 M 处的切平面为 $z=2x-2y-1$,它与曲面 S_2 所围立体在 xy 坐标面的投影区域为 $D:(x-1)^2+(y+1)^2\leqslant 1$,所求体积为 $V=\iint\limits_{D}[2x-2y-1-(x^2+y^2)]\mathrm{d}x\mathrm{d}y = \iint\limits_{D}[1-(x-1)^2-(y+1)^2]\mathrm{d}x\mathrm{d}y$,令 $x-1=\rho\cos\theta$,$y+1=\rho\sin\theta$,利用二重积分的换元法或坐标系的平移(直接计算较麻烦),则 $V=\int_0^{2\pi}\mathrm{d}\theta\int_0^1(1-\rho^2)\rho\mathrm{d}\rho=\dfrac{\pi}{2}$.

11. $(0,0,h\dfrac{60-30h+4h^2}{90-40h+5h^2})$.【提示】利用对称性知质心在 z 轴上,计算三重积分时用先二后一法.

12.【提示】交换二次积分 $\int_0^1 f(x)\mathrm{d}x = \int_0^1[\int_x^1 \mathrm{e}^{\frac{x}{y}}\mathrm{d}y]\mathrm{d}x$ 的积分次序.

13.【提示】设 $D_1=\{(x,y)\,|\,x^2+y^2\leqslant R^2\}$,$D_2=\{(x,y)\,|\,x^2+y^2\leqslant 2R^2\}$,则 $D_1\subset D\subset D_2$,分别在 D_1 和 D_2 上计算相应的二重积分,再利用重积分的性质及

夹逼准则求题中极限.

14. $f(0,0)$.【提示】 $f(x,y)$ 在 D 上连续,由中值定理可知,$\exists(\xi,\eta)\in D$,使 $\iint\limits_{D}f(x,y)\mathrm{d}x\mathrm{d}y=\pi t^2 f(\xi,\eta)$,$t\to 0$ 时,$\xi\to 0$,$\eta\to 0$.

15. 100 小时.【提示】 侧面(即顶面)为 $x^2+y^2=\dfrac{1}{2}[h^2(t)-h(t)z]$,雪堆在 xy 坐标面的投影区域为 $D_{xy}:x^2+y^2\leqslant\dfrac{1}{2}h^2(t)$,由此可求出雪堆体积 $V(t)=\dfrac{\pi}{4}h^3(t)$,侧面积 $S(t)=\dfrac{13\pi}{12}h^2(t)$. 由 $V'(t)=-0.9S$,可得 $h'(t)=-1.3$,再由 $h(0)=130$,进而得 $h(t)$,令 $h(t)=0$ 即可.

【自测题参考答案与提示】

一、1. π; 2. 2; 3. $(1-x)f(x)$; 4. 0 和 $1+y$;

5. $\int_{-2}^{2}\mathrm{d}z\int_{-\sqrt{4-z^2}}^{\sqrt{4-z^2}}\mathrm{d}x\int_{x^2+z^2}^{4}f(x,y,z)\mathrm{d}y$.

二、1. A; 2. B; 3. D; 4. C; 5. A.

三、1. (1) $\dfrac{1}{4}(\mathrm{e}^2-1)$; (2) $\dfrac{8}{3}$; (3) $-\dfrac{\pi}{8}$.

2. (1) $\mathrm{e}-\dfrac{1}{\mathrm{e}}$; (2) $\pi(\ln 2-2+\dfrac{\pi}{2})$; (3) $\dfrac{8}{15}\pi$.

3. $\int_{-1}^{0}\mathrm{d}y\int_{1-y}^{2}f(x,y)\mathrm{d}x+\int_{0}^{1}\mathrm{d}y\int_{1}^{2}f(x,y)\mathrm{d}x+\int_{1}^{4}\mathrm{d}y\int_{\sqrt{y}}^{2}f(x,y)\mathrm{d}x$.

4. $\dfrac{1}{6}\pi(5\sqrt{5}-1)$.

5. $f'(0)$.【提示】 $F(t)=4\pi\int_{0}^{t}f(r)r^2\mathrm{d}r$,则
$\lim\limits_{t\to 0}\dfrac{F(t)}{\pi t^4}=\lim\limits_{t\to 0}\dfrac{4\pi f(t)t^2}{4\pi t^3}=\lim\limits_{t\to 0}\dfrac{f(t)}{t}=\lim\limits_{t\to 0}\dfrac{f(t)-f(0)}{t-0}$.

第 10 章 曲线积分与曲面积分

10.1 教学要求

【教学基本要求】

1. 理解两类曲线积分的概念,了解两类曲线积分的性质及两类曲线积分的关系,会计算两类曲线积分(对于空间曲线积分的计算只作简单训练).

2. 掌握格林公式,并会运用平面曲线积分与路径无关的条件,会求全微分的原函数,了解第二类平面曲线积分与路径无关的物理意义.

3. 了解两类曲面积分的概念及其计算方法.

4. 了解高斯公式、斯托克斯公式,会用高斯公式计算曲面积分(斯托克斯公式的证明以及利用该公式计算空间曲线积分不作要求).

5. 了解科学技术问题中建立曲线与曲面积分表达式的元素法(微元法),会建立某些简单几何量和物理量的积分表达式(曲面面积、弧长、质量、质心、转动惯量、引力及功等).

【教学重点内容】

曲线积分、曲面积分计算方法,格林公式,平面曲线积分与路径无关的条件.

10.2 知识要点

【知识要点】

1. 对弧长的曲线积分的概念

(1) 定义:函数 $f(x,y)$ 在曲线弧 L 上对弧长的曲线积分定义为

$$\int_L f(x,y)\mathrm{d}s = \lim_{\lambda \to 0} \sum_{i=1}^{n} f(\xi_i, \eta_i)\Delta s_i.$$

(2) 对弧长的曲线积分的存在性：当 $f(x,y)$ 在光滑曲线弧 L 上连续时，对弧长的曲线积分 $\int_L f(x,y)\mathrm{d}s$ 是存在的.

2. 对弧长的曲线积分的性质

性质 1：设 c_1、c_2 为常数，则
$$\int_L [c_1 f(x,y) + c_2 g(x,y)]\mathrm{d}s = c_1 \int_L f(x,y)\mathrm{d}s + c_2 \int_L g(x,y)\mathrm{d}s.$$

性质 2：若积分弧段 L 可分成两段光滑曲线弧 L_1 和 L_2，则
$$\int_L f(x,y)\mathrm{d}s = \int_{L_1} f(x,y)\mathrm{d}s + \int_{L_2} f(x,y)\mathrm{d}s.$$

性质 3：设在 L 上 $f(x,y) \leqslant g(x,y)$，则
$$\int_L f(x,y)\mathrm{d}s \leqslant \int_L g(x,y)\mathrm{d}s ;$$

特别地，有
$$\left| \int_L f(x,y)\mathrm{d}s \right| \leqslant \int_L | f(x,y) | \mathrm{d}s .$$

3. 对弧长的曲线积分的计算

定理：设 $f(x,y)$ 在曲线弧 L 上有定义且连续，L 的参数方程为
$$x = \varphi(t), y = \psi(t) \quad (\alpha \leqslant t \leqslant \beta),$$
其中 $\varphi(t)$、$\psi(t)$ 在闭区间 $[\alpha,\beta]$ 上具有一阶连续导数，且 $\varphi'^2(t) + \psi'^2(t) \neq 0$，则曲线积分 $\int_L f(x,y)\mathrm{d}s$ 存在，且
$$\int_L f(x,y)\mathrm{d}s = \int_\alpha^\beta f[\varphi(t),\psi(t)] \sqrt{\varphi'^2(t) + \psi'^2(t)}\mathrm{d}t \quad (\alpha < \beta).$$

注意：定积分的下限 α 一定要小于上限 β.

特别地，(1) 若曲线 L 的方程为 $y = \psi(x)(a \leqslant x \leqslant b)$，则
$$\int_L f(x,y)\mathrm{d}s = \int_a^b f[x,\psi(x)] \sqrt{1 + \psi'^2(x)}\mathrm{d}x.$$

(2) 若曲线 L 的方程为 $x = \varphi(y)(c \leqslant y \leqslant d)$，则
$$\int_L f(x,y)\mathrm{d}s = \int_c^d f[\varphi(y),y] \sqrt{\varphi'^2(y) + 1}\mathrm{d}y.$$

(3) 若曲线 Γ 的方程为：$x = \varphi(t), y = \psi(t), z = \omega(t)(\alpha \leqslant t \leqslant \beta)$，则
$$\int_\Gamma f(x,y,z)\mathrm{d}s = \int_\alpha^\beta f[\varphi(t),\psi(t),\omega(t)] \sqrt{\varphi'^2(t) + \psi'^2(t) + \omega'^2(t)}\mathrm{d}t.$$

4. 对坐标的曲线积分的概念

(1) 定义：函数 $f(x,y)$ 在有向曲线 L 上对坐标 x 的曲线积分定义为
$$\int_L f(x,y)\mathrm{d}x = \lim_{\lambda \to 0} \sum_{i=1}^n f(\xi_i,\eta_i)\Delta x_i.$$

同理,可定义函数 $f(x,y)$ 在有向曲线 L 上对坐标 y 的曲线积分,这两个积分又称第二类型曲线积分.

(2) 对坐标的曲线积分的存在性:当 $f(x,y)$ 在光滑曲线弧 L 上连续时,对坐标的曲线积分是存在的.

5. 对坐标的曲线积分的性质

性质 1:如果把 L 分成 L_1 和 L_2 则

$$\int_L P\mathrm{d}x + Q\mathrm{d}y = \int_{L_1} P\mathrm{d}x + Q\mathrm{d}y + \int_{L_2} P\mathrm{d}x + Q\mathrm{d}y.$$

性质 2:设 L 是有向曲线弧,$-L$ 是与 L 方向相反的有向曲线弧,则

$$\int_{-L} P(x,y)\mathrm{d}x + Q(x,y)\mathrm{d}y = -\left(\int_L P(x,y)\mathrm{d}x + Q(x,y)\mathrm{d}y\right).$$

6. 对坐标的曲线积分的计算

定理:设 $P(x,y),Q(x,y)$ 是定义在光滑有向曲线 $L:x=\varphi(t),y=\psi(t)$ 上的连续函数,当参数 t 单调地由 α 变到 β 时,点 $M(x,y)$ 从 L 的起点 A 沿 L 运动到终点 B,则

$$\int_L P(x,y)\mathrm{d}x = \int_\alpha^\beta P[\varphi(t),\psi(t)]\varphi'(t)\mathrm{d}t,$$

$$\int_L Q(x,y)\mathrm{d}y = \int_\alpha^\beta Q[\varphi(t),\psi(t)]\psi'(t)\mathrm{d}t.$$

注意:下限 α 对应于 L 的起点,上限 β 对应于 L 的终点,α 不一定小于 β.

坐标对平面曲线的积分,可推广到空间曲线,有类似结论:若空间曲线 Γ 由参数方程 $x=\varphi(t),y=\psi(t),z=\omega(t)$ 给出,那么曲线积分

$$\int_\Gamma P(x,y,z)\mathrm{d}x + Q(x,y,z)\mathrm{d}y + R(x,y,z)\mathrm{d}z$$

$$= \int_\alpha^\beta \{P[\varphi(t),\psi(t),\omega(t)]\varphi'(t) + Q[\varphi(t),\psi(t),\omega(t)]\psi'(t) +$$

$$R[\varphi(t),\psi(t),\omega(t)]\omega'(t)\}\mathrm{d}t,$$

其中 α 对应于 Γ 的起点,β 对应于 Γ 的终点.

7. 两类曲线积分之间的关系

设 $(\cos\alpha,\cos\beta)$ 为与 s 同向的单位向量,则

$$\int_L f(x,y)\mathrm{d}x = \int_L f(x,y)\cos\alpha\mathrm{d}s,$$

$$\int_L f(x,y)\mathrm{d}y = \int_L f(x,y)\cos\beta\mathrm{d}s,$$

即 $\int_L P\mathrm{d}x + Q\mathrm{d}y = \int_L [P\cos\alpha + Q\cos\beta]\mathrm{d}s$,或 $\int_L \boldsymbol{A}\cdot\mathrm{d}\boldsymbol{r} = \int_L \boldsymbol{A}\cdot\boldsymbol{\tau}\mathrm{d}s$.

其中 $\boldsymbol{A}=(P,Q),\boldsymbol{\tau}=(\cos\alpha,\cos\beta)$ 为有向曲线弧 L 上点 (x,y) 处单位切向量,$\mathrm{d}\boldsymbol{r}=\boldsymbol{\tau}\mathrm{d}s=(\mathrm{d}x,\mathrm{d}y)$.

类似地有 $\int_\Gamma P\mathrm{d}x + Q\mathrm{d}y + R\mathrm{d}z = \int_\Gamma [P\cos\alpha + Q\cos\beta + R\cos\gamma]\mathrm{d}s$

或 $\int_\Gamma \boldsymbol{A} \cdot \mathrm{d}\boldsymbol{r} = \int_\Gamma \boldsymbol{A} \cdot \boldsymbol{\tau}\mathrm{d}s = \int_\Gamma A_\tau \mathrm{d}s$,

其中 $\boldsymbol{A} = (P,Q,R)$, $\boldsymbol{\tau} = (\cos\alpha,\cos\beta,\cos\gamma)$ 为有向曲线弧 Γ 上点 (x,y,z) 处的单位切向量, $\mathrm{d}\boldsymbol{r} = \boldsymbol{\tau}\mathrm{d}s = (\mathrm{d}x,\mathrm{d}y,\mathrm{d}z)$, A_τ 为向量 $\boldsymbol{A}$ 在向量 $\boldsymbol{\tau}$ 上的投影.

8. 格林公式

定理:设闭区域 D 由分段光滑的曲线 L 围成,函数 $P(x,y)$ 及 $Q(x,y)$ 在 D 上具有一阶连续偏导数,则有

$$\iint_D \left(\frac{\partial Q}{\partial x} - \frac{\partial P}{\partial y}\right)\mathrm{d}x\mathrm{d}y = \oint_L P\mathrm{d}x + Q\mathrm{d}y,$$

其中 L 是 D 的取正向的边界曲线.

注意:对复连通区域 D,格林公式右端应包括沿区域 D 的全部边界的曲线积分,且边界的方向对区域 D 来说都是正向.

9. 平面上曲线积分与路径无关的条件

设 G 是一个区域, $P(x,y)$ 及 $Q(x,y)$ 在区域 G 内具有一阶连续偏导数. 如果对于 G 内任意指定的两个点 A、B 以及 G 内从点 A 到点 B 的任意两条曲线 L_1、L_2, 等式

$$\int_{L_1} P\mathrm{d}x + Q\mathrm{d}y = \int_{L_2} P\mathrm{d}x + Q\mathrm{d}y$$

恒成立,就说曲线积分 $\int_L P\mathrm{d}x + Q\mathrm{d}y$ 在 G 内与路径无关,否则便说与路径有关.

曲线积分 $\int_L P\mathrm{d}x + Q\mathrm{d}y$ 在 G 内与路径无关相当于沿 G 内任意闭曲线 C 的曲线积分 $\oint_C P\mathrm{d}x + Q\mathrm{d}y$ 等于零.

定理:设开区域 G 是一个单连通域,函数 $P(x,y)$ 及 $Q(x,y)$ 在 G 内具有一阶连续偏导数,则曲线积分 $\int_L P\mathrm{d}x + Q\mathrm{d}y$ 在 G 内与路径无关(或沿 G 内任意闭曲线的曲线积分为零)的充分必要条件是等式

$$\frac{\partial P}{\partial y} = \frac{\partial Q}{\partial x}$$

在 G 内恒成立.

10. 二元函数的全微分求积

曲线积分 $\int_L P\mathrm{d}x + Q\mathrm{d}y$ 在 G 内与路径无关,则该曲线积分的值只与起点 (x_0,y_0) 和终点 (x,y) 有关. 此时,把曲线积分 $\int_L P\mathrm{d}x + Q\mathrm{d}y$ 记为

$$\int_{(x_0,y_0)}^{(x,y)} P\mathrm{d}x + Q\mathrm{d}y, 即 \int_L P\mathrm{d}x + Q\mathrm{d}y = \int_{(x_0,y_0)}^{(x,y)} P\mathrm{d}x + Q\mathrm{d}y.$$

若起点 (x_0, y_0) 为 G 内的一定点,终点 (x, y) 为 G 内的动点,则

$$u(x,y) = \int_{(x_0,y_0)}^{(x,y)} P\mathrm{d}x + Q\mathrm{d}y$$

为 G 内的函数.

二元函数 $u(x,y)$ 的全微分为 $\mathrm{d}u(x,y) = u_x(x,y)\mathrm{d}x + u_y(x,y)\mathrm{d}y$,表达式 $P(x,y)\mathrm{d}x + Q(x,y)\mathrm{d}y$ 与函数的全微分有相同的结构,但它未必就是某个函数的全微分.

定理:设开区域 G 是一个单连通域,函数 $P(x,y)$ 及 $Q(x,y)$ 在 G 内具有一阶连续偏导数,则 $P(x,y)\mathrm{d}x + Q(x,y)\mathrm{d}y$ 在 G 内为某一函数 $u(x,y)$ 的全微分的充分必要条件是等式

$$\frac{\partial P}{\partial y} = \frac{\partial Q}{\partial x}$$

在 G 内恒成立.

求原函数的公式:

$$u(x,y) = \int_{(x_0,y_0)}^{(x,y)} P(x,y)\mathrm{d}x + Q(x,y)\mathrm{d}y,$$

或

$$u(x,y) = \int_{x_0}^{x} P(x,y_0)\mathrm{d}x + \int_{y_0}^{y} Q(x,y)\mathrm{d}y,$$

或

$$u(x,y) = \int_{y_0}^{y} Q(x_0,y)\mathrm{d}y + \int_{x_0}^{x} P(x,y)\mathrm{d}x.$$

11. 对面积的曲面积分的概念

(1) 定义:

$$\iint_\Sigma f(x,y,z)\mathrm{d}S = \lim_{\lambda \to 0} \sum_{i=1}^{n} f(\xi_i, \eta_i, \zeta_i) \Delta S_i.$$

(2) 对面积的曲面积分的存在性:当 $f(x,y,z)$ 在光滑曲面 Σ 上连续时,对面积的曲面积分是存在的.

12. 对面积的曲面积分的性质

性质 1:设 c_1、c_2 为常数,则

$$\iint_\Sigma [c_1 f(x,y,z) + c_2 g(x,y,z)]\mathrm{d}S = c_1 \iint_\Sigma f(x,y,z)\mathrm{d}S + c_2 \iint_\Sigma g(x,y,z)\mathrm{d}S.$$

性质 2:若曲面 Σ 可分成两片光滑曲面 Σ_1 及 Σ_2,则

$$\iint_\Sigma f(x,y,z)\mathrm{d}S = \iint_{\Sigma_1} f(x,y,z)\mathrm{d}S + \iint_{\Sigma_2} f(x,y,z)\mathrm{d}S.$$

性质 3:设在曲面 Σ 上 $f(x,y,z) \leqslant g(x,y,z)$,则

$$\iint\limits_{\Sigma} f(x,y,z)\mathrm{d}S \leqslant \iint\limits_{\Sigma} g(x,y,z)\mathrm{d}S.$$

性质 4：$\iint\limits_{\Sigma} \mathrm{d}S = A$，其中 A 为曲面 Σ 的面积.

13. 对面积的曲面积分的计算

化曲面积分为二重积分：设曲面 Σ 由方程 $z = z(x,y)$ 给出，Σ 在 xOy 面上的投影区域为 D_{xy}，函数 $z = z(x,y)$ 在 D_{xy} 上具有连续偏导数，被积函数 $f(x,y,z)$ 在 Σ 上连续，则

$$\iint\limits_{\Sigma} f(x,y,z)\mathrm{d}S = \iint\limits_{D_{xy}} f[x,y,z(x,y)]\sqrt{1+z_x^2(x,y)+z_y^2(x,y)}\mathrm{d}x\mathrm{d}y$$

如果积分曲面 Σ 的方程为 $y = y(z,x)$ 或 $x = x(y,z)$ 时做法类似.

14. 对坐标的曲面积分的概念

(1) 定义：

$$\iint\limits_{\Sigma} R(x,y,z)\mathrm{d}x\mathrm{d}y = \lim_{\lambda \to 0}\sum_{i=1}^{n} R(\xi_i,\eta_i,\zeta_i)(\Delta S_i)_{xy}.$$

类似地，有

$$\iint\limits_{\Sigma} P(x,y,z)\mathrm{d}y\mathrm{d}z = \lim_{\lambda \to 0}\sum_{i=1}^{n} P(\xi_i,\eta_i,\zeta_i)(\Delta S_i)_{yz},$$

$$\iint\limits_{\Sigma} Q(x,y,z)\mathrm{d}z\mathrm{d}x = \lim_{\lambda \to 0}\sum_{i=1}^{n} Q(\xi_i,\eta_i,\zeta_i)(\Delta S_i)_{zx}.$$

以上三个曲面积分也称为第二类曲面积分.

(2) 对坐标的曲面积分的存在性：当被积函数在光滑的积分曲面 Σ 上连续时，对坐标的曲面积分是存在的.

15. 对坐标的曲面积分的性质

性质 1：如果把 Σ 分成 Σ_1 和 Σ_2，则

$$\iint\limits_{\Sigma} P\mathrm{d}y\mathrm{d}z + Q\mathrm{d}z\mathrm{d}x + R\mathrm{d}x\mathrm{d}y$$
$$= \iint\limits_{\Sigma_1} P\mathrm{d}y\mathrm{d}z + Q\mathrm{d}z\mathrm{d}x + R\mathrm{d}x\mathrm{d}y + \iint\limits_{\Sigma_2} P\mathrm{d}y\mathrm{d}z + Q\mathrm{d}z\mathrm{d}x + R\mathrm{d}x\mathrm{d}y.$$

性质 2：设 Σ 是有向曲面，$-\Sigma$ 表示与 Σ 取相反侧的有向曲面，则

$$\iint\limits_{-\Sigma} P\mathrm{d}y\mathrm{d}z + Q\mathrm{d}z\mathrm{d}x + R\mathrm{d}x\mathrm{d}y = -\iint\limits_{\Sigma} P\mathrm{d}y\mathrm{d}z + Q\mathrm{d}z\mathrm{d}x + R\mathrm{d}x\mathrm{d}y.$$

16. 对坐标的曲面积分的计算

将曲面积分化为二重积分：设积分曲面 Σ 由方程 $z = z(x,y)$ 给出的，Σ 在

xOy 面上的投影区域为 D_{xy},函数 $z = z(x,y)$ 在 D_{xy} 上具有一阶连续偏导数,被积函数 $R(x,y,z)$ 在 Σ 上连续,则有

$$\iint\limits_{\Sigma} R(x,y,z)\mathrm{d}x\mathrm{d}y = \pm \iint\limits_{D_{xy}} R[x,y,z(x,y)]\mathrm{d}x\mathrm{d}y,$$

其中当 Σ 取上侧时,积分前取"$+$";当 Σ 取下侧时,积分前取"$-$".

如果积分曲面 Σ 的方程为 $y = y(z,x)$ 或 $x = (y,z)$ 时做法类似.

注意:转化为二重积分时要注意符号的确定.

17. 两类曲面积分之间的联系

两类曲面积分之间有如下的联系:

$$\iint\limits_{\Sigma} P\mathrm{d}y\mathrm{d}z + Q\mathrm{d}z\mathrm{d}x + R\mathrm{d}x\mathrm{d}y = \iint\limits_{\Sigma} (P\cos\alpha + Q\cos\beta + R\cos\gamma)\mathrm{d}S,$$

其中 $\cos\alpha$、$\cos\beta$、$\cos\gamma$ 是有向曲面 Σ 上点 (x,y,z) 处的法向量的方向余弦,三个被积函数在有向曲面 Σ 上均连续.

两类曲面积分之间的联系也可写成如下向量的形式:

$$\iint\limits_{\Sigma} \boldsymbol{A} \cdot \mathrm{d}\boldsymbol{S} = \iint\limits_{\Sigma} \boldsymbol{A} \cdot \boldsymbol{n}\mathrm{d}S, 或 \iint\limits_{\Sigma} \boldsymbol{A} \cdot \mathrm{d}\boldsymbol{S} = \iint\limits_{\Sigma} A_n \mathrm{d}S$$

其中 $\boldsymbol{A} = (P,Q,R)$,$\boldsymbol{n} = (\cos\alpha,\cos\beta,\cos\gamma)$ 是有向曲面 Σ 上点 (x,y,z) 处的单位法向量,$\mathrm{d}\boldsymbol{S} = \boldsymbol{n} \cdot \mathrm{d}S = (\mathrm{d}y\mathrm{d}z,\mathrm{d}z\mathrm{d}x,\mathrm{d}x\mathrm{d}y)$,称为有向曲面元,$A_n$ 为向量 $\boldsymbol{A}$ 在向量 $\boldsymbol{n}$ 上的投影.

18. 高斯公式*、流量和散度

定理:设空间闭区域 Ω 是由分片光滑的闭曲面 Σ 所围成,函数 $P(x,y,z)$,$Q(x,y,z)$,$R(z,y,z)$ 在 Ω 上具有一阶连续偏导数,则有

$$\iiint\limits_{\Omega} \left(\frac{\partial P}{\partial x} + \frac{\partial Q}{\partial y} + \frac{\partial R}{\partial z}\right)\mathrm{d}v = \oiint\limits_{\Sigma} P\mathrm{d}y\mathrm{d}z + Q\mathrm{d}z\mathrm{d}x + R\mathrm{d}x\mathrm{d}y,$$

或

$$\iiint\limits_{\Omega} \left(\frac{\partial P}{\partial x} + \frac{\partial Q}{\partial y} + \frac{\partial R}{\partial z}\right)\mathrm{d}v = \oiint\limits_{\Sigma} (P\cos\alpha + Q\cos\beta + R\cos\gamma)\mathrm{d}S.$$

将高斯公式

$$\iiint\limits_{\Omega} \left(\frac{\partial P}{\partial x} + \frac{\partial Q}{\partial y} + \frac{\partial R}{\partial z}\right)\mathrm{d}v = \oiint\limits_{\Sigma} (P\cos\alpha + Q\cos\beta + R\cos\gamma)\mathrm{d}S$$

改写成

$$\iiint\limits_{\Omega} \left(\frac{\partial P}{\partial x} + \frac{\partial Q}{\partial y} + \frac{\partial R}{\partial z}\right)\mathrm{d}v = \oiint\limits_{\Sigma} v_n \mathrm{d}S,$$

其中 $v_n = \boldsymbol{v} \cdot \boldsymbol{n} = P\cos\alpha + Q\cos\beta + R\cos\gamma$,$\boldsymbol{v} = (P,Q,R)$,$\boldsymbol{n} = (\cos\alpha,\cos\beta,\cos\gamma)$ 是 Σ 在点 (x,y,z) 处的单位法向量.

公式的右端可解释为单位时间内离开闭区域 Ω 的流体的总质量,左端可解

释为分布在 Ω 内的源头在单位时间内所产生的流体的总质量.

另一方面,设 Ω 的体积为 V,由高斯公式得

$$\frac{1}{V}\iiint_{\Omega}(\frac{\partial P}{\partial x}+\frac{\partial Q}{\partial y}+\frac{\partial R}{\partial z})\mathrm{d}v = \frac{1}{V}\oiint_{\Sigma}v_n\mathrm{d}S,$$

其左端表示 Ω 内源头在单位时间单位体积内所产生的流体质量的平均值. 由积分中值定理,得

$$(\frac{\partial P}{\partial x}+\frac{\partial Q}{\partial y}+\frac{\partial R}{\partial z})\big|_{(\xi,\eta,\zeta)} = \frac{1}{V}\oiint_{\Sigma}v_n\mathrm{d}S.$$

令 Ω 缩向一点 $M(x,y,z)$,得

$$\frac{\partial P}{\partial x}+\frac{\partial Q}{\partial y}+\frac{\partial R}{\partial z} = \lim_{\Omega\to M}\frac{1}{V}\oiint_{\Sigma}v_n\mathrm{d}S,$$

上式左端称为 V 在点 M 的散度,记为 $\mathrm{div}\boldsymbol{v}$,即

$$\mathrm{div}\boldsymbol{v} = \frac{\partial P}{\partial x}+\frac{\partial Q}{\partial y}+\frac{\partial R}{\partial z},$$

其左端表示单位时间单位体积内所产生的流体质量.

19. 斯托克斯公式 *环流量与旋度

定理:设 Γ 为分段光滑的空间有向闭曲线,Σ 是以 Γ 为边界的分片光滑的有向曲面,Γ 的正向与 Σ 的侧符合右手规则,函数 $P(x,y,z)$、$Q(x,y,z)$、$R(x,y,z)$ 在曲面 Σ(连同边界)上具有一阶连续偏导数,则有

$$\iint_{\Sigma}(\frac{\partial R}{\partial y}-\frac{\partial Q}{\partial z})\mathrm{d}y\mathrm{d}z + (\frac{\partial P}{\partial z}-\frac{\partial R}{\partial x})\mathrm{d}z\mathrm{d}x + (\frac{\partial Q}{\partial x}-\frac{\partial P}{\partial y})\mathrm{d}x\mathrm{d}y = \oint_{\Gamma}P\mathrm{d}x+Q\mathrm{d}y+R\mathrm{d}z.$$

记忆方式:

$$\iint_{\Sigma}\begin{vmatrix} \mathrm{d}y\mathrm{d}z & \mathrm{d}z\mathrm{d}x & \mathrm{d}x\mathrm{d}y \\ \frac{\partial}{\partial x} & \frac{\partial}{\partial y} & \frac{\partial}{\partial z} \\ P & Q & R \end{vmatrix} = \oint_{\Gamma}P\mathrm{d}x+Q\mathrm{d}y+R\mathrm{d}z,$$

或

$$\iint_{\Sigma}\begin{vmatrix} \cos\alpha & \cos\beta & \cos\gamma \\ \frac{\partial}{\partial x} & \frac{\partial}{\partial y} & \frac{\partial}{\partial z} \\ P & Q & R \end{vmatrix}\mathrm{d}S = \oint_{\Gamma}P\mathrm{d}x+Q\mathrm{d}y+R\mathrm{d}z,$$

其中 $\boldsymbol{n}=(\cos\alpha,\cos\beta,\cos\gamma)$ 为有向曲面 Σ 在 (x,y,z) 处的单位法向量.

旋度:向量场 $\boldsymbol{A}=(P(x,y,z),Q(x,y,z),R(x,y,z))$ 所确定的向量场

$$(\frac{\partial R}{\partial y}-\frac{\partial Q}{\partial z})\boldsymbol{i} + (\frac{\partial P}{\partial z}-\frac{\partial R}{\partial x})\boldsymbol{j} + (\frac{\partial Q}{\partial x}-\frac{\partial P}{\partial y})\boldsymbol{k}$$

称为向量场 $\boldsymbol{A}$ 的旋度,记为 **rotA**,即

$$\mathbf{rot A} = (\frac{\partial R}{\partial y} - \frac{\partial Q}{\partial z})\mathbf{i} + (\frac{\partial P}{\partial z} - \frac{\partial R}{\partial x})\mathbf{j} + (\frac{\partial Q}{\partial x} - \frac{\partial P}{\partial y})\mathbf{k}.$$

旋度的记忆法：
$$\mathbf{rot A} = \begin{vmatrix} \mathbf{i} & \mathbf{j} & \mathbf{k} \\ \frac{\partial}{\partial x} & \frac{\partial}{\partial y} & \frac{\partial}{\partial z} \\ P & Q & R \end{vmatrix}.$$

斯托克斯公式的另一形式：

$$\iint_{\Sigma} \mathbf{rot A} \cdot \mathbf{n} \mathrm{d}S = \oint_{\Gamma} \mathbf{A} \cdot \boldsymbol{\tau} \mathrm{d}s, \text{ 或} \iint_{\Sigma} (\mathbf{rot A})_n \mathrm{d}S = \oint_{\Gamma} A_\tau \mathrm{d}s,$$

其中 $\mathbf{n}$ 是曲面 Σ 上点 (x,y,z) 处的单位法向量，$\boldsymbol{\tau}$ 是 Σ 的正向边界曲线 Γ 上点 (x,y,z) 处的单位切向量.

沿有向闭曲线 Γ 的曲线积分

$$\oint_{\Gamma} P\mathrm{d}x + Q\mathrm{d}y + R\mathrm{d}z = \oint_{\Gamma} A_\tau \mathrm{d}s$$

叫做向量场 $\mathbf{A}$ 沿有向闭曲线 Γ 的环流量.

上述斯托克斯公式可叙述为：向量场 $\mathbf{A}$ 沿有向闭曲线 Γ 的环流量等于向量场 $\mathbf{A}$ 的旋度场通过 Γ 所张的曲面 Σ 的通量.

【串讲小结】

曲线积分与曲面积分分别是区间积分、区域积分的推广，因此，它们与定积分和重积分有着密切的关系. 理解它们的数学概念之后，还要注意和定积分、重积分的概念进行比较. 由于在本质上曲线积分、曲面积分的定义和定积分、重积分的定义类似，因此，它们的性质也就类似. 它们的计算一般均可化为定积分或重积分进行计算. 另一方面，曲线积分与曲面积分，又有其实际的应用. 因此，学习时要注意和定积分、重积分进行比较，以便加深了解，同时也要注意定积分、重积分与曲线积分、曲面积分的联系，还要注意一些实际应用.

两类曲线积分之间有一定的联系，两类曲面积分之间也有一定的联系，可以进行相互转化. 格林公式、高斯公式和斯托克斯公式分别给出了封闭曲线上的曲线积分与所围成的区域上的二重积分之间的关系、封闭曲面上的曲面积分与所围成的区域上的三重积分之间的关系、曲面积分与围成该区域的边界曲线上的曲线积分之间的关系. 有了这三个公式，曲线积分与路径无关的条件也就顺理成章了，同时，全微分求积也很好理解了.

作为应用，最后还应了解通量、散度、环流量、旋度等概念. 本章内容较多，难点较多，因此要多看教材，适当地做些习题，才能较熟练地掌握.

10.3 答疑解惑

1. 两种类型的曲线积分有何异同？

答：两种类型的曲线积分都是区间积分的推广，都是在曲线弧上积分，它们的计算都要化为定积分来进行计算，并且二者可以互相转化. 但二者又有很大的不同，第一型曲线积分是对弧长的积分，积分时对于积分弧段没有方向性，在表示时是对弧长的微分 ds，故而不具有方向性，在计算时化为定积分要求积分下限小于积分上限. 第二型曲线积分是对有向弧段的积分，积分时对于积分弧段具有方向性，在表示时是对坐标的积分 dx、dy，因此具有方向性，在化为定积分计算时，积分下限不一定小于积分上限，只要参数分别是有向弧段的始点和终点对应的参数即可. 两种类型的曲面积分与此类似.

2. 下面的计算是否正确？

计算积分 $\int_L x\,ds$，其中弧 L 为圆周 $x^2 + y^2 = a^2$ 上弧 $\widehat{AB}$（如图10.1）.

$$\int_L x\,ds = \int_a^{-\frac{a}{\sqrt{2}}} a\,dy = -\frac{2+\sqrt{2}}{2}a^2.$$

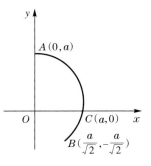

图 10.1

答：上述解法是错误的，原因是所求积分为第一类型曲线积分，化为定积分时要求积分的下限小于上限，因此正确的解法为：$\int_L x\,ds = \int_{-\frac{a}{\sqrt{2}}}^{a} a\,dx = \frac{2+\sqrt{2}}{2}a^2.$

3. 下面的计算是否正确？

计算积分 $\int_L |y|\,ds$（其中弧 L 为 $\widehat{AB}$，如第2题图10.1所示）.

因为弧 L 的方程是 $y = \sqrt{a^2 - x^2}$，因此，

$$\int_L |y|\,ds = \int_0^{\frac{a}{\sqrt{2}}} \sqrt{a^2-x^2} \cdot \frac{a}{\sqrt{a^2-x^2}}dx = \frac{a^2}{\sqrt{2}}.$$

答：上述解法是错误的，原因是当弧从 A 到 B 描出 L 时，x 的变化是不单调的. 正确的解法是：

$$\int_L |y|\,ds = \int_{\widehat{AC}} |y|\,ds + \int_{\widehat{CB}} |y|\,ds$$
$$= \int_0^a \sqrt{a^2-x^2} \cdot \frac{a}{\sqrt{a^2-x^2}}dx - \int_a^{\frac{a}{\sqrt{2}}} \sqrt{a^2-x^2} \cdot \frac{a}{\sqrt{a^2-x^2}}dx$$
$$= 2a^2 - \frac{a^2}{\sqrt{2}}.$$

4. 在应用格林公式时，哪些地方容易出错？

答：格林公式揭示了平面区域上二重积分与它边界上的曲线积分之间的内在联系，无论在理论上，还是在应用上都有着重要的意义. 在应用格林公式时常犯的错误主要有：忽视 $P(x,y)$、$Q(x,y)$ 在闭区域 D 上一阶偏导数的连续性条件. 例如，在计算圆周 $L:x^2+y^2=1$ 上的曲线积分 $\int_L \dfrac{-y\mathrm{d}x+x\mathrm{d}y}{x^2+y^2}$ 时，由 $\dfrac{\partial Q}{\partial x}=\dfrac{y^2-x^2}{(x^2+y^2)^2}=\dfrac{\partial P}{\partial y}$，就得出 $\int_L \dfrac{-y\mathrm{d}x+x\mathrm{d}y}{x^2+y^2}=0$ 是错误的. 其原因就在于忽略了 $\dfrac{\partial Q}{\partial x}$ 和 $\dfrac{\partial P}{\partial y}$ 在区域 D 的连续性.

另外，初学者还容易忘记积分曲线的方向性和封闭性.

5. 当积分曲面 Σ 在 xOy 面上的投影是条曲线（即投影区域面积为 0）时，能否得出 $\iint\limits_{\Sigma} f(x,y,z)\mathrm{d}S=0$？

答：不能得出. 因为按对面积的曲面积分的一般计算方法，当积分曲面 Σ 的方程有形如 $z=g(x,y)$ 的表达式时，对面积的曲面积分 $\iint\limits_{\Sigma} f(x,y,z)\mathrm{d}S$ 方可化成 Σ 在 xOy 面上的投影区域 D 的二重积分计算. 现在 Σ 在 xOy 面上的区域的面积是零，说明 Σ 是母线平行于 z 轴的柱面，而此柱面的方程是不能表达成 $z=g(x,y)$ 的形式的，因此计算这个对面积的曲面积分，不能把 Σ 投影到 xOy 面上进行计算，进而得出 $\iint\limits_{\Sigma} f(x,y,z)\mathrm{d}S=0$ 是没有道理的. 正确的解法是将 Σ 投影到 zOx 面上或 yOz 面上，将原积分转化成 Σ 在此 zOx 面上或 yOz 面上的投影区域的二重积分进行计算.

6. 对坐标的曲面积分和对面积的曲面积分有何联系和区别？

答：两类曲面积分都是区域上重积分的推广，二者可以互相转化. 但二者又有很大不同. 对面积的曲面积分求的是与曲面侧向无关的数量，因此，在定义积分和中是函数值 $f(\xi_i,\eta_i,\zeta_i)$ 与曲面面积 ΔS_i 相乘，因此，对面积的曲面积分只与被积函数、积分曲面有关，而与曲面的侧向无关. 在表示时是对面积的微分 $\mathrm{d}S$. 对坐标的曲面积分求的是与曲面侧向有关的数量，因此，其定义积分和中是函数值 $R(\xi_i,\eta_i,\zeta_i)$ 与曲面 ΔS_i 在 xOy 面上投影 $(\Delta S_i)_{xy}$ 相乘，而投影是有正有负的，所以对坐标的曲面积分不仅与被积函数、积分曲面有关，还与积分曲面的侧向有关.

7. 当积分曲面 Σ 在 xOy 面的投影区域的面积是零，能否得出 $\iint\limits_{\Sigma} R(x,y,$

$z)\mathrm{d}x\mathrm{d}y = 0$ 的结论？为什么？

答：能得出．因为按照对坐标 x,y 的曲面积分的定义 $\iint\limits_{\Sigma} R(x,y,z)\mathrm{d}x\mathrm{d}y = \lim\limits_{\lambda \to \infty}\sum\limits_{i=1}^{n} R(\xi_i,\eta_i,\zeta_i)(\Delta S_i)_{xy}$，其中 $(\Delta S_i)_{xy}$ 表示小曲面块 ΔS_i 在 xOy 面上的投影，现在曲面 Σ 在 xOy 面的投影区域的面积为零，所以必有 $(\Delta S_i)_{xy} = 0$，从而有 $\iint\limits_{\Sigma} R(x,y,z)\mathrm{d}x\mathrm{d}y = 0$．

10.4 范例解析

例 1 计算 $\oint_L (x^2 + y^2)^n \mathrm{d}s$，其中 L 为圆周 $x = a\cos t, y = a\sin t (a > 0, 0 \leqslant t \leqslant 2\pi)$．

解法 1：根据公式将曲线积分化为定积分．

因为 $\mathrm{d}s = \sqrt{x'^2(t) + y'^2(t)}\mathrm{d}t = \sqrt{(-a\sin t)^2 + (a\cos t)^2}\mathrm{d}t = a\mathrm{d}t$

所以 $\oint_L (x^2 + y^2)^n \mathrm{d}s = \int_0^{2\pi} [(a\cos t)^2 + (a\sin t)^2]^n a\mathrm{d}t$
$$= \int_0^{2\pi} a^{2n+1} \mathrm{d}t = 2\pi a^{2n+1}.$$

解法 2：由于在曲线 L 上 $x^2 + y^2 = a^2$，且 $\oint_L \mathrm{d}s$ 为曲线段 L 的长，所以
$$\oint_L (x^2 + y^2)^n \mathrm{d}s = \oint_L a^{2n} \mathrm{d}s = 2\pi a^{2n+1}.$$

例 2 计算 $\int_L e^{\sqrt{x^2+y^2}} \mathrm{d}s$，其中 L 为圆周 $x^2 + y^2 = a^2$，直线 $y = x$ 及 x 轴在第一象限内所围成的扇形的整个边界．

解析：由于曲线 L 分段光滑，所以先将 L 分为若干光滑曲线段之和，再利用曲线积分的可加性计算曲线积分（如图 10.2）
$$\int_L e^{\sqrt{x^2+y^2}} \mathrm{d}s = \int_{L_1} e^{\sqrt{x^2+y^2}} \mathrm{d}s + \int_{L_2} e^{\sqrt{x^2+y^2}} \mathrm{d}s + \int_{L_3} e^{\sqrt{x^2+y^2}} \mathrm{d}s,$$

其中：L_1 的方程 $y = x \left(0 \leqslant x \leqslant \dfrac{\sqrt{2}}{2}a\right)$，

从而 $\mathrm{d}s = \sqrt{1 + y'^2(x)}\mathrm{d}x = \sqrt{2}\mathrm{d}x$．

因此，$\int_{L_1} e^{\sqrt{x^2+y^2}} \mathrm{d}s = \int_0^{\frac{\sqrt{2}}{2}a} \sqrt{2} e^{\sqrt{2}x} \mathrm{d}x = \int_0^{\frac{\sqrt{2}}{2}a} e^{\sqrt{2}x} \mathrm{d}(\sqrt{2}x) = e^a - 1$．

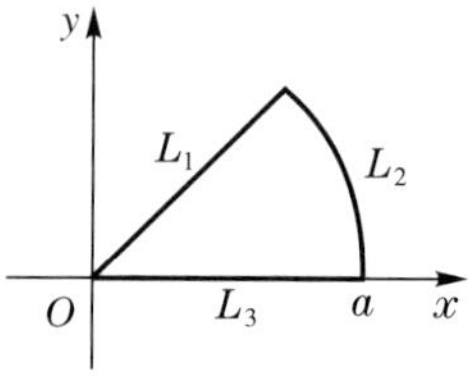

图 10.2

L_2 的方程 $x = a\cos t, y = a\sin t \left(0 \leqslant t \leqslant \dfrac{\pi}{4}\right)$,

从而 $\mathrm{d}s = \sqrt{x'^2(t) + y'^2(t)}\mathrm{d}t = \sqrt{(-a\sin t)^2 + (a\cos t)^2}\mathrm{d}t = a\mathrm{d}t.$

因此, $\displaystyle\int_{L_2} \mathrm{e}^{\sqrt{x^2+y^2}}\mathrm{d}s = \int_0^{\frac{\pi}{4}} a\mathrm{e}^a \mathrm{d}t = \dfrac{\pi a}{4}\mathrm{e}^a.$

L_3 的方程 $y = 0 (0 \leqslant x \leqslant a)$,

从而 $\mathrm{d}s = \sqrt{1 + y'^2(x)}\mathrm{d}x = \mathrm{d}x$,

因此, $\displaystyle\int_{L_3} \mathrm{e}^{\sqrt{x^2+y^2}}\mathrm{d}s = \int_0^a \mathrm{e}^x \mathrm{d}x = \mathrm{e}^a - 1.$

所以 $\displaystyle\int_L \mathrm{e}^{\sqrt{x^2+y^2}}\mathrm{d}s = \int_{L_1} \mathrm{e}^{\sqrt{x^2+y^2}}\mathrm{d}s + \int_{L_2} \mathrm{e}^{\sqrt{x^2+y^2}}\mathrm{d}s + \int_{L_3} \mathrm{e}^{\sqrt{x^2+y^2}}\mathrm{d}s$

$$= \mathrm{e}^a - 1 + \dfrac{\pi a}{4}\mathrm{e}^a + \mathrm{e}^a - 1$$

$$= \left(\dfrac{\pi a}{4} + 2\right)\mathrm{e}^a - 2.$$

例 3 计算 $\displaystyle\int_\Gamma x^2 yz \mathrm{d}s$, 其中 Γ 为折线段 $ABCD$, 这里 $A(0,0,0), B(0,0,2), C(1,0,2), D(1,2,3)$.

解析: 求本曲线积分的关键是求直线 $AB, BC,$ CD (如图 10.3) 的参数方程. 空间过点 $(x_1, y_1, z_1),$ (x_2, y_2, z_2) 的直线的对称式方程

$$\dfrac{x - x_1}{x_2 - x_1} = \dfrac{y - y_1}{y_2 - y_1} = \dfrac{z - z_1}{z_2 - z_1},$$

令该比式等于 t, 可得到直线的参数方程.

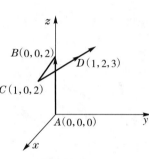

图 10.3

$$\int_\Gamma x^2 yz \mathrm{d}s = \int_{\overline{AB}} x^2 yz \mathrm{d}s + \int_{\overline{BC}} x^2 yz \mathrm{d}s + \int_{\overline{CD}} x^2 yz \mathrm{d}s.$$

其中: 线段 $\overline{AB}$ 的参数方程

$$x = 0, y = 0, z = 2t (0 \leqslant t \leqslant 1),$$

从而 $\mathrm{d}s = \sqrt{0 + 0 + 2^2}\mathrm{d}t = 2\mathrm{d}t,$

因此, $\displaystyle\int_{\overline{AB}} x^2 yz \mathrm{d}s = \int_0^1 0 \cdot 0 \cdot 2t \cdot 2\mathrm{d}t = 0.$

线段 $\overline{BC}$ 的参数方程 $x = t, y = 0, z = 2 (0 \leqslant t \leqslant 1),$

从而 $\mathrm{d}s = \sqrt{1 + 0 + 0}\mathrm{d}t = \mathrm{d}t.$

因此, $\displaystyle\int_{\overline{BC}} x^2 yz \mathrm{d}s = \int_0^1 t^2 \cdot 0 \cdot 2 \cdot \mathrm{d}t = 0.$

线段 $\overline{CD}$ 的参数方程 $x = 1, y = 2t, z = 2 + t (0 \leqslant t \leqslant 1),$

从而 $\mathrm{d}s = \sqrt{0 + 2^2 + 1}\mathrm{d}t = \sqrt{5}\mathrm{d}t.$

因此，$\int_{\overline{CD}} x^2 yz \, ds = \int_0^1 1^2 \cdot 2t \cdot (2+t) \sqrt{5} \, dt = 2\sqrt{5} \int_0^1 (2t + t^2) \, dt = \frac{8}{3}\sqrt{5}$.

所以 $\int_\Gamma x^2 yz \, ds = \int_{\overline{AB}} x^2 yz \, ds + \int_{\overline{BC}} x^2 yz \, ds + \int_{\overline{CD}} x^2 yz \, ds = \frac{8}{3}\sqrt{5}$.

例 4 计算 $\oint_L (4x^3 + x^2 y) \, ds$，其中 L 为折线段 $|x| + |y| = 1$ 所围成的区域的整个边界.

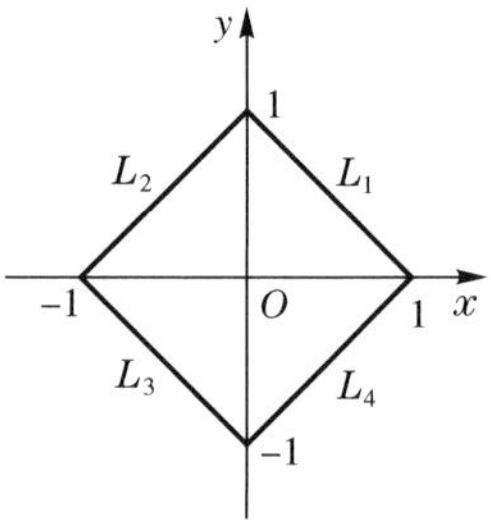

解法 1：如图 10.4，
$$\oint_L (4x^3 + x^2 y) \, ds = \int_{L_1} (4x^3 + x^2 y) \, ds + \int_{L_2} (4x^3 + x^2 y) \, ds$$
$$+ \int_{L_3} (4x^3 + x^2 y) \, ds + \int_{L_4} (4x^3 + x^2 y) \, ds.$$

图 10.4

其中：L_1 的方程 $y = 1 - x (0 \leqslant x \leqslant 1)$，

因此，$\int_{L_1} (4x^3 + x^2 y) \, ds = \int_0^1 (4x^3 + x^2 - x^3) \sqrt{1 + (-1)^2} \, dx$

$$= \sqrt{2} \left[\frac{3}{4} x^4 + \frac{1}{3} x^3 \right]_0^1 = \frac{13\sqrt{2}}{12}.$$

L_2 的方程 $y = 1 + x (-1 \leqslant x \leqslant 0)$，

因此，$\int_{L_2} (4x^3 + x^2 y) \, ds = \int_{-1}^0 (4x^3 + x^2 + x^3) \sqrt{1 + 1^2} \, dx$

$$= \sqrt{2} \left[\frac{5}{4} x^4 + \frac{1}{3} x^3 \right]_{-1}^0 = -\frac{11\sqrt{2}}{12}.$$

L_3 的方程 $y = -1 - x (-1 \leqslant x \leqslant 0)$，

因此，$\int_{L_3} (4x^3 + x^2 y) \, ds = \int_{-1}^0 (4x^3 - x^2 - x^3) \sqrt{1 + (-1)^2} \, dx$

$$= \sqrt{2} \left[\frac{3}{4} x^4 - \frac{1}{3} x^3 \right]_{-1}^0 = -\frac{13\sqrt{2}}{12}.$$

L_4 的方程 $y = -1 + x (0 \leqslant x \leqslant 1)$，

因此，$\int_{L_4} (4x^3 + x^2 y) = \int_0^1 (4x^3 - x^2 + x^3) \cdot \sqrt{1 + 1^2} \, dx$

$$= \sqrt{2} \left[\frac{5}{4} x^4 - \frac{1}{3} x^3 \right]_0^1 = \frac{11\sqrt{2}}{12}.$$

所以 $\oint_L (4x^3 + x^2 y) \, ds = \frac{13\sqrt{2}}{12} - \frac{11\sqrt{2}}{12} - \frac{13\sqrt{2}}{12} + \frac{11\sqrt{2}}{12} = 0$.

解法 2：由于曲线 L 关于 y 轴对称，而 $4x^3$ 是关于 x 的奇函数，故 $\oint_L 4x^3 \, ds = 0$；又 L 关于 x 轴对称，而 $x^2 y$ 是关于 y 的奇函数，故 $\oint_L x^2 y \, ds = 0$，所以，曲线积分

$$\oint_L (4x^3 + x^2 y)\mathrm{d}s = 0.$$

注意：一般地，若曲线 L 关于 y 轴对称，则有

$$\int_L f(x,y)\mathrm{d}s = \begin{cases} 2\int_{L_1} f(x,y)\mathrm{d}s, & \text{若 } f(-x,y) = f(x,y), \\ 0, & \text{若 } f(-x,y) = -f(x,y), \end{cases}$$

其中 L_1 是 L 在 $x \geqslant 0$ 的部分.

若曲线 L 关于 x 轴对称，则有

$$\int_L f(x,y)\mathrm{d}s = \begin{cases} 2\int_{L_1} f(x,y)\mathrm{d}s, & \text{若 } f(x,-y) = f(x,y), \\ 0, & \text{若 } f(x,-y) = -f(x,y), \end{cases}$$

其中 L_1 是 L 在 $y \geqslant 0$ 的部分.

例 5 利用格林公式计算 $\oint_L xy^2 \mathrm{d}y - x^2 y \mathrm{d}x$，其中 L 为圆周 $x^2 + y^2 = a^2$，沿逆时针方向.

解析：因为 $P = -x^2 y, Q = xy^2, \dfrac{\partial P}{\partial y} = -x^2, \dfrac{\partial Q}{\partial x} = y^2$，所以由格林公式，得

$$\oint_L xy^2 \mathrm{d}y - x^2 y \mathrm{d}x = \iint_D \left(\frac{\partial Q}{\partial x} - \frac{\partial P}{\partial y}\right)\mathrm{d}x\mathrm{d}y$$

$$= \iint_D (x^2 + y^2)\mathrm{d}x\mathrm{d}y = \int_0^{2\pi}\mathrm{d}\theta \int_0^a r^2 \cdot r\mathrm{d}r$$

$$= \int_0^{2\pi}\mathrm{d}\theta \int_0^a r^3 \mathrm{d}r = \frac{1}{2}\pi a^4.$$

常见错解：设 $P = -x^2 y, Q = xy^2$ 则 $\dfrac{\partial P}{\partial y} = -x^2, \dfrac{\partial Q}{\partial x} = y^2$，

所以 $\oint_L xy^2 \mathrm{d}y - x^2 y \mathrm{d}x = \iint_D (x^2 + y^2)\mathrm{d}x\mathrm{d}y = \iint_D a^2 \mathrm{d}x\mathrm{d}y = \pi a^4.$

错误原因：在曲线积分中 $(x,y) \in L$，L 的方程可以直接代入曲线积分中，但在二重积分中 $(x,y) \in D$，所以把 L 的方程代入二重积分的被积函数中是错误的.

注　意：

① 利用格林公式计算对坐标的曲线积分时，P,Q 不要颠倒了.

② 计算沿闭曲线对坐标的曲线积分时，常利用格林公式简化计算.

例 6 计算曲面积分 $\iint_\Sigma \left(z + 2x + \dfrac{4}{3}y\right)\mathrm{d}S$，其中 Σ 为平面 $\dfrac{x}{2} + \dfrac{y}{3} + \dfrac{z}{4} = 1$ 在第一卦限的部分.

解析：设 Σ 为：$z = 4\left(1 - \dfrac{x}{2} - \dfrac{y}{3}\right)\left(x \geqslant 0, y \geqslant 0, \dfrac{x}{2} + \dfrac{y}{3} \leqslant 1\right)$，则 Σ 在坐标面 xOy 上的投影区域 $D_{xy}: \left\{(x, y) \mid \dfrac{x}{2} + \dfrac{y}{3} \leqslant 1, x \geqslant 0, y \geqslant 0\right\}$，

由于 $\sqrt{1 + z_x^2 + z_y^2} = \sqrt{1 + (-2)^2 + \left(-\dfrac{4}{3}\right)^2} = \dfrac{\sqrt{61}}{3}$，

$$z + 2x + \dfrac{4}{3}y = 4\left(\dfrac{x}{2} + \dfrac{y}{3} + \dfrac{z}{4}\right) = 4, (x, y, z) \in \Sigma.$$

所以 $\displaystyle\iint_{\Sigma}\left(z + 2x + \dfrac{4}{3}y\right)\mathrm{d}S = 4\iint_{\Sigma}\mathrm{d}S = \dfrac{4\sqrt{61}}{3}\iint_{D_{xy}}\mathrm{d}x\mathrm{d}y = 4\sqrt{61}$.

例 7 计算曲面积分 $\displaystyle\iint_{\Sigma}(xy + yz + zx)\mathrm{d}S$，其中 Σ 为锥面 $z = \sqrt{x^2 + y^2}$ 被圆柱面 $x^2 + y^2 = 2ax$ 所截得的有限部分.

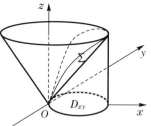

图 10.5

解法 1：如图 10.5，Σ 在坐标面 xOy 上的投影区域 $D_{xy}: \{(x, y) \mid x^2 + y^2 \leqslant 2ax\}$.

因为 $z_x = \dfrac{x}{\sqrt{x^2 + y^2}}, z_y = \dfrac{y}{\sqrt{x^2 + y^2}}$，

$$\sqrt{1 + z_x^2 + z_y^2} = \sqrt{1 + \dfrac{x^2}{x^2 + y^2} + \dfrac{y^2}{x^2 + y^2}} = \sqrt{2},$$

所以 $\displaystyle\iint_{\Sigma}(xy + yz + zx)\mathrm{d}S$

$$= \iint_{D_{xy}}(xy + y\sqrt{x^2 + y^2} + x\sqrt{x^2 + y^2})\sqrt{2}\,\mathrm{d}x\mathrm{d}y$$

在极坐标系下 $D_{xy}: 0 \leqslant r \leqslant 2a\cos\theta, -\dfrac{\pi}{2} \leqslant \theta \leqslant \dfrac{\pi}{2}$，故

$$\iint_{\Sigma}(xy + yz + zx)\mathrm{d}S = \sqrt{2}\iint_{D_{xy}}[xy + (x + y)\sqrt{x^2 + y^2}]\mathrm{d}x\mathrm{d}y$$

$$= \sqrt{2}\int_{-\frac{\pi}{2}}^{\frac{\pi}{2}}\mathrm{d}\theta\int_0^{2a\cos\theta}[r^2\cos\theta\sin\theta + r^2(\cos\theta + \sin\theta)]r\,\mathrm{d}r$$

$$= \sqrt{2}\int_{-\frac{\pi}{2}}^{\frac{\pi}{2}}(\cos\theta\sin\theta + \cos\theta + \sin\theta)\dfrac{(2a\cos\theta)^4}{4}\mathrm{d}\theta$$

$$= 8\sqrt{2}a^4\int_{-\frac{\pi}{2}}^{\frac{\pi}{2}}\cos^5\theta\,\mathrm{d}\theta = 8\sqrt{2}a^4\left(\dfrac{4}{5}\cdot\dfrac{2}{3}\right) = \dfrac{64}{15}\sqrt{2}a^4.$$

注意：奇函数在对称区间上的积分等于 0.

解法 2：由于 Σ 关于 xOz 面对称，且被积函数 xy 及 yz 是关于 y 的奇函数，故

而有 $\iint\limits_{\Sigma} xy\,\mathrm{d}S = 0, \iint\limits_{\Sigma} yz\,\mathrm{d}S = 0$.

于是 $\iint\limits_{\Sigma} (xy+yz+zx)\,\mathrm{d}S = \iint\limits_{\Sigma} zx\,\mathrm{d}S = \sqrt{2}\iint\limits_{D_{xy}} x\sqrt{x^2+y^2}\,\mathrm{d}x\mathrm{d}y$

$$= \sqrt{2}\int_{-\frac{\pi}{2}}^{\frac{\pi}{2}}\mathrm{d}\theta\int_{0}^{2a\cos\theta} r^3\cos\theta\,\mathrm{d}r$$

$$= 4\sqrt{2}a^4\int_{-\frac{\pi}{2}}^{\frac{\pi}{2}}\cos^5\theta\,\mathrm{d}\theta = \frac{64}{15}\sqrt{2}a^4.$$

注意：在计算对面积的曲面积分中，经常用对称性来化简运算. 但应用这一性质时，不仅要考虑积分曲面的对称性，同时要考虑被积函数的对称性.

例 8 计算 $\iint\limits_{\Sigma}\frac{1}{x^2+y^2+z^2}\mathrm{d}S$，其中 Σ 是界于平面 $z=0$ 及 $z=H(H>0)$ 之间的圆柱面 $x^2+y^2=R^2$.

解析：将积分曲面 Σ 投影到坐标面 yOz 上，其投影区域 D_{yz} 为 $\{(y,z)\,|-R\leqslant y\leqslant R, 0\leqslant z\leqslant H\}$，曲面 Σ 的方程为：

$$x=\pm\sqrt{R^2-y^2}, 0\leqslant z\leqslant H,$$

从而有 $\sqrt{1+x_y^2+x_z^2} = \sqrt{1+\frac{y^2}{R^2-y^2}} = \frac{R}{\sqrt{R^2-y^2}}$.

记 $\Sigma_1: x=\sqrt{R^2-y^2}$，$\Sigma_2: x=-\sqrt{R^2-y^2}$，则

$$\iint\limits_{\Sigma}\frac{1}{x^2+y^2+z^2}\mathrm{d}S = \iint\limits_{\Sigma_1}\frac{1}{x^2+y^2+z^2}\mathrm{d}S + \iint\limits_{\Sigma_2}\frac{1}{x^2+y^2+z^2}\mathrm{d}S$$

$$= \iint\limits_{D_{yz}}\frac{1}{R^2+z^2}\frac{R}{\sqrt{R^2-y^2}}\mathrm{d}y\mathrm{d}z + \iint\limits_{D_{yz}}\frac{1}{R^2+z^2}\frac{R}{\sqrt{R^2-y^2}}\mathrm{d}y\mathrm{d}z$$

$$= 2\iint\limits_{D_{yz}}\frac{1}{R^2+z^2}\frac{R}{\sqrt{R^2-y^2}}\mathrm{d}y\mathrm{d}z$$

$$= 2R\int_{0}^{H}\frac{\mathrm{d}z}{R^2+z^2}\int_{-R}^{R}\frac{1}{\sqrt{R^2-y^2}}\mathrm{d}y$$

$$= 4R\left[\frac{1}{R}\arctan\frac{z}{R}\right]_{0}^{H}\int_{0}^{R}\frac{1}{\sqrt{R^2-y^2}}\mathrm{d}y$$

$$= 4\arctan\frac{H}{R}\lim_{\varepsilon\to+0}\int_{0}^{R-\varepsilon}\frac{1}{\sqrt{R^2-y^2}}\mathrm{d}y$$

$$= 4\arctan\frac{H}{R}\lim_{\varepsilon\to+0}\left[\arcsin\frac{y}{R}\right]_{0}^{R-\varepsilon} = 2\pi\arctan\frac{H}{R}.$$

常见错解：因为 Σ 在坐标面 xOy 上的投影为圆周，其面积为 0，于是有

$$\iint_{\Sigma} \frac{1}{x^2+y^2+z^2} \mathrm{d}S = 0.$$

错误原因：在此例中，说"圆柱面 $x^2+y^2=R^2$ 在坐标面 xOy 上的投影为圆周，其面积为 0"是对的，但据此确定曲面积分为 0 是错误的. 由于 Σ 的方程不能写成 $z=f(x,y)$ 的形式，所以应将曲面投影到其他两个坐标面上.

注意：计算对面积的曲面积分时，把积分曲面投影到哪个坐标面上，要根据积分曲面方程的表达式来确定. 一般地，把 Σ 投影到坐标面 xOy 上，则 Σ 的方程应写为 $z=f(x,y)$ 的形式；把 Σ 投影到 yOz 或 zOx 坐标面上，Σ 的方程应写为 $x=g(x,y)$ 或 $y=h(x,z)$ 的形式.

例 9 求均匀曲面 $\Sigma: z=\sqrt{a^2-x^2-y^2}$ 的重心坐标.

解析：已知 Σ 是中心在原点，半径为 a 的上半球面. 由于 Σ 关于坐标面 yOz、zOx 均对称，故有 $\overline{x}=0, \overline{y}=0$.

设 Σ 的面密度为 ρ，Σ 的质量为 $M=2\pi\rho a^2$，则 $\overline{z}=\frac{1}{M}\iint_{\Sigma}\rho z \mathrm{d}S$，

曲面 Σ 在坐标面 xOy 上的投影 $D_{xy}: x^2+y^2 \leqslant a^2$，

因此，$\overline{z} = \frac{1}{M}\iint_{\Sigma}\rho z \mathrm{d}S = \frac{1}{2\pi\rho a^2}\iint_{D_{xy}}\rho \sqrt{a^2-x^2-y^2}\sqrt{1+z_x^2+z_y^2}\mathrm{d}x\mathrm{d}y$

$$= \frac{1}{2\pi\rho a^2}\iint_{D_{xy}}\rho \sqrt{a^2-x^2-y^2}\sqrt{1+\frac{x^2+y^2}{a^2-x^2-y^2}}\mathrm{d}x\mathrm{d}y$$

$$= \frac{1}{2\pi\rho a^2}\iint_{D_{xy}}\rho \sqrt{a^2-x^2-y^2}\sqrt{\frac{a^2}{a^2-x^2-y^2}}\mathrm{d}x\mathrm{d}y$$

$$= \frac{1}{2\pi a^2}\iint_{D_{xy}} a\,\mathrm{d}x\mathrm{d}y = \frac{1}{2}a.$$

所以曲面 Σ 的重心坐标为：$\left(0, 0, \frac{1}{2}a\right)$.

例 10 计算 $I=\iint_{\Sigma}x\mathrm{d}y\mathrm{d}z+y\mathrm{d}z\mathrm{d}x+z\mathrm{d}x\mathrm{d}y$，其中 Σ 为曲面 $z=x^2+y^2$ 在第一象限部分 $(0 \leqslant z \leqslant 1)$ 的上侧.

解法 1：投影法（直接计算）. 设 D_{yz}, D_{zx}, D_{xy} 分别表示 Σ 在 yOz 平面、zOx 平面、xOy 平面的投影，相应把 Σ 的方程分别是 $x=\sqrt{z-y^2}$，$y=\sqrt{z-x^2}$，$z=x^2+y^2$，则

$$I=\iint_{\Sigma}x\mathrm{d}y\mathrm{d}z+y\mathrm{d}z\mathrm{d}x+z\mathrm{d}x\mathrm{d}y$$

$$=-\iint\limits_{D_{yz}}\sqrt{z-y^2}\,\mathrm{d}y\mathrm{d}z-\iint\limits_{D_{zx}}\sqrt{z-x^2}\,\mathrm{d}x\mathrm{d}z+\iint\limits_{D_{xy}}(x^2+y^2)\,\mathrm{d}x\mathrm{d}y$$

$$=-\int_0^1\mathrm{d}y\int_0^1\sqrt{z-y^2}\,\mathrm{d}z-\int_0^1\mathrm{d}x\int_{x^2}^1\sqrt{z-x^2}\,\mathrm{d}z+\int_0^{2\pi}\mathrm{d}\theta\int_0^1 r^2\cdot r\mathrm{d}r$$

$$=-\frac{\pi}{8}.$$

解法 2:高斯公式.此时要补上三个平面块 Σ_1:$y=0$,Σ_2:$x=0$,Σ_3:$z=1$, 与曲面块 Σ 构成封闭曲面 Σ^*,所围成的空间区域记为 Ω,注意到 Σ^* 取内侧, 因此

$$I=(\oiint\limits_{\Sigma^*}-\iint\limits_{\Sigma_1}-\iint\limits_{\Sigma_2}-\iint\limits_{\Sigma_3})x\mathrm{d}y\mathrm{d}z+y\mathrm{d}z\mathrm{d}x+z\mathrm{d}x\mathrm{d}y$$

$$=-\iiint\limits_{\Omega}3\mathrm{d}x\mathrm{d}y\mathrm{d}z-0-0-\left[-\iint\limits_{D_{xy}}\mathrm{d}x\mathrm{d}y\right]$$

$$=-3\int_0^{\frac{\pi}{2}}\mathrm{d}\theta\int_0^1 r\mathrm{d}r\int_{r^2}^1\mathrm{d}z+\iint\limits_{D_{xy}}\mathrm{d}x\mathrm{d}y$$

$$=-3\cdot\frac{\pi}{2}\int_0^1 r(1-r^2)\mathrm{d}r+\frac{\pi}{4}=-\frac{\pi}{8}.$$

解法 3:化为第一类曲面积分.曲面块 Σ 的方程为 $z=x^2+y^2$,得 $z_x=2x$, $z_y=2y$,从而

$$\cos\alpha=\frac{-2x}{\sqrt{1+4x^2+4y^2}},\qquad \cos\beta=\frac{-2y}{\sqrt{1+4x^2+4y^2}},$$

$$\cos\gamma=\frac{1}{\sqrt{1+4x^2+4y^2}},\qquad \mathrm{d}S=\sqrt{1+4x^2+4y^2}\,\mathrm{d}x\mathrm{d}y,$$

所以,

$$I=\iint\limits_{\Sigma}(x,y,z)\cdot(\cos\alpha,\cos\beta,\cos\gamma)\mathrm{d}S$$

$$=\iint\limits_{D_{xy}}(x,y,x^2+y^2)\cdot(-2x,-2y,1)\mathrm{d}x\mathrm{d}y$$

$$=\iint\limits_{D_{xy}}(-2x^2-2y^2+x^2+y^2)\mathrm{d}x\mathrm{d}y=-\iint\limits_{D_{xy}}(x^2+y^2)\mathrm{d}x\mathrm{d}y$$

$$=-\int_0^{\frac{\pi}{2}}\mathrm{d}\theta\int_0^1 r^2\cdot r\mathrm{d}r=-\frac{\pi}{8}.$$

例 11 利用斯托克斯公式计算曲线积分 $\oint_L(z-y)\mathrm{d}x+(x-z)\mathrm{d}y+(x-y)\mathrm{d}z$,其中,$L$ 是曲线 $\begin{cases}x^2+y^2=1,\\ x-y+z=2,\end{cases}$ 从 z 轴的正向看,L 的方向是顺时针的.

解析:设 Σ 是平面 $x-y+z=2$ 上以 L 为边界的有限部分,其法向量与 z 轴正向的夹角为钝角,Σ 在 xOy 平面上的投影区域 D_{xy}:$\{(x,y)\mid x^2+y^2\leqslant 1\}$.

$P = z-y, Q = x-z, R = x-y$. 则由斯托克斯公式,得

$$\oint_L (z-y)\mathrm{d}x + (x-z)\mathrm{d}y + (x-y)\mathrm{d}z$$

$$= \iint_\Sigma \begin{vmatrix} \mathrm{d}y\mathrm{d}z & \mathrm{d}z\mathrm{d}x & \mathrm{d}x\mathrm{d}y \\ \dfrac{\partial}{\partial x} & \dfrac{\partial}{\partial y} & \dfrac{\partial}{\partial z} \\ P & Q & R \end{vmatrix}$$

$$= \iint_\Sigma \begin{vmatrix} \mathrm{d}y\mathrm{d}z & \mathrm{d}z\mathrm{d}x & \mathrm{d}x\mathrm{d}y \\ \dfrac{\partial}{\partial x} & \dfrac{\partial}{\partial y} & \dfrac{\partial}{\partial z} \\ z-y & x-z & x-y \end{vmatrix}$$

$$= \iint_\Sigma 2\mathrm{d}x\mathrm{d}y = -2\iint_{D_{xy}} \mathrm{d}x\mathrm{d}y = -2\pi.$$

10.5 基础作业题

一、选择题

1. 设 $\overline{OM}$ 是从 $O(0,0)$ 到点 $M(1,1)$ 的直线段,则与曲线积分 $I = \int_{\overline{OM}} \mathrm{e}^{\sqrt{x^2+y^2}} \mathrm{d}s$ 不相等的积分是( ).

　　A. $\int_0^1 \mathrm{e}^{\sqrt{2}x} \sqrt{2}\mathrm{d}x$ 　　　　B. $\int_0^1 \mathrm{e}^{\sqrt{2}y} \sqrt{2}\mathrm{d}y$

　　C. $\int_0^{\sqrt{2}} \mathrm{e}^t \mathrm{d}t$ 　　　　D. $\int_0^1 \mathrm{e}^r \sqrt{2}\mathrm{d}r$

2. 设 L 是从点 $O(0,0)$ 沿折线 $y = 1-|x-1|$ 至点 $A(2,0)$ 的折线段,则曲线积分 $I = \int_L -y\mathrm{d}x + x\mathrm{d}y$ 等于( ).

　　A. 0　　　　B. -1　　　　C. 2　　　　D. -2

3. 设 L 为下半圆周 $x^2+y^2 = R^2 (y \leqslant 0)$,将曲线积分 $I = \int_L (x+2y)\mathrm{d}s$ 化为定积分的正确结果是( ).

　　A. $\int_0^{-\pi} R^2(\cos t + 2\sin t)\mathrm{d}t$　　　　B. $\int_\pi^0 R^2(\cos t + 2\sin t)\mathrm{d}t$

　　C. $\int_{-\pi}^0 R^2(-\sin t + 2\cos t)\mathrm{d}t$　　　　D. $\int_{\frac{\pi}{2}}^{\frac{3\pi}{2}} R^2(-\sin t + 2\cos t)\mathrm{d}t$

4. 设 Σ 是球面 $x^2+y^2+z^2 = a^2$,则 $\iint_\Sigma (x^2+y^2+z^2)\mathrm{d}S = ($ 　　$)$.

A. πa^4 B. $2\pi a^4$ C. $4\pi a^4$ D. $6\pi a^4$

5. 设 Σ 是旋转抛物面 $z = x^2 + y^2, z \leqslant 1$ 的外侧，D_{xy} 是 xOy 平面上圆域 $x^2 + y^2 \leqslant 1$，则 $\iint\limits_{\Sigma} z\mathrm{d}y\mathrm{d}z$ 可化为二重积分（　　）.

A. $\iint\limits_{D_{xy}} (x^2 + y^2) 2x \mathrm{d}x\mathrm{d}y$ B. $\iint\limits_{D_{xy}} (x^2 + y^2)(-2x)\mathrm{d}x\mathrm{d}y$

C. $\iint\limits_{D_{xy}} (x^2 + y^2) 2y \mathrm{d}x\mathrm{d}y$ D. $\iint\limits_{D_{xy}} (x^2 + y^2) \mathrm{d}x\mathrm{d}y$

二、填空题

1. 设 L 为 $|x| + |y| = 1$，则 $\int_L xy\mathrm{d}s = $ _____.

2. 已知闭区域 D 是由分段光滑的曲线 L 围成，闭区域 D 的面积为 S，则 $\oint_L x\mathrm{d}y - y\mathrm{d}x = $ _____.

3. 设 $P(x,y,z)$ 在空间有界闭区域 Ω 上有连续的一阶偏导数，又 Σ 是 Ω 的光滑边界面的外侧，则由高斯公式，有 $\oiint\limits_{\Sigma} P(x,y,z)\mathrm{d}y\mathrm{d}z = $ _____.

4. 设 Σ 是球面 $x^2 + y^2 + z^2 = a^2$ 的外侧，则积分 $\oiint\limits_{\Sigma} y\mathrm{d}x\mathrm{d}y = $ _____.

5. 设 L 是 xOy 面上的圆周 $x^2 + y^2 = 1$ 的顺时针方向，则 $I_1 = \oint_L x^3 \mathrm{d}s$ 与 $I_2 = \oint_L y^5 \mathrm{d}s$ 的大小关系是 _____.

三、计算题

1. 计算 $\int_\Gamma \dfrac{\mathrm{d}s}{x^2 + y^2 + z^2}$，其中曲线弧 Γ 是 $\begin{cases} x = \mathrm{e}^t \cos t, \\ y = \mathrm{e}^t \sin t, 0 \leqslant t \leqslant 2. \\ z = \mathrm{e}^t, \end{cases}$

2. 计算曲线积分 $\oint_L (x+y)\mathrm{d}s$，其中 L 为连接 $O(0,0), A(1,0), B(0,1)$ 的闭曲线 $OABO$.

3. 计算 $\int_L (x^2 - 2xy)\mathrm{d}x + (y^2 - 2xy)\mathrm{d}y$，其中 L 由直线段 AB 与 BC 组成，路径方向从点 $A(2,-1)$ 经点 $B(2,2)$ 到点 $C(0,2)$.

4. 计算 $I = \int_L (3xy + \sin x)\mathrm{d}x + (x^2 - y\mathrm{e}^y)\mathrm{d}y$，其中 L 是抛物线 $y = x^2 - 2x$ 上从点 $O(0,0)$ 到 $B(4,8)$ 一段弧.

5. 计算 $\iint\limits_{\Sigma}(2xy-2x^2-x+z)\mathrm{d}s$,其中 Σ 为平面 $2x+2y+z=6$ 在第一卦限中的部分.

6. 计算曲面积分 $\iint\limits_{\Sigma}xyz\mathrm{d}x\mathrm{d}y$,其中 Σ 是球面 $x^2+y^2+z^2=1$ 外侧在 $x\geqslant 0$, $y\geqslant 0$ 的部分.

10.6 综合作业题

1. 计算 $\oint_{L}\sqrt{x^2+y^2}\mathrm{d}s$,其中 L 为圆周 $x^2+y^2=ax(a>0)$.

2. 计算 $\oint_{\Gamma}(x^2+y^2+2z)\mathrm{d}s$,其中 Γ 为 $\begin{cases}x^2+y^2+z^2=R^2,\\ x+y+z=0.\end{cases}$

3. 计算 $\int_{L}(x^2+y^2)\mathrm{d}x+(x^2-y^2)\mathrm{d}y$,其中 L 是曲线 $y=1-|1-x|$ 对应于 $x=0$ 的点到 $x=2$ 的点.

4. 利用曲线积分,求圆 $x^2+y^2=2ax$ 所围成的图形的面积.

5. 设 $Q(x,y)$ 在 xOy 平面上具有一阶连续偏导数,曲线积分 $\int_{L}2xy\mathrm{d}x+Q(x,y)\mathrm{d}y$ 与路径无关,并且对任意 t 恒有
$$\int_{(0,0)}^{(t,1)}2xy\mathrm{d}x+Q(x,y)\mathrm{d}y=\int_{(0,0)}^{(1,t)}2xy\mathrm{d}x+Q(x,y)\mathrm{d}y,$$
求 $Q(x,y)$.

6. 设 Σ 为椭球面 $\dfrac{x^2}{2}+\dfrac{y^2}{2}+z^2=1$ 的上半部分,点 $P(x,y,z)\in\Sigma$,π 为 Σ 在点 P 处的切平面,$\rho(x,y,z)$ 为点 $O(0,0,0)$ 到平面 π 的距离,试求 $\iint\limits_{\Sigma}\dfrac{z}{\rho(x,y,z)}\mathrm{d}S$.

7. 计算 $I=\oiint\limits_{\Sigma}y^2z\mathrm{d}x\mathrm{d}y+xz\mathrm{d}y\mathrm{d}z+x^2y\mathrm{d}z\mathrm{d}x$,其中 Σ 是旋转抛物面 $z=x^2+y^2$,圆柱面 $x^2+y^2=1$ 和坐标面在第一卦限内所围成的空间区域 Ω 的边界曲面外侧.

8. 计算曲面积分 $I=\iint\limits_{\Sigma}[f(x,y,z)+x]\mathrm{d}y\mathrm{d}z+[2f(x,y,z)+y]\mathrm{d}z\mathrm{d}x+[f(x,y,z)+z]\mathrm{d}x\mathrm{d}y$,其中 $f(x,y,z)$ 是连续函数,Σ 是平面 $x-y+z=1$ 在第四卦限部分的上侧.

9. 计算曲面积分 $I = \iint\limits_{\Sigma} \dfrac{ax\,dydz + (z+a)^2\,dxdy}{(x^2+y^2+z^2)^{\frac{1}{2}}}$，其中 Σ 为曲面 $z = -\sqrt{a^2-x^2-y^2}\,(a>0)$ 的上侧.

10. 计算 $I = \oint_L (y^2-z^2)\,dx + (2z^2-x^2)\,dy + (3x^2-y^2)\,dz$，其中 L 是平面 $x+y+z=2$ 与柱面 $|x|+|y|=1$ 的交线，从 z 轴正向看，L 为逆时针方向.

10.7 自 测 题

一、选择题

1. 设 $I = \int_L \dfrac{-y\,dx + x\,dy}{x^2+y^2}$，$L$ 沿 $y=x^2-1$ 从 $A(-1,0)$ 到 $B(2,3)$，则（   ）.

    A. 因为 $\dfrac{\partial Q}{\partial x} = \dfrac{\partial P}{\partial y}$，所以 曲线积分与路径无关

    B. 可取折线 $A \to M \to B, M(2,0)$，将 I 化为定积分计算

    C. 可取折线 $A \to N \to B, N(0,0)$，将 I 化为定积分计算

    D. 可取折线 $A \to P \to Q \to B, P(-1,-1), Q(2,-1)$，将 I 化为定积分计算

2. 已知函数 $f(x,y,z)$ 在光滑曲面 $\Sigma: x = \varphi(y,z)$ 上连续，D 为 Σ 在 yOz 面上的投影，如果 Σ 取后侧，则积分 $I = \iint\limits_{\Sigma} f(x,y,z)\,dydz$ 与 $I^* = \iint\limits_{D} f[\varphi(y,z), y, z]\,dydz$ 的关系为（   ）.

    A. $I = I^*$ B. $I = -I^*$ C. $I = \pm I^*$ D. $I = 2I^*$

3. 设 L 是圆周 $x^2+y^2=a^2\,(a>0)$ 负向一周，则曲线积分 $\oint_L (x^3-x^2y)\,dx + (xy^2-y^3)\,dy = $（   ）.

    A. $-\dfrac{\pi}{2}a^4$ B. $-\pi a^4$ C. πa^4 D. $\dfrac{2\pi}{3}a^3$

4. 已知有向光滑曲线 $L: x = \varphi(t), y = \psi(t)\,(\alpha \leqslant t \leqslant \beta)$ 的始点 B 对应的参数值为 α，终点 A 对应的参数值为 β，则 $\int_L f(x,y)\,dx = $（   ）.

    A. $\int_\alpha^\beta f[\varphi(t), \psi(t)]\,dt$ B. $\int_\beta^\alpha f[\varphi(t), \psi(t)]\,dt$

    C. $\int_\alpha^\beta f[\varphi(t), \psi(t)]\varphi'(t)\,dt$ D. $\int_\beta^\alpha f[\varphi(t), \psi(t)]\varphi'(t)\,dt$

5. 当表达式 $P\,dx + Q\,dy$ 中函数 P, Q 取（   ）时，此式在其定义域内必为某一函数的全微分.

A. $P = \dfrac{-y}{x^2+y^2}, Q = \dfrac{x}{x^2+y^2}$ B. $P = \dfrac{y}{x^2+y^2}, Q = \dfrac{x}{x^2+y^2}$

C. $P = \dfrac{x}{x^2+y^2}, Q = \dfrac{-y}{x^2+y^2}$ D. $P = \dfrac{x}{x^2+y^2}, Q = \dfrac{y}{x^2+y^2}$

二、填空题

1. $\cos\alpha, \cos\beta, \cos\gamma$ 是光滑闭曲面 Σ 的外法向量的方向余弦，又 Σ 所围的空间闭区域为 Ω，设函数 $P(x,y,z), Q(x,y,z)$ 和 $R(x,y,z)$ 在 Ω 上具有二阶连续偏导数，则由高斯公式，有 $\oiint_{\Sigma}[(\dfrac{\partial R}{\partial y} - \dfrac{\partial Q}{\partial z})\cos\alpha + (\dfrac{\partial P}{\partial z} - \dfrac{\partial R}{\partial x})\cos\beta + (\dfrac{\partial Q}{\partial x} - \dfrac{\partial P}{\partial y})\cos\gamma]dS = $ _____.

2. L 是从 $A(1,6)$ 沿 $xy = 6$ 至点 $B(3,2)$ 的曲线段，则 $\int_L e^{x+y}(ydx + xdy) = $ _____.

3. 设 L 是单连通域 G 内的任意一条分段光滑闭曲线，P, Q 在 G 内有连续的一阶偏导数，则曲线积分 $\int_L Pdx + Qdy$ 与路径无关的充要条件是 _____.

4. 已知闭区域 D 是由分段光滑的曲线 L 围成，闭区域 D 的面积为 S，则 $\oint_L xdy - ydx = $ _____.

5. $\iint_{\Sigma}(x^2+y^2)zdxdy = $ _____，其中 Σ 为球面 $x^2+y^2+z^2=1$ 下半部分的下侧.

三、计算题

1. 计算 $I = \int_L (e^y+x)dx + (xe^y-2y)dy$，其中 L 为过点 $O(0,0), A(0,1), B(1,2)$ 三点所决定的圆周上的一段弧.

2. 求 $u(x,y)$，使得 $du(x,y) = (2xe^y+y)dx + (x^2e^y+x-2y)dy$.

3. 计算曲面积分 $\iint_{\Sigma} \dfrac{1}{x^2+y^2+z^2}dS$，其中 Σ 是介于平面 $z=0$ 及 $z=H(H>0)$ 之间的圆柱面 $x^2+y^2=R^2$.

4. 计算 $\iint_{\Sigma}(y+z)dxdy + (x-2)dydz$，其中 Σ 是由平面 $x+z=1$、抛物柱面 $y=\sqrt{x}$ 及坐标面所围成立体表面外侧，但除去在平面 $z=0$ 那部分边界曲面.

*5. 利用高斯公式计算曲面积分 $\oiint_{\Sigma} x^3dydz + y^3dzdx + z^3dxdy$，其中 Σ 为球

面 $x^2+y^2+z^2=a^2$ 的外侧.

10.8 参考答案与提示

【基础作业题参考答案与提示】

一、1. D; 2. D; 3. D; 4. C; 5. A.

二、1. 0; 2. 2S; 3. $\iiint_{\Omega} \dfrac{\partial P}{\partial x} \mathrm{d}x\mathrm{d}y\mathrm{d}z$; 4. 0; 5. $I_1 > I_2$.

三、1. $\dfrac{\sqrt{3}}{2}(1-\mathrm{e}^{-2})$. 2. $\sqrt{2}+1$. 3. $\dfrac{7}{3}$. 4. $\dfrac{448}{3}-\cos 4-7\mathrm{e}^8$.

5. $-\dfrac{27}{4}$. 6. $\dfrac{2}{15}$.

【综合作业题参考答案与提示】

1. $2a^2$. 2. $\dfrac{4}{3}\pi R^3$. 3. $\dfrac{4}{3}$. 4. πa^2. 5. $Q(x,y)=x^2+2y-1$.

6. $\dfrac{3}{2}\pi$. 7. $\dfrac{\pi}{8}$. 8. $\dfrac{1}{2}$. 9. $-\dfrac{\pi}{2}a^3$. 10. -24.

【自测题参考答案与提示】

一、1. D; 2. B; 3. A; 4. C; 5. A.

二、1. $3V$; 2. 0; 3. $\dfrac{\partial P}{\partial y}=\dfrac{\partial Q}{\partial x}$; 4. $2S$; 5. $\dfrac{4}{15}\pi$.

三、1. $\mathrm{e}^2-\dfrac{7}{2}$. 2. $u(x,y)=x^2\mathrm{e}^y+xy-y^2+C$. 3. $3\pi\arctan\dfrac{H}{R}$.

4. $\dfrac{47}{60}$. 5. $\dfrac{12}{5}\pi a^5$.

第11章 无穷级数

11.1 教学要求

【教学基本要求】

1. 理解无穷级数收敛、发散以及收敛级数的和的概念;掌握级数的基本性质及级数收敛的必要条件.

2. 掌握几何级数与 $p-$级数的收敛与发散的结论.

3. 掌握判别正项级数收敛性的比较审敛法和比值审敛法,* 会用根值审敛法.

4. 掌握交错级数的莱布尼兹审敛法.

5. 了解任意项级数绝对收敛和条件收敛的概念,了解绝对收敛和条件收敛的关系.

6. 了解函数项级数的收敛域及和函数的概念.

7. 理解幂级数收敛半径的概念,掌握幂级数收敛区间的求法(区间端点的收敛性不作要求).

8. 了解幂级数在其收敛区间内的一些基本性质(和函数的连续性、逐项微分与逐项积分),会求一些幂级数在收敛区间内的和函数(只要求作简单训练),并会由此求出某些数项级数的和.

9. 了解函数展开为泰勒级数的充分必要条件.

10. 掌握 $e^x, \sin x, \cos x, \ln(1+x)$ 和 $(1+x)^m$ 的麦克劳林展开式,会用它们将一些简单函数间接展开成幂级数.

11. 了解傅里叶级数的概念和狄里克雷收敛定理,会将定义在 $[-l, l]$ 上的函数展开为正弦级数与余弦级数,会将定义在 $[0, l]$ 上的函数展开为正弦级数与余弦级数,会写出傅里叶级数的和的表达式.

【教学重点内容】

无穷级数的收敛与发散,正项级数的比较审敛法、比值审敛法,交错级数的莱布尼兹审敛法,绝对收敛与条件收敛的概念,幂级数的收敛半径及收敛区间,e^x、$\sin x$、$\cos x$、$\ln(1+x)$ 和 $(1+x)^m$ 的麦克劳林展开式,傅里叶级数.

11.2 知识要点

【知识要点】

1. 常数项级数的概念

设已给定数列 $u_1,u_2,\cdots,u_n,\cdots$,则称 $\sum\limits_{n=1}^{\infty}u_n=u_1+u_2+u_3+\cdots+u_n+\cdots$ 为以 u_n 为通项(或一般项)的常数项无穷级数,简称级数. 其部分和 $s_n=u_1+u_2+\cdots+u_n$,若 $\lim\limits_{n\to\infty}s_n=s$,则称级数 $\sum\limits_{n=1}^{\infty}u_n$ 收敛,此时 s 称为级数 $\sum\limits_{n=1}^{\infty}u_n$ 的和,记为 $\sum\limits_{n=1}^{\infty}u_n=s$,称 $r_n=s-s_n$ 为级数第 n 项以后的余项. 若 $\lim\limits_{n\to\infty}s_n$ 不存在,则称级数 $\sum\limits_{n=1}^{\infty}u_n$ 发散.

2. 无穷级数的基本性质

性质 1:若级数 $\sum\limits_{n=1}^{\infty}u_n=s$,$k$ 为常数,则 $\sum\limits_{n=1}^{\infty}ku_n=k\sum\limits_{n=1}^{\infty}u_n=ks$.

性质 2:若 $\sum\limits_{n=1}^{\infty}u_n=s$,$\sum\limits_{n=1}^{\infty}v_n=\sigma$,则 $\sum\limits_{n=1}^{\infty}(u_n\pm v_n)=s\pm\sigma$.

性质 3:在级数中去掉、加上或改变有限项,不改变级数的敛散性.

性质 4:对收敛级数的各项任意加括号后所成的级数仍收敛于原来的和.

性质 5:(级数收敛的必要条件)若级数 $\sum\limits_{n=1}^{\infty}u_n$ 收敛,则 $\lim\limits_{n\to\infty}u_n=0$.

推论:若级数 $\sum\limits_{n=1}^{\infty}u_n$ 的通项 u_n,当 $n\to\infty$ 时不趋于零,则此级数必发散.

3. 几个重要级数的敛散性结论

(1) p-级数:$\sum\limits_{n=1}^{\infty}\dfrac{1}{n^p}(p>0)\begin{cases}p>1 \text{ 时},\text{收敛};\\ p\leqslant 1 \text{ 时},\text{发散}.\end{cases}$

(2) 等比级数(几何级数):$\sum\limits_{n=1}^{\infty}aq^{n-1}(a\neq 0)\begin{cases}|q|<1 \text{ 时},\text{收敛};\\ |q|\geqslant 1 \text{ 时},\text{发散}.\end{cases}$

4. 常数项级数的审敛法

(1) 正项级数及其审敛法

正项级数:每项 $u_n(n=1,2,\cdots)$ 均为非负的级数.

定理 1(正项级数收敛的充要条件):正项级数 $\sum\limits_{n=1}^{\infty}u_n$ 收敛 $\Leftrightarrow$ 它的部分和数

列 $\{s_n\}$ 有界.

定理 2（比较审敛法）：设 $\sum\limits_{n=1}^{\infty} u_n$ 和 $\sum\limits_{n=1}^{\infty} v_n$ 为两个正项级数，且 $u_n \leqslant v_n (n=1, 2, 3, \cdots)$，则若 $\sum\limits_{n=1}^{\infty} v_n$ 收敛，必有 $\sum\limits_{n=1}^{\infty} u_n$ 收敛；若 $\sum\limits_{n=1}^{\infty} u_n$ 发散，必有 $\sum\limits_{n=1}^{\infty} v_n$ 发散.

推论：设 $\sum\limits_{n=1}^{\infty} u_n$ 和 $\sum\limits_{n=1}^{\infty} v_n$ 为两个正项级数．若 $\sum\limits_{n=1}^{\infty} v_n$ 收敛，且从某 N 项起 $u_n \leqslant k v_n (n \geqslant N)$，则 $\sum\limits_{n=1}^{\infty} u_n$ 收敛；若 $\sum\limits_{n=1}^{\infty} v_n$ 发散，且从某项起 $u_n \geqslant k v_n (k>0)$，则 $\sum\limits_{n=1}^{\infty} u_n$ 也发散.

定理 3（比较审敛法的极限形式）：设 $\sum\limits_{n=1}^{\infty} u_n$ 和 $\sum\limits_{n=1}^{\infty} v_n$ 为两个正项级数，且 $\lim\limits_{n \to \infty} \dfrac{u_n}{v_n} = l$，则当 $0 < l < +\infty$ 时，级数 $\sum\limits_{n=1}^{\infty} u_n$ 和 $\sum\limits_{n=1}^{\infty} v_n$ 有相同敛散性.

定理 4（比值审敛法）：设正项级数 $\sum\limits_{n=1}^{\infty} u_n$ 满足 $\lim\limits_{n \to \infty} \dfrac{u_{n+1}}{u_n} = \rho$，则当 $\rho < 1$ 时，级数收敛；当 $\rho > 1$ 时，级数发散（含 $\rho = \infty$）；当 $\rho = 1$ 时，级数可能收敛也可能发散.

定理 5（根值审敛法）：设正项级数 $\sum\limits_{n=1}^{\infty} u_n$ 满足 $\lim\limits_{n \to \infty} \sqrt[n]{u_n} = \rho$，则当 $\rho < 1$ 时，级数收敛；当 $\rho > 1$ 时级数发散（含 $\rho = \infty$）；当 $\rho = 1$ 时，级数可能收敛也可能发散.

（2）交错级数及其审敛法

若级数的各项符号是正负交错的，则称为交错级数，即 $\sum\limits_{n=1}^{\infty} (-1)^{n-1} u_n = u_1 - u_2 + u_3 - u_4 + \cdots + (-1)^{n-1} u_n + \cdots, u_n > 0, n=1, 2, 3, \cdots$.

定理 6（莱布尼茨定理）：若交错级数 $\sum\limits_{n=1}^{\infty} (-1)^{n-1} u_n$ 满足条件：① $u_n \geqslant u_{n+1} (n=1, 2, 3, \cdots)$；② $\lim\limits_{n \to \infty} u_n = 0$，则称此级数收敛，且 $S \leqslant u_1$，其余项 r_n 的绝对值 $|r_n| \leqslant u_{n+1}$.

（3）绝对收敛与条件收敛

设 $u_n \in R$，若级数 $\sum\limits_{n=1}^{\infty} |u_n|$ 收敛，则称级数 $\sum\limits_{n=1}^{\infty} u_n$ 为绝对收敛；如果 $\sum\limits_{n=1}^{\infty} u_n$ 收敛，而 $\sum\limits_{n=1}^{\infty} |u_n|$ 发散，则称 $\sum\limits_{n=1}^{\infty} u_n$ 是条件收敛的.

定理：若级数 $\sum\limits_{n=1}^{\infty} |u_n|$ 收敛，则级数 $\sum\limits_{n=1}^{\infty} u_n$ 收敛.

对一般级数 $\sum_{n=1}^{\infty} u_n$，满足 $\lim\limits_{n\to\infty}\left|\dfrac{u_{n+1}}{u_n}\right|=\rho$（或 $\lim\limits_{n\to\infty}\sqrt[n]{|u_n|}=\rho$），则当 $\rho<1$ 时，级数绝对收敛；当 $\rho>1$（或 $\rho=\infty$）时，级数发散；当 $p=1$ 时，级数可能绝对收敛、条件收敛，或发散．

4. 幂级数

(1) 函数项级数的概念

若级数 $\sum\limits_{n=1}^{\infty} u_n(x)=u_1(x)+u_2(x)+u_3(x)+\cdots+u_n(x)+\cdots$ 的各项都是定义在某区间 I 中的函数，则称为 $\sum\limits_{n=1}^{\infty} u_n(x)$ 在区间 I 上函数项级数．当自变量 x 取特定值 $x_0 \in I$ 时，若数项级数 $\sum\limits_{n=1}^{\infty} u_n(x_0)$ 收敛，则称点 x_0 为 $\sum\limits_{n=1}^{\infty} u_n(x)$ 的收敛点，否则称 x_0 为发散点；所有收敛点的全体称为 $\sum\limits_{n=1}^{\infty} u_n(x)$ 的收敛域，所有发散点的全体称为发散域．记 $S_n(x)=\sum\limits_{k=1}^{n} u_k(x)$，则在收敛域上成立 $\lim\limits_{n\to\infty} S_n(x)=S(x)$，$S(x)$ 称为 $\sum\limits_{n=1}^{\infty} u_n(x)$ 的和函数，记 $S(x)=\sum\limits_{n=1}^{\infty} u_n(x)$．

(2) 幂级数及其收敛区间

形如 $\sum\limits_{n=0}^{\infty} a_n x^n=a_0+a_1 x+\cdots+a_n x^n+\cdots$ 的函数项级数称为幂级数，其中常数 $a_0,a_1,a_2,\cdots,a_n,\cdots$ 称为幂级数的系数．

定理 1(Abel 定理)：若有 $x_0 \neq 0$ 使 $\sum\limits_{n=0}^{\infty} a_n x_0^n$ 收敛，则当 $|x|<|x_0|$ 时，幂级数 $\sum\limits_{n=0}^{\infty} a_n x^n$ 绝对收敛；若有 x_0 使 $\sum\limits_{n=0}^{\infty} a_n x^n$ 发散，则当 $|x|>|x_0|$ 时，幂级数 $\sum\limits_{n=0}^{\infty} a_n x^n$ 发散．

推论：如果幂级数 $\sum\limits_{n=0}^{\infty} a_n x^n$ 不是仅在 $x=0$ 一点收敛，也不是在整个数轴上都收敛，则必有一个确定的正数 R 存在，使得当 $|x|<R$ 时，幂级数 $\sum\limits_{n=0}^{\infty} a_n x^n$ 绝对收敛；当 $|x|>R$ 时，幂级数 $\sum\limits_{n=0}^{\infty} a_n x^n$ 发散；当 $x=\pm R$ 时，幂级数可能收敛也可能发散．

正数 R 称为幂级数 $\sum\limits_{n=0}^{\infty} a_n x^n$ 的收敛半径，$(-R,R)$ 叫做幂级数的收敛区间．

特别地,若 $\sum_{n=0}^{\infty} a_n x^n$ 只在 $x = 0$ 收敛,规定 $R = 0$;若 $\sum_{n=0}^{\infty} a_n x^n$ 对一切 x 都收敛,规定 $R = +\infty$.

(3) 收敛半径的求法

定理 2:设 $\sum_{n=0}^{\infty} a_n x^n$ 的系数满足 $\lim_{n \to \infty} \left| \frac{a_{n+1}}{a_n} \right| = \rho$,则当 $\rho \neq 0$,则 $R = \frac{1}{\rho}$;当 $\rho = +\infty$,则 $R = 0$;当 $\rho = 0$,则 $R = +\infty$.

(4) 幂级数的四则运算

设 $\sum_{n=0}^{\infty} a_n x^n$ 的收敛区间为 $(-R_1, R_1)$,$\sum_{n=0}^{\infty} b_n x^n$ 的收敛区间为 $(-R_2, R_2)$,和函数分别为 $S_1(x), S_2(x)$,$R = \min\{R_1, R_2\}$,则在 $(-R, R)$ 有:

$$\sum_{n=0}^{\infty} a_n x^n \pm \sum_{n=0}^{\infty} b_n x^n = \sum_{n=0}^{\infty} (a_n \pm b_n) x^n = S_1(x) \pm S_2(x),$$

$$\sum_{n=0}^{\infty} a_n x^n \times \sum_{n=0}^{\infty} b_n x^n = \sum_{n=0}^{\infty} c_n x^n = S_1(x) S_2(x).$$

(5) 幂级数和函数的性质

① 设 $\sum_{n=0}^{\infty} a_n x^n$ 的收敛半径为 R,则其和函数 $S(x)$ 在 $(-R, R)$ 上连续.

② 设 $\sum_{n=0}^{\infty} a_n x^n$ 的收敛半径为 R,则其和函数 $S(x)$ 在收敛区间 $(-R, R)$ 内可导,并有逐项求导公式:$S'(x) = \left(\sum_{n=0}^{\infty} a_n x \right)' = \sum_{n=0}^{\infty} (a_n x^n)' = \sum_{n=1}^{\infty} n a_n x^{n-1}$,其收敛半径不变.

③ 设 $\sum_{n=0}^{\infty} a_n x^n$ 的收敛半径为 R,则其和函数 $S(x)$ 在收敛区间 $(-R, R)$ 内可积,并有逐项积分公式:$\int_0^x S(x) dx = \int_0^x \left[\sum_{n=0}^{\infty} a_n x^n \right] dx = \sum_{n=0}^{\infty} \int_0^x a_n x^n dx = \sum_{n=0}^{\infty} \frac{a_n}{n+1} x^{n+1}$,其收敛半径不变.

(6) 函数展开成幂级数

① 定义:若 $f(x)$ 在点 $x = x_0$ 具有各任意阶导数,则幂级数

$$f(x_0) + f'(x_0)(x - x_0) + \frac{f''(x_0)}{2!}(x - x_0)^2 + \cdots + \frac{f^{(n)}(x_0)}{n!}(x - x_0)^n + \cdots$$

称为 $f(x)$ 在 $x = x_0$ 处的泰勒级数. 当 $x_0 = 0$ 时,该级数称为 $f(x)$ 的麦克劳林级数.

② 定理:设函数 $f(x)$ 在点 x_0 的某一邻域 $U(x_0)$ 内具有各阶导数,则 $f(x)$ 在该邻域内能展开成泰勒级数的充要条件是在该邻域内 $f(x)$ 的泰勒公式中的

余项 $R_n(x)$ 当 $n \to \infty$ 时的极限为零,即 $\lim\limits_{n\to\infty} R_n(x) = 0, x \in U(x_0)$. 其中
$$R_n = \frac{f^{(n+1)}[x_0 + \theta(x - x_0)]}{(n+1)!}(x - x_0)^{n+1} \quad (0 < \theta < 1)$$
是 $f(x)$ 的 n 阶 Taylor 公式中的拉格朗日型余项.

③ 函数展开成幂级数的方法:

• 直接方法: a. 求 $f(x)$ 的各阶导数; b. 求 $f^{(n)}(0)(n = 1, 2, \cdots)$; c. 写出幂级数 $\sum\limits_{n=0}^{\infty} \frac{f^{(n)}(0)}{n!} x^n$,且求出 R; d. 考察余项 $R_n(x)$ 是否趋于零,如趋于零,则 $f(x)$ 在 $(-R, R)$ 内的幂级数展开式为
$$f(x) = f(0) + f'(0)x + \frac{f''(0)}{2!}x^2 + \cdots + \frac{f^{(n)}(0)}{n!}x^n + \cdots (-R < x < R).$$

• 间接方法: 利用已知的函数的展开式,根据幂级数展开式的唯一性,通过适当的变量代换、四则运算、逐项求导及逐项积分等方法将函数展开成幂级数. 几个常见重要函数的展开式:

$$\frac{1}{1-x} = 1 + x + x^2 + \cdots + x^n + \cdots (-1 < x < 1);$$

$$e^x = 1 + x + \frac{x^2}{2!} + \cdots + \frac{x^n}{n!} + \cdots (-\infty < x < +\infty);$$

$$\sin x = x - \frac{x^3}{3!} + \frac{x^5}{5!} - \cdots + (-1)^{n-1} \frac{x^{2n-1}}{(2n-1)!} + \cdots (-\infty < x < +\infty);$$

$$\cos x = 1 - \frac{x^2}{2!} + \frac{x^4}{4!} - \cdots + (-1)^n \frac{x^{2n}}{(2n)!} + \cdots (-\infty < x < +\infty);$$

$$\ln(1+x) = x - \frac{x^2}{2} + \frac{x^3}{3} - \frac{x^4}{4} \cdots + (-1)^n \frac{x^{n+1}}{(n+1)} + \cdots (-1 < x < 1);$$

$$(1+x)^m = 1 + mx + \frac{m(m-1)}{2!}x^2 + \cdots + \frac{m(m-1)\cdots(m-n-1)}{n!}x^n + \cdots (-1 < x < 1)(m \text{ 为任意实数}).$$

5. 傅里叶级数

(1) 周期为 $2l$ 的函数 $f(x)$ 满足收敛定理的条件,则它的傅里叶级数的展开式为:
$$f(x) = \frac{a_0}{2} + \sum_{n=1}^{\infty} \left(a_n \cos \frac{n\pi x}{l} + b_n \sin \frac{n\pi x}{l}\right),$$

其中傅里叶系数 a_n, b_n 计算公式为:
$$a_n = \frac{1}{l}\int_{-l}^{l} f(x) \cos \frac{n\pi x}{l} dx (n = 0, 1, 2, \cdots); b_n = \frac{1}{l}\int_{-l}^{l} f(x) \sin \frac{n\pi x}{l} dx (n = 1, 2, \cdots).$$

当 $f(x)$ 为奇函数时,$f(x) = \sum\limits_{n=1}^{\infty} b_n \sin \frac{n\pi x}{l}$(正弦级数),其中

$$b_n = \frac{2}{l}\int_0^l f(x)\sin\frac{n\pi x}{l}\mathrm{d}x (n=1,2,\cdots),$$

当 $f(x)$ 为偶函数时，$f(x) = \frac{a_0}{2} + \sum_{n=1}^{\infty} a_n\cos\frac{n\pi x}{l}$（余弦级数），其中

$$a_n = \frac{2}{l}\int_0^l f(x)\cos\frac{n\pi x}{l}\mathrm{d}x (n=0,1,2,\cdots).$$

特别地，如果 $f(x)$ 是以 2π 为周期的函数，则

$$f(x) = \frac{a_0}{2} + \sum_{n=1}^{\infty}(a_n\cos n\pi x + b_n\sin n\pi x).$$

(2) 收敛定理（Dirichlet 定理）：设 $f(x)$ 是周期为 2π 的周期函数，如果它满足：

① 在一个周期内连续或只有有限个第一类间断点，

② 在一个周期内至多只有有限个极值点，

则 $f(x)$ 的傅里叶级数收敛，且当 x 是 $f(x)$ 的连续点时，级数收敛于 $f(x)$；当 x 是 $f(x)$ 的间断点时，级数收敛于 $\frac{1}{2}[f(x-0)+f(x+0)]$；当 $x = \pm\pi$ 时，级数收敛于 $\frac{1}{2}[f(\pi-0)+f(-\pi+0)]$.

【串讲小结】

无穷级数是表示函数，研究函数性态，以及进行数值计算的一种有效的工具. 级数理论作为研究数学的方法对于深入研究微积分中某些专门的课题有重要的应用. 本章是研究级数的收敛性、幂级数以及如何把一个函数在某个区间内表示成为幂级数、傅里叶级数与傅里叶级数的和等问题. 收敛概念是通过它的部分和数列的极限来刻画的. 可以通过微积分的一些方法，如微分、积分等方法求出收敛级数的和，这个往往要借助于幂级数，而幂级数的研究又要借助前面微积分的知识；如果求和比较困难，可以用级数的部分和作为级数和的近似值，只要项数取得足够多，近似的精度可以任意的高. 把函数展成幂级数一般是用间接展开法，即利用恒等变形、求导、积分等手段，并且借助于已知的初等函数的展开式得出所求函数的幂级数的展开式. 为了能较快地把函数展开成幂级数，首先要记熟 $\frac{1}{1+x}$、e^x、$\sin x$ 与 $\ln(1+x)$ 等常见函数的幂级数的展开公式，并且会分析所给函数的特点，以利于用公式展开. 学好本章内容首先要会判断级数的敛散性，为了做到这一点，必须把判别定理及级数性质记熟，并分清级数的类别，对不同的级数采用不同的判别法. 这就要求学生正确理解概念，熟练应用定理，多从不同的角度思考，融会贯通，灵活应用.

11.3 答疑解惑

1. 级数收敛与该级数部分和数列有界等价吗?

答: 级数收敛,则部分和数列一定有界;反之,不一定. 例如 $\sum_{n=1}^{\infty}(-1)^{n-1}$ 发散,但 $S_n = \sum_{k=1}^{n}(-1)^{k-1}$,对任意自然数 n 有 $|S_n| \leqslant 1$.

2. 若 $\sum_{n=1}^{\infty} u_n$ 收敛,$\sum_{n=1}^{\infty} u_n^2$ 也收敛吗?

答: 若正项级数 $\sum_{n=1}^{\infty} u_n$ 收敛,则结论成立;若 $\sum_{n=1}^{\infty} u_n$ 为收敛的任意项级数时,$\sum_{n=1}^{\infty} u_n^2$ 不一定收敛. 例如 $\sum_{n=1}^{\infty}(-1)^{n-1}\frac{1}{\sqrt{n}}$ 收敛,但是 $\sum_{n=1}^{\infty}\frac{1}{n}$ 发散. 但当 $\sum_{n=1}^{\infty}|u_n|$ 收敛时,$\sum_{n=1}^{\infty} u_n^2$ 一定收敛.

3. 若对级数 $\sum_{n=1}^{\infty} u_n, \sum_{n=1}^{\infty} v_n$ 成立 $\lim_{n\to\infty}\frac{u_n}{v_n}=0$,且 $\sum_{n=1}^{\infty} v_n$ 收敛,则 $\sum_{n=1}^{\infty} u_n$ 收敛吗?

答: 不一定. 例如 $\sum_{n=1}^{\infty}\frac{1}{n}$ 发散,$\sum_{n=1}^{\infty}(-1)^{n-1}\frac{1}{\sqrt{n}}$ 收敛,但是 $\lim_{n\to\infty}\frac{\frac{1}{n}}{(-1)^n \frac{1}{\sqrt{n}}} = 0$.

如果级数 $\sum_{n=1}^{\infty} u_n, \sum_{n=1}^{\infty} v_n$ 均为正项级数,上述问题回答是肯定的.

4. 若级数 $\sum_{n=1}^{\infty} u_n, \sum_{n=1}^{\infty} v_n$ 都发散,则 $\sum_{n=1}^{\infty}(u_n+v_n)$ 一定发散吗?

答: 不一定. 例如 $\sum_{n=1}^{\infty}\frac{1}{n}, \sum_{n=1}^{\infty}\frac{(-1)}{n}$ 均发散,但 $\sum_{n=1}^{\infty}\left(\frac{1}{n}+\frac{-1}{n}\right)=\sum_{n=1}^{\infty}0$,收敛.

5. 若交错级数 $\sum_{n=1}^{\infty}(-1)^n u_n (u_n \geqslant 0, n=1,2,3,\cdots)$ 收敛,则一定单调递减吗?

答: 不一定. 例如 $\sum_{n=1}^{\infty}(-1)^n\frac{1}{\sqrt{n+(-1)^n}}$ 为交错级数,而 $u_n=\frac{1}{\sqrt{n+(-1)^n}}$ 非负不是单调递减的,但该交错级数是收敛的. 事实上,对于该级数,$S_{2m}=\left(\frac{1}{\sqrt{3}}-\frac{1}{\sqrt{2}}\right)+\left(\frac{1}{\sqrt{5}}-\frac{1}{\sqrt{4}}\right)+\cdots+\left(\frac{1}{\sqrt{2m+1}}-\frac{1}{\sqrt{2m}}\right)(m=2,3,\cdots)$,数列 $\{S_{2m}\}$ $(m=$

$2,3,\cdots$)是单调递减的,又由于 $S_{2m} = \left(-\dfrac{1}{\sqrt{2}}\right) + \left(\dfrac{1}{\sqrt{3}} - \dfrac{1}{\sqrt{4}}\right) + \cdots + \left(\dfrac{1}{\sqrt{2m-1}} - \dfrac{1}{\sqrt{2m}}\right) +$ $\dfrac{1}{\sqrt{2m+1}} > -\dfrac{1}{\sqrt{2}}$($m=2,3,\cdots$),即 S_{2m} 有下界,从而 $\lim\limits_{m\to\infty} S_{2m} = S$,显然有 $\lim\limits_{n\to\infty} u_n = 0$, $S_{2m+1} = S_{2m} - u_{2m+1}$,故 $\lim\limits_{m\to\infty} S_{2m+1} = S$,$\lim\limits_{n\to\infty} S_n = S$,即交错级数 $\sum\limits_{n=1}^{\infty} (-1)^n \dfrac{1}{\sqrt{n+(-1)^n}}$ 收敛.

此例说明,莱布尼兹定理的条件是交错级数收敛的充分条件而非必要条件.

6. 若 $f(x)$ 在点 x_0 的邻域内具有任意阶导数,那么在该邻域内 $f(x)$ 一定能展开成幂级数吗?

答:不一定. $f(x)$ 在某点 x_0 的邻域内展开成幂级数必须满足两个条件: ① $f(x)$ 在点 x_0 的邻域内具有任意阶导数;② 所对应的泰勒级数在该邻域收敛. 如果只满足条件①,只能说明 $\sum\limits_{n=0}^{\infty} \dfrac{f^{(n)}(x_0)}{n!}(x-x_0)^n$ 形式的存在,并不保证该级数在 x_0 的一个邻域内收敛于 $f(x)$. 例如,设 $f(x) = \begin{cases} e^{-1/x^2}, & x \neq 0 \\ 0, & x = 0 \end{cases}$,可以证明: $f(x)$ 在 $(-\infty, +\infty)$ 内具有任意阶导数,且 $f^{(n)}(0) = 0, n=1,2,3,\cdots$. 因此,在 $x=0$ 点处 $f(x)$ 的泰勒级数(即麦克劳林级数)为 $\sum\limits_{n=0}^{\infty} \dfrac{0}{n!} x^n$,它仅在 $x=0$ 这一点收敛于 $f(x)$,对任意 $x \neq 0$,该泰勒级数不收敛 $f(x)$.

7. 设 $f(x) = \dfrac{x}{x-1}$,因为 $\dfrac{x}{x-1} = \dfrac{1}{1-\dfrac{1}{x}}$,所以,$f(x)$ 的幂级数为:

$f(x) = \sum\limits_{n=0}^{\infty} \left(\dfrac{1}{x}\right)^n, |x| > 1$. 这样做正确吗?

答:不正确. 幂级数的形式为 $\sum\limits_{n=0}^{\infty} a_n (x-x_0)^n$,含有负指数幂的级数不是幂级数,而 $\sum\limits_{n=0}^{\infty} \left(\dfrac{1}{x}\right)^n = \sum\limits_{n=0}^{\infty} x^{-n}$ 不是幂级数. 正确的做法是:

$$f(x) = 1 - \dfrac{1}{1-x} = (-1)\sum\limits_{n=1}^{\infty} x^n, |x| < 1.$$

8. 怎样求幂级数的收敛半径和收敛区间? 已知 $\sum\limits_{n=0}^{\infty} a_n x^n$ 在 $x = x_0$ 处条件收敛,问该级数收敛半径是多少?

答:(1) 对于不缺项级数 $\sum_{n=0}^{\infty} a_n x^n (a_n \neq 0)$,若 $\lim\limits_{n\to\infty}\left|\dfrac{a_{n+1}}{a_n}\right| = \rho$,则当 $\rho \neq 0$ 时,$R = \dfrac{1}{\rho}$,收敛区间为 $(-R, R)$;当 $\rho = 0$ 时,$R = +\infty$,收敛区间为 $(-\infty, \infty)$;当 $\rho = +\infty$ 时,$R = 0$,级数仅在 $x = 0$ 收敛. 对于缺项的级数,如 $\sum_{n=0}^{\infty} a_{2n+1} x^{2n+1}$,其形式可以理解为 $a_{2n} = 0 (n = 0, 1, 2, \cdots)$,可仿不缺项情形推导,对后项与前项绝对值之比取极限:$\lim\limits_{n\to\infty}\left|\dfrac{a_{2(n+1)+1} x^{2(n+1)+1}}{a_{2n+1} x^{2n+1}}\right| = \lim\limits_{n\to\infty}\left|\dfrac{a_{2n+3}}{a_{2n+1}}\right| x^2 = \rho x^2$. 当 $\rho x^2 < 1$ 时,原级数收敛;$\rho x^2 > 1$ 时,原级数发散,因此可得知:当 $\rho \neq 0$ 时,$R = \dfrac{1}{\sqrt{\rho}}$,收敛区间为 $(-R, R)$;当 $\rho = 0$ 时,$R = +\infty$,收敛区间为 $(-\infty, \infty)$;当 $\rho = +\infty$ 时,$R = 0$,级数仅在 $x = 0$ 收敛. 求幂级数收敛半径与收敛区间时,必须注意所给级数是否缺项,以选择相应的收敛半径的确定准则.

(2) 根据 Abel 定理可知,级数在 $|x| < |x_0|$ 时收敛,在 $|x| > |x_0|$ 时发散,故收敛半径为 $R = |x_0|$.

9. 为什么要将初等函数展开成幂级数?将初等函数展开成幂级数有几种方法?

答:幂函数是所有函数中性质最好的函数,计算最为简单,将函数展开成幂级数形式对于研究函数、数值计算、误差估计以及实际应用有着非常重要的作用. 尤其在计算机技术高度发展的今天,初等函数展开成幂级数将是一种强有力的数学方法和工具,意义愈显重大. 将初等函数展开成幂级数的方法通常有两种方法,即直接法、间接法. 通常如果没有特别声明,总是采用间接法. 直接展开法有两个困难:一是需求出 $f(x)$ 的各阶导数,这往往要求找出其规律,写出 $f^{(n)}(x)$ 通式;二是需求出余项 $R_n(x)$,并能判定是否 $\lim\limits_{n\to\infty} R_n(x) = 0$. 间接展开法是将初等函数展开成为幂级数的基本方法. 它是以 $\dfrac{1}{1-x} = \sum_{n=1}^{\infty} x^n (-1 < x < 1)$;$\dfrac{1}{1+x} = \sum_{n=1}^{\infty} (-1)^n x^n (-1 < x < 1)$;$e^x = \sum_{n=1}^{\infty} \dfrac{x^n}{n!} (-\infty < x < +\infty)$;$\ln(1+x) = \sum_{n=0}^{\infty} (-1)^n \dfrac{x^{n+1}}{n+1} (-1 < x < 1)$;$\sin x = \sum_{n=0}^{\infty} (-1)^n \dfrac{x^{2n-1}}{(2n+1)!} (-\infty < x < +\infty)$;$\cos x = \sum_{n=0}^{\infty} (-1)^n \dfrac{x^{2n}}{(2n)!} (-\infty < x < +\infty)$ 等为标准展开式. 欲将 $f(x)$ 展开成为幂级数,只需将 $f(x)$ 与标准展开式中的函数对照,利用幂级数的性质或各种恒等变型,将问题化为标准形式,即可解决.

11.4 范例解析

例1 设 $u_n = \dfrac{1}{\sqrt{n+1}+\sqrt{n}}$, (1) 计算 $\lim\limits_{n\to\infty} u_n$; (2) 判定 $\sum\limits_{n=1}^{\infty} u_n$ 的敛散性.

解析: (1) $\lim\limits_{n\to\infty} u_n = \lim\limits_{n\to\infty} \dfrac{1}{\sqrt{n+1}+\sqrt{n}} = 0$.

(2) $u_n = \dfrac{1}{\sqrt{n+1}+\sqrt{n}} = \sqrt{n+1} - \sqrt{n}$,

则 $s_n = (\sqrt{2}-1) + (\sqrt{3}-\sqrt{2}) + \cdots + (\sqrt{n+1}-\sqrt{n}) = \sqrt{n+1} - 1$,

$\lim\limits_{n\to\infty} s_n = \lim\limits_{n\to\infty}(\sqrt{n+1}-1) = \infty$, 所以级数 $\sum\limits_{n=1}^{\infty} u_n$ 发散.

注意: 本例中 $\lim\limits_{n\to\infty} u_n = 0$, 而 $\sum\limits_{n=1}^{\infty} u_n$ 发散.

例2 下列命题中正确的为(　　).

A. 若 $\sum\limits_{n=1}^{\infty} u_n$ 与 $\sum\limits_{n=1}^{\infty} v_n$ 都收敛, 则 $\sum\limits_{n=1}^{\infty}(u_n + v_n)$ 必收敛

B. 若 $\sum\limits_{n=1}^{\infty} u_n$ 收敛, $\sum\limits_{n=1}^{\infty} v_n$ 发散, 则 $\sum\limits_{n=1}^{\infty}(u_n + v_n)$ 必发散

C. 若 $\sum\limits_{n=1}^{\infty} u_n$ 与 $\sum\limits_{n=1}^{\infty} v_n$ 都发散, 则 $\sum\limits_{n=1}^{\infty}(u_n + v_n)$ 必发散

D. 若 $\sum\limits_{n=1}^{\infty}(u_n + v_n)$ 收敛, 则 $\sum\limits_{n=1}^{\infty} u_n$ 与 $\sum\limits_{n=1}^{\infty} v_n$ 都收敛

解析: 由级数的基本性质可知 A 正确.

利用反证法可以证明 B 正确. 设 $\sum\limits_{n=1}^{\infty} u_n$ 收敛, $\sum\limits_{n=1}^{\infty} v_n$ 发散, 若 $\sum\limits_{n=1}^{\infty}(u_n + v_n)$ 收敛, 则由级数的基本性质可知 $\sum\limits_{n=1}^{\infty} v_n = \sum\limits_{n=1}^{\infty}[(u_n + v_n) - u_n]$ 也收敛, 与已知条件矛盾, 可知 B 正确.

若取 $u_n = 1$, 则 $\sum\limits_{n=1}^{\infty} u_n = \sum\limits_{n=1}^{\infty} 1$ 发散. 取 $v_n = -1$, 则 $\sum\limits_{n=1}^{\infty} v_n = \sum\limits_{n=1}^{\infty}(-1)$ 发散. 由于 $u_n + v_n = 0$, 可知 $\sum\limits_{n=1}^{\infty}(u_n + v_n)$ 收敛. 因此 C, D 不正确. 综上知, 本例应选 A, B.

例3 判定下列级数的收敛性:

(1) $\sum\limits_{n=1}^{\infty} \dfrac{n!}{n^n}$;　　　(2) $\sum\limits_{n=1}^{\infty} \dfrac{n^n}{n!}$;　　　(3) $\sum\limits_{n=1}^{\infty} \dfrac{n^n}{(n!)^2}$.

解析:(1) $\sum_{n=1}^{\infty} \frac{n!}{n^n}$ 的通项 $u_n = \frac{n!}{n^n}$,为正项级数,

则 $\rho = \lim_{n\to\infty} \frac{u_{n+1}}{u_n} = \lim_{n\to\infty} \frac{(n+1)!}{(n+1)^{n+1}} \frac{n^n}{n!} = \lim_{n\to\infty} \frac{1}{\left(1+\frac{1}{n}\right)^n} = \frac{1}{e} < 1,$

因此 $\sum_{n=1}^{\infty} \frac{n!}{n^n}$ 收敛.

(2) $\sum_{n=1}^{\infty} \frac{n^n}{n!}$ 的通项 $u_n = \frac{n^n}{n!}$,为正项级数,

则 $\rho = \lim_{n\to\infty} \frac{u_{n+1}}{u_n} = \lim_{n\to\infty} \frac{(n+1)^{n+1}}{(n+1)!} \frac{n!}{n^n} = \lim_{n\to\infty} \left(1+\frac{1}{n}\right)^n = e > 1,$

可知 $\sum_{n=1}^{\infty} \frac{n^n}{n!}$ 发散.

(3) $\sum_{n=1}^{\infty} \frac{n^n}{(n!)^2}$ 的通项 $u_n = \frac{n^n}{(n!)^2}$,为正项级数,

则 $\rho = \lim_{n\to\infty} \frac{u_{n+1}}{u_n} = \lim_{n\to\infty} \frac{(n+1)^{n+1}}{[(n+1)!]^2} \frac{(n!)^2}{n^n} = \lim_{n\to\infty} \frac{1}{n+1}\left(1+\frac{1}{n}\right)^n = 0 < 1,$

则 $\sum_{n=1}^{\infty} \frac{n^n}{(n!)^2}$ 收敛.

注意: 如果 $u_n > 0$ 中含有因子 $n!$,此时利用正项级数的比值审敛法常能较方便地解决问题.

例 4 设 a 是常数,则 $\sum_{n=1}^{\infty} \left(\frac{\sin na}{n^2} - \frac{1}{\sqrt{n}}\right)$ 为( ).

A. 绝对收敛 B. 条件收敛
C. 发散 D. 收敛性与 a 有关

解析: 考察 $\sum_{n=1}^{\infty} \frac{\sin na}{n^2}$ 与 $\sum_{n=1}^{\infty} \frac{1}{\sqrt{n}}$. 由于 $\sum_{n=1}^{\infty} \frac{|\sin na|}{n^2}$ 为正项级数,且对于 $n(n=1,2,\cdots)$ 有 $u_n = \frac{|\sin na|}{n^2} \leqslant \frac{1}{n^2} = v_n$,而 $\sum_{n=1}^{\infty} \frac{1}{n^2} = \sum_{n=1}^{\infty} v_n$ 为 $p=2$ 的 p 级数,收敛,由比较审敛法可知 $\sum_{n=1}^{\infty} |v_n| = \sum_{n=1}^{\infty} \frac{|\sin na|}{n^2}$ 收敛. 即 $\sum_{n=1}^{\infty} \frac{\sin na}{n^2}$ 绝对收敛. 而 $\sum_{n=1}^{\infty} \frac{1}{\sqrt{n}}$ 为 $p=\frac{1}{2}$ 的 p 级数,它为发散级数. 因此原级数发散,可知 C 正确.

例 5 判断级数 $\sum_{n=1}^{\infty} \frac{(-1)^{n-1}}{n^{p+\frac{1}{n}}}$ 的敛散性.

解析: 这是交错项级数,除了要判断它是否收敛外,还得讨论其是绝对收敛

还是条件收敛. 另外, 级数的通项含有参数 p.

首先, 研究此级数当 p 为何值时绝对收敛. 由于

$$\lim_{n\to\infty} \frac{1}{n^{p+\frac{1}{n}}} / \frac{1}{n^p} = \lim_{n\to\infty} \frac{1}{\sqrt[n]{n}} = 1,$$

而当 $p>1$ 时, $\sum_{n=1}^{\infty}\frac{1}{n^p}$ 收敛, 故原级数 $\sum_{n=1}^{\infty}\frac{(-1)^{n-1}}{n^{p+\frac{1}{n}}}$ 也绝对收敛; 当 $p\leqslant 0$ 时, 原级数发散. 下面研究 $0<p\leqslant 1$ 时原级数的敛散性. 将通项改写成 $\frac{(-1)^{n-1}}{n^p}\frac{1}{\sqrt[n]{n}}$, 由于级数 $\sum_{n=1}^{\infty}\frac{(-1)^{n-1}}{n^p}$, 当 $0<p\leqslant 1$ 时条件收敛, 而 $\frac{1}{\sqrt[n]{n}}$ 为以单调增加且趋于 1 的数列的通项, 因此, 级数 $\sum_{n=1}^{\infty}\frac{(-1)^{n-1}}{n^{p+\frac{1}{n}}}$ 收敛; 但级数 $\sum_{n=1}^{\infty}\frac{1}{n^{p+\frac{1}{n}}}$, 当 $0<p\leqslant 1$ 时发散, 故当 $0<p\leqslant 1$ 时, 原级数仅为条件收敛.

例 6 判断级数 $\sum_{n=1}^{\infty}(-1)^{n-1}\frac{2^n\sin^{2n}x}{n}$ 的敛散性.

解析: x 为参数, 直观上看, 由于 $|\sin x|<\sqrt{2}$, 级数绝对收敛, 其他情况另行讨论.

设 $u_n=(-1)^{n-1}\frac{2^n\sin^{2n}x}{n}$, 由 $\lim_{n\to\infty}\sqrt[n]{|u_n|}=\lim_{n\to\infty}\frac{(\sqrt{2}\sin x)^2}{\sqrt[n]{n}}=\sqrt{2}\sin x$, 可知,

当 $\sqrt{2}|\sin x|<1$, 即当 $|x-n\pi|<\frac{\pi}{4}$ 时, 原级数绝对收敛;

当 $\sqrt{2}|\sin x|=1$, 即当 $|x-n\pi|=\frac{\pi}{4}$ 时, 级数 $\sum_{n=1}^{\infty}(-1)^{n-1}\frac{2^n\sin^{2n}x}{n}=\sum_{n=1}^{\infty}(-1)^{n-1}\frac{1}{n}$ 条件收敛;

当 $\sqrt{2}|\sin x|>1$, 原级数发散.

例 7 讨论下列级数的敛散性:

(1) $\sum_{n=1}^{\infty}\frac{\ln n}{2^n}$; (2) $\sum_{n=1}^{\infty}\left(\cot\frac{n\pi}{4n-2}-\sin\frac{n\pi}{2n+1}\right)$.

解析: 经常取 p 级数与几何级数作为比较审敛法中的比较对象, 因为这两类级数的收敛和发散都有一个明显的分界线. p 级数, 当 $p>1$ 时收敛, $p\leqslant 1$ 发散; 而几何级数, $|q|<1$ 时收敛, $|q|\geqslant 1$ 时发散.

(1) 因为 $\lim_{n\to\infty}\frac{\ln n/2^n}{(2/3)^n}=\lim_{n\to\infty}\frac{\ln n}{(4/3)^n}=0$, 而级数 $\sum_{n=1}^{\infty}\left(\frac{2}{3}\right)^n$ 收敛, 故所给级数收敛.

(2) $\sum_{n=1}^{\infty}(\cot\frac{n\pi}{4n-2}-\sin\frac{n\pi}{2n+1})$

$= \sum_{n=1}^{\infty}[(\cot\frac{n\pi}{4n-2}-1)+(1-\sin\frac{n\pi}{2n+1})]$,

$\sum_{n=1}^{\infty}(1-\cot\frac{n\pi}{4n-2})$ 及 $\sum_{n=1}^{\infty}(1-\sin\frac{n\pi}{2n+1})$ 都是正项级数,

由于 $\lim_{n\to\infty}(1-\cot\frac{n\pi}{4n-2})/\frac{1}{n}=\frac{\pi}{4}$,$\lim_{n\to\infty}(1-\sin\frac{n\pi}{2n+1})/\frac{1}{n^2}=\frac{\pi^2}{32}$,

而级数 $\sum_{n=1}^{\infty}\frac{1}{n}$ 发散,$\sum_{n=1}^{\infty}\frac{1}{n^2}$ 收敛,则级数 $\sum_{n=1}^{\infty}(1-\cot\frac{n\pi}{4n-2})$ 发散,$\sum_{n=1}^{\infty}(1-\sin\frac{n\pi}{2n+1})$ 收敛.故原级数发散.

例 8 求幂级数 $\sum_{n=1}^{\infty}\frac{1}{3^n+(-2)^n}\frac{x^n}{n}$ 的收敛区间,并讨论区间端点处的收敛性.

解析: 由 $\rho=\lim_{n\to\infty}\frac{u_{n+1}}{u_n}=\lim_{n\to\infty}\frac{[3^n+(-2)^n]n}{[3^{n+1}+(-2)^{n+1}](n+1)}$

$=\lim_{n\to\infty}[1+(-\frac{2}{3})^n]n/[3(n+1)[1+(-\frac{2}{3})^{n+1}]]=\frac{1}{3}$.

故 $R=3$,所求收敛区间为 $(-3,3)$.

$x=3$ 时,$\frac{3^n}{3^n+(-2)^n}\frac{1}{n}>\frac{3^n}{3^n+3^n}\frac{1}{n}=\frac{1}{2n}$,而 $\sum_{n=1}^{\infty}\frac{1}{n}$ 发散,则原级数发散.

$x=-3$ 时,$\frac{1}{3^n+(-2)^n}\frac{1}{n}(-3)^n=(-1)^n\frac{1}{n}-\frac{2^n}{3^n+(-2)^n}\frac{1}{n}$,

而 $\sum_{n=1}^{\infty}(-1)^n\frac{1}{n}$ 及 $\sum_{n=1}^{\infty}\frac{2^n}{3^n+(-2)^n}\frac{1}{n}$ 收敛,则原级数在 $x=-3$ 处收敛.

例 9 求级数 $\sum_{n=1}^{\infty}n2^{2n}(1-x)^n x^n$ 的收敛域.

解析: 令 $y=4x(1-x)$,则原级数变成幂级数 $\sum_{n=1}^{\infty}ny^n$,因为 $\lim_{n\to\infty}\frac{n+1}{n}=1$,且当 $y=\pm 1$ 时级数发散,故 $\sum_{n=1}^{\infty}ny^n$ 的收敛域为 $(-1,1)$,由 $|y|<1$,得 $|4x(1-x)|<1$,解之,得 $\frac{1-\sqrt{2}}{2}<x<\frac{1+\sqrt{2}}{2}$,且 $x\neq\frac{1}{2}$,故原级数的收敛域为:$\left(\frac{1-\sqrt{2}}{2},\frac{1}{2}\right)\cup\left(\frac{1}{2},\frac{1+\sqrt{2}}{2}\right)$.

例 10 将函数 $f(x)=(x+1)[\ln(x+1)-1]$ 展开成 x 的幂级数,并求它的收敛区间.

解析：$f'(x) = \ln(x+1) = \int_0^x \dfrac{\mathrm{d}t}{1+t} = \sum\limits_{n=0}^{\infty}(-1)^n \dfrac{x^{n+1}}{n+1}(-1 < x < 1)$，

于是 $f(x) = \int_0^x f'(t)\mathrm{d}t = \sum\limits_{n=0}^{\infty}(-1)^n \dfrac{x^{n+2}}{(n+1)(n+2)}(-1 < x < 1)$.

当 $x=1$ 时，$\sum\limits_{n=0}^{\infty}(-1)^n \dfrac{1}{(n+1)(n+2)}$ 为收敛的交错级数；

当 $x=-1$ 时，$\sum\limits_{n=0}^{\infty} \dfrac{1}{(n+1)(n+2)}$ 为收敛的正项级数.

所以展开的幂级数的收敛区间 $[-1,1]$.

例 11 设 $f(x) = \begin{cases} x+2\pi, & -\pi < x < 0, \\ \pi, & x = 0, \\ x, & 0 < x \leqslant \pi, \end{cases}$ 试将 $f(x)$ 展开成以 2π 为周期的傅里叶级数.

解法 1：$f(x)$ 既不是奇函数也不是偶函数，但从 $f(x)$ 的图像看到：若将 $f(x)$ 的每点的函数向下平移 π 个单位，便得到一个奇函数的图像. 在分析意义上，令 $\varphi(x) = f(x) - \pi$，则将 $\varphi(x)$ 展开成幂级数后，由 $f(x) = \varphi(x) + \pi$ 便得到 $f(x)$ 的展开式.

$$\varphi(x) = \begin{cases} x+\pi, & -\pi < x < 0, \\ \pi, & x = 0, \\ x-\pi, & 0 < x \leqslant \pi, \end{cases}$$

因为 $\varphi(x)$ 是奇函数，将 $\varphi(x)$ 延拓成以 2π 为周期的函数，展开成正弦级数，这样，只需确定 b_n：$b_n = \dfrac{1}{\pi}\int_{-\pi}^{\pi}\varphi(x)\sin nx\,\mathrm{d}x = \dfrac{2}{\pi}\int_0^{\pi}\varphi(x)\sin nx\,\mathrm{d}x$

$$= \dfrac{2}{\pi}\int_0^{\pi}(x-\pi)\sin nx\,\mathrm{d}x = -\dfrac{2}{n}(n=1,2,\cdots),$$

由收敛定理 $\varphi(x) = -\sum\limits_{n=1}^{\infty}\dfrac{2}{n}\sin nx$，则 $f(x) = \pi + \varphi(x) = \pi - \sum\limits_{n=1}^{\infty}\dfrac{2}{n}\sin nx$.

解法 2：利用傅里叶级数系数计算公式，求出

$$a_0 = \dfrac{1}{\pi}\int_{-\pi}^{\pi}f(x)\mathrm{d}x = \dfrac{1}{\pi}\left[\int_{-\pi}^0(x+2\pi)\mathrm{d}x + \int_0^{\pi}x\mathrm{d}x\right] = 2\pi,$$

$$a_n = \dfrac{1}{\pi}\left[\int_{-\pi}^0(x+2\pi)\cos nx\,\mathrm{d}x + \int_0^{\pi}x\cos nx\,\mathrm{d}x\right] = 0,$$

$$b_n = \dfrac{1}{\pi}\left[\int_{-\pi}^0(x+2\pi)\sin n\pi x\,\mathrm{d}x + \int_0^{\pi}x\sin n\pi x\,\mathrm{d}x\right] = -\dfrac{2}{n}.$$

根据收敛定理，当 $x \in (-\pi,\pi)$，$f(x) = \pi - \sum\limits_{n=1}^{\infty}\dfrac{2}{n}\sin nx$.

例 12 设有两条抛物线 $y = nx^2 + \dfrac{1}{n}$ 和 $y = (n+1)x^2 + \dfrac{1}{n+1}$,记它们交点的横坐标的绝对值为 a_n. (1) 求这两条抛物线所围成的平面图形的面积 s_n;
(2) 求级数 $\sum\limits_{n=1}^{\infty} \dfrac{s_n}{a_n}$ 的和.

解析:由方程组 $\begin{cases} y = nx^2 + \dfrac{1}{n}, \\ y = (n+1)x^2 + \dfrac{1}{n+1}, \end{cases}$ 解得 $a_n = \dfrac{1}{\sqrt{n(n+1)}}$.

因为所围平面图形对称 y 轴,故

$$s_n = 2\int_0^{a_n}\left[nx^2 + \frac{1}{n} - (n+1)x^2 - \frac{1}{n+1}\right]dx = 2\int_0^{a_n}\left(\frac{1}{n(n+1)} - x^2\right)dx$$

$$= \frac{2}{n(n+1)}\frac{1}{\sqrt{n(n+1)}} - \frac{2}{3}\left(\frac{1}{\sqrt{n(n+1)}}\right)^3 = \frac{4}{3}\frac{1}{n(n+1)}\frac{1}{\sqrt{n(n+1)}},$$

则有 $\dfrac{s_n}{a_n} = \dfrac{4}{3n(n+1)} = \dfrac{4}{3}\left(\dfrac{1}{n} - \dfrac{1}{n+1}\right) = u_n$,

于是 $\sum\limits_{n=1}^{\infty}\dfrac{s_n}{a_n} = \lim\limits_{n\to\infty}(u_1 + u_2 + \cdots + u_n) = \dfrac{4}{3}\lim\limits_{n\to\infty}\left(1 - \dfrac{1}{n+1}\right) = \dfrac{4}{3}$.

11.5 基础作业题

一、选择题

1. 若级数 $\sum\limits_{n=1}^{\infty} u_n$ 收敛,记 $S_n = \sum\limits_{k=1}^{n} u_k$,则( ).

   A. $\lim\limits_{n\to\infty} S_n = 0$ B. $\lim\limits_{n\to\infty} S_n$ 存在

   C. $\lim\limits_{n\to\infty} S_n$ 可能不存在   D. $\{S_n\}$ 为单调数列

2. $\lim\limits_{n\to\infty} u_n = 0$ 是级数 $\sum\limits_{n=1}^{\infty} u_n$ 收敛的( ).

   A. 充分必要条件   B. 充分非必要条件

   C. 必要非充分条件   D. 既不充分也不必要条件

3. 若级数 $\sum\limits_{n=1}^{\infty} u_n$ 收敛,则下列级数不收敛的是( ).

   A. $\sum\limits_{n=1}^{\infty} 2u_n$ B. $\sum\limits_{n=1}^{\infty}(u_n + 2)$

   C. $2 + \sum\limits_{n=1}^{\infty} u_n$ D. $\sum\limits_{n=k}^{\infty} u_n$

4. 下列级数中条件收敛的是（　　）．

　　A. $\sum\limits_{n=1}^{\infty}(-1)^n\dfrac{n}{n+1}$　　　　B. $\sum\limits_{n=1}^{\infty}(-1)^n n$

　　C. $\sum\limits_{n=1}^{\infty}(-1)^n\dfrac{1}{n^2}$　　　　D. $\sum\limits_{n=1}^{\infty}(-1)^n\dfrac{1}{\sqrt{n}}$

5. 级数 $\sum\limits_{n=1}^{\infty}(-1)^n\dfrac{1}{n^{5/4}}$（　　）．

　　A. 条件收敛　　　　　　　　B. 绝对收敛
　　C. 发散　　　　　　　　　　D. 收敛性不确定

6. 设 $\sum\limits_{n=1}^{\infty}u_n$ 与 $\sum\limits_{n=1}^{\infty}v_n$ 是正项级数，且 $u_n\leqslant v_n$，下列命题正确的是（　　）．

　　A. 若 $\sum\limits_{n=1}^{\infty}u_n$ 收敛，则 $\sum\limits_{n=1}^{\infty}v_n$ 收敛　　B. 若 $\sum\limits_{n=1}^{\infty}u_n$ 发散，则 $\sum\limits_{n=1}^{\infty}v_n$ 发散

　　C. 若 $\sum\limits_{n=1}^{\infty}v_n$ 发散，则 $\sum\limits_{n=1}^{\infty}u_n$ 发散　　D. 若 $\sum\limits_{n=1}^{\infty}v_n$ 收敛，则 $\sum\limits_{n=1}^{\infty}u_n$ 发散

7. 设常数 $k\neq 0$，则级数 $\sum\limits_{n=1}^{\infty}(-1)^n\dfrac{k+n}{n^2}$ 为（　　）．

　　A. 条件收敛　　　　　　　　B. 绝对收敛
　　C. 发散　　　　　　　　　　D. 收敛性与 k 有关．

8. 设幂级数 $\sum\limits_{n=0}^{\infty}a_n x^n$ 在 $x=2$ 处收敛，则该级数在 $x=-1$ 处必（　　）．

　　A. 绝对收敛　　　　　　　　B. 条件收敛
　　C. 发散　　　　　　　　　　D. 收敛性不能确定．

9. 幂级数 $\sum\limits_{n=0}^{\infty}\dfrac{(-1)^n x^{2n}}{n!}$ 在 $(-\infty,+\infty)$ 内的和函数为（　　）．

　　A. $-\mathrm{e}^{-x^2}$　　　　B. e^{-x^2}　　　　C. e^{x^2}　　　　D. $-\mathrm{e}^{x^2}$

10. 设 $f(x)=x^2(0\leqslant x\leqslant 1)$，而 $s(x)=\sum\limits_{n=1}^{\infty}b_n\sin n\pi x(-\infty<x<+\infty)$，其中 $b_n=2\int_0^1 f(x)\sin n\pi x\mathrm{d}x,n=1,2,\cdots$，则 $s(-\dfrac{1}{2})=$（　　）．

　　A. $-\dfrac{1}{2}$　　　　B. $-\dfrac{1}{4}$　　　　C. $\dfrac{1}{2}$　　　　D. $\dfrac{1}{4}$

二、填空题

1. 已知级数 $\sum\limits_{n=1}^{\infty}\dfrac{2^n}{n!}$ 收敛，则 $\lim\limits_{n\to\infty}\dfrac{2^n}{n!}=$ ＿＿＿＿．

2. 若级数 $\sum\limits_{n=1}^{\infty} u_n$ 加括号后发散,则原级数 $\sum\limits_{n=1}^{\infty} u_n$ 的敛散性是_____.

3. 级数 $\sum\limits_{n=1}^{\infty} \pi^n \left(\dfrac{n}{n+1} \right)^{n^2}$ 的敛散性是_____.

4. 幂级数 $\sum\limits_{n=1}^{\infty} \dfrac{(x-2)^{2n}}{n4^n}$ 的收敛域为_____,幂级数 $\sum\limits_{n=1}^{\infty} \dfrac{n}{2^n + (-3)^n} x^{2n-1}$ 的收敛半径 R 为_____.

5. 如果 $f(x)$ 是周期为 2π 的周期函数,并且 $f(x) = \dfrac{a_0}{2} + \sum\limits_{n=1}^{\infty} (a_n \cos nx + b_n \sin nx)$,则 $a_0 =$ _____,$a_n =$ _____,$b_n =$ _____;若 $f(x)$ 又为偶函数,则 $a_0 =$ _____,$a_n =$ _____,$b_n =$ _____ $(n = 1, 2, \cdots)$.

三、计算题

1. 判别下列级数的敛散性:

(1) $\dfrac{1}{2} + \dfrac{2}{3} + \dfrac{3}{4} + \cdots + \dfrac{n}{n+1} + \cdots$; (2) $\sum\limits_{n=1}^{\infty} \dfrac{2 + (-1)^n}{2^n}$;

(3) $\sum\limits_{n=1}^{\infty} \left(\dfrac{1}{2^n} + \dfrac{1}{3n} \right)$; (4) $\sum\limits_{n=1}^{\infty} \dfrac{1}{\left(1 + \dfrac{1}{n}\right)^n}$;

(5) $\sum\limits_{n=1}^{\infty} \dfrac{2n-1}{3^n}$; (6) $\sum\limits_{n=1}^{\infty} \dfrac{n^n}{a^n n!} (a > 0, a \neq e)$;

(7) $\sum\limits_{n=1}^{\infty} 2^n \sin \dfrac{\pi}{3^n}$; (8) $\sum\limits_{n=1}^{\infty} \dfrac{1}{n(2n+1)}$;

(9) $\sum\limits_{n=1}^{\infty} \dfrac{1}{\sqrt{n^2 + 1}}$; (10) $\sum\limits_{n=1}^{\infty} \dfrac{n}{n^2 + 2}$.

2. 根据定义,判别级数 $\sum\limits_{n=1}^{\infty} \dfrac{1}{(3n-1)(3n+2)}$ 的敛散性.

3. 判别下列级数的敛散性.若收敛,指出它是绝对收敛还是条件收敛?

(1) $\sum\limits_{n=1}^{\infty} (-1)^{n-1} \dfrac{(n+1)!}{n^{n+1}}$; (2) $\sum\limits_{n=1}^{\infty} (-1)^{n-1} \dfrac{3^n}{n2^n}$;

(3) $\sum\limits_{n=3}^{\infty} (-1)^n \dfrac{1}{\ln n}$; (4) $\sum\limits_{n=1}^{\infty} (-1)^n \left(1 - \cos \dfrac{a}{n}\right) (a > 0)$;

(5) $\sum\limits_{n=1}^{\infty} (-1)^{\frac{n(n-1)}{2}} \dfrac{n^{10}}{2^n}$; (6) $\sum\limits_{n=3}^{\infty} (-1)^n \dfrac{\cos n\pi}{\sqrt{n\pi}}$.

4. 判断下列级数是否收敛,若收敛,求出其级数的和.

(1) $\sum\limits_{n=1}^{\infty} (\sqrt{n+2} - 2\sqrt{n+1} + \sqrt{n})$; (2) $\sum\limits_{n=1}^{\infty} \sin \dfrac{n}{6} \pi$;

(3) $\sum_{n=1}^{\infty} (-1)^{n-1} \frac{1}{2^{n-1}}$;　　　　(4) $\sum_{n=1}^{\infty} \frac{1}{n(n+1)(n+2)}$.

5. 研究级数 $\sum_{n=1}^{\infty} (-1)^n \frac{1}{n^\alpha}$ 的收敛性(即何时绝对收敛,何时条件收敛,何时发散),其中常数 $\alpha \geqslant 0$.

6. 求下列幂级数的收敛域：

(1) $\sum_{n=1}^{\infty} \frac{n^2+1}{2^n n!} x^n$;　　(2) $\sum_{n=1}^{\infty} \frac{2n-1}{2^n} x^{2n-2}$;　　(3) $\sum_{n=1}^{\infty} \frac{1}{2^n} (x+1)^n$.

7. 利用逐项求导或逐项积分,求下列级数在收敛区间内的和函数：

(1) $\sum_{n=1}^{\infty} nx^{n-1} \ (-1 < x < 1)$;

(2) $\sum_{n=1}^{\infty} \frac{x^{2n-1}}{2n-1} \ (-1 < x < 1)$,并求级数 $\sum_{n=1}^{\infty} \frac{1}{(2n-1)2^n}$ 的和.

8. 将下列函数展开成 x 的幂级数,并求展开式成立的区间：

(1) $\ln(x^2 + 3x + 2)$;　　　　(2) 3^x ;

(3) $\frac{x^{10}}{1-x}$;　　　　(4) $(1+x)\ln(1+x)$.

9. 将函数 $f(x) = \frac{1}{x^2 + 3x}$ 展开成 $(x-1)$ 的幂级数.

10. 利用被积函数的幂级数展开式求定积分 $\int_0^{0.5} \frac{\mathrm{d}x}{1+x^4}$ 的近似值(误差不超过 0.00001).

11. 求 $f(x) = \begin{cases} -1, & -\pi \leqslant x \leqslant 0, \\ 1, & 0 < x < \pi \end{cases}$ 的傅里叶系数 a_2, b_3.

12. 将函数 $f(x) = \pi - x (0 \leqslant x \leqslant \pi)$ 分别展开成：

(1) 正弦级数；　　　　　　　　(2) 余弦级数.

四、证明题

证明：(1) 若级数 $\sum_{n=1}^{\infty} u_n^2$ 收敛,则 $\sum_{n=1}^{\infty} \frac{u_n}{n}$ 必绝对收敛.

(2) 若正项级数 $\sum_{n=1}^{\infty} u_n$ 收敛,则 $\sum_{n=1}^{\infty} u_n^2$ 也收敛,其逆如何？

11.6 综合作业题

一、选择题

1. 级数 $\sum_{n=1}^{\infty}(-1)^n \dfrac{n}{2^n}\cos^2\dfrac{n}{3}\pi$ ( ).

   A. 发散　　　　　　　　B. 条件收敛
   C. 绝对收敛　　　　　　D. 敛散性不能确定

2. 若幂级数 $\sum_{n=0}^{\infty}a_n x^n$ 在 $x=2$ 处收敛,则 $\sum_{n=0}^{\infty}a_n\left(x-\dfrac{1}{2}\right)^n$ 在 $x=2$ 处( ).

   A. 发散　　　　　　　　B. 条件收敛
   C. 绝对收敛　　　　　　D. 敛散性不能确定

3. 对任意项级数 $\sum_{n=1}^{\infty}a_n$,若 $|a_n|>|a_{n+1}|$,且 $\lim\limits_{n\to\infty}a_n=0$,则该级数( ).

   A. 条件收敛　　　　　　B. 绝对收敛
   C. 发散　　　　　　　　D. 可能收敛可能发散

4. 下列说法正确的是( ).

   A. 若 $u_n \leqslant \dfrac{1}{n}$,则正项级数 $\sum_{n=1}^{\infty}u_n$ 一定发散

   B. 若正项级数 $\sum_{n=1}^{\infty}u_n$ 发散,则一定有 $u_n \geqslant \dfrac{1}{n}$

   C. 若级数 $\sum_{n=1}^{\infty}u_n$ 收敛,且 $u_n \geqslant v_n(n=1,2,\cdots)$,则级数 $\sum_{n=1}^{\infty}v_n$ 也收敛

   D. 若 $u_n \leqslant \dfrac{1}{n^2}$,则正项级数 $\sum_{n=1}^{\infty}u_n$ 一定收敛

5. 设 $f(x)=\begin{cases}x,&0\leqslant x\leqslant\dfrac{1}{2},\\ 2-2x,&\dfrac{1}{2}\leqslant x\leqslant 1,\end{cases}$ 而 $S(x)=\dfrac{a_n}{2}+\sum_{n=1}^{\infty}b_n\sin n\pi x, x\in(-\infty,+\infty)$,其中 $a_n=2\int_0^1 f(x)\cos n\pi x\,\mathrm{d}x,(n=0,1,2,\cdots)$,则 $S\left(-\dfrac{5}{2}\right)=($).

   A. $\dfrac{1}{2}$　　　　B. $-\dfrac{1}{2}$　　　　C. $\dfrac{3}{4}$　　　　D. $-\dfrac{3}{4}$

二、填空题

1. 级数 $\sum_{n=1}^{\infty}\left(\dfrac{kn+1}{4n-1}\right)^n(k>0)$ 收敛,则 k 的取值范围_____.

2. 若 $\sum_{n=1}^{\infty} u_n = s$，则 $\sum_{n=1}^{\infty}(3u_n - 4u_{n+1}) = $ _____.

3. 设级数 $\sum_{n=1}^{\infty} \arctan \dfrac{1}{n} / n^p$ 收敛，则 p 的取值范围为 _____.

4. 幂级数 $\sum_{n=2}^{\infty} \dfrac{x^n}{n(n-1)}$ 在其收敛区间上的和函数 $s(x) = $ _____.

5. 设幂级数 $\sum_{n=1}^{\infty} \dfrac{(x-a)^n}{n}$ 在 $x = 2$ 处收敛，则实数 a 的取值范围是 _____.

6. $f(x) = e^x$ 在 $[-\pi, \pi]$ 上的傅里叶级数的系数 $a_1 + b_1 = $ _____，$a_1 - b_1 = $ _____，$a_1 = $ _____，$b_1 = $ _____.

三、计算题

1. 讨论下列级数的敛散性：

(1) $\sum_{n=1}^{\infty} \dfrac{1}{1+a^n} (a > 0)$；

(2) $\sum_{n=1}^{\infty} \dfrac{6^n}{7^n - 5^n}$；

(3) $\sum_{n=1}^{\infty} \dfrac{n}{[4 + (-1)^n]^n}$；

(4) $\sum_{n=1}^{\infty} \dfrac{x^n}{(1+x)(1+x^2)\cdots(1+x^n)}$ ($x > 0$ 为常数)；

(5) $\sum_{n=1}^{\infty} \dfrac{\ln n}{2^n \sqrt{n}}$；

(6) $\sum_{n=1}^{\infty} \dfrac{1}{\sqrt{n}} \sin \dfrac{2}{\sqrt{n}}$；

(7) $\sum_{n=1}^{\infty} \left(1 - \cos \dfrac{\pi}{n}\right)$；

(8) $\sum_{n=1}^{\infty} \dfrac{(-1)^{n-1}}{n - \ln n}$.

2. 判断级数的敛散性，若收敛，它是条件收敛还是绝对收敛：

(1) $\sum_{n=1}^{\infty} (-1)^n \dfrac{b^n}{n} (b > 0)$；

(2) $\sum_{n=1}^{\infty} (-1)^{n-1} (e^{\frac{1}{n}} - 1)$；

(3) $\sum_{n=1}^{\infty} (-1)^n \dfrac{\sin \sqrt{n}}{n^{\frac{3}{2}}}$；

(4) $\sum_{n=1}^{\infty} (-1)^n \ln \dfrac{n}{n+1}$.

3. 求下列幂级数的和函数：

(1) $\sum_{n=1}^{\infty} n(n+1) x^n$；

(2) $\sum_{n=0}^{\infty} \dfrac{1+n^2}{n! 2^n} x^n$；

(3) $\sum_{n=1}^{\infty} \dfrac{(-1)^{n-1}}{2n-1} x^{2n-1}$；

(4) $\sum_{n=1}^{\infty} \dfrac{x^n}{n(n+1)}$.

4. 求下列幂级数的收敛区间：

(1) $\sum_{n=0}^{\infty} \dfrac{(-1)^n}{3^{n-1} \sqrt{n}} x^n$；

(2) $\sum_{n=0}^{\infty} n! x^n$；

(3) $\sum_{n=0}^{\infty} \frac{1}{n^2}(x-2)^n$;   (4) $\sum_{n=0}^{\infty} \frac{1}{2^n} x^{2n-1}$.

5. 利用计算幂级数的和函数,求该级数的和 $\sum_{n=0}^{\infty}(-1)^n \frac{n^2-n+1}{2^n}$.

6. 将(1) $f(x) = \frac{3}{2+x-x^2}$;(2) $f(x) = \frac{1}{(1-2x)^2}$ 展开成 x 的幂级数.

7. 判别级数 $\sum_{n=1}^{\infty} n^\alpha \beta^n$ (其中 α 为任意实数,β 为非负实数)的敛散性.

8. 求幂级数 $1+\sum_{n=1}^{\infty}(-1)^n \frac{1}{2n} x^{2n}$ ($|x|<1$) 的和函数 $f(x)$ 及其极值.

9. 将函数 $f(x) = 2+|x|(-1 \leqslant x \leqslant 1)$ 展开成以 2 为周期的傅里叶级数,并求 $\sum_{n=1}^{\infty} \frac{1}{n^2}$ 的和.

10. 将 $f(x) = \pi^2 - x^2$ 在 $[-\pi, \pi)$ 展成傅里叶级数,并求 $\sum_{n=1}^{\infty}(-1)^{n-1} \frac{1}{n^2}$.

四、证明题

1. 设 $a_n, b_n > 0$,且 $\frac{a_{n+1}}{a_n} \leqslant \frac{b_{n+1}}{b_n}$,$n=1,2,3,\cdots$,证明:

(1) 若 $\sum_{n=1}^{\infty} b_n$ 收敛,则 $\sum_{n=1}^{\infty} a_n$ 收敛;   (2) 若 $\sum_{n=1}^{\infty} a_n$ 发散,则 $\sum_{n=1}^{\infty} b_n$ 发散.

2. 设偶函数 $f(x)$ 的二阶导数 $f''(x)$ 在 $x=0$ 的某个区域内连续,且 $f(0)=1$,$f''(0)=2$,求证:$\sum_{n=1}^{\infty} [f(\frac{1}{n}) - 1]$ 收敛.

3. 将 $\frac{d}{dx}(\frac{e^x - 1}{x})$ 展开成 x 的幂级数,并证明:$\sum_{n=1}^{\infty} \frac{n}{(n+1)!} = 1$.

4. 证明:级数 $\sum_{n=1}^{\infty} \int_0^{\frac{1}{n}} \frac{\sqrt{x}}{1+x} dx$ 收敛.

11.7 自 测 题

一、填空题

1. 已知级数 $\sum_{n=1}^{\infty}(-1)^{n-1} a_n = 2$,$\sum_{n=1}^{\infty} a_{2n-1} = 5$,则级数 $\sum_{n=1}^{\infty} a_n = $ _____.

2. $\lim_{n \to \infty} \frac{2^n n!}{n^n} = $ _____.

3. 级数 $\frac{1}{3} + \frac{3}{3^2} + \frac{5}{3^3} + \cdots + \frac{2n-1}{3^n} + \cdots$ 的和 $s = $ _____.

4. 函数 $\dfrac{1}{3-x}$ 展开成 $(x-1)$ 的幂级数为_____.

5. 设 $f(x) = \pi x + x^2 \ (-\pi < x < \pi)$ 的傅里叶级数展开式为 $\dfrac{a_0}{2} + \sum\limits_{n=1}^{\infty}(a_n\cos nx + b_n\sin nx)$,则 $b_3 =$ _____.

二、单项选择题

1. 级数 $\sum\limits_{n=1}^{\infty}\dfrac{1}{(2n+1)(2n-1)}$ 的和是( ).

  A. $\dfrac{1}{2}$ B. 2   C. 3   D. $\dfrac{1}{3}$

2. 设 $\lim\limits_{n\to\infty}u_n = a$,则 $\sum\limits_{n=1}^{\infty}(u_{n+1} - u_n)$ ( ).

  A. 一定发散   B. 可能发散

  C. 收敛于 0   D. 收敛于 $a - u_1$

3. 若级数 $\sum\limits_{n=1}^{\infty}a_n(x-1)^n$ 在 $x = -1$ 处收敛,则该级数在 $x = 2$ 处( ).

  A. 条件收敛   B. 绝对收敛

  C. 发散   D. 不能确定

4. 设级数 $\sum\limits_{n=1}^{\infty}a_n^2$ 收敛,则级数 $\sum\limits_{n=1}^{\infty}\dfrac{a_n}{n}$ ( ).

  A. 绝对收敛   B. 条件收敛

  C. 发散   D. 敛散性不能确定

5. 幂级数 $\sum\limits_{n=1}^{\infty}(-1)^{n-1}nx^{n-1}$ 在 $(-1,1)$ 内的和函数为( ).

  A. $\dfrac{1}{(1-x)^2}$ B. $\dfrac{1}{1+x^2}$

  C. $\dfrac{1}{1-x^2}$ D. $\dfrac{1}{(1+x)^2}$

三、计算题

1. 求级数 $\dfrac{1}{2!} + \dfrac{2}{3!} + \dfrac{3}{4!} + \dfrac{4}{5!} + \cdots$ 的和.

2. 讨论级数 $\sum\limits_{n=1}^{\infty}\left(\dfrac{n}{2n+1}\right)^n$ 的敛散性.

3. 判断级数 $\sum\limits_{n=1}^{\infty}(-1)^{n-1}\dfrac{n}{3^{n-1}}$ 的敛散性,若收敛,则指出是条件收敛还是绝对收敛.

4. 求级数 $(3x+1) + \dfrac{1}{2}(3x+1)^2 + \cdots + \dfrac{1}{n}(3x+1)^n + \cdots$ 的收敛区间.

5. 求幂级数 $\sum_{n=1}^{\infty} n^2 x^{n-1}$ 的和函数,并求级数 $\sum_{n=1}^{\infty} \frac{n^2}{2^{n-1}}$ 的和.

6. 将函数 $f(x) = \ln(3x - x^2)$ 在 $x = 1$ 处展开为幂级数.

7. 将 $f(x) = \begin{cases} -1, & -\pi < x \leqslant 0, \\ 1, & 0 < x \leqslant \pi \end{cases}$ 展开成周期为 2π 的傅里叶级数.

8. 设 $a_n = \int_0^{\frac{\pi}{4}} \tan^n x \, dx$,

(1) 求级数 $\sum_{n=1}^{\infty} \frac{1}{n}(a_n + a_{n+2})$ 的和;

(2) 试证:对任意的常数 $\lambda > 0$,级数 $\sum_{n=1}^{\infty} \frac{a_n}{n^\lambda}$ 收敛.

11.8 参考答案与提示

【基础作业题参考答案与提示】

一、1. B; 2. C; 3. B; 4. D; 5. B; 6. B; 7. A; 8. A; 9. B; 10. B.

二、1. 0; 2. 发散; 3. 发散; 4. $0 < x < 4, R = \sqrt{3}$;

5. $\frac{1}{\pi}\int_{-\pi}^{\pi} f(x) dx, \frac{1}{\pi}\int_{-\pi}^{\pi} f(x)\cos nx \, dx, \frac{1}{\pi}\int_{-\pi}^{\pi} f(x)\sin nx \, dx, \frac{2}{\pi}\int_{0}^{\pi} f(x) dx,$ $\frac{2}{\pi}\int_{0}^{\pi} f(x)\cos nx \, dx, 0.$

三、1. (1) 发散; (2) 收敛; (3) 发散; (4) 发散; (5) 收敛; (6) 当 $a > e$ 时,收敛,当 $0 < a < e$ 时,发散; (7) 收敛; (8) 收敛; (9) 发散; (10) 发散.

2. 收敛,$S = \frac{1}{6}$.

3. (1) 绝对收敛; (2) 发散; (3) 条件收敛; (4) 绝对收敛; (5) 绝对收敛; (6) 发散.

4. (1) 收敛,和为 $1 - \sqrt{2}$; (2) 发散; (3) 收敛,和为 $\frac{2}{3}$; (4) 收敛,和为 $\frac{1}{4}$.

5. $\alpha > 1$ 时绝对收敛,$\alpha = 0$ 时发散,$0 < \alpha \leqslant 1$ 时条件收敛.

6. (1) $(-\infty, +\infty)$; (2) $(-\sqrt{2}, \sqrt{2})$; (3) $[-3, 1]$.

7. (1) $\frac{1}{(1-x)^2}$; (2) $\frac{1}{2}\ln\frac{1+x}{1-x}, \frac{\sqrt{2}}{2}\ln(1+\sqrt{2})$.

8. (1) $\ln 2 + \sum_{n=0}^{\infty} (-1)^n \frac{2^{n+1}+1}{(n+1)2^{n+1}} x^{n+1}, x \in (-1,1]$;

(2) $\sum_{n=0}^{\infty} \frac{(\ln 3)^n}{n!} x^n, x \in (-\infty, +\infty)$;

(3) $\sum_{n=10}^{\infty} x^n, x \in (-1,1]$;

(4) $x + \sum_{n=2}^{\infty} \frac{(-1)^n x^n}{n(n-1)}, x \in (-1,1]$.

9. $f(x) = \frac{1}{3} \sum_{n=0}^{\infty} (-1)^n \left(1 - \frac{1}{4^{n+1}}\right)(x-1)^n, x \in (-2, 0)$.

10. 0.4940.

11. $a_2 = \frac{1}{\pi} \int_{-\pi}^{\pi} f(x) \cos 2x \, dx = 0, b_3 = \frac{1}{\pi} \int_{-\pi}^{\pi} f(x) \sin 3x \, dx = \frac{4}{3\pi}$.

12. (1) $\pi - x = \sum_{n=1}^{\infty} \frac{2}{n} \sin nx, (0 < x \leqslant \pi)$;

(2) $\pi - x = \frac{\pi}{2} + \sum_{n=1}^{\infty} \frac{2}{n^2 \pi} [1 - (-1)^n] \cos nx, (0 \leqslant x \leqslant \pi)$.

四、1.【提示】$\frac{|u_n|}{n} = \sqrt{\left(\frac{u_n}{n}\right)^2} = \sqrt{u_n^2 \cdot \frac{1}{n^2}} \leqslant \frac{u_n^2}{2} + \frac{1}{2n^2}$; 2. 略.

【综合作业题参考答案与提示】

一、1. C; 2. C; 3. D; 4. D; 5. C.

二、1. $0 < k < 4$; 2. $4u_1 - s$; 3. $p > 0$; 4. $(1-x)\ln(1-x) + x$;

5. $1 < a \leqslant 3$; 6. $0, -\frac{e^{\pi} - e^{-\pi}}{\pi}, -\frac{e^{\pi} - e^{-\pi}}{2\pi}, \frac{e^{\pi} - e^{-\pi}}{2\pi}$.

三、1. (1) 当 $a > 1$ 时收敛,当 $0 < a \leqslant 1$ 时发散; (2) 收敛; (3) 收敛;
(4) 收敛; (5) 收敛; (6) 发散; (7) 收敛; (8) 收敛.

2. (1) 当 $0 < b < 1$ 时,原级数绝对收敛;当 $b > 1$ 时,原级数发散;当 $b = 1$ 时,条件收敛; (2) 条件收敛; (3) 绝对收敛; (4) 条件收敛.

3. (1) $s(x) = \frac{2x}{(1-x)^3}, x \in (-1, 1)$;

(2) $s(x) = e^{\frac{x}{2}}\left(1 + \frac{x}{2} + \frac{x^2}{4}\right), x \in (-\infty, +\infty)$;

(3) $s(x) = \arctan x, x \in [-1, 1]$;

(4) $s(x) = \begin{cases} 1 + \frac{1-x}{x}\ln(1-x), x \in [-1, 0) \cup (0, 1], \\ 0, x = 0. \end{cases}$

4.(1) 收敛半径 $R=3$,收敛区间为 $(-3,3)$;

(2) 收敛半径 $R=0$,所给幂级数仅在 $x=0$ 处收敛;

(3) 收敛半径 $R=1$,收敛区间 $(1,3)$;

(4) 收敛区间为 $(-\sqrt{2},\sqrt{2})$.

5. $\dfrac{22}{27}$.

6.(1) $f(x)=\sum\limits_{n=0}^{\infty}\left((-1)^n+\dfrac{1}{2^{n+1}}\right)x^n$;(2) $\dfrac{1}{(1-2x)^2}=\sum\limits_{n=0}^{\infty}n2^{n-1}x^{n-1}$.

7. $\lim\limits_{n\to\infty}\dfrac{u_{n+1}}{u_n}=\lim\limits_{n\to\infty}\dfrac{(n+1)^\alpha\beta^{n+1}}{n^\alpha\beta^n}=\beta$,当 $0<\beta<1$,级数收敛;$\beta>1$,级数发散;

当 $\beta=1$ 时,$\alpha<-1$ 时级数收敛,$\alpha\geqslant 1$ 时级数发散.

8. $f(x)=1-\dfrac{1}{2}\ln(1+x^2)$,$|x|<1$;$f(x)$ 取得极大值 $f(0)=1$.

9. $2+|x|=\dfrac{5}{2}-\dfrac{4}{\pi^2}\sum\limits_{n=0}^{\infty}\dfrac{1}{(2n+1)^2}\cos(2n+1)\pi x$,$-1\leqslant x\leqslant 1$;$\dfrac{\pi^2}{6}$.

10. $f(x)=\dfrac{2}{3}\pi^2+4\sum\limits_{n=1}^{\infty}(-1)^n\dfrac{\cos n\pi}{n^2}$,$-\pi<x<\pi$;$\dfrac{\pi^2}{12}$.

四、1.【提示】比较审敛法的极限形式.

2. $f\left(\dfrac{1}{n}\right)=f(0)+f'(0)\dfrac{1}{n}+\dfrac{1}{2!}f''(0)\dfrac{1}{n^2}+o\left(\dfrac{1}{n^2}\right)=1+\dfrac{1}{n^2}+o\left(\dfrac{1}{n^2}\right)$.

3. $\dfrac{d}{dx}\left(\dfrac{e^x-1}{x}\right)=\sum\limits_{n=1}^{\infty}\dfrac{nx^{n-1}}{(n+1)!}$ $(-\infty<x<+\infty)$.

4.【提示】$0<u_n=\int_0^{\frac{1}{n}}\dfrac{\sqrt{x}}{1+x}dx\leqslant\int_0^{\frac{1}{n}}\sqrt{x}dx\leqslant\dfrac{1}{\sqrt{n^3}}$.

【自测题参考答案与提示】

一、1. 8; 2. 0; 3. 1; 4. $\sum\limits_{n=0}^{\infty}\dfrac{(x-1)^n}{2^{n+1}}$,$\left|\dfrac{x-1}{2}\right|<1$; 5. $\dfrac{2}{3}\pi$.

二、1. A; 2. D; 3. B; 4. A; 5. D.

三、1. $s=1$.【提示】$u_n=\dfrac{n}{(n+1)!}=\dfrac{1}{n!}-\dfrac{1}{(n+1)!}$.

2. 收敛.

3. 绝对收敛.

4. $\left[-\dfrac{2}{3},0\right)$.

5. $S(x)=\dfrac{1+x}{(1-x)^3}$,12.

6. $f(x) = \ln 2 + \sum_{n=1}^{\infty} \left[(-1)^{n-1} - \frac{1}{2^n} \right] \cdot \frac{1}{n} (x-1)^n, (0 < x \leqslant 2)$.

7. $f(x) = \frac{4}{n\pi} [\sin \pi x + \frac{1}{3} \sin 3\pi x + \cdots + \frac{1}{2n+1} \sin(2n+1)\pi x + \cdots] (-1 < x < 0, 0 < x < 1); x = 0, \pm 1, f(x) = 0$.

8. (1)【提示】$\frac{1}{n}(a_n + a_{n+2}) = \frac{1}{n(n+1)}$； （2）【提示】$a_n = \int_0^{\frac{\pi}{4}} \tan^n x \, dx \leqslant \frac{1}{n+1}$.

第12章 微分方程

12.1 教学要求

【教学基本要求】

1. 了解微分方程及其解、通解、初始条件和特解等概念.
2. 掌握可分离变量方程及一阶线性微分方程的解法.
3. 会解齐次方程,并从中领会用变量代换求解微分方程的思想.
4. 会用降阶法解下列微分方程:$y^{(n)} = f(x), y'' = f(x, y'), y'' = f(y, y')$.
5. 理解二阶线性微分方程解的性质及解的结构.
6. 掌握二阶常系数齐次线性微分方程的解法,了解高阶常系数齐次线性微分方程的解法.
7. 会求自由项为多项式、指数函数、正弦函数、余弦函数,以及它们的和与积的二阶常系数非齐次线性微分方程的特解和通解.
8. 会通过建立微分方程模型,解决一些简单的实际问题.

【教学重点内容】

可分离变量方程,齐次微分方程,一阶线性微分方程,可降阶的高阶微分方程,二阶常系数齐次线性微分方程,二阶常系数非齐次线性微分方程.

12.2 知识要点

【知识要点】

1. 微分方程的概念

表示未知函数、未知函数的导数或微分与自变量之间关系的方程称为微分方程.未知函数是一元函数的方程称为常微分方程;如果一个函数代入微分方程能使该方程成为恒等式,这个函数称为该微分方程的解. 如果微分方程的解中含有独立的任意常数,且任意常数的个数与微分方程的阶数相同,则这样的解称为微分方程的通解. 确定了通解中的任意常数以后得到的解称为微分方程的特解.

2. 可分离变量微分方程

如果一阶微分方程能化成 $\dfrac{\mathrm{d}y}{\mathrm{d}x} = f(x)g(y)$ 的形式,则称为可分离变量的微分方程. 这类方程的解法是采用先分离变量,再两边积分 $\displaystyle\int \dfrac{1}{g(y)} \mathrm{d}y = \int f(x) \mathrm{d}x$,设 $G(y)$ 及 $F(x)$ 依次为 $\dfrac{1}{g(y)}$ 和 $f(x)$ 的原函数,于是解为 $G(y) = F(x) + C$.

3. 齐次微分方程

如果一阶微分方程形如 $\dfrac{\mathrm{d}y}{\mathrm{d}x} = \varphi(\dfrac{y}{x})$,则称这方程为齐次方程. 作变换 $u = \dfrac{y}{x}$,将其化为变量分离方程 $\dfrac{\mathrm{d}u}{\varphi(u) - u} = \dfrac{\mathrm{d}x}{x}$,再解.

* 如果一阶微分方程形如 $\dfrac{\mathrm{d}y}{\mathrm{d}x} = f(\dfrac{a_1 x + b_1 y + c_1}{a_2 x + b_2 y + c_2})$,可分三种情况来讨论:

(1) 当 $c_1 = c_2 = 0$ 时,$\dfrac{\mathrm{d}y}{\mathrm{d}x} = f(\dfrac{a_1 x + b_1 y}{a_2 x + b_2 y}) = f(\dfrac{a_1 + b_1 \dfrac{y}{x}}{a_2 + b_2 \dfrac{y}{x}}) = g(\dfrac{y}{x})$ 转化为齐次方程.

(2) 当 $a_1 b_2 = a_2 b_1$,即 $\dfrac{a_1}{a_2} = \dfrac{b_1}{b_2} = \lambda$ 时,$\dfrac{\mathrm{d}y}{\mathrm{d}x} = f(\dfrac{\lambda(a_2 x + b_2 y) + c_1}{a_2 x + b_2 y + c_2}) = g(a_2 x + b_2 y)$,令 $a_2 x + b_2 y = u$,则转化为变量分离方程 $\dfrac{\mathrm{d}u}{\mathrm{d}x} = a_2 + b_2 g(u)$.

(3) 当 $a_1 b_2 \neq a_2 b_1$,且 c_1, c_2 不全为 0 时,解方程组 $\begin{cases} a_1 x + b_1 y + c_1 = 0, \\ a_2 x + b_2 y + c_2 = 0, \end{cases}$ 求交点 (α, β),令 $X = x - \alpha, Y = y - \beta$,则原方程化为齐次方程 $\dfrac{\mathrm{d}Y}{\mathrm{d}X} = \varphi(\dfrac{Y}{X})$.

4. 一阶线性微分方程

(1) 定义:形如 $\dfrac{\mathrm{d}y}{\mathrm{d}x} + P(x)y = Q(x)$ 的方程称为一阶线性微分方程.

若 $Q(x) \equiv 0$,称为齐次的;若 $Q(x) \not\equiv 0$,称为非齐次的.

(2) 解法:利用常数变易法解得其通解为: $y = \mathrm{e}^{-\int P(x) \mathrm{d}x}(\int Q(x) \mathrm{e}^{\int P(x) \mathrm{d}x} \mathrm{d}x + C)$.

* 5. 伯努利方程

(1) 定义:形如 $\dfrac{\mathrm{d}y}{\mathrm{d}x} + P(x)y = Q(x)y^n (n \neq 0, 1)$ 的方程称为伯努利方程.

(2) 解法:两边同除 y^n,作变换 $z=y^{1-n}$,则伯努利方程化为一阶线性微分方程 $\dfrac{\mathrm{d}z}{\mathrm{d}x}+(1-n)P(x)z=(1-n)Q(x)$,其通解为

$$z=\mathrm{e}^{-\int(1-n)P(x)\mathrm{d}x}(\int(1-n)Q(x)\mathrm{e}^{\int(1-n)P(x)\mathrm{d}x}\mathrm{d}x+C).$$

*6. 全微分方程

(1) 定义:若方程 $P(x,y)\mathrm{d}x+Q(x,y)\mathrm{d}y=0$ 左端恰为某一个函数的全微分,即存在某个 $u(x,y)$,使有 $\mathrm{d}u=P(x,y)\mathrm{d}x+Q(x,y)\mathrm{d}y$,则称之为全微分方程.

(2) 解法:若 $P(x,y),Q(x,y)$ 在单连通域 G 内具有一阶连续偏导数,方程为全微分方程的充要条件是 $\dfrac{\partial P}{\partial y}=\dfrac{\partial Q}{\partial x}$,则其通解为:

$$u(x,y)=\int_{x_0}^{x}P(x,y)\mathrm{d}x+\int_{y_0}^{y}Q(x_0,y)\mathrm{d}y=C.$$

若 $\dfrac{\partial P}{\partial y}\neq\dfrac{\partial Q}{\partial x}$,则不是全微分方程,但若有一个适当函数 $\mu=\mu(x,y)$,原方程两边乘以 $\mu(x,y)$ 成为全微分方程,称函数 $\mu(x,y)$ 为积分因子.一般积分因子不好求,常通过观察找积分因子.

7. 可降阶高阶微分方程

(1) $y^{(n)}=f(x)$ 型,特点:只含有 $y^{(n)}$ 和 x,不含 y 及 y 的 $1\sim(n-1)$ 阶导数. 令 $y^{(n-1)}=z$,原方程可化为 $\dfrac{\mathrm{d}z}{\mathrm{d}x}=f(x)$,于是积分,得 $z=y^{(n-1)}=\int f(x)\mathrm{d}x+C_1$,同理 n 次积分后可求其通解.

(2) $y''=f(x,y')$ 型,特点:含有 y'',y',x,不含 y. 令 $y'=p$,则 $y''=p'$,于是可将其化成一阶微分方程.

(3) $y''=f(y,y')$ 型,特点:不含 x. 令 $y'=p$,则 $y''=\dfrac{\mathrm{d}p}{\mathrm{d}x}=\dfrac{\mathrm{d}p}{\mathrm{d}y}\dfrac{\mathrm{d}y}{\mathrm{d}x}=p\dfrac{\mathrm{d}p}{\mathrm{d}y}$,于是可将其化为一阶微分方程.

8. 二阶线性微分方程

(1) 定义:形如 $y''+P(x)y'+Q(x)y=f(x)$ 的方程称为二阶线性微分方程. 当 $f(x)\equiv0$ 时称为齐次的,当 $f(x)\not\equiv0$ 时称为非齐次的.

二阶非齐次线性微分方程: $y''+P(x)y'+Q(x)y=f(x)$, (*)

二阶齐次线性微分方程: $y''+P(x)y'+Q(x)y=0$. (**)

(2) 二阶线性微分方程的通解结构:

性质 1:若 $y_1(x),y_2(x)$ 是(**)的解,则 $y=C_1y_1(x)+C_2y_2(x)$ 也是(**)的解,其中 C_1,C_2 为任意常数. 性质 1 也称为解的叠加原理.

定义:设 $y_1,y_2,\cdots,y_n$ 是定义在区间 I 上的函数,若存在不全为零的数 k_1, $k_2,\cdots,k_n$ 使得 $k_1y_1+k_2y_2+\cdots+k_ny_n=0$ 恒成立,则称 $y_1,y_2,\cdots,y_n$ 线性相关,

否则称为线性无关.

性质 2：若 $y_1(x)$，$y_2(x)$ 是（**）的两个线性无关的特解，那么 $y=C_1y_1(x)+C_2y_2(x)$（C_1，C_2 为任意常数）是方程（**）的通解.

推论：若 $y_1(x)$，$y_2(x)$，$\cdots$，$y_n(x)$ 是 n 阶齐次线性微分方程 $y^{(n)}+a_1(x)y^{n-1}+\cdots+a_{n-1}(x)y'+a_n(x)y=0$ 的 n 个线性无关的特解，那么此方程的通解为 $y=C_1y_1(x)+C_2y_2(x)+\cdots+C_ny_n(x)$（$C_1$，$C_2$，$\cdots$，$C_n$ 为任意常数）.

性质 3：若设 y^* 是（*）的特解，Y 是（**）的通解，则 $y=Y+y^*$ 是（*）的通解.

性质 4（叠加原理）：设（*）式中 $f(x)=f_1(x)+f_2(x)$，若 y_1^*，y_2^* 分别是 $y''+P(x)y'+Q(x)y=f_1(x)$，$y''+P(x)y'+Q(x)y=f_2(x)$ 的特解，则 $y_1^*+y_2^*$ 为原方程的特解.

(3) 二阶常系数齐次线性微分方程：$y''+py'+qy=0$.

二阶常系数齐次线性微分方程的特征方程为：$r^2+pr+q=0$.

二阶常系数齐次线性微分方程的通解情况如下表：

特征方程的两个根	微分方程的通解
$r_1 \neq r_2$	$y=C_1 e^{r_1 x}+C_2 e^{r_2 x}$
$r_1=r_2=r$	$y=(C_1+C_2 x)e^{rx}$
$r_{1,2}=\alpha \pm i\beta$	$y=e^{\alpha x}(C_1 \cos\beta x+C_2 \sin\beta x)$

(4) n 阶常系数齐次线性微分方程：

$y^{(n)}+p_1 y^{(n-1)}+\cdots+p_{n-1}y'+p_n y=0$（其中 p_i（$i=1,2,\cdots,n$ 为常数），

n 阶常系数齐次线性微分方程的特征方程为：

$r^n+p_1 r^{n-1}+p_2 r^{n-2}+\cdots+p_{n-1}r+p_n=0$.

n 阶常系数齐次线性微分方程的通解情况如下表：

特征方程的根	微分方程的通解中对应项
单实根 r_i	给出一项：$C_i e^{r_i x}$
一对单复根 $r_{1,2}=\alpha+i\beta$	给出两项：$e^{\alpha x}(C_1 \cos\beta x+C_2 \sin\beta x)$
k 重实根 r	给出 k 项：$(C_1+C_2 x+\cdots+C_k x^{k-1})e^{rx}$
一对 k 重复根 $r_{1,2}=\alpha \pm i\beta$	给出 $2k$ 项：$e^{\alpha x}[(C_1+C_2 x+\cdots+C_k x^{k-1})\cos\beta x+(D_1+D_2 x+\cdots+D_k x^{k-1})\sin\beta x]$

(5) 二阶常系数非齐次线性微分方程：$y''+py'+qy=f(x)$.

二阶常系数非齐次线性微分方程的特解情况如下表：

$f(x)$ 的类型	微分方程的特解(用待定系数法求解)
$e^{\lambda x}P_m(x)$ 型	$y^* = x^k Q_m(x) e^{\lambda x}$, 其中 $k = \begin{cases} 0, \lambda \text{ 不是特征根}, \\ 1, \lambda \text{ 是单重特征根}, \\ 2, \lambda \text{ 是两重特征根}; \end{cases}$ $Q_m(x)$ 是与 $P_m(x)$ 同次的多项式
$e^{\lambda x}[P_l(x)\cos\omega x + P_n(x)\sin\omega x]$ 型	$y^* = x^k e^{\lambda x}[R_m^{(1)}(x)\cos\omega x + R_m^{(2)}(x)\sin\omega x]$, 其中 $k = \begin{cases} 0, \lambda + i\omega \text{ 不是特征根}, \\ 1, \lambda + i\omega \text{ 是特征根}; \end{cases}$ $R_m^{(1)}(x), R_m^{(2)}(x)$ 是 m 次多项式, $m = \max(l, n)$

* **9. 欧拉方程**

(1) 定义:$x^n y^{(n)} + a_1 x^{n-1} y^{(n-1)} + \cdots + a_{n-1} x y' + a_n y = f(x)$(其中 $a_1, a_2, \cdots, a_n$ 为常数).

(2) 求解方法:令 $x = e^t$,代入欧拉方程,记 $D = \dfrac{d}{dt}$,方程可化为 $P_n(D)y = f(e^t)$,解出 $y = y(t)$,则 $y = y(\ln x)$ 即为欧拉方程的解.

* **10. 幂级数解法**

关于二阶齐次线性微分方程 $y'' + P(x)y' + Q(x)y = 0$, (*)

定理:如果方程(*)中系数 $P(x)$ 与 $Q(x)$ 可在 $-R < x < R$ 内展开成为 x 的幂级数,那么在 $-R < x < R$ 内方程(*)必有形如 $y = \sum\limits_{n=0}^{\infty} a_n x^n$ 的解.根据定理用待定系数法求解.

【串讲小结】

对于本章的题目,要审视方程,判断方程类型,根据不同类型,确定解题方案.并非所有的微分方程都是可解的,如莱布尼茨 1686 年提出的最简单的一阶微分方程 $y' = x^2 + y^2$ 就不能用积分法求解.在大学高等数学中只讨论了有限的可解类型,出题的灵活度有限,很难将不同的知识点紧密结合或是灵活转换.这样的特点就决定了我们可以采取相对机械的"辨明类型→套用对应方法求解"的套路,而且各种类型的求解方法正好都是格式化的,便于以这样的方式使用.因为可分离变量方程求解最简单,故首先应判别所给方程是否为可分离变量的方程,若不是,将方程化为显式方程 $\dfrac{dy}{dx} = f(x, y)$,判断它是否为齐次方程或线性方程,必要时还需判断 $\dfrac{dx}{dy} = \dfrac{1}{f(x, y)}$ 是否为齐次方程或线性方程.齐次方程的求解要点是利用变量代换将原方程转化为可分离变量的微分方程,求解后,应还原为原变量. 用公式求解一阶线性微分方程时,一定要将方程化为标准形式 $y'+P(x)y=Q(x)$,否则容易出错. (∗若上述方法难以奏效,可试将所给方程化为微分形式 $P(x,y)\mathrm{d}x+Q(x,y)\mathrm{d}y=0$,再判别它是否为全微分方程或是否能找到积分因子.)一般的高阶微分方程求解的基本思路就是利用变换把方程的阶数降低,只要符合前面介绍的三种可降阶的方程类型,就用相应的解法去求便可. 对于高阶线性微分方程的求解,要熟练掌握线性微分方程解的性质和结构以及相应的计算方法,并且能够灵活运用. (∗对于欧拉方程和幂级数解法只要熟记方法,直接套用公式和方法,按照步骤求解.)

12.3 答 疑 解 惑

1. 常微分方程的通解与特解有何区别?

答:未知函数是一元函数的方程称为常微分方程,本书只讨论常微分方程的情形. 如果常微分方程的解中含有任意常数,且任意常数(互相独立)的个数与微分方程的阶数(即未知函数最高阶导数的阶数)相同,这样的解称为方程的通解. 从通解中确定了任意常数以后得到的解称为特解. 在几何上,通解表示积分曲线族,而特解表示一条特定的积分曲线.

2. 是否任何微分方程都有通解?

答:不是每个微分方程都有通解,如方程 $y'^2+1=0$ 在实数范围内无解,又如方程 $y'^2+y^2=0$ 只有解 $y=0$,而无含任意常数的通解.

3. 求微分方程的通解时,怎样写好任意常数?

答:由于有的微分方程的通解不能包含它所有的解,有的则能包含它所有的解. 因此,正确写好通解中的任意常数是很重要的. 例如,解一阶线性方程 $y'-2xy=2x$,由通解公式得该方程的通解为 $y=Ce^{x^2}-1$.

另一解法是将方程分离变量,得 $\dfrac{\mathrm{d}y}{1+y}=2x\mathrm{d}x$,

两边积分,得 $\ln(1+y)=x^2+C_1$,从而有 $y=e^{C_1}e^{x^2}-1$.

比较两式,它们的差别在于 $e^{C_1}>0$,只表达了微分方程的一部分解,而 C 为任意常数. 为何产生这种情形呢? 原因在于积分时,对数的真数未加绝对值符号. 正确的做法是 $\ln|1+y|=x^2+C_1$,从而有 $y=\pm e^{C_1}e^{x^2}-1$,令 $C=\pm e^{C_1}$,这样就得到方程的通解为 $y=Ce^{x^2}-1$. 为了运算简便,绝对值符号常常可省略,任意常数有时也可写为 $\ln C$,如前式可写为 $\ln(1+y)=x^2+\ln C$,从而 $y=Ce^{x^2}-1$,只要注明最后的 C 为任意常数就可以了. 这里还有一点需特别指出,有的学生受求不定积分时的影响,任意常数放到最后一步加,这样就大错而特错了.

4. 用分离变量法求解微分方程时要进行变形，是否会发生丢解的情形？

答：有可能丢解．例如方程 $x^2 dy - y^2 dx = 0$，假定 $xy \neq 0$，用 $x^2 y^2$ 除各项，可分离变量得 $\dfrac{dy}{y^2} = \dfrac{dx}{x^2}$，积分得 $-\dfrac{1}{y} = -\dfrac{1}{x} + C$，其中 C 为任意常数，显然这个通解中未包含原方程的解 $x = 0$ 与 $y = 0$，即丢掉了 $x = 0$ 与 $y = 0$ 这样的解．

*5. 怎样求微分方程的积分因子？

答：$\mu(x, y)$ 为微分方程 $P(x,y)dx + Q(x,y)dy = 0$ 的积分因子 $\Leftrightarrow \mu(x, y)$ 满足 $\dfrac{\partial(\mu P)}{\partial y} = \dfrac{\partial(\mu Q)}{\partial x}$，即满足 $\mu(\dfrac{\partial P}{\partial y} - \dfrac{\partial Q}{\partial x}) = Q\dfrac{\partial \mu}{\partial x} - P\dfrac{\partial \mu}{\partial y}$．方程是一个偏微分方程，一般情况下，它的求解比较困难．不过在某些特殊情况下，求解方程还是容易的．若方程存在只与 x 有关的积分因子 $\mu = \mu(x)$，则 $\dfrac{\partial \mu}{\partial y} = 0$，这时方程变成 $Q\dfrac{d\mu}{dx} = \mu(x)(\dfrac{\partial P}{\partial y} - \dfrac{\partial Q}{\partial x})$，即 $[1/\mu]d\mu = [(\dfrac{\partial P}{\partial y} - \dfrac{\partial Q}{\partial x})/Q]dx$，由此可知，方程有只与 x 有关的积分因子的充要条件是 $[(\dfrac{\partial P}{\partial y} - \dfrac{\partial Q}{\partial x})/Q] = \varphi(x)$（这里 $\varphi(x)$ 表示仅为 x 的函数）．故当 $[(\dfrac{\partial P}{\partial y} - \dfrac{\partial Q}{\partial x})/Q] = \varphi(x)$ 时，方程有积分因子 $\mu(x) = \exp(\int \varphi(x)dx)$；同理，当 $[(\dfrac{\partial P}{\partial x} - \dfrac{\partial Q}{\partial y})/P] = \psi(y)$ 时，方程有积分因子 $\psi(y) = \exp(\int \psi(y)dy)$．一般情况下寻求积分因子是很不容易的，但对某些较简单的积分因子，有的可用上面给出的公式求，有的可用观察法求．

6. 线性齐次微分方程的解具有叠加性，非线性微分方程的解是否也具有这一性质？

答：不具有这一性质．例如易证 $y_1 = (x-1)^2$ 和 $y_2 = (x+1)^2$ 都是 $2yy'' - (y')^2 = 0$ 的解，但这两个解的叠加 $y = C_1(x-1)^2 + C_2(x+1)^2$（其中 C_1, C_2 都是任意常数）不是该方程的解．

7. 已知二阶线性齐次微分方程 $y'' + P(x)y' + Q(x)y = 0$ 的一个非零解 y_1，能否求出它的通解？

答：能求出它的通解．设它的另一解为 $y_2(x) = v(x)y_1(x)$，其中 $v(x) \neq $ 常数，则 $y_1(x)$ 与 $y_2(x)$ 线性无关，把它代入方程经过计算并可以得到 $v(x) = \int \dfrac{e^{-\int P dx}}{y_1^2(x)} dx$，于是 $y_2(x) = y_1(x) \int \dfrac{e^{-\int P dx}}{y_1^2(x)} dx$，故原方程的通解为 $y = C_1 y_1(x) + C_2 y_2(x) = y_1(x)[C_1 + C_2 \int \dfrac{e^{-\int P dx}}{y_1^2(x)} dx]$（其中 C_1, C_2 都是任意常数）．

12.4 范例解析

例1 求微分方程 $x^2y' + xy = y^2$ 满足初始条件 $y|_{x=1} = 1$ 的特解.

解析：原方程可化为 $y' = (\frac{y}{x})^2 - \frac{y}{x}$，这是齐次方程. 令 $\frac{y}{x} = u$，代入原方程，

得 $x\frac{du}{dx} + u = u^2 - u$，分离变量并积分，得 $\frac{1}{2}\ln\frac{u-2}{u} = \ln x + \ln C$，

即 $\frac{u-2}{u} = Cx^2$，将 $u = \frac{y}{x}$ 代入上式，得 $y - 2x = Cx^2 y$.

由 $y|_{x=1} = 1$，得 $C = -1$，则所求解为 $\frac{y-2x}{y} = -x^2$.

即 $y = \frac{2x}{1+x^2}$.

*例2 解微分方程 $\frac{dy}{dx} = \frac{x+y-1}{x+4y+2}$.

解析：此题属于 $\frac{dy}{dx} = f(\frac{a_1 x + b_1 y + c_1}{a_2 x + b_2 y + c_2})$ 型，套用此类型的方法.

解方程组 $\begin{cases} x+y-1=0, \\ x+4y+2=0, \end{cases}$ 可得 $\begin{cases} x=2, \\ y=-1. \end{cases}$

设 $\begin{cases} x = X+2, \\ y = Y-1, \end{cases}$ 则得 $\frac{dY}{dX} = \frac{X+Y}{X+4Y}$，此方程是齐次型，可设 $Y = vX$，从而得 $v + X\frac{dv}{dX} = \frac{1+v}{1+4v}$，即 $\frac{1+4v}{1-4v^2}dv = \frac{dX}{X}$，

解得 $(1+2v)(1-2v)^3 X^4 = C$，代入原变量得 $(X+2Y)(X-2Y)^3 = C$.

即 $(x+2y)(x-2y-4)^3 = C$.

当 $1 - 4v^2 = 0$，即 $v = \pm\frac{1}{2}$ 时，也是原方程的解，而这已包含在通解之中 $C = 0$，故原方程的通解为

$$(x+2y)(x-2y-4)^3 = C \ (C \text{ 是任意常数}).$$

例3 解方程 $\frac{dy}{dx} = \frac{1}{x+y}$.

解析：此题属于 $\frac{dy}{dx} = g(ax+by)$ 型，令 $x+y = u$，则 $y = u-x$，$\frac{dy}{dx} = \frac{du}{dx} - 1$

代入原方程，得 $\frac{du}{dx} - 1 = \frac{1}{u}$，即 $\frac{du}{dx} = \frac{u+1}{u}$，

分离变量，得 $\frac{u}{u+1}du = dx$

两端积分,得 $u - \ln|u+1| = x + C$,
以 $u = x + y$ 代入上式,即得 $y - \ln|x+y+1| = C$.
故原方程的通解为 $1 + x + y = C_1 e^y (C_1 = \pm e^{-C})$.

*例 4** 求方程 $\dfrac{dy}{dx} + \dfrac{y}{x} = a(\ln x) y^2$ 的通解.

解析:此题属于伯努利方程.以 y^2 除方程的两端,得 $y^{-2} \dfrac{dy}{dx} + \dfrac{1}{x} y^{-1} = a \ln x$,

即 $-\dfrac{d(y^{-1})}{dx} + \dfrac{1}{x} y^{-1} = a \ln x$.

令 $z = y^{-1}$,则上述方程成为 $\dfrac{dz}{dx} - \dfrac{1}{x} z = -a \ln x$,这是一个线性方程,它的通解为 $z = xC - \dfrac{a}{2} x(\ln x)^2$,以 y^{-1} 代 z,得所求方程通解为

$$yxC - \dfrac{a}{2} xy(\ln x)^2 = 1.$$

例 5 微分方程 $y' + y\tan x = \cos x$ 的通解为 $y = $ _____.

解析:此题是一阶线性方程,直接由线性方程通解公式,得

$$y = e^{-\int P(x)dx} \left(\int Q(x) e^{\int P(x)dx} dx + C \right)$$
$$= e^{-\int \tan x dx} \left(\int \cos x \cdot e^{\int \tan x dx} dx + C \right)$$
$$= (x + C)\cos x \ (C \text{ 是任意常数}).$$

或利用常数变易法 $y' + y\tan x = 0$ 的通解为 $y = C\cos x$ 令 $y = C(x)\cos x$,代入原方程,解得 $C'(x) = 1$,从而 $C(x) = x + C$,故原方程的通解为 $y = (x + C)\cos x$ (C 是任意常数).

*例 6** 验证微分方程 $(3y^2 + y\sin 2xy)dx + (6xy + x\sin 2xy)dy = 0$ 是否为全微分方程,并求解.

解析:此题要先验证是否是全微分方程,若是全微分方程,就直接套用公式;若不是,可通过观察或根据前面答疑解惑中提到的方法找它的积分因子.设

$$M(x,y) = 3y^2 + y\sin 2xy, N(x,y) = 6xy + x\sin 2xy,$$

因为

$$\dfrac{\partial M}{\partial y} = 6y + 2xy\cos 2xy + \sin 2xy = \dfrac{\partial N}{\partial x},$$

所以此微分方程是全微分方程,利用全微分方程的通解公式,有

$$\int_{x_0}^{x} (3y^2 + y\sin 2xy)dx + \int_{y_0}^{y} (6x_0 y + x_0 \sin 2x_0 y)dy = C,$$

故通解为 $6xy^2 - \cos 2xy = C$ (C 是任意常数).

例 7 求微分方程 $y''' = e^{2x} - \cos x$ 的通解.

解析：对所给方程接连积分三次，依次得

$$y'' = \frac{1}{2}e^{2x} - \sin x + C,$$

$$y' = \frac{1}{4}e^{2x} + \cos x + Cx + C_2,$$

$$y = \frac{1}{8}e^{2x} + \sin x + C_1 x^2 + C_2 x + C_3 \left(C_1 = \frac{C}{2}\right).$$

故所求的通解为

$$y = \frac{1}{8}e^{2x} + \sin x + C_1 x^2 + C_2 x + C_3 \left(C_1 = \frac{C}{2}\right)(C, C_2, C_3 \text{ 是任意常数}).$$

例 8 求方程 $(1+x^2)y'' = 2xy'$，满足 $y|_{x=0} = 1, y'|_{x=0} = 3$ 的特解.

解析：所给方程是 $y'' = f(x, y')$ 型的，设 $y' = p$，代入方程并分离变量后，有 $\frac{\mathrm{d}p}{p} = \frac{2x}{1+x^2}\mathrm{d}x$，两端积分，得 $\ln|p| = \ln(1+x^2) + C$，

即 $p = y' = C_1(1+x^2)(C_1 = \pm e^C)$. 又由条件 $y'|_{x=0} = 3$，得 $C_1 = 3$.

于是所求特解为 $y = x^3 + 3x + 1$.

例 9 解方程 $(1+y)y'' + (y')^2 = 0$.

解析：所给方程是 $y'' = f(y, y')$ 型的. 设 $\frac{\mathrm{d}y}{\mathrm{d}x} = p$，从而

$$\frac{\mathrm{d}^2 y}{\mathrm{d}x^2} = p\frac{\mathrm{d}p}{\mathrm{d}y}, \text{ 故 } p\left[(1+y)\frac{\mathrm{d}p}{\mathrm{d}y} + p\right] = 0.$$

(1) 当 $(1+y)\frac{\mathrm{d}p}{\mathrm{d}y} + p = 0$ 时，由 $\frac{\mathrm{d}p}{p} + \frac{\mathrm{d}y}{1+y} = 0$，得

$$(1+y)p = C'_1, \text{ 即 } (1+y)\mathrm{d}y = C'_1 \mathrm{d}x.$$

积分上式，得 $\frac{y^2}{2} + y = C'_1 x + C_2$，

即 $(y+1)^2 = 2C'_1 x + 2C_2 + 1$，

改写任意常数后，得通解 $(y+1)^2 = C_1 x + C_2 (C_1, C_2 \text{ 是任意常数})$.

$y + 1 = 0$ 也是方程的解，不过这已包含在通解中.

(2) 当 $p = 0$ 时，可得 $y = C$，不过这已包含在通解中.

故所求的通解为 $(y+1)^2 = C_1 x + C_2 (C_1, C_2 \text{ 是任意常数})$.

例 10 设 $y = e^x(C_1\cos x + C_2\sin x)(C_1, C_2 \text{ 是任意常数})$ 为某二阶常系数齐次线性方程的通解，则该方程为 _____.

解析：所求方程的特征根为 $r_{1,2} = 1 \pm i$，则其特征方程为 $r^2 - 2r + 2 = 0$，故所求方程为 $y'' - 2y' + 2y = 0$.

例 11 求下列微分方程的通解：

(1) $y'' - 12y' + 35y = 0$； (2) $y'' - 2y' = 0$；

(3) $9y''-30y'+25y=0$; (4) $3y''-4y'+2y=0$.

解析：(1) 特征方程为 $r^2-12r+35=0$，解得 $r_1=5, r_2=7$，故通解为
$$y=C_1e^{5x}+C_2e^{7x}(C_1,C_2 \text{ 是任意常数}).$$

(2) 特征方程为 $r^2-2r=0$，解得 $r_1=0, r_2=2$，故通解为
$$y=C_1+C_2e^{2x}(C_1,C_2 \text{ 是任意常数});$$

(3) 特征方程为 $9r^2-30r+25=0$，解得 $r_1=r_2=5/3$（二重根），故通解为
$$y=(C_1+C_2x)e^{\frac{5x}{3}}(C_1,C_2 \text{ 是任意常数});$$

(4) 特征方程为 $3r^2-4r+2=0$，解得 $r_{1,2}=(2\pm i\sqrt{2})/3$，故通解为
$$y=e^{\frac{2x}{3}}(C_1\cos\frac{\sqrt{2}x}{3}+C_2\sin\frac{\sqrt{2}x}{3})(C_1,C_2 \text{ 是任意常数}).$$

例 12 求下列微分方程的通解：
(1) $y''-2y'-3y=3x+1$; (2) $y''-2y'-3y=e^{-x}$;
(3) $y''+4y'+4y=\cos 2x$; *(4) $y'''+3y''+3y'+y=e^{-x}(x-5)$.

解析：(1) 先求对应的齐次线性方程 $y''-2y'-3y=0$ 的通解，其特征方程为 $r^2-2r-3=0$，有两个根 $r_1=3, r_2=-1$，

故通解为 $y=C_1e^{3x}+C_2e^{-x}(C_1,C_2 \text{ 是任意常数}).$

由于 $f(x)=3x+1, \lambda=0$ 不是特征方程的根，故设特解

$y^*=A+Bx$，代入原方程得 $-2B-3A-3Bx=3x+1$，

比较系数，得 $\begin{cases}-3B=3,\\-2B-3A=1,\end{cases}$ 解得 $\begin{cases}B=-1,\\A=\dfrac{1}{3}.\end{cases}$

从而 $y^*=\dfrac{1}{3}-x$，故原方程通解为 $y=C_1e^{3x}+C_2e^{-x}+\dfrac{1}{3}-x.$

(2) 从上面(1)中知对应的齐次线性方程的通解为 $y=C_1e^{3x}+C_2e^{-x}(C_1, C_2 \text{ 是任意常数})$，由于 $f(x)=e^{-x}$，而 $\lambda=-1$ 是特征方程的单根，故特解为 $y^*=Axe^{-x}$，代入原方程得 $-4Ae^{-x}=e^{-x}$，从而 $A=-\dfrac{1}{4}$，故 $y^*=-\dfrac{1}{4}xe^{-x}$，从而原方程通解为 $y=C_1e^{3x}+C_2e^{-x}-\dfrac{1}{4}xe^{-x}(C_1,C_2 \text{ 是任意常数}).$

(3) 特征方程为 $r^2+4r+4=0$，解得 $r_1=r_2=-2$，故对应的齐次线性方程的通解为 $y=(C_1+C_2x)e^{-2x}(C_1,C_2 \text{ 是任意常数}).$

又由于 $f(x)=\cos 2x$，因为 $\pm 2i$ 不是特征方程的根，所以特解为

$y^*=A\cos 2x+B\sin 2x$，代入原方程，并化简，得

$8B\cos 2x-8A\sin 2x=\cos 2x$，比较系数得 $A=0, B=\dfrac{1}{8}$，

即 $y^* = \frac{1}{8}\sin 2x$,故原方程通解为 $y = (C_1 + C_2 x)e^{-2x} + \frac{1}{8}\sin 2x (C_1, C_2$ 是任意常数$)$.

(4) 特征方程为 $r^3 + 3r^2 + 3r + 1 = (r+1)^3 = 0$,有三重根 $r_{1,2,3} = -1$,故通解为 $y = (C_1 + C_2 x + C_3 x^2)e^{-x} (C_1, C_2, C_3$ 是任意常数$)$.

由于 $f(x) = e^{-x}(x-5)$, $\lambda = -1$ 是特征方程的三重根,故特解为
$y^* = x^3(A + Bx)e^{-x}$,代入原方程,得
$(6A + 24Bx)e^{-x} = e^{-x}(x-5)$,比较系数,解得 $A = -\frac{5}{6}$, $B = \frac{1}{24}$,

所以特解 $y^* = \frac{1}{24}x^3(x-20)e^{-x}$,故原方程通解为

$$y = (C_1 + C_2 x + C_3 x^2)e^{-x} + \frac{1}{24}x^3(x-20)e^{-x} (C_1, C_2, C_3 \text{ 是任意常数}).$$

*例 13 求下列欧拉方程的通解：

(1) $x^2 x'' - xy' + 5y = 0$; (2) $x^2 y'' + 3xy' - 3y = x^3$.

解析：(1) 设 $x = e^t$,有 $[D(D-1) - D + 5]y = 0$,即

$(D^2 - 2D + 5)y = 0$,其中 $D = \frac{d}{dt}$,

特征方程为 $r^2 - 2r + 5 = 0$,有两个根 $r_{1,2} = 1 \pm 2i$,
由此得 $y(t) = e^t(C_1 \cos 2t + C_2 \sin 2t)(C_1, C_2$ 是任意常数$)$.
代入原变量,即得 $y(x) = x[C_1 \cos(2\ln|x|) + C_2 \sin(2\ln|x|)]$.

(2) 设 $x = e^t$,有 $[D(D-1) + 3D - 3]y = e^{3t}$,其中 $D = \frac{d}{dt}$,

即 $(D^2 + 2D - 3)y = e^{3t}$,   (*)

特征方程为 $r^2 + 2r - 3 = 0$,有两个根 $r_1 = -3, r_2 = 1$,
由此(*)对应的关于 t 的齐次方程通解为 $y(t) = C_1 e^{-3t} + C_2 e^t$.

由于 $f(t) = e^{3t}$,因为 $\lambda = 3$ 不是特征方程的根,故特解为
$y^* = Ae^{3t}$,代入原方程,得 $12Ae^{3t} = e^{3t}$,从而 $A = \frac{1}{12}$,故 $y^* = \frac{1}{12}e^{3t}$.

所以方程通解为 $y(t) = C_1 e^{-3t} + C_2 e^t + \frac{1}{12}e^{3t}$.

故原方程通解 $y(x) = C_1 \frac{1}{x^3} + C_2 x + \frac{1}{12}x^3 (C_1, C_2$ 是任意常数$)$.

例 14 函数 $f(x)$ 在 $[0, +\infty)$ 上可导,$f(0) = 1$,且满足等式

$$f'(x) + f(x) - \frac{1}{x+1}\int_0^x f(t)dt = 0.$$

(1) 求导数 $f'(x)$;

(2) 证明：当 $x \geqslant 0$ 时,成立不等式 $e^{-x} \leqslant f(x) \leqslant 1$.

解析:(1) 对等式恒等变形:$(x+1)f'(x)+(x+1)f(x)-\int_0^x f(t)\mathrm{d}t=0$,
两边求导,得 $(x+1)f''(x)+(x+2)f'(x)=0$,

在原方程中令变限 $x=0$,得 $f'(0)+f(0)=0$,
由 $f(0)=1$,得 $f'(0)=-1$.

现降阶,令 $u=f'(x)$,则有 $u'+\dfrac{x+2}{x+1}u=0$,解此一阶线性方程得

$$f'(x)=u=c\dfrac{\mathrm{e}^{-x}}{x+1},$$ 由 $f'(0)=-1$,得 $c=-1$,于是

$$f'(x)=-\dfrac{\mathrm{e}^{-x}}{x+1}.$$

(2) 由 $f'(x)=-\dfrac{\mathrm{e}^{-x}}{x+1}<0(x\geqslant 0)$,$f(x)$ 单调减,
$f(x)\leqslant f(0)=1(x\geqslant 0)$;又设 $\varphi(x)=f(x)-\mathrm{e}^{-x}$,则

$$\varphi'(x)=f'(x)+\mathrm{e}^{-x}=\dfrac{x}{x+1}\mathrm{e}^{-x}\geqslant 0(x\geqslant 0),\varphi(x) \text{ 单调增},$$

因而 $\varphi(x)\geqslant\varphi(0)=0(x\geqslant 0)$,即 $f(x)\geqslant\mathrm{e}^{-x}(x\geqslant 0)$.

综上所述,当 $x\geqslant 0$ 时,$\mathrm{e}^{-x}\leqslant f(x)\leqslant 1$.

例15 设 L 是一条平面曲线,其上任意一点 $P(x,y)(x>0)$ 到坐标原点的距离,恒等于该点处的切线在 y 轴上的截距,且 L 经过点 $(\dfrac{1}{2},0)$.

(1) 试求曲线 L 的方程;

(2) 求 L 位于第一象限部分的一条切线,使该切线与 L 以及两坐标轴所围图形的面积最小.

解析:(1) 曲线 L 的过点 $P(x,y)$ 的切线方程为 $Y-y=y'(X-x)$,令 $X=0$,则得切线在 y 轴上的截距 $Y=y-xy'$,由题设得 L 的微分方程 $\sqrt{x^2+y^2}=y-xy'$,令 $y=ux$,则化为变量可分离的方程 $\sqrt{1+u^2}=-xu'$.

分离变量,可得 $\dfrac{\mathrm{d}u}{\sqrt{1+u^2}}+\dfrac{\mathrm{d}x}{x}=0$,

积分,得 $\ln(u+\sqrt{1+u^2})+\ln x=C'$,即 $y+\sqrt{x^2+y^2}=C$,

代入条件 $y|_{x=\frac{1}{2}}=0$,得 $C=\dfrac{1}{2}$,于是得 L 的方程

$$y+\sqrt{x^2+y^2}=\dfrac{1}{2},\text{即 } y=\dfrac{1}{4}-x^2.$$

(2) 曲线 $L:y=\dfrac{1}{4}-x^2$ 在点 $P(x,y)$ 的切线方程为

$Y-(\frac{1}{4}-x^2)=-2x(X-x)$，即 $Y=-2xX+x^2+\frac{1}{4}$.

它在 x 轴与 y 轴上的截距分别为 $\frac{1}{2x}(x^2+\frac{1}{4})$ 与 $x^2+\frac{1}{4}$，所求的面积为

$$S(x)=\frac{1}{2}\cdot\frac{1}{2x}(x^2+\frac{1}{4})^2-\int_0^{\frac{1}{2}}(\frac{1}{4}-x^2)\mathrm{d}x,$$

$$S'(x)=\frac{1}{4x^2}(x^2+\frac{1}{4})(3x^2-\frac{1}{4}).$$

令 $S'(x)=0$，求得 $S(x)$ 在内 $[0,\frac{1}{2}]$ 的唯一驻点 $x=\frac{\sqrt{3}}{6}$，$S'(x)$ 在 $x=\frac{\sqrt{3}}{6}$ 由负变正，$x=\frac{\sqrt{3}}{6}$ 是极小点，也是最小点.

故所求切线为 $Y=-2\cdot\frac{\sqrt{3}}{6}X+\frac{3}{36}+\frac{1}{4}$，即 $Y=-\frac{\sqrt{3}}{3}X+\frac{1}{3}$.

12.5　基础作业题

一、选择题

1. 下列方程中为常微分方程的是（　　）.

　　A. $x^2+y^2=a^2$　　　　　　　　B. $y+\dfrac{\mathrm{d}}{\mathrm{d}x}(\mathrm{e}^{\arctan x})=0$

　　C. $\dfrac{\partial^2 a}{\partial x^2}+\dfrac{\partial^2 a}{\partial y^2}=0$　　　　　D. $y''=x^2+y^2$

2. 下列方程中为二阶微分方程是（　　）.

　　A. $y''+x^2y'+x^2=0$　　　　　B. $(y')^2+3x^2y=x^2$

　　C. $y'''+3y''+y=0$　　　　　　D. $y'-y^2=\sin x$

3. 下列方程中为线性微分方程是（　　）.

　　A. $y'+xy'=x$　　　　　　　　B. $yy'-2y=x$

　　C. $y''-\dfrac{2}{x}y'+\dfrac{2}{x^2}y=\mathrm{e}^x$　　　　D. $y''-y'-3xy=\cos y$

4. 若 y_1 和 y_2 是二阶齐次线性微分方程 $y''+p(x)y'+q(x)y=0$ 两个特解，c_1、c_2 为任意常数，则 $y=c_1y_1+c_2y_2$（　　）.

　　A. 一定是该方程的通解　　　　B. 是该方程的特解

　　C. 是该方程的解　　　　　　　D. 不一定是该方程的解

5. 以 $y_1=\cos x,y_2=\sin x$ 为特解的方程是（　　）.

　　A. $y''-y=0$　　　　　　　　　B. $y''+y=0$

　　C. $y''+y'=0$　　　　　　　　　D. $y''-y'=0$

6. 微分方程 $2y''+y'-y=0$ 的通解是( ).

   A. $y=C_1\mathrm{e}^x-C_2\mathrm{e}^{-2x}$ B. $y=C_1\mathrm{e}^{-x}-C_2\mathrm{e}^{\frac{x}{2}}$

   C. $y=C_1\mathrm{e}^x-C_2\mathrm{e}^{-\frac{x}{2}}$ D. $y=C_1\mathrm{e}^{-x}+C_2\mathrm{e}^{2x}$

7. 以函数 $y=c_1\mathrm{e}^x+c_2\mathrm{e}^{-x}$ 为通解的微分方程是( ).

   A. $y''+y=0$ B. $y''-y=0$

   C. $y''+y'=0$ D. $y''-y'=0$

8. 微分方程 $y''-2y'=x$ 的特解 y^* 形式是( ).

   A. ax B. $ax+b$ C. ax^2 D. ax^2+bx

9. 微分方程 $y''-2y'=x\mathrm{e}^{2x}$ 的特解 y^* 形式是( ).

   A. $x(ax+b)\mathrm{e}^{2x}$ B. $(ax+b)\mathrm{e}^{2x}$

   C. $x\mathrm{e}^{2x}$ D. $(ax^2+bx+c)\mathrm{e}^{2x}$

二、计算题

1. 求下列微分方程的通解：

   (1) $\dfrac{\mathrm{d}y}{\mathrm{d}x}=\dfrac{1+y^2}{xy+x^3y}$；

   (2) $xy'-y\ln y=0$；

   (3) $\sqrt{1-x^2}\,y'=\sqrt{1-y^2}$；

   (4) $\sec^2 x\tan y\,\mathrm{d}x+\sec^2 y\tan x\,\mathrm{d}y=0$；

   (5) $x\dfrac{\mathrm{d}y}{\mathrm{d}x}=y\ln\dfrac{y}{x}$；

   (6) $(x+y\cos\dfrac{y}{x})\mathrm{d}x-x\cos\dfrac{y}{x}\mathrm{d}y=0$；

   (7) $y'+y=\mathrm{e}^{-x}$；

   (8) $(y^2-6x)\dfrac{\mathrm{d}y}{\mathrm{d}x}+2y=0$；

   *(9) $y'+\dfrac{1}{x}y=x^2y^5$；

   (10) $(x\cos y+\cos x)y'-y\sin x+\sin y=0$；

   (11) $(x^2-y)\mathrm{d}x-(x-y)\mathrm{d}y=0$；

   (12) $y''=x\sin x$；

   (13) $y''-y'=x$；

   (14) $y''(1+\mathrm{e}^x)+y'=0$；

   (15) $y''=\sqrt{1-y'^2}$；

   (16) $yy''-(y')^2+(y')^3=0$；

   (17) $y''-5y'=0$；

   (18) $y''+6y'+13y=0$；

   (19) $y''+2y'+y=x\mathrm{e}^x$；

   (20) $y''-2y'+5y=\mathrm{e}^x\sin x$.

2. 求下列方程满足初始条件的特解：

   (1) $\dfrac{\sec x}{1+y^2}\mathrm{d}y=x\mathrm{d}x$，$y|_{x=\frac{3\pi}{2}}=-1$；

   (2) $\dfrac{\mathrm{d}y}{\mathrm{d}x}=2\sqrt{\dfrac{y}{x}}+\dfrac{y}{x}$，$y(1)=0$；

   (3) $\dfrac{\mathrm{d}y}{\mathrm{d}x}-y\tan x=\sec x$，$y(0)=0$；

   (4) $y''+2y'+10y=0$，$y|_{x=0}=1$，$y'|_{x=0}=2$；

(5) $y'' - y = 4xe^x$, $y(0) = 0$, $y'(0) = 1$.

三、应用题

1. 求一曲线的方程,曲线通过点 $(0,1)$,且曲线上任一点处的切线垂直于此点与原点的连线.

2. 船从初速 $v_0 = 6\text{m/s}$ 开始运动,5s 后速度减至一半.已知阻力与速度成正比,试求船速随时间变化的规律.

3. 求一曲线的方程,这曲线过原点,且它在 (x,y) 处的切线斜率等于 $2x+y$.

4. 设有连结点 $O(0,0)$ 和 $A(1,1)$ 的一段向上凸的曲线弧 $\overset{\frown}{OA}$,对于弧 $\overset{\frown}{OA}$ 上任一点 $P(x,y)$,曲线弧 $\overset{\frown}{OP}$ 与直线段 $\overline{OP}$ 所围图形的面积为 x^2,求曲线弧 $\overset{\frown}{OA}$ 的方程.

5. 一物体质量为 m,以初速度 v_0 从一斜面上滑下,若斜面的倾角为 α,摩擦系数为 μ,试求物体在斜面上滑动的距离与时间的函数关系.

12.6 综合作业题

一、选择题

1. C 是任意常数,则微分方程 $y' = 3y^{\frac{2}{3}}$ 的一个特解是(   ).
   A. $y = (x+2)^3$ B. $y = x^3 + 1$
   C. $y = (x+C)^3$ D. $y = C(x+1)^3$

2. 已知函数 $y_1 = e^{x^2 + \frac{1}{x^2}}$, $y_2 = e^{x^2 - \frac{1}{x^2}}$, $y_3 = e^{(x - \frac{1}{x})^2}$,则(   ).
   A. 仅 y_1 与 y_2 线性相关   B. 仅 y_2 与 y_3 线性相关
   C. 仅 y_1 与 y_3 线性相关   D. 它们两两线性相关

3. 下列函数中(   )是线性无关的.
   A. $\ln x$, $\ln x^2$ B. 1, $\ln x$
   C. x, $\ln x^x$ D. $\ln \sqrt{x}$, $\ln x^2$

4. 常微分方程 $y'' + (\lambda_1 + \lambda_2)y' + \lambda_1 \lambda_2 y = 0$(其中 λ_1, λ_2 是不等的系数),初始条件为 $y'|_{x=0}$ 的特解是(   ).
   A. $y = 0$ B. $y = c_1 e^{\lambda_1 x} + c_2 e^{\lambda_2 x}$
   C. $y = \lambda_1 \lambda_2 x^2$ D. $y = (\lambda_1 + \lambda_2) x^2$

5. $y = e^{2x}$ 是微分方程 $y'' + py' + 6y = 0$ 的一个特解,则此方程的通解是(   ).
   A. $y = c_1 e^{2x} + c_2 e^{-3x}$ B. $y = (c_1 + xc_2) e^{2x}$
   C. $y = c_1 e^{2x} + c_2 e^{3x}$ D. $y = e^{2x}(c_1 \sin 3x + c_2 \cos 3x)$

6. 微分方程 $y'' - y = e^x + 1$ 的特解 y^* 形式为(   ).
   A. $ae^x + b$ B. $axe^x + b$

C. ae^x+bx D. axe^x+bx

7. 微分方程 $y''+4y=\cos2x$ 的特解 y^* 形式为(　　).
   A. $a\cos2x$ B. $ax\cos2x$
   C. $x(a\cos2x+b\sin2x)$ D. $a\cos2x+b\sin2x$

8. 微分方程 $y''-y=x\sin^2 x$ 的特解形式为(　　).
   A. $(ax+b)\sin^2 x$
   B. $(ax+b)\sin^2 x+(cx+d)\cos^2 x$
   C. $(ax+b)\cos2x+(cx+d)\sin2x$
   D. $(ax+b)\cos2x+(cx+d)\sin2x+ex+f$

二、计算题

1. 求下列微分方程满足所给初始条件的特解：

   (1) $(e^{x+y}-e^x)dx+(e^{x+y}+e^y)dy=0$;　(2) $xy'-y-\sqrt{y^2-x^2}=0$;

   (3) $y'=\dfrac{2y^4+x^4}{xy^3}$;　(4) $\dfrac{dy}{dx}=\dfrac{y}{x+y^3 e^y}$;

   (5) $y\ln y dx+(x-\ln y)dy=0$;　(6) $xy'+y-y^2\ln x=0$;

   *(7) $ydx-xdy+y^2 xdx=0$;　*(8) $(y+2xy^2)dx+(x+2x^2 y)dy=0$;

   (9) $4y''-20y'+25y=0$;　(10) $y''-4y'+3y=0$;

   (11) $y''+y=x+\cos x$;　(12) $y''-6y'+9y=(x+1)e^{3x}$.

2. 求下列方程满足所给初始条件的特解：

   (1) $\cos y dx+(1+e^{-x})\sin y dy=0, y|_{x=0}=\dfrac{\pi}{4}$;

   (2) $(y^2-2x^2)dy+2xy dx=0, y(0)=1$;

   (3) $y'''=e^{ax}, y(0)=y'(0)=y''(0)=0$;

   (4) $yy''=(y')^2, y(0)=y'(0)=1$;

   (5) $y''-10y'+9y=e^{2x}, y(0)=\dfrac{6}{7}, y'(0)=\dfrac{33}{7}$;

   (6) $y''+9y=\cos x, y(\dfrac{\pi}{2})=y'(\dfrac{\pi}{2})=0$.

3. 设 $f(x)=x+\int_0^x f(u)du, f(x)$ 是可微函数，求 $f(x)$.

4. 一曲线过点 $(2,3)$，它在两坐标轴间的任一切线段均被切点所平分，求这曲线方程.

5. 设曲线积分 $\int_L yf(x)dx+[2xf(x)-x^2]dy$ 在右半平面 $(x>0)$ 内与路径无关，其中 $f(x)$ 可导，且 $f(1)=1$，求 $f(x)$.

6. 函数 $f(x)$ 在 $x>0$ 内二阶导函数连续且 $f(1)=2$，以及 $f'(x)-\dfrac{f(x)}{x}-$

$\int_1^x \dfrac{f(t)}{t^2}\mathrm{d}t = 0$,求 $f(x)$.

7. 已知二阶常系数微分方程 $y'' + \alpha y' + \beta y = \gamma(x+2)$ 有特解 $y^* = \mathrm{e}^x + 1 - x^2 - 6x$,求 α, β, γ 的值,并求该方程的通解.

12.7 自 测 题

一、选择题

1. 已知函数 $y = f(x)$ 在任意点 x 处的增量 $\Delta y = \dfrac{y\Delta x}{1+x^2} + \alpha$,且当 $\Delta x \to 0$ 时,α 是比 Δx 更高阶的无穷小量,$y(0) = \pi$,则 $y(1)$ 等于( ).

  A. 2π B. π C. $\mathrm{e}^{\frac{\pi}{4}}$ D. $\pi \mathrm{e}^{\frac{\pi}{4}}$

2. $y = y(x)$ 是微分方程 $y'' - y' - \mathrm{e}^x = 0$ 的解,且 $f'(x_0) = 0$,则 $f(x)$ 在( ).

  A. x_0 的某个邻域内单调增加   B. x_0 的某个邻域内单调减少

  C. x_0 处的取极小值   D. x_0 处取极大值

3. 一曲线通过点 $M(4,3)$,且该曲线上任意一点 P 处的切线在 y 轴上的截距等于原点到 P 的距离,则此曲线方程为( ).

  A. $x^2 + y^2 = 25$ B. $y = 2 + \dfrac{x^2}{10}$

  C. $(x+9)^2 - (y+9)^2 = 25$ D. $y = 4 - \dfrac{x^2}{16}$

4. 下列方程中可利用 $p = y'$,$p' = y''$ 降为 p 的一阶微分方程的是( ).

  A. $(y'')^2 + xy' - x = 0$ B. $y'' + yy' + y^2 = 0$

  C. $y'' + y^2 y' - y^2 x = 0$ D. $y'' + yy' + x = 0$

5. 设 y_1, y_2 为二阶常系数线性齐次方程 $y'' + P(x)y' + Q(x)y = 0$ 的两个特解,则由 $y_1(x), y_2(x)$ 能构成该方程的通解,其充分条件为( ).

  A. $y_1(x)y_2'(x) - y_2(x)y_1'(x) = 0$

  B. $y_1(x)y_2'(x) - y_2(x)y_1'(x) \neq 0$

  C. $y_1(x)y_2'(x) + y_2(x)y_1'(x) = 0$

  D. $y_1(x)y_2'(x) + y_2(x)y_1'(x) \neq 0$

6. 设曲线积分 $\int_L [f(x) - \mathrm{e}^x]\sin y\,\mathrm{d}x - f(x)\cos y\,\mathrm{d}y$ 与路径无关,其中 $f(x)$ 具有一阶连续导数,且 $f(0) = 0$,则 $f(x)$ 等于( ).

  A. $\dfrac{\mathrm{e}^{-x} - \mathrm{e}^x}{2}$ B. $\dfrac{\mathrm{e}^x - \mathrm{e}^{-x}}{2}$

  C. $\dfrac{\mathrm{e}^x + \mathrm{e}^{-x}}{2} - 1$ D. $1 - \dfrac{\mathrm{e}^x - \mathrm{e}^{-x}}{2}$

7. 设线性无关的函数 y_1, y_2, y_3 都是二阶非齐次线性方程 $y'' + P(x)y' + Q(x)y = f(x)$ 的解,C_1, C_2 是任意常数,则该非齐次线性方程的通解是(　　).

　A. $C_1 y_1 + C_2 y_2 + y_3$　　　　　　B. $C_1 y_1 + C_2 y_2 - (C_1 + C_2) y_3$

　C. $C_1 y_1 + C_2 y_2 - (1 - C_1 - C_2) y_3$　　D. $C_1 y_1 + C_2 y_2 + (1 - C_1 - C_2) y_3$

二、计算题

1. 求解下列微分方程:

(1) 求 $y\mathrm{d}x + (x^2 y - x)\mathrm{d}y = 0$,满足 $y|_{x=1} = 1$ 的特解;

(2) 求 $y'' + y' = \dfrac{1}{1 + \mathrm{e}^x}$ 的通解.

2. 已知 $y_1 = x\mathrm{e}^x + \mathrm{e}^{2x}, y_2 = x\mathrm{e}^x + \mathrm{e}^{-x}, y_3 = x\mathrm{e}^x + \mathrm{e}^{2x} - \mathrm{e}^{-x}$ 是某二阶线性非齐次微分方程的 3 个解,求此微分方程.

3. 设函数 $f(x)$ 连续可微,$f(1) = 1$ 且对任意闭曲线 C,都有 $\oint_C 4x^3 y\mathrm{d}x + xf(x)\mathrm{d}y = 0$,求 $f(x)$.

4. 火车沿水平直线轨道运动,设火车质量为 m,机车牵引力为 F,阻力为 $a + bv$,其中 a, b 为常数,v 为火车的速度.若已知火车的初速度与初位移均为零,求火车的运动规律 $s = s(t)$.

5. 求微分方程 $x\mathrm{d}y + (x - 2y)\mathrm{d}x = 0$ 的一个解 $y = y(x)$,使得由曲线 $y = y(x)$ 与直线 $x = 1, x = 2$ 以及 x 轴所围成的平面图形绕 x 轴旋转一周的旋转体体积最小.

6. 设位于第一象限的曲线 $y = y(x)$ 过点 $(\dfrac{\sqrt{2}}{2}, \dfrac{1}{2})$,其上任一点 $P(x, y)$ 处的法线与 y 轴的交点为 Q,且线段 PQ 被 x 轴平分.

(1) 求曲线 $y = y(x)$ 的方程;

(2) 已知曲线 $y = \sin x$ 在 $[0, \pi]$ 上的弧长为 l,试用 l 表示曲线 $y = y(x)$ 的弧长 s.

12.8　参考答案与提示

【基础作业题参考答案与提示】

一、1. D；　2. A；　3. C；　4. C；　5. B；　6. B；　7. B；　8. D；　9. A.

二、1. (1) $(1 + y^2)(1 + x^2) = cx^2$;　　(2) $\ln y = cx$;

(3) $\arcsin y = \arcsin x + c$;　　(4) $\tan x \tan y = c$;

(5) $\ln \dfrac{y}{x} - 1 = cx$;　　(6) $\mathrm{e}^{\sin \frac{y}{x}} = cx$;

(7) $y = (c+x)\mathrm{e}^{-x}$;

(8) $x = cy^3 + \dfrac{y^2}{2}$;

(9) $(4x^3 + cx^4)y^4 = 1$;

(10) $x\sin y + y\cos x = c$;

(11) $\dfrac{x^2}{3} - yx + \dfrac{y^2}{2} = c$;

(12) $y = -x\sin x - 2\cos x + c_1 x + c_2$;

(13) $y = c_1 \mathrm{e}^x - \dfrac{x^2}{2} - x + c_2$;

(14) $y = c_1(x - \mathrm{e}^{-x}) + c_2$;

(15) $y = -\cos(x + c_1) + c_2$;

(16) $y = c_2 \mathrm{e}^{c_1(x-y)}$;

(17) $y = c_1 + c_2 \mathrm{e}^{5x}$;

(18) $y = \mathrm{e}^{-3x}(c_1 \cos 2x + c_2 \sin 2x)$;

(19) $y = (c_1 x + c_2)\mathrm{e}^{-x} + \dfrac{(x-1)}{4}\mathrm{e}^x$;

(20) $y = \mathrm{e}^x(c_1 \cos 2x + c_2 \sin 2x) + \dfrac{1}{3}\mathrm{e}^x \sin x$.

2. (1) $\arctan y = x\sin x + \cos x + \dfrac{5\pi}{4}$;

(2) $x = \mathrm{e}^{\sqrt{\tfrac{y}{x}}}$;

(3) $y = \dfrac{x}{\cos x}$;

(4) $y = \mathrm{e}^{-x}(\cos 3x + \sin 3x)$;

(5) $y = \mathrm{e}^x - \mathrm{e}^{-x} + \mathrm{e}^x(x^2 - x)$.

三、1. $y^2 + x^2 = 1$.

2. $v(t) = 6 \cdot 2^{\tfrac{t}{2}}$.

3. $y = 2\mathrm{e}^x - 2x - 2$.

4. $y = x(1 - 4\ln x)$.

5. $s(t) = \dfrac{(g\sin\alpha - \mu g\cos\alpha)t^2}{2} + v_0 t$.

【综合作业题参考答案与提示】

一、1. A； 2. C； 3. B； 4. A； 5. C； 6. B； 7. C； 8. D.

二、1. (1) $(\mathrm{e}^y - 1)(\mathrm{e}^x + 1) = c$;

(2) $\dfrac{y}{x} + \sqrt{\left(\dfrac{y}{x}\right)^2 - 1} = cx$;

(3) $y^4 + x^4 = cx^8$;

(4) $x = y[y\mathrm{e}^y - \mathrm{e}^y + c]$;

(5) $x = \dfrac{1}{2}\ln y + \dfrac{c}{\ln y}$;

(6) $y(cx + 1 + \ln x) = 1$;

(7) $\dfrac{x}{y} + \dfrac{x^2}{2} = c$;

(8) $xy + x^2 y^2 = c$;

(9) $y = (c_1 x + c_2)\mathrm{e}^{\tfrac{5x}{2}}$;

(10) $y = c_1 \mathrm{e}^x + c_2 \mathrm{e}^{3x}$;

(11) $y = c_1 \cos x + c_2 \sin x + x + \dfrac{x\sin x}{2}$;

(12) $y = \left(\dfrac{x^3}{6} + \dfrac{x^2}{2} + c_1 x + c_2\right)\mathrm{e}^{3x}$.

2. (1) $\cos y = \dfrac{\sqrt{2}}{4}(1+e^x)$; (2) $ye^{(\frac{x}{y})^2}=1$;

(3) $y = \dfrac{e^{ax}}{a^3} - \dfrac{x^2}{2a} - \dfrac{x}{a^2} - \dfrac{1}{a^3}$; (4) $y = e^x$;

(5) $y = \dfrac{(e^{9x}+e^x)}{2} - \dfrac{e^{2x}}{7}$; (6) $y = \dfrac{\cos 3x}{24} + \dfrac{\cos x}{8}$.

3. $f(x) = e^x - 1$. 4. $xy = 6$.

5. $f(x) = \dfrac{2x}{3} + \dfrac{1}{3\sqrt{x}}$. 6. $f(x) = x^2 + 1$.

7. $\alpha = -1, \beta = 0, \gamma = 2$.

【自测题参考答案与提示】

一、1. D; 2. C; 3. D; 4. A; 5. B; 6. B; 7. D.

二、1. (1) $xy + \dfrac{x}{y} = 2$; (2) $y = -\dfrac{(1+e^x)\ln(1+e^x)}{e^x} + x - c_1 e^{-x} + c_2$.

2. $y'' - y' - 2y = (1-2x)e^x$. 3. $y = x^3$.

4. 提示:$s'(t)=v$. $s''(t)=a_{加}$. $F-(a+bv)=ma_{加}$. $s=s(t)=\dfrac{F-a}{b^2}(bt-m+me^{-\frac{bt}{m}})$.

5. $y = x - \dfrac{75}{124}x^2$.

6. (1) $x^2 + 2y^2 = 1$; (2) $s = \dfrac{\sqrt{2}}{4}l$.

参 考 文 献

[1] Robert T. Smith R. B, MintonS. Calculus[M]. 北京:高等教育出版社,2004.

[2] 同济大学应用数学系. 高等数学[M]. 5 版. 北京:高等教育出版社,2002.

[3] 吉米多维其. 数学分析习题集[M]. 北京:人民教育出版社,1999.

[4] 薛嘉庆. 高等数学题库精编(理工类)[M]. 长春:东北大学出版社,2000.

[5] 曹助我,王荷芬等. 高等数学习题课辅导[M]. 沈阳:辽宁科技出版社,1989.

[6] 盛祥耀,葛之麟等. 高等数学辅导(上,下)[M]. 北京:清华大学出版社,1993.

[7] 龚培恩. 数学大纲辅导教材及全真模拟试卷[M]. 北京:中国人民大学出版社,1997.

[8] 姜启源,谢金星,叶俊. 数学模型[M]. 3 版,北京:高等教育出版社,2003.

[9] 王棉森. 工科数学分析基础[M]. 北京:高等教育出版社,2001.